岭南理论视野丛书

东方文化中的
"我"与"他"
——中国哲学对主体间关系的建构

成 龙 著

中国社会科学出版社

图书在版编目（CIP）数据

东方文化中的"我"与"他"／成龙著 . —北京：中国社会科学出版社，
2015. 11

ISBN 978-7-5161-7352-7

Ⅰ. ①东… Ⅱ. ①成… Ⅲ. ①东方—文化—研究 Ⅳ. ①B562

中国版本图书馆 CIP 数据核字（2015）第 254368 号

出 版 人	赵剑英
责任编辑	冯春凤
责任校对	张爱华
责任印制	张雪娇

出 版	中国社会科学出版社
社 址	北京鼓楼西大街甲 158 号
邮 编	100720
网 址	http：//www.csspw.cn
发 行 部	010 - 84083685
门 市 部	010 - 84029450
经 销	新华书店及其他书店

印 刷	北京君升印刷有限公司
装 订	廊坊市广阳区广增装订厂
版 次	2015 年 11 月第 1 版
印 次	2015 年 11 月第 1 次印刷

开 本	787×1092 1/16
印 张	22.25
插 页	2
字 数	363 千字
定 价	79.00 元

凡购买中国社会科学出版社图书,如有质量问题请与本社营销中心联系调换
电话:010 - 84083683

目　录

第一编　源生篇

第三编　再造篇

第九章　践行主体间的均等理想

《岭南理论视野丛书》总序

  党的十七届四中全会指出："紧密结合我国国情和时代特征大力推进理论创新，在实践中检验真理、发现真理，用发展着的马克思主义指导新的实践，是建设马克思主义学习型政党的首要任务。"建设学习型政党，加强理论研究和学习是应有之义。理论研究既有助于我们实现对客观世界的准确把握和对未来发展趋势的深刻洞察，又有助于我们紧跟时代发展步伐，不断以新的研究成果指导新的实践，以新的实践印证新的理论。

  当今世界正处在大变革、大调整、大发展之中，会出现许多新情况和新问题。如果不深入加以研究，就无法掌握经济社会发展的新特点、新规律，就无法掌握工作的主动权，面对困难时就会束手无策。因此，加强理论研究和学习，无论是对理论工作者还是对领导干部来说，都显得尤为重要。

  《岭南理论视野丛书》是由中共广东省委党校（广东行政学院）有关专家学者研究、撰写，由校（院）资助出版的丛书。从今年开始，每年出版一套共五部。这套丛书重视理论性和学术性，在对重大现实问题的研究上注重理论提升，力图形成以理论性和学术性为基础，具有岭南视野与党校和行政学院特色的系列著作。相信丛书的出版，对理论工作者尤其是领导干部学习和研究中国特色社会主义理论体系，提高逻辑思维和理论分析水平，深入理解当代中国特别是广东经济社会发展的现状和趋势，将很有帮助。

李玉妹

2010 年 8 月

序

　　成龙教授的新作《东方文化中的"我"与"他"——中国哲学对主体间关系的建构》，立足当代中国主体间关系的现实，以"中西马"三种哲学的比较为背景，对中国哲学中蕴含的主体间关系思想进行了系统的挖掘、梳理和分析，这是一项颇具开拓意义的工作。

　　首先，作者的选题有新意。哲学界研究主体间关系的文章、专著并不少，但大多是对西方现代哲学"主体间性"（或"交互主体性"）的研究，对中国哲学中的主体间关系思想进行系统探索和研究的，本课题属于首例。与蒙培元、赵馥洁、楼宇烈等先生对"主体性"的论述有所不同，"主体性"强调的是中国传统哲学以人为本、重视人的能动性、创造性的品格，而"主体间关系"则进一步挖掘中国传统哲学重视不同主体间相互关系的品格；与焦国成先生对"人我关系"的论述不同，"人我关系"其内涵十分广泛复杂，而"主体间关系"属于"人我关系"的一部分；与张立文先生的"和合学"、陈来先生的"仁学本体论"不同，"和合关系"、"仁爱关系"是"主体间关系"的重要方面，但不是全部；与现代西方哲学家胡塞尔等人对"主体间性"的论述不同，胡塞尔等人的论述以现象学还原为前提，限于"主体间性"在本体论、认识论层面可能性的讨论，本书则以马克思的唯物史观、实践观、交往观、辩证法观为基础，力图对中国传统哲学的主体间关系思想进行系统的考察，强调知和行的统一。

　　其次，本课题有一个严密的思路和架构。全篇由"导论"、"正文"、"结论"三部分组成。"导论"部分从当代中国社会实践入手，探讨了主体间关系问题的来源，中国哲学探讨主体间关系的可能性、表现形态、本体论基础。"正文"分上、中、下三篇，上篇探讨了主体间关系的"源生形态"，包括：老子"为人为己"的建构，孔子"仁者爱人"的建构，墨子"爱人若己"的建构，韩非子"以法去私"的建构。中篇分析了主体间关系的

"发展形态",包括:董仲舒"安人正我"的建构,韩愈"严己宽人"的建构,朱熹"克己为公"的建构,王阳明"视人犹己"的建构。下篇分析了主体间关系的"再造形态",包括:洪秀全"天下一家"的建构,康有为"大同世界"的建构,孙中山"天下为公"的建构,毛泽东"人民至上"的建构。"结论"部分探讨了当代中国主体间关系的存在问题、形成原因及建构途径。这种体系框架及其"关节点"的选择,前后一脉相承,抓住了主流和主线。作者的论述,立足于文本,持之有故,言之有据,资料翔实,文风朴实,具有很强的说服力。

再次,本课题对中国哲学核心观念及社会历史作了新的解读。作者认为,对主体间关系的建构是中国哲学一以贯之的重要问题,也是中国哲学不同于西方哲学的最为鲜明的特点。受主体间关系思想的影响,始终不渝地推行"仁政"成为中国历代政治家和思想家的基本价值目标,成为评判个人及其社会行为的基本价值准则。历代政治家和思想家为此而上下求索,不舍昼夜。封建主义的外壳包含着主体间关系的内涵,这是中国封建社会能够绵延两千多年、生产力发展始终走在世界前列的重要原因,也是马克思主义一传入中国就为广大民众所接受的原因。作者的这种论述,既不同于20世纪初期以来"全盘西化论"的解释方式,也不同于新中国成立以来"本体论—方法论—认识论"的解读方式,而是以主体间关系的建构为线索,揭示了中华文明乃以成立的深层理论根源,提供了一条理解中国哲学史及其社会发展史的崭新思路。

最后,作者的论述具有强烈的现实针对性。中国正处在历史的重要转型期,各种问题交织在一起,导致个人主义、拜金主义泛滥,灵魂扭曲,主体间关系成为社会发展的重大问题,"他人"的主体性遭受严重的挑战和威胁。同时,随着全球化、信息化时代的到来,交往以及跨国界的交往日益频繁,摒弃传统的"主体→客体"思维方式,按"主体⇌主体"的原则思考和处理不同主体间的相互关系,成为时代发展的迫切要求。作者通过对中国哲学思想的考察,认为人类社会的发展史正是主体间关系不断加强的历史,未来社会必然以真正的主体间关系为基础。建构当代中国的主体间关系,必须厘清传统,加强主体的自我修养,并从宏观层面建构适合时代发展要求的新型治理框架。一要德法并治,树立主体间的法治权威;二要义利兼顾,打牢主体间的物质基础;三要思诚守信,增进主体间的互爱情感;四要求同存异,凝聚主体间的共同信念。作者的这些论述,对于我们克服当今人与人之间关系的手段化、片面化、角色化、抽象化、冷漠化，重新构建当代的交往关系，建设和谐社会与和谐世界，无疑具有重要启发意义。

王东 于北京大学
2014 年 12 月 25 日

导论 一个亟待深入研究的重大课题

"主体间关系"其实质在于要视"他人"为主体，按照"主体⇌主体"的模式思考不同个人、群体、国家间的关系。这既不同于"视人为物"、"见物不见人"的客体主义，也不同于以"自我"为中心、"只见自己，不见他人"、自私自利的唯"我"主义，与"主体→客体"或"主体→中介→客体"的单向思维模式有着本质的区别。主体间关系意味着对"他人"的尊重，"他人"也是和"我"一样的主体，是另一个"我"或"我们"。主体间关系意味着主体存在的多元性、共在性、相互性、平等性、协同性。虽然中国哲学没有明确提出"主体间关系"的概念，但这并不意味着中国哲学中没有关于主体间关系的思想。恰恰相反，致力于主体间关系的建构正是中国哲学的特色和最可贵的品质。受主体间关系思想的约束，行"仁政"成为中国历代政治和社会建构的责任和义务，也成为评判一切个人修养和社会行为的基本价值准则。这是中国社会长久相对稳定，生产力发展走在世界前列的重要原因，也是马克思主义一传入中国就为广大民众所接受的原因。人类社会的发展史正是主体间关系不断加强的历史，未来社会必然以真正的主体间关系为基础。在此，笔者力图对中国哲学中的主体间关系思想作一个较为系统的考察，为重新认识中国传统哲学核心价值理念及文化精神，为建构当代新型主体间关系，实现国家治理体系和治理能力的现代化，建设和谐社会与和谐世界，提供新的哲学基础。

一 主体间关系问题的提出

笔者研究中国哲学关于主体间关系的建构，出于以下几个方面的考虑。

（一）当代社会实践的强烈呼唤

随着全球化、信息化时代的到来，交往以及跨国界的交往日益频繁，按

"主体⇌主体"的原则思考和处理不同主体间的相互关系，成为时代发展的要求。任何国家、集体和个人，要想在交往中赢得主动，首先得尊重"他人"，站在"他人"的立场思考问题，为"他人"谋划，为"他人"着想。通过多方面的合作，实现互利双赢，已经成为时代的共识。

　　一方面，作为崛起中的新型大国，如何审视自己的成就，并且拿什么样的精神走向世界，引领世界，成为一个值得思考的世界性课题。其一，我们打破苏联僵化模式的束缚，建立了社会主义市场经济体制，确立了依法治国的总战略，生产力持续快速发展，经济总量由1978年的3645亿元增长到2014年的63.7万亿元，城镇居民人均可支配收入由1978年的343元增加到2014年的28844元，农民人均纯收入由1978年的134元增加到2014年的10489元，奠定了中国走向世界的物质基础。其二，随着改革的深入，思想的牢笼不断被打破，市场意识、民主意识、法制意识、富裕意识、创新意识、多元意识、独立意识、自由意识、竞争意识、人本意识、平等意识等新观念被确立，奠定了中国走向世界的思想基础。其三，信息网络技术的发展促成交往的普遍发展。截至2014年9月，我国网民人数达到6.32亿，成为世界上网民数量最多的国家。而生产力的发展也促进了国际交往关系的发展。据统计，中国加入世界贸易组织10年，平均每年进口7500亿美元的商品，相当于为贸易伙伴创造了1400多万个就业岗位。在华投资的外商企业累计汇出的利润是2617亿美元。中国对外投资企业聘用的当地员工近80万人，每年在当地纳税超过100亿美元①。2014年，中国商品进出口总额达到26.43万亿元。未来5年，中国预计将进口超过10万亿美元商品，对外投资规模预计超过5000亿美元。2012年，中国公民出境旅游近1亿人次，估计到2020年这一数字将超过1.5亿人次。②这一切都奠定了中国走向世界的交往基础。中国特色社会主义可谓一枝独秀，保持了30多年的快速持续发展，被国际社会誉为："中国奇迹"、"中国经验"、"中国精神"、"中国案例"、"中国模式"、"中国道路"。党的十八大以来，习近平总书记多次发表讲话，要求我们弘扬中国精神，坚定文化自信，从延续民族文化血脉中开拓前进，向世界传播中国声音。而中国文化的根本精神到底是什么，亟待我们深入挖掘。

　　另一方面，随着改革的深入，更深层次的矛盾日益凸显，拜金主义、狭

---

① 罗兰：《"中国拖累世界经济说"很荒诞》，《人民日报》（海外版）2013年8月31日。

② 习近平：《守望相助，共创中蒙关系发展新时代》，《光明日报》2014年8月23日。

隘利己主义登堂入室，完全置"他人"利益于不顾，抹杀"他人"的主体性，如何正确处理不同主体间的关系，化解社会矛盾，成为深化改革，实现国家治理体系和治理能力现代化的一个关键性难题。一些官员完全丧失党性和基本的价值原则，官商勾结，以权谋私，与民争利，骄横跋扈，强征横敛，甚至与黑社会勾结，成为保护伞，完全站到了人民的对立面，影响极其恶劣，导致官民关系急剧恶化。中央虽不断加强反腐力度，坚决反对"四风"，但腐败依然禁而不止。受拜金主义和享乐主义、利己主义思想影响，一些生产者灵魂扭曲，唯利是图，丧尽天良，为一己之私而不惜以他人的生命为代价，制售假冒伪劣产品，环境污染，资源浪费，桥梁坍塌，矿难不断，使生产者和消费者之间的关系产生分离。更令人担忧的是，在一些大学，学生变成了学校和教师赚钱的工具，师生关系变成了"老板"和"打工仔"的关系。在一些医院，病人同样不是被视为治疗对象，而是赚钱的工具。院长在年终总结时总说，"过去的一年，经过全院职工的不懈努力，我们医院的住院患者增加了20%，我们的门诊患者增加了30%，我们的收入增加了10%"，而不说"我们治愈了多少人，我们帮助了多少人"。这种自私自利的价值观延及于社会生活，表现为人情冷漠，出现了见死不救，是非不分，黑白不辨，善恶美丑观念混乱的可怕景象，以致一些不法分子横行霸道，为所欲为。中国的发展也引起世界其他一些国家的不安，散布"中国威胁论"、"国强必霸论"，美日同盟陈兵南海，围堵中国。中国哲学历来重视不同主体间的关系，反思中国传统哲学处理不同主体间关系的有益思想和做法，对于我们克服人与人之间关系的手段化、片面化、角色化、抽象化、冷漠化，构建当代新型交往关系，开拓中国发展道路，无疑具有重要意义。

（二）人类主体精神演进逻辑的必然

主体性作为哲学的基本精神，其发展演化经历了一个从确立、颠覆、重构到延伸的过程。理性主义的产生标志着主体性精神的确立，非理性主义虽以反主体的面目出现，却是对主体性精神更高层次的开掘，当代哲学对主体间关系的讨论，是对主体性精神的再度反思和重构。

1. **主体精神的确立。**推崇理性，把理性作为哲学求索的对象，这是西方哲学的传统。古希腊哲学家在思考世界本原问题的过程中，就已涉及人的主体性问题。阿那克西美尼说，"我们的灵魂是气"①，德谟克利特则认为灵魂同太阳、月亮一样，都是由光滑的原子构成的②。可见，在古希腊早期哲学家们的视野里，主体性与世界的本性具有同一性。普罗泰戈拉明确指出："人是万物的尺度，是存在者存在的尺度，也是不存在者不存在的尺度。"③ 在这里，他把人提高到了宇宙的核心和主宰的地位，充分肯定了人的作用，同早期希腊哲学中那种处于被淹没在万物之中的、被动的人相比，这一命题无疑具有划时代的意义。苏格拉底首次提出了"认识你自己"的命题，强调"自知自己无知"，只有这样人类才能努力学习、把握真理，变无知为有知，使自己的灵魂具有美德。在这里，苏格拉底"并不只是宣布：人是万物的尺度；而且宣布：作为思维者的人是万物的尺度"④。在西方哲学史上，这是第一次以普遍命题的形式提出了人与万物、主体与客体的关系问题，并且把人看作这一关系的主导方面。当然，那时由于人们的主体意识尚未成熟，因而也就无法理解普罗泰戈拉和苏格拉底思想的深刻含义，在社会中也就不可能产生很大反响。但他们在哲学史上的划时代意义是不可抹杀的。

在黑暗漫长的中世纪，希腊哲学中刚刚诞生的主体性思想被超然的上帝所窒息。基督教对希腊思想的摧毁，最根本的是对苏格拉底以来的"理性人"形象的摧毁。在上帝面前，人一无所有，人的理性和感觉一文不值，而上帝却在神学家的拥戴下居于"全知、全能、全善、全在"的主宰地位，而人却成了上帝的函数，人的主体性被完全剥夺。但从上帝的角度来看，人却在上帝中曲折地表现了人的最充分的主体性，上帝对人的主体性的占有，实质上是人的主体性的异化，上帝无限的主体性不过是人们对自身全知全能、无拘无束的主体性的幻想。然而，上帝无限主体性之生成和人的现实主体性的丧失构成了一对不可调和的矛盾，使得反对宗教神学、破除上帝主体性、解放人的主体性成为文艺复兴及其后来欧洲哲学发展的主流。人性与神性、自然与上帝、理性与信仰之间展开了空前的论战，哲学也一反过去唯尊上帝、充当神学婢女的地位，重新获得了勃勃生机，"人"重新成为哲学发展的时代主题。首先，人文

① 北京大学哲学系外国哲学史教研室编译：《古希腊罗马哲学》，生活·读书·新知三联书店1957 年版，第 22 页。

② 同上书，第 92 页。

③ 北京大学哲学系外国哲学史教研室编译：《西方哲学原著选读》上卷，商务印书馆 1981 年版，第 55 页。

④ ［德］黑格尔：《哲学史讲演录》第 2 卷，商务印书馆 1960 年版，第 66—67 页。

主义思想家用人性反对神性，以人权反对神权。人文主义者公开宣称：我是人，凡是人的一切特权，我无不具有。其次，用享乐主义代替禁欲主义。人文主义者针对中世纪教会要求人们绝情除欲、放弃尘世的享受，追求天国幸福的言论，爱拉斯漠发出震颤人心的诘问："如果把生活中的快乐去掉，那么生活成了什么呢？"彼特拉克大声疾呼："我自己是凡人，我只要求凡人的幸福。"再次，用理性主义反对蒙昧主义。人文主义者认为，人与动物的不同之处在于人有理性，能够认识自然、造福人类。"盲目追随别人的人，追随不了什么"，"能创造发明的人……才是真正的人"①。最后，用个性自由思想批判封建专制主义。人文主义者认为"自由"是人类天生的本性，应按自己的需要自由自在地生活。在此基础上，早期资产阶级建立了以人道主义为基础，以自由、平等、博爱为中心的社会意识形态。

文艺复兴之后，主体性进一步成为西方哲学家研究的核心，哲学家们以"理性"、"自我"、"逻辑"为基础，构建了一系列庞大的哲学体系，形成了澎湃奔涌的理性主义潮流。一方面，哲学家们不断努力从理论上确立理性的合法地位。笛卡儿把理性作为人之为人的标志。"我思想，所以我存在"，这是绝对确实可靠的第一真理，它不因任何时间、地点而存在。康德沿着笛卡儿的思路，进一步澄清理性能够作为人之认识基础的根据，把认识的可能性归功于主体先天具有的知性综合能力。在康德那里，人因理性而审视自然，为自然立法。但是，紧接着，康德又对人的理性能力作了限制，认为人只能认识"自在之物"的表象，其本质是根本无法认识的。费希特对康德"自在之物"的设定表示不满，他充分肯定"自我"内在的否定性力量，认为"自我"的"本原行动"是一切知识的基本根据，其最初的三个行动步骤则是知识学的三条基本原理。"自我设定自己"，"相对于自我，直截了当地对设起来一个非我"，"自我在自身之中对设一个可分割的非我以与一个可分割的自我相对立"②。与费希特相反，谢林强调"自我"的同一性力量，他把"自我"或"自我意识"解释为"一切主观的东西的总体"，认为主体与客体、主观与客观之间存在着绝对的无差别的同一。"在知识活动本身，即当我进行认识时，客观的东西和主观的东西是统一在一起的，以致我们不能说二者当中何者居

---

① 北京大学西语系资料组编：《从文艺复兴到19世纪资产阶级文学家、艺术家有关人道主义人性言论选辑》，商务印书馆1971年版，第11、21、29页。

② ［德］费希特：《全部知识学的基础》，王玖兴译，商务印书馆1986年版，第11、24、27页。

先。这是既不存在第一位的东西，也不存在第二位的东西，两者同时存在，而且是一个东西。"① 黑格尔把全部近代哲学的努力加以综合并推向极点，理性成为绝对化的思想观念，主体和客体、主观和客观、思维和存在的对立在理念中达到绝对的统一。"理念所处理的对象并不是个人，也不是主观观念，也不是外界事物。但是一切现实的事物，只要它们是真的，也就是理念。而且一切现实事物之所以具有真理性，都只是通过理念并依据理念的力量。"② 由此，理性成为万能、至善、完美的具有本体意义的生命性象征。另一方面，哲学家们把理性化为实践的力量，用理性来指导科学及其革命。正像恩格斯所说，"宗教、自然观、社会、国家制度，一切都受到了最无情的批判；一切都必须在理性的法庭面前为自己的存在作辩护或者放弃存在的权利。思维着的知性成了衡量一切的唯一尺度"③。马克思充分肯定资产阶级的历史功绩，认为资产阶级在不到一百年的阶级统治中所创造的生产力，比过去一切世代创造的全部生产力还要多、还要大。而这一切都归功于科学和理性，"自然力的征服，机器的采用，化学在工业和农业中的应用，轮船的行驶，铁路的通行，电报的使用，整个大陆的开垦，河川的通航，仿佛用法术从地下呼唤出来的大量人口——过去哪一个世纪料想到在社会劳动里蕴藏这样的生产力呢？"④

2. **主体精神的颠覆。**理性主义对主体性的思考遵循着决定论、主客二分和中介思维等原则，并以"逻各斯"为出发点和轴心，形成了各命题、观点之间具有一致性、相通性和相融性等特征的一个连接一个的冷冰冰的思想体系。理性主义在造福人类的同时，也导致了人类的巨大痛苦。

首先，理性主义以主客二分为前提，以人类征服自然，获取最大物质利益为目标，导致物欲横流，造成了人类生存环境的巨大危机。人类在理性主义的原则下，以征服者的姿态君临自然界，拦截河流，砍伐森林，开采石油，挖掘煤炭，营造宫殿，冶炼矿石……最终导致全球性的温室效应，土地退化，森林锐减，物种灭绝，污水四溢，废物成灾，人们还有目的地创造了有害于人类生存和发展的人工自然物，如海洛因等各种有害毒品，以及对人体基本有害无益的烟草，还有用于各种破坏活动和非法活动的工具。理性主义的遗毒至今仍在

① ［德］谢林：《先验唯心论体系》，梁志学、石泉译，商务印书馆 1976 年版，第 6 页。
② 北京大学哲学系外国哲学史教研室编译：《西方哲学原著选读》下卷，商务印书馆 1981 年版，第 427 页。
③ 《马克思恩格斯选集》第 3 卷，人民出版社 1995 年版，第 719 页。
④ 《马克思恩格斯选集》第 1 卷，人民出版社 1995 年版，第 277 页。

全球蔓延着。据统计，由于侵蚀、盐渍化和污染，全世界平均每年约有 500 万公顷土地不能用于粮食生产。由于不合理垦殖、放牧和气候变化，全世界沙漠面积每年大约扩大 2 万—7 万平方公里，热带森林每年破坏率为 2%，由于不合理的采伐和狩猎，全世界鸟类中有 139 个种和 39 个亚种已经灭绝，还有 600 多种动物濒临灭绝。

其次，理性主义坚信世界的必然性、秩序性、确定性、可还原性和统一性，轻视甚至忽略社会生活的偶然性、无序性、差异性、特殊性，由此造成社会生活中的极权主义和人性的极大扭曲。一方面，人受制于物。资本的积累，黑人奴隶的贩卖，对殖民地的掠夺，对资本和原料市场的占领，以及两次世界大战，这一切都是在理性主义的背景下进行的。早在 19 世纪，马克思就沉痛地指出："资本来到世间，从头到脚，每个毛孔都滴着血和肮脏的东西。"① 由于劳动被逐渐地理性化和机械化，随着人在这个过程中活动力的减少，他丧失的热情越来越多，他意志的沦丧日益加重。"工人的劳动力和他的人格的分裂，他由人变为'物'，变成在市场上被反复出售的物体。"② 另一方面，人受制于他人。在理性主义的原则下，每个人都力图保持他自己的主体性，而把他人当作客体，当作对象，当作奴隶。于是，在他人的目光中，我只是一种自在的存在，只是万物中之一物，我是他的奴隶。而在我的目光中，他是物，是我的奴隶，我是主人。每个人都与他人相对立，面对他人，行使自己个人的权利。于是，我与他人之间构成一种计谋关系，这些计谋旨在使他人永远是一个对象，而他人则要千方百计地使这些计谋垮台。

再次，理性主义坚信逻辑在人类思维中的重要性，否定了世界及其人类认识的非逻辑性和不可通约性。理性主义假设在认识之前就存在着绝对真理，认识的任务就是不断向它趋近。它假设历史规律外在于人类的活动，在活动之前就已经存在，是一种与逻辑的理性分析的内在统一，至于与人类的多样化的活动则只是一种外在的统一。它只承认在认识过程中的认识者的能动作用，却忽视了在认识过程中认识者的"为我"的意义以及在认识结果中认识者个人的贡献。培根和洛克强调经验及其归纳逻辑的绝对性，笛卡儿把理性演绎绝对化，康德主张"范畴的客观演绎"，费希特确立了"自我—非我—自我"的正反合体系，谢林强调无差别的绝对同一，黑格尔建立了"绝对精神"的体系

---

① 《资本论》第 1 卷，人民出版社 1993 年版，第 829 页。
② ［匈］卢卡奇：《历史和阶级意识》，张西平译，重庆出版社 1989 年版，第 110 页。

框架。理性主义肆意扩张理性的"霸权",将理性作为人及其世界的本质,忽略人的欲望、情感、意志、生命力等内在要素,世界成为一架毫无生气,永远按预定目标运动的机器。

于是,正当人们沉醉于理性创造的奇迹之时,理性受到前所未有的诘问:人类有什么理由把理性主义供在祭坛的中心?理性主义的特权地位是合法的吗?理性主义的预设前提是经过批判考察的吗?"如果有人问:'一切原则的原则'从何处获得它的不可动摇的权力?那答案必定是:从已经被假定为哲学之事情的先验主体性那里。"① 如果我们考虑到,不管我们可以给(科学)"认知"下一个多么普遍、多么宽泛的定义,它都只不过是心理得以把握存在和解释存在的诸多形式之一,那么就必须承认,作为一个整体的人类精神生活,除了在一个科学概念体系内起着作用并表述自身这种理智综合形式之外,还存在于其他一些形式之中。其他思想家也纷纷强调:不存在"秩序的秩序"、"地平线的地平线"、"根据的根据",一味对事物的复杂性进行简单性的歪曲,必定将复杂的世界还原为简单的世界。伯纳德·威廉斯甚至还反其道而行之地指出:"哲学是允许复杂的,因为生活本身是复杂的,并且对以往哲学家们的最大非议之一,就是指责他们过于简化现实了(尽管那些哲学家本人是神秘莫测的)。"② 尼采则干脆把理性主义者称为"大蜘蛛"、"苍白的概念动物"、制造"木乃伊"的人。人类由此进入了一个没有绝对"真理"的时代。尼采为此发出悲鸣:"上帝死了!"然而,上帝又何死之有?其实它从来就没有活过,这无非是一种传统的"理性"死了,一种关于上帝的话语消解了,一种稳定的心理结构崩溃了。这场景,曾经令很多学者痛不欲生。

从表面看来,非理性主义与理性主义势如水火,不能相容,非理性主义的出现是对主体性精神的颠簸。而实际上,非理性主义却把主体性置于一个新的更高阶段。

第一,非理性主义哲学将理性与意志、生命、欲望、人格等的关系,人与世界的对立与统一的关系,人与世界的认识关系与存在关系颠倒了过来,视后者为第一位的并且较前者更重要,重新确立了哲学研究的主题、目标和任务,形成了一套与理性主义哲学不同的思维模式、秩序和方法,在一定程度上纠正、弥补了理性主义哲学的偏差和缺陷。

---

① ［德］海德格尔:《哲学的终结和思想的任务》,《哲学译丛》1992年第5期。

② 参见［英］布莱恩·麦基编《思想家》,生活·读书·新知三联书店1987年版,第195页。

第二，非理性主抑制了科学主义的蔓延和扩张，为人类提供了谋求自由和超越的另一条道路。非理性主义哲学家认识到科学技术的发展与人类生存状况的悖论，反对唯科学主义，为人的完整、自由、幸福、意义而筹划，这在一个高度技术化，分工日趋精细化，人成为"技术—机器"的奴隶，人的情感、欲望、生命、本能等受到严重压抑的社会里，具有重要的意义。

第三，由于非理性主义采取相对主义多元文化观和宽容的态度，打破了19世纪以来的西方文化中心主义和文化霸权，对东方和其他民族的哲学和文化的合法性给予了一定程度的肯定，为东西方各民族的哲学和文化交流提供了新的理论背景和前景，同时也为西方文化的自我反思提供了更为广阔的参照系统。

第四，由于非理性主义主张从人与世界的存在关系出发，在主客体的统一中去看世界，强调人的命运、人的生存与世界休戚相关的关系，这对于人们更清醒地认识和处理人类共同面临的问题，人的物欲与伦理道德、精神价值的关系，人的责任与自由、权利的关系，人类的物质文明与精神文明的协调发展等，都有着重要的启示作用。

由此可见，非理性主义的出现，具有深层的理论和文化逻辑，它不是主体精神的退化和堕落，而是向更高层次的发展。

3. 主体精神的重建。无论理性主义，还是非理性主义，它们对主体和主体性的思考，仍然停留在理智、逻辑、情感、欲望等意识形式在人类行为中孰重孰轻的讨论上，始终没有能够超越"主体→客体"、"主体→中介→客体"的思维模式，这种模式虽然在处理人与自然、人与物的关系时是行之有效的，但在处理人与人之间的关系时，就遇到了"他人不是客体"的困窘。为了解决这一问题，胡塞尔首次提出了"主体间性"（英语 Intersubjectivity，德语 Intersubjektivitaet，又译"交互主体性"、"主体际性"）的概念，并经海德格尔、伽达默尔、哈贝马斯、舒茨等人的多视角发挥，形成了当代西方主体哲学研究的新趋向。

胡塞尔研究"主体间性"问题，这与他对整个西方哲学及其社会现实的反思有着密切的关系。哲学是什么，哲学何以保障人类生存的价值和意义？这是近代以来几乎所有哲学家思考的问题。在胡塞尔看来，哲学作为形而上学，它应该是一门普遍科学、总体科学，是有关最高和终极问题的学问，它从古希腊罗马时期就获得了诸种学问的王后的尊严。只有形而上学的精神才赋予一切认识、一切其他学问以终极的意义。古代人已经在柏拉图理念学说的指导下将经验的数、量，经验的空间图形，即点、线、面、体，都理念化了，并借此将几何学的命题和证明改造为理念的——几何学的命题和证明。此外，与欧几里得几何学一起，产生了一种给人以非常深刻印象的理念，这就是一种具有广大的雄心勃勃的理想目标的、系统统一的演绎理论。

然而，进入近代以后，伽利略从几何学出发，从感性上呈现的并且可以数学化的东西出发，在对世界的考察中，抽去了在人格的生活中作为人格的主体，抽去了一切在任何意义上都是精神的东西，抽去了一切在人的实践中附到事物上的文化特性。笛卡儿清醒地看到了这一点，他要求排除一切外在性而回归到理性的"自我"，探求哲学绝对自明的前提。但实际上，笛卡儿并未将他的思想的独创的彻底主义贯彻到底，并没有将他的全部先入之见，没有全面地将这个世界，加以悬搁（"放到括号里"），他被他的目标所吸引，而恰恰没有抽取他在实行悬搁的自我中所获得的最重要的东西，以便纯粹在这个自我上展开哲学的惊异。当笛卡儿宣布了合理的哲学之理念并宣布自然与精神的分离之时，作为迫切需要东西的一种新的心理学就立即出现了，它在笛卡儿的同时代人霍布斯那里就已经出现了。这种将心理东西自然化的做法，经由洛克被传到近代，一直到今天。

胡塞尔对近代哲学的反思得出了这样的结论："哲学在我们今天正面临被怀疑论、非理性主义和神秘主义压倒的危险。"[①] 现代人的整个世界观唯一受实证科学的支配，并且唯一被所造成的"繁荣"所迷惑，这种唯一性意味着人们以冷漠的态度避开了对真正的人性具有决定意义的问题，使人们对于世界由以获得其意义的"绝对的"理性的信念，对于历史的意义的信念，对于人性的意义的信念，即对于人为他个人的生存和一般的人的生存获得合理意义的能力的信念，都崩溃了。"实证主义者可以说是将哲学的头颅砍掉去了。"[②] 因此，现象学要为哲学的未来发展指出一条清晰可靠的道路。"正如我们试图在这里指出的，这种方向是指向超越论哲学的最后形式——即现象学——的，在其中作为被扬弃了的环节，包含着心理学的最后形式，这种形式将彻底根除近代心理学的自然主义意义。"[③]

胡塞尔通过对近代哲学的批判，把哲学的方向从事实的世界转向现象的世

---

① ［德］胡塞尔：《欧洲科学危机与超越论的现象学》，张庆熊译，商务印书馆 2001 年版，第 13 页。

② 同上书，第 19 页。

③ 同上书，第 88 页。

界，实现这一转向需要借助于现象学的方法。首先，将整个自然世界及其与之相关的自然科学和人文科学统统置入括号之中。由于排除了自然界，即心理的和心理物理的世界，因而也排除了由价值的和实践的意识功能所构成的一切个别对象，各种各样的文化构成物，各种技术的和艺术的作品，各种形式的审美价值和实践价值。同样还有如国家、习俗、法律、宗教这类现实对象，"作为超验物的上帝"，作为自然存在和作为人的联合体（Verbande）中的、"社群"中的存在的人以及一切其他生物也被列入排除之列。然而，现象学的还原使现象学在逻辑上面临一个神秘主义和"唯我论"的困境。正像胡塞尔在《笛卡儿沉思》结尾所讲的那样，"现象学一开始就要求成为一门先验哲学，从而要求解决客观知识之可能性的问题，所以，就这点而言，这种反对意见正是针对着我们的现象学的。在它看来：现象学在这方面似乎还停留在现象学还原的先验自我这一出发点上，因而与此相连的是，现象学似乎已不再胜任这一要求了；现象学仿佛陷入了一种先验的唯我论，尽管它不愿意承认这一点"①。由此可见，胡塞尔对"主体间性"的重视，既是哲学内在的逻辑发展的结果，也是对现象学本身逻辑挑战的一种回应。

"主体间性"如何可能？这是胡塞尔"主体间性"研究的关键问题。胡塞尔从单个主体构造他人的身体、心理体验及社会交往的分析开始，进而扩展到对自然世界和精神世界及交互文化（Interkultur）理解的构造分析。从狭义到广义，形成一个逻辑演进的程序。

胡塞尔用"同感"（Einfühlug）来表示自我间接地感知他人意识的方式。"这个问题首先是一个特殊的问题，而且恰好是被当作我在那里（Für – mich – da）的他人的问题，是被当作关于陌生经验即所谓的同感的先验理论的课题。"② 在胡塞尔看来，他我意识只是自我意识的一种映现和转移。"他人按照其被构造出来的意义就是相应于我本人而言的，他人就是我本人的一种映现（Spiegelung），但还不是真正的映现；与我本人相类似，但还不是通常意义上的类似。"③ 在胡塞尔看来，世界只是在意识中呈现的（erscheinend）现象，我由其他的躯体而联想到我自己的躯体，因为我的躯体同时也是我的"身体"。我的"身体"是某种处在"这里"的东西。可以说，在我的身体

---

① ［德］胡塞尔：《生活世界现象学》，倪梁康、张廷国译，上海译文出版社 2002 年版，第 201 页。

② 同上书，第 154 页。

③ 同上书，第 156 页。

中，我始终存在于"这里"。无论我到哪里，这个身体的"这里"都一直随我流浪，它是我始终无法放弃的绝对空间关系点，它"具有其中心的'这里'的被给予的方式"。相对于我的身体——躯体的"这里"而言，任何一个其他的躯体对我来说都是"那里"，"具有'那里'的方式"①。

"共现"（Appraesentation）一词由"Praesentation"（显现）加前缀"Ap"（连同、添加）构成，表示相关现象的连同显现。就对他人的统觉而言，指关于他人的身体、行为和意识的表象在我的意识中连同显现。胡塞尔认为，在通常的情况下，当我们看到他人的身体和行为的时候，我们总会不由自主地联想到他人是有意识的。在我的心目中，关于他人的身体和行为的表象，以及关于他人有意识的表象，几乎是同时浮现出来的。胡塞尔把这种心理现象称为"共现"。"共现"在本质上是统觉的一种特定的类同化活动，但统觉并不是推论，也不是思维活动。每一个统觉，当我们在其中一眼就能立义到并感知地把握到预先被给予的诸对象，如某个预先被给予的日常世界时，当我们在其中一下子就能理解到诸对象意义及其视域时，都往回意向地指明了一个原始促创。在原始促创中，某个具有类似意义的对象才首次被构造出来②。那种在共实存（Koexistenz）中原真不相容的东西之所以成为相容的，是因为原真的自我通过一种共现的统觉而构造出了那个对它而言的另一个自我③。那么，统觉是如何具体地发挥作用而形成共现的呢？胡塞尔认为，形成共现最初内容的一定是对他人的身体状态以及他特有的身体行为的理解，如对起触摸或推拽作用的手、起行走作用的脚、起观看作用的眼等各肢体的理解。同样，共现也可以在对更高心理领域的特定内容的同感中获得。比如，在作为喜怒哀乐的外在行为中标明出来。而那些更高层次的心理事件，可以通过关于我自己的、在其大致的类型区分中被我经验性地熟知的生活外观的联想线索来加以理解。"共现本身是以呈现的一个核心为前提的。它是通过联想而与这种呈现，与这种本真的感知结合在一起的当下化，但这样一种当下化又是在共感知（Mitwahrnehmung）的独特作用中与本真的感知融合在一起的。"④

"结对"（Paarung）是自我觉知他我的另一种方式。"结对，即作为一对

---

① ［德］胡塞尔：《生活世界现象学》，倪梁康、张廷国译，上海译文出版社 2002 年版，第 29 页。

② 同上书，第 174 页。

③ 同上书，第 183 页。

④ 同上书，第 185—186 页。

进而作为一组、作为多数而组态出现的东西，是先验的（相应的意向心理学的）领域的一种普遍现象；而且，应该补充一点，在某种程度上可以说，任何一个结对都是现实的，它可以在某种程度上扩展为一种值得注意的、保持在活生生的现实中的关于类比的立义的原始促创。"① 胡塞尔认为，自我与另一个自我总是必然地在本源的结对中被给予出来。"结对就是那种我们称为与认同的被动综合相对立的联想的被动综合的一种原始形式。"② 在结对的联想中，本己的自我通过意向重叠（übergreifen），发现两个甚至两个以上材料之间的相似性，建立一种叠合的综合统一体，而且通过相互的自身唤醒（Sich-wecken），由此及彼地实现意义的传递。"如果现在在我原真领域内凸现出了一个与我的躯体相类似的躯体，就是说，一个必须是以与我的躯体达到了现象上的结对这样一种方式而被获得的躯体，那么，现在看来马上就清楚了，在意义的递推（Sinnesüberschiebung）中，它一定会从我的身体中立即获得一个身体的意义。"③ 比如，我们总会不由自主地从一只鸟的左边的翅膀联想到它右边的翅膀；从自己的身体联想到他人的身体，从自己是有意识的也结对联想到他人是有意识的，等等。

胡塞尔认为，通过以上几种方式构造的他人绝不是以封闭的单子的方式存在的，一种单子的和谐（Harmonie）本质上属于客观世界的构造，而不是形而上学的基底结构（Substruktion），他人的自我连同我的自我一起形成一个互依互为地存在着的"自我—共同体"（Ich-Gemeinschaft），也就是说，自我总是以群体化的方式存在着的。通过这种群体化，先验的主体间性就具有了一个交互主体的本己性领域，在其中，先验的主体间性就交互主体地构造出了一个客观的世界，因而它作为先验的我们就是对这个世界来说的主体性，也是对人的世界来说的主体性，在这样一种形式中，主体性本身被客观现实化了。"在先验的具体性中，与这个共同体相一致的是一个相应的开放的单子共同体，我们把这种单子共同体称为先验的主体间性。"④ 借助于真正的、社会的群体化，在作为独一无二的精神客观性的客观世界内部，社会共同体的不同类型就在其可能的阶段秩序中构造起来了，其中，最卓越的类型就是那些具有较高秩序的

---

① ［德］胡塞尔：《生活世界现象学》，倪梁康、张廷国译，上海译文出版社 2002 年版，第 175 页。

② 同上书，第 176 页。

③ 同上书，第 177 页。

④ 同上书，第 195 页。

人格特征的类型。胡塞尔认为，每一个人都先天地生活在同一个自然中，并且是生活在这样一个自然中，即每一个人在他自己的生活与他人的群体化中，必然会通过个体的和群体化的行动而形成一个文化世界，一个具有人的意义的世界——尽管这个世界还仍然处在一个如此原真的阶段上。总之，主体间性的世界不再是一个孤独的单子式的世界，而是一个开放的、主观与客观、自然与文化综合统一的交往的世界。

那么，"主体间性"理论的提出是否是对胡塞尔早期现象学观念的否定呢？胡塞尔在《笛卡儿沉思》中明确指出："我们首先应该注意的是，无论在什么地方，先验的态度，先验悬搁的态度都没有被放弃。"① 这就清楚地告诉我们，现象学的基本观念从来没有改变，"主体间性"理论仍然是建立在"纯粹意识"理论基础之上的，"主体间性"理论是对现象学观念的一个进一步的补充。胡塞尔指出，当其他人全都被加了括号时，我怎样获得他人和我自己，开始时人们并不了解，于是就提出了对现象学的种种指责，"只有通过这些解释，现象学的先验'观念论'的充分的和真正的意义才可以为我们所理解，一种唯我论的假象被消除了"②。

胡塞尔之后，海德格尔、伽达默尔、哈贝马斯、舒茨等人从多视角作了新的发挥，以致"主体间性"研究成为当代西方哲学的重要趋向。以海德格尔为代表的存在主义哲学家认为，"自我"与"他人"的关系并不是一种理论上的构造性关系，而是一种原初的"共在"关系，在世界形成之时，"自我"和"他人"就已不可避免地联结在一起。"'他人'并不等于说在我之外的全体余数，而这个我则从这全部余数中兀然特立；'他人'倒是我们本身多半与之无别、我们也在其中的那些人。这个和'他人'一起的'也在此'没有一种在一个世界之内'共同'现成存在的存在论性质。这个'共同'是一种此在式的共同。这个'也'是指存在的同等，存在则是寻视着操劳在世的存在。'共同'与'也'都须从生存论上来了解，而不可从范畴上来了解。由于这种有共同性的在世之故，世界向来已经总是我和他人共同分有的世界。此在的世界是共同世界。'在之中'就是与他人共同存在。他人的在世界之内的自在存在就是共同此在。"③ 但是，海德格尔又认为，在现实的日常生活中，自我在

---

① ［德］胡塞尔：《生活世界现象学》，倪梁康、张廷国译，上海译文出版社2002年版，第201页。

② 同上书，第203页。

③ ［德］海德格尔：《存在与时间》，陈嘉英、王庆节译，生活·读书·新知三联书店1999年版，第137—138页。

"共在"里往往不能领会自己的独特存在，往往在与他人的交往中忘却自己，常常以"他人"的身份来考虑自己，筹划自己的生活，放弃了自己生活的独立性。这样，在交互主体中，自我就会因受制于他人而丧失个性，远离本质，人云亦云，人行亦行，消融在无个性的"一般人"（das Man）之中。海德格尔将这样的状态称为自我的"非本真状态"，是主体的"沉沦"。在海德格尔看来，与他人共在是一种必然的无奈或无奈的必然。

　　以伽达默尔为代表的解释学家们认为，人们是在语言中领会自我与他人关系的。语言是人们生活于世界之中的共同的背景，"在所有关于自我的知识和关于外界的知识中我们总是早已被我们自己的语言包围"①。人通过语言理解世界的过去和现在。"人们所说的话语构成了一个我们生活于其中的共同世界。"② 只要一个人所说的是其他人不理解的语言，他就不是在讲话。在这个意义上可以说，"讲话并不属于'我'的领域而属于'我们'的领域"③。语言并不是一个封闭的可以言说的领域，毋宁说，"语言是包容一切的。没有任何东西可以完全从被言说的领域中排除出去。我们的讲话能力同理性的普遍性完全一致"④。语言的本质在于对话，对话需要对其伙伴的尊重。文本作为主体，在说话，在提问，在反驳，在迫使我改变视域。我把文本作为主体来对待，不敢忽视你的要求，必须听取你要对我说的东西。这个过程反过来也一样。正是这种彼此的开放性，构成了一种真正的"人"的关系。

　　以哈贝马斯为代表的西方马克思主义者认为，交往行为比工具合理意义上的生产力具有更大的社会进化意义，而且交往行为本身遵循独立的规范进化逻辑，也就是道德意识的发生学逻辑。哈贝马斯指出，"交往行动首先是指，使参与者能毫无保留地在交往后意见一致的基础上，使个人行动计划合作化的一切内在活动"⑤。交往合理化意味着对一种幸福的期待，幸福不在于聚敛物质的东西，"而是指去建立一种社会关系，在这种社会关系中，相互共存占统治地位"⑥。哈贝马斯认为，交往行为理论具有人类解放的旨趣，具有社会发展的旨趣。这种旨趣意在解决晚期资本主义社会的合法性危机，即系统对生活世

----

① ［德］伽达默尔：《哲学解释学》，夏镇平、宋建平译，上海译文出版社1994年版，第62页。
② 同上书，第65页。
③ 同上书，第65页。
④ 同上书，第67页。
⑤ ［德］哈贝马斯：《交往行动理论》第1卷，洪佩郁等译，重庆出版社1994年版，第8页。
⑥ ［德］哈贝马斯：《交往与社会进化》，张博树译，重庆出版社1998年版，第205页。

界的侵入。也就是解决市场金钱关系和权力统治关系对生活世界的渗透，消除伪交往，重建合理的生活世界，实现人与人之间的和谐、亲善。途径在于建立理想的语言交往，通过平等的对话与商谈来实现。为此，哈贝马斯通过一种普通语言学的理路来建构理想的交流语境，实现主观世界、客观世界和社会世界三个相关视域的统一，达到工具合理性、交往合理性和审美合理性三种生存维度的统一，从而挽救现代性，治疗西方文明的危机。

胡塞尔"主体间性"理论的意义首先在于他提出了问题，它标志着西方哲学家在自我与他人关系问题上思维方式的重要转变。自古希腊以来，西方哲学家在思考人的问题时，总是从主体和客体对立的角度，从寻求个体相对于自然和神灵的独立自主的角度去思考。这样，展现在西方哲学史上的是一个个独立的单子式的个人，其结果是个体私欲的膨胀和极权主义的猖獗。自然环境的破坏和两次世界大战的发生都给胡塞尔的心灵以极大的震动，他力图在现象学的视野里寻求在自我之外的其他自我存在的合理性，标志着西方哲学从主客二分、主客对立思维向主客一体、主客共在思维的转向，这种企图无疑具有进步意义，反映了时代发展的需要，开辟了一种哲学研究的新领域。胡塞尔之后，"主体间性"成为西方哲学研究的重要问题之一，海德格尔、舍勒、哈贝马斯、伽达默尔、舒兹等人先后从不同的视角作了发挥。胡塞尔虽有开创之功，但胡塞尔对"主体间性"的研究是以现象学还原为前提的，他的讨论始终没有超出"纯粹意识"的范围，在先验意识基础上的"主体间性"如何可能，这仍然是一个悬而未决的问题。胡塞尔晚年虽然提出了"生活世界"的理念，认为"生活世界"要比"客观—科学世界"更为本原，他说，"生活世界是原初自明性的领域"，而"客观的—科学的世界的知识是'奠立'在生活世界的自明性之上的"①，但在胡塞尔"主体间性"的具体论述中，"生活世界"又成了被还原的对象，如何解释"纯粹意识"现象学与"生活世界"之间的关系，胡塞尔本人也是语焉不详。马克思曾指出："全部社会生活在本质上是实践的。凡是把理论引向神秘主义的神秘东西，都能在人的实践中以及对这个实践的理解中得到合理的解决。"② 胡塞尔虽然提出了"生活世界"的概念，但在解决"主体间性"的问题时，又把"生活世界"悬搁起来，还不能指导现

①　［德］胡塞尔：《欧洲科学的危机与超越论的现象学》，张庆熊译，商务印书馆2001年版，第154、158页。

②　《马克思恩格斯选集》第1卷，人民出版社1995年版，第57页。

实的生活世界。

（三） 马克思"自由人联合体"的实质

马克思深刻批判资本主义下人与人之间的对立和不平等，揭示人类消灭以往"虚假共同体"，实现真正平等，建立"自由人联合体"的必然性。在马克思的视野里，未来社会，即推翻资本主义后建立的社会主义和共产主义必然是一个主体间性的社会。马克思的思想逻辑包含在他的交往理论中。

1. 实践基础上的交往关系是人类本质的体现。马克思指出，"人是社会存在物"，人的本质并不是单个人所固有的抽象物，在其现实性上，它是一切社会关系的总和。人们"只有以一定的方式共同活动和互相交换其活动，才能进行生产。为了进行生产，人们相互之间便发生一定的联系和关系；只有在这些社会联系和社会关系的范围内，才会有他们对自然界的影响，才会有生产"[①]。虽然甚至连野蛮人和动物也有"和同类交往的需要"[②]，但是，人的交往与动物的交往有着本质的区别：动物的交往只是按照它所属的那个种的尺度和需要来进行，而人的交往则能够突破这样的限制，使交往的范围和内容更为丰富，并在交往中实现自由；动物的交往是和它的生命活动直接同一的，人则使自己的生命活动本身变成自己的意志和意识的对象。任何个人、组织、民族、国家，一旦停止与他人的交往，他（它）的生命就要完结了。

与以往的一切旧哲学或者从人们所说的、所设想的、所想象的现实世界之外的东西出发，或者从口头所说的、思考出来的、设想出来的、想象出来的人出发的做法相反，马克思把实践的观点引入哲学，在实践的基础之上重新解释交往关系，实现了交往关系研究视角的根本转变。一方面，作为交往主体的人通过实践活动创造对象世界，即改造无机界，证明了自己是有意识的社会存在物，也就是这样一种存在物，它把社会看作自己的本质，或者说把自身看作社会存在物。另一方面，自然界也通过实践活动融入人的世界。"整个所谓世界历史不外是人通过人的劳动而诞生的过程，是自然界对人说来的生成过程。"[③]

马克思批判了两种截然对立的思维方式。一种是机械唯物主义的思维方式：对对象、现实、感性，只是从客体的或者直观的形式去理解，而不是把它

---

① 《马克思恩格斯选集》第 1 卷，人民出版社 1995 年版，第 344 页。
② 《马克思恩格斯全集》第 42 卷，人民出版社 1979 年版，第 19 页。
③ 同上书，第 131 页。

们当作感性的人的活动,当作实践去理解,不是从主体方面去理解;一种是唯心主义的思维方式:对对象、现实、感性只是从主体方面去理解,它虽然看到了事物的运动和主体的能动的方面,但它的理解却是抽象的,因为唯心主义当然是不知道现实的、感性的活动本身的。马克思从实践出发,既超越了旧唯物主义的思维方式,也超越了唯心主义的思维方式,使交往问题的研究建立在一个全新的真实的起点之上。

2. 资本主义的交往关系仍然是人对人的奴役关系。早在《莱茵报》工作期间,马克思已经看到了摩泽尔河沿岸地区农民"骇人听闻的贫困"、"经常性的贫困"、"普遍性的贫困"。但普鲁士政府从省总督、政府官方发言人、上级机关到政府各部门,或者认为"农民的贫困状况是虚构的",或者只承认"摩泽尔河沿岸地区的特殊的贫困"①。

在《1844 年经济学哲学手稿》中,马克思以大量的篇幅描述了资本主义"异化劳动"造成的人与人之间的不平等。劳动为富人生产了奇迹般的东西,但是为工人生产了赤贫。劳动生产了宫殿,但是给工人生产了棚舍。劳动生产了美,但是使工人变成畸形。劳动用机器代替了手工劳动,但是使一部分工人回到野蛮的劳动,并使另一部分工人变成机器。劳动生产了智慧,但是给工人生产了愚钝和痴呆。劳动本来是人的自由自觉的活动,但现在却仅仅变成了人们谋生的手段。"只要肉体的强制或其他强制一停止,人们会像逃避瘟疫那样逃避劳动。"②

在《共产党宣言》中,马克思进一步指出:"至今的一切社会都是建立在压迫阶级和被压迫阶级的对立之上的。……农奴曾经在农奴制度下挣扎到公社成员的地位,小资产者曾经在封建专制制度的束缚下退缩到资产者的地位。现代的工人却相反,他们并不是随着工业的进步而上升,而是越来越降到本阶级的生存条件以下。工人变成赤贫者,贫困比人口和财富增长得还要快。"③ 资产阶级虽然创造了巨大的生产力,破坏了封建宗法的交往关系,但却"使人和人之间除了赤裸裸的利害关系,除了冷酷无情的'现金交易',就再也没有任何别的联系了。它把宗教虔诚、骑士热忱、小市民伤感这些情感的神圣发作,淹没在利己主义打算的冰水之中。它把人的尊严变成了交换价值,用一种

---

① 《马克思恩格斯全集》第 1 卷,人民出版社 1995 年版,第 378 页。
② 《马克思恩格斯全集》第 3 卷,人民出版社 2002 年版,第 269、270 页。
③ 《马克思恩格斯全集》第 1 卷,人民出版社 1995 年版,第 284 页。

没有良心的贸易自由代替了无数特许的和自力挣得的自由。总而言之，它用公开的、无耻的、直接的、露骨的剥削代替了由宗教幻想和政治幻想掩盖着的剥削"①。它开拓了世界市场，把民族的历史转变为世界历史，但却使"未开化和半开化的国家从属于文明的国家，使农民的民族从属于资产阶级的民族，使东方从属于西方"。它开创了巨大的城市，但却使"农村从属于城市"②。总之，资产阶级所建立的交往关系仍然是奴役关系。

在《资本论》中，马克思按交往关系的发展，将社会分为三种不同的形态。"人的依赖关系（起初完全是自然发生的），是最初的社会形态，在这种形态下，人的生产能力只是在狭窄的范围内和孤立的地点上发展着。以物的依赖为基础的人的独立性，是第二大形态，在这种形态下，才形成普遍的社会物质变换，全面的关系，多方面的需求以及全面的能力的体系。建立在个人全面发展和他们共同的社会生产能力成为他们的社会财富这一基础上的自由个性，是第三个阶段。"③ 马克思更加深刻地揭露资本主义的罪恶。他指出：随着资本主义的发展，欧洲的舆论丢掉了最后一点羞耻和良心。各国恬不知耻地夸耀一切当作资本积累手段的卑鄙行径。"英国获得了到 1743 年为止每年供给西班牙美洲 4800 个黑人的权利。" "利物浦用于奴隶贸易的船只，1730 年 15 艘，1751 年 53 艘，1760 年 74 艘，1770 年 96 艘，1792 年 132 艘。"④ 资本家不惜雇佣妇女和童工以创造更多的剩余价值。"在诺丁汉，常常可以看到 15 个至 20 个儿童挤在一间也许不超过 12 英尺见方的小房间里，一天 24 小时内要干 15 小时，这种劳动本身由于单调乏味而令人厌倦，而且劳动条件对健康极为不利……甚至年龄最小的儿童干起活来也紧张得要命和迅速得惊人，他们的手指几乎不能稍停一下或放慢一点。如果有人向他们问话，他们也眼不离活儿，唯恐耽误了一分一秒。"⑤ 马克思总结说："资本来到世间，从头到脚，每个毛孔都滴着血和肮脏的东西。"⑥ 马克思从无产阶级的解放开始，以全人类解放为最终指归。但马克思指出：生产力和生产关系、经济基础和上层建筑的矛盾是人类社会最基本的矛盾，是阶级和阶级斗争以及人类苦难的总根源。

---

① 《马克思恩格斯全集》第 1 卷，人民出版社 1995 年版，第 275 页。
② 同上书，第 276—277 页。
③ 《马克思和恩格斯全集》第 46 卷（上），人民出版社 1979 年版，第 104 页。
④ 马克思：《资本论》第 1 卷，人民出版社 2004 年版，第 870 页。
⑤ 同上书，第 537—538 页。
⑥ 同上书，第 871 页。

3. "自由人联合体"的实质在于建立一个互为主体的社会。马克思在全面批判资本主义的基础上指出：无产阶级只有通过建立政党，用暴力打碎资产阶级的国家机器，才能消灭现有的交往关系，建立自由人的联合体。"代替物那存在着阶级和阶级对立的资产阶级旧社会的，将是这样一个联合体，在那里，每个人的自由发展是一切人的自由发展的条件。"① 共产主义本质上是一个主体间关系的社会。而主体间关系的实现以生产力的高度发展、阶级和国家的消灭、生产资料公有制的建立、社会有计划生产和按需分配的实行为前提。

首先，由于消灭了资本主义私有制，建立生产资料公有制，因而也就消除了一部分人对另一部分人的剥削和压迫，消除了利己主义的物质前提。在马克思和恩格斯看来，私有制的存在是现代资产阶级奴役关系的重要前提，只有消灭了私有制，才能消灭人对人的依赖和人对物的依赖。因此，他们始终把所有制问题即消火私有制代之以公有制作为无产阶级解放运动的"基本问题"。他们甚至断言：社会主义理论在一定意义上可以概括为一句话："消灭私有制。"马克思恩格斯所设想的生产资料公有制，是指生产资料的社会所有制，在《1848—1850 年的法兰西阶级斗争》中，马克思把它具体化为"使生产资料受联合起来的工人阶级支配"②。在《资本论》中，马克思称其为"个人所有制"，"在协作和对土地及靠劳动本身生产的生产资料的共同占有的基础上，重新建立个人所有制"③。

其次，人们的觉悟将大大提高，消除了生产的无政府状态，劳动成为人们的第一需要，人们将按照社会统一的计划，为他人而生产。按照马克思和恩格斯的设想，在未来的社会制度中没有商品和货币交换，实行有计划的生产。"生产者不交换自己的产品；用在产品上的劳动，在这里也不表现为这些产品的价值，不表现为这些产品所具有的某种物的属性，因为这时，同资本主义社会相反，个人的劳动不再经过迂回曲折的道路，而是直接作为总劳动的组成部分存在着。"④这样，"一旦社会占有了生产资料，商品生产就将被消除，而产品对生产者的统治将随之消除。社会生产内部的无政府状态，将为有计划的自觉的组织所代替"⑤。在生产资料的社会化和由此而来的管理的社会化的基础上，每一个别行

---

① 《马克思恩格斯选集》第 1 卷，人民出版社 1995 年版，第 294 页。

② 同上书，第 409 页。

③ 《马克思恩格斯选集》第 2 卷，人民出版社 1995 年版，第 269 页。

④ 《马克思恩格斯选集》第 3 卷，人民出版社 1995 年版，第 303 页。

⑤ 同上书，第 633 页。

业的生产以及这种生产的增加都不再通过价值规律和市场机制调节，而是直接由社会需要调节和控制，由社会"按照一个统一的大的计划协调地配置自己的生产力"①。

再次，生产力高度发展，以致产品可以实行"按需分配"，充分满足人们的需求，人们不再为物质的匮乏而争斗。马克思指出，在共产主义的第一阶段，即低级阶段，是刚刚从资本主义社会中产生出来的，因此它在各方面，在经济、道德和精神方面都还带着它脱胎出来的那个旧社会的痕迹。生产力还不够发达，个人消费品还只能实行"按劳分配"的原则。每一个生产者，在作了各项扣除以后，从社会领回的，正好是他给予社会的。他给予社会的，就是他个人的劳动量。"他从社会领得一张凭证，证明他提供了多少劳动，他根据这张凭证从社会储存中领取一份耗费同等劳动量的消费资料。"② 在共产主义的高级阶段，在迫使个人奴隶般地服从分工的情形已经消失，从而脑力劳动和体力劳动的对立也随之消失之后；在劳动已经不仅仅是谋生的手段，而且本身成了生活的第一需要之后；随着社会生产力的增长和个人的全面发展，他们的生产也增长起来，而"集体财富的一切源泉都充分涌流之后"，社会将实行"各尽所能，按需分配"③。

最后，消灭了阶级，国家逐步自行消亡，个人变成了"世界公民"，可以自由全面发展。马克思和恩格斯认为，当彻底消灭了阶级剥削和阶级压迫，消灭了人对人的统治的时候，国家也就自行消亡了。"当阶级差别在发展进程中已经消失而全部生产集中在联合起来的个人的手里的时候，公共权力就失去政治性质。"无产阶级在消灭旧的生产关系的同时，"也就消灭了阶级对立的存在条件，消灭了阶级本身的存在条件，从而消灭了它自己这个阶级的统治"④。自由人的联合体首先是一个摆脱分工的限制，个人自由全面发展的社会，"在共产主义社会里，任何人都没有特殊的活动范围，而是都可以在任何部门内发展，社会调节着整个生产，因而使我有可能随自己的兴趣今天干这事，明天干那事，上午打猎，下午捕鱼，傍晚从事畜牧，晚饭后从事批判，这样就不会使我老是一个猎人、渔夫、牧人或批判者"⑤。其次，自由人联合体也将是一个

① 《马克思恩格斯选集》第3卷，人民出版社1995年版，第646页。

② 同上书，第304页。

③ 同上书，第305—306页。

④ 《马克思恩格斯选集》第1卷，人民出版社1995年版，第294页。

⑤ 同上书，第85页。

你帮我，我帮你，人人平等，公而忘私，充满关爱，互为主体的社会。

（四）当代中国哲学研究的严重不足

20 世纪 80 年代之后，伴随国门的打开，西方哲学思想潮水般涌入中国，形成了研究西方哲学的热潮。随着对西方哲学、特别是现代西方哲学研究的深入，主体间关系问题也成为中国哲学界讨论的热点，主要有以下三种情况。

1. 对现代西方哲学文本的翻译和介绍。倪梁康的《现象学及其效应》一书，对胡塞尔交互主体性思想的由来、内涵及其在德国哲学中的反响作了最初的论述。他指出："交互主体性"（Intersubjektivitaet）这个术语在今天的西方哲学中首先意味着一个社会哲学的概念。但"交互主体性"的概念首先是作为哲学本体论和认识论的范畴而被提出的。我们可以把所有认识论的问题归结为两个方面：一是认识主体与认识客体的关系问题；二是认识主体与其他认识主体的关系问题。从一方面来说，"交互主体性"意味着相对于自我而言的他我、他人，就是说，它又涉及"我"与"你"或"我"与"他"的关系问题：对于一个主体来说，客体是一个"他物"，一个在我之外、与我相对的客体；而别的主体则是"他人"，一个在我之外、与我相对的另一个主体，这里的问题不在于我作为主体是否以及为什么能够认识另一个主体？另一个主体的存在如何对我成为有效的事实。从另一方面来说，"交互主体性"又涉及"我"和"我们"的关系。这里的问题在于：为什么有些东西对我有效却不对我们大家（你和他，等等）都有效，从而可以被认作是"主观的"？相反，为什么另一些东西对我有效并且同样也对我们所有人（你和他，等等）都有效，从而可以被认作是"客观的"？在这里，正如他物的存在已经被设定一样，他人的存在也已经被肯定，已经不再成为问题。"交互主体性"所涉及的是两个以上的主体之间的共同性和他们沟通的可能性[①]。张庆熊的《自我、主体际性与文化交流》一书，通过对"纯粹自我"和"人格自我"、私人语言和唯我论、自我和社会中的交互行为、生活世界等问题的解剖，说明主体间性的分析已经成为西方文化发展的重要趋向，并由此展开西方文化发展与马克思市民社会、中国传统文化的比较分析。王晓东的《西方哲学主体间性理论批判》一书，重点分析了西方哲学中主体间关系理论的三种基本形态，即认识论形态、生存论形态、历史理论形态。

---

① 倪梁康：《现象学及其效应》，生活·读书·新知三联书店 1994 年版，第 139—156 页。

2. 从主体间关系视角审视马克思主义哲学。任平在《走向交往实践的唯物主义》一书指出，交往实践观是"马克思新历史观的地平线"，而"交往实践"的基本特征和功能是：交往实践是主体间的物质交往活动，具有主体性、交往性和客观性统一的特征；诸主体性或主体际性；"主体—客体"、"主体—主体"双重关系的统一结构；"主体—客体—主体"相关性模式；双向建构、双向整合；系统性；历史性①。郭湛在《主体性哲学》一书认为，主体在交往中表现出来的主体间性或主体际性，实际上是一种交互主体性。但"主体间性实际上是人的主体性在主体间的延伸，它在本质上仍然是一种主体性"②。人在社会的联系和交往中，在意识到自己的主体性的基础上，必然也会意识到弥漫于人们之间的社会的公共性。王南湜在《追寻哲学的精神》一书中指出，主体间的交往关系是主客体间关系的一个重要环节。在马克思那里，交往问题基本上是在对旧哲学主客体理论的批判中提出并作为解决主客体关系问题的一个重要方面的③。高鸿在《数字化时代主体间性问题研究》一书认为，网际主体间性是人们在网络空间中实践、交往时，基于"共在"基础上的人与人之间的相互关联和互动关系，它包括网际交互主体性和网际共主体性两个方面。数字化时代主体间性的特征主要是：去中心化、跨时空性、弱主体间性、扁平化④。

3. 对中国哲学主体间关系零星的、个案式研究。中国哲学界对主体间关系的研究经历了两个重要阶段。20 世纪 80 年代，张立文、赵馥洁、蒙培元等人明确肯定中国哲学具有关于主体性的思想。赵馥洁在《中国传统哲学的主体性思想》一文认为，"自先秦开始中国传统哲学就特别重视人的主体性问题，后来许多哲学家都对此发表了自己的见解，形成了颇具特色的主体性理论"⑤。蒙培元在《中国哲学主体思维》一书，对中国哲学主体思维的基本表现作了比较系统的论证，认为主体思维是中国哲学"最重要的或核心的内容"。他指出：这里所说的主体思维，同西方哲学以主客体相分离、相对立为特征的主体思维，性质有所不同甚至完全相反，因为它是以主体与客体、人与自然相统一为基本前提的。中国哲学的主体性思维突出表现在：自

---

① 任平：《走向交往实践的唯物主义》，人民出版社 2003 年版，第 1、56—60 页。
② 郭湛：《主体性哲学》，云南人民出版社 2002 年版，第 250 页。
③ 王南湜：《追寻哲学的精神》，北京师范大学出版社 2006 年版，第 153 页。
④ 高鸿：《数字化时代主体间性问题研究》，上海社会科学院出版社 2008 年版，第 19—21 页。
⑤ 赵馥洁：《中国传统哲学的主体性思想》，《青海社会科学》1991 年第 6 期。

我反思型内向思维、情感体验型意向思维、主体实践型经验思维、自我超越型形上思维①。陈红兵在《庄子、荀子主体性思想比较》一文认为，庄子的主体性思想注重人的内在本性和心灵的独立和自由，荀子的主体性思想则注重人的道德修养和治理天下的实践，突出表现在天人关系理论、心性论、理想人格理论三方面②。

20世纪90年代中期以后，主体间关系的分析逐渐呈现于中国哲学界。杨国荣在《人我之间：成己与无我——论王阳明对主体间关系的思考》一文中，对王阳明哲学中的相关思想作了初步梳理，认为在王阳明那里，从成己到万物一体，"表现为一个由主体走向主体间的过程"，"主体间分离、冲突的根源在于有私，打通主体间关系既要以人道原则来担保，又离不开去私的过程"③。周宏在《礼乐与仁爱精神的起源——先秦儒家的交互主体性思想论》一文认为，在先秦儒家中，孔子将哲学建立在对人的理性思考上，开创性地提出了具有丰富交互主体性思想因素的儒家学说。作为孔子思想的继承者，孟子和荀子从他们所处的时代出发，从礼乐和仁爱两个不同的方向对孔子学说进行深化和拓展，使交互主体性思想成为儒家学说的一项基本的内容和原则④。

以上的分析说明，目前中国哲学界关于主体间关系的研究还十分有限。中国哲学中有无关于主体间关系的思想？如果有，它何时产生，又如何发展，对中国传统思想文化、历史发展起了怎样的作用？中国哲学关于主体间关系的思想对于我们建构21世纪的主体间关系有怎样的启发意义？所有这些问题，迄今尚未形成比较系统的认识，很有必要进行深入的探讨和研究。

二　中国哲学建构主体间关系的逻辑可能

与西方哲学更多关注个体的独立、自由、平等及其权力的传统有所不同，中国哲学在其源创时期就特别关注主体的群体，善于把主体置于群体关系中去思考，因而一开始所讨论的对象就是主体间关系，并一以贯之，成为中国哲学

---

① 蒙培元：《中国哲学主体思维》，人民出版社1993年版，第1页。

② 陈红兵：《庄子、荀子主体性思想比较》，《管子学刊》2004年第4期。

③ 杨国荣：《人我之间：成己与无我——论王阳明对主体间关系的思考》，《中州学刊》1996年第5期。

④ 周宏：《礼乐与仁爱精神的起源——先秦儒家的交互主体性思想论》，《山西高等学校社会科学学报》2003年第6期。

的重要特点。

（一）社会激荡引出问题争鸣

主体间关系的发生发展归根结底是由生产力和交往的发展状况决定的。春秋战国之际，生产力大发展，原有的封闭状态被打破，不同主体间的交往日益增加，而各国间争霸战争的爆发，把人与人、邦与邦、国与国等不同主体间的关系问题提到理论思维空前迫切的位置，这是主体间关系在春秋战国之际得以关注和思考的重要社会根源。

1. 生产力发展使交往活动日益增加。大约春秋初年，中国人就发明了冶铁技术，制造出最早的铁器。到春秋后期，人们改进铸铁技术，铁的硬度提高，适用于制造各种农具与手工用具。在先秦文献中，有多处关于冶铁用铁的记载。《国语·齐语》有"美金以铸剑戟，试诸狗马；恶金以铸锄、夷、斤、劚，试诸壤土"。这里所载"美金"指青铜；所言"恶金"即指铁，它可以用来铸造农具。冶铁技术发明后，铁器以其锋利、坚硬取代青铜器，开始被广泛使用于社会生产和生活。《管子·海王篇》说，齐国"一女必有一针一刀"，"耕者必有一耒一耜一铫"，"行服连轺辇者，必有一斤一锯一锥一凿"。而且，春秋中后期，牛耕已成为人们司空见惯的事情。公元前598年，楚国已经流行"牵牛以蹊人之田，而夺之牛"（《左传·宣公十一年》）的比喻。晋国"宗庙之牺，为畎亩之勤"（《国语·晋语》）。晏子说："服牛死，夫妇哭，非骨肉之亲也，为其利之大也。"（《晏子春秋·内篇·谏下第二》）战国时期，牛耕进一步得到推广并开始使用铁犁。

生产的发展直接刺激手工业和商业的发展。春秋时期，在官府手工业和家庭手工业之外，出现了专门从事商品生产的小手工业者，独立的富商也开始出现，日益成为社会的活跃力量。"工商食官"的局面被打破，涌现出许多商品市场和大大小小的商人。诸侯各国之间经常有商贾往来，从事贸易。尤以郑国的商人最为活跃，足迹遍布齐、楚、晋、周之间。由于商业的发展，作为交换中心的城市也相应兴起，到战国时代，城市规模显著扩大，出现"千丈之城，万家之邑相望也"（《战国策·赵策三》）的局面。城市人口急剧增多，市面繁荣，"万家之都"、"万家之县"、"万家之邑"（《战国策·赵策一》）随处可见。除一般"商贾"和"贩夫贩妇"经营的中小商业外，还有数量较少但规模和影响较前者为大的富商大贾。他们经营采矿、冶铁、铸币、煮盐等大手工业以及长途贸易等。《史记·货殖列传》提到的许多大商人、大手工业者就有陶朱公、白圭、刁间、程郑、蜀卓氏等。

2. 宗法制度解构伴随新型交往关系形成。西周时期，人与人之间的关系以宗法关系为基础。"宗统为本，君统为末"，宗法原则高于一切，宗法制决定了"分封制"的施行和存在，"分封制"集中体现了"嫡尊庶卑"的宗法制精神。大宗必须领导小宗，小宗必须维护大宗，宗子是宗族内的中心，其独尊地位不容觊觎。所谓"天子建国，诸侯立家，卿置侧室，大夫有贰宗，士有隶子弟，庶人工商各有分亲，皆有等衰。是以民服事其上而下无觊觎"（《左传·桓公二年》）。其中秩序繁杂，等级森严，不可逾越。所谓"王臣公，公臣大夫，大夫臣士，士臣皁，皁臣舆，舆臣隶，隶臣僚，僚臣仆，仆臣台，马有圉，牛有牧，以待百事"（《左传·昭公七年》）。宗法制度根据与周族首领文王、武王的血缘关系的新疏远近，确定大宗与小宗的关系，决定人们政治上的高低、贵贱、尊卑，决定人们经济上拥有财产的贫富多寡，这一秩序永远不容变动。

宗法制和分封制所确立的一整套等级制度，都以维护周天子至高至尊的统治地位为最终目的。分封诸侯，是为了"以藩屏周"，拱卫王室；建立宗法，更是为了捍卫大宗的至尊统治。"大邦维屏，大宗维翰，怀德维宁，宗子维城。"（《雅·板》）诸侯作为天子的代表者和王室的保卫者，在宗法体系中占有极为重要的地位，所起的作用不容低估。宗法制与分封制宛若两张网的总纲，诸侯、卿大夫、士则是支纲和网结，承上启下，互引连贯，维系着统治阶级内部的等级关系和统治秩序，约束着被统治阶级的"越轨行为"。

进入春秋后，宗法制度开始解体，新型交往关系初步形成。首先，井田制日益崩溃，土地私有化逐渐发展。西周奴隶制经济基础是土地王有制，所谓"溥天之下，莫非王土；率土之滨，莫非王臣"（《雅·北山》）。周王拥有对全国土地的支配权，除自己直辖的王畿外，其余的王土分封给诸侯，让他们世代享用，但诸侯对受封的土地只有享用权，没有所有权，随时有可能被周王收回，不能买卖，也不能转让。春秋时期井田制崩溃，土地私有逐渐发展，封建地主所有制逐步确立，其最为典型的标志是赋税制度的变化。公元前685年，齐国实行"相地而衰征"，根据土地好坏"按田而税"；公元前594年，鲁国实行"初税亩"，不论公田、私田一律纳税；公元前548年，楚国实行"书土田"；公元前408年，秦国实行"初租禾"。这种赋税改革，虽然其出发点是为了改善本国的财政收入，但事实上是等于公开承认土地私有的合法地位，进一步加快了井田制的崩溃，为地主经济的兴起开辟了道路。由于地主经济迅速发展，大小地主所掌握的土地已属私有，封建国家对于这些土地没有所有权，因而政府作为公共权力机构以土地为对象征收的土地税，与农民交给地主的地租明确分离开来。并且当时各国政府都以法令规定：每个农户除缴纳土地税外，还须向国家提供徭役、兵役，这样，奴隶制的军赋演变为封建的兵役与徭役。

经济关系的变动，土地私有制的发展，使旧的奴隶主贵族周王、各国诸侯和部分卿大夫在新旧势力的激烈斗争中日渐衰落，与此相反，原先地位较低阶层的社会地位、政治地位开始上升，新的社会交往结构开始形成。在这一构成中，处于优势地位的大部分是卿大夫，他们是新型交往关系中最强有力的人物。另有一部分是新兴小地主阶层，他们多由商人、份地农民和手工业者发展而来。最引人注目的是"士"阶层的崛起。当贵族政治衰落之时，各国君主和大臣养士成风，并起用士人辅政为官，士人在各国政治中的作用日益明显。战国时期各国政治间的斗争，在很大程度上便是挑选什么样得力的士人辅政的竞赛。"是故国有贤良之士众，则国家之治厚；贤良之士寡，则国家之治薄。"（《尚贤上》）各国便从西周的旧贵族政治转向了君主与士人联合的政治。在这个转型中，由于政策的不稳定，使政治经济诸方面的统治显出一定的松弛，也使各类士人在当时政治、文化的发展中，发挥了举足轻重的作用。

3. 战争将人与人之间的关系置于哲人思考的前沿。马克思指出："战争本身还是一种通常的交往形式。"[1] 春秋以降，各诸侯国为取得强势地位，展开了激烈的争霸战争。据《春秋》记载，春秋242年间，有36名君主被杀，52个诸侯国被灭，有大小战事483次之多，诸侯的朝聘和盟会450余次[2]。战国更是一个战争频发的年代，孟子描述当时的情形，"争地以战，杀人盈野，争城以战，杀人盈城"（《离娄上》）。据《史记·秦本记》与《秦始皇本纪》记载，秦国在统一中国的过程中所坑杀的战俘、降卒达到令人发指的记录，前后共15次，共计约181万[3]。当时全国总人口人约2000万，等于近1/10的人被杀。可见，春秋至战国，战争十分频繁，无论个人、群体，还是国家，其生命安全没有任何保障，随时都有遭受侵夺的可能。战争把不同主体间的关系问题尖锐地提到哲人思考的前沿。作为不同主体的国家、群体和个人，如何面对其

① 《马克思恩格斯选集》第1卷，人民出版社1995年版，第125页。
② 范文澜：《中国通史简编》第1卷，人民出版社1955年版，第179页。
③ 参见付金才《秦国斩首考》，《历史教学》2008年第2期。

他的国家、群体和个人？老子、孔子、墨子、孟子都明确反对战争。老子认为，喜欢杀人的人不应该得志于天下。"兵者不祥之器，非君子之器，不得已而用之，恬淡为上。胜而不美，而美之者，是乐杀人。夫乐杀人者，则不可以得志于天下矣。"（《第31章》）孔子作《春秋》，主张恢复周礼，以礼治天下。"世衰道微，邪说暴行有作，臣弒其君者有之，子弒其父者有之。孔子惧，作《春秋》。"故曰："孔子成《春秋》而乱臣贼子惧。"（《滕文公下》）墨子带领门徒，四处奔走呼号，阻止战争。"今王公大人天下之诸侯则不然，将必皆差论其爪牙之士，皆列其舟车之卒伍，于此为坚甲利兵，以往攻伐无罪之国。入其国家边境，芟刈其禾稼，斩其树木，堕其城郭，以湮其沟池，攘杀其牲牷，燔溃其祖庙，劲杀其万民，覆其老弱，迁其重器，卒进而柱乎斗，曰：'死命为上，多杀次之，身伤者为下。又况失列北桡乎哉，罪死无赦！'以谆其众。"（《非攻下》）这样的行为，上不利天，中不利鬼，下不利人。孟子认为，诸侯间的争夺土地的战争，"此所谓率土地而食人肉，罪不容于死。故善战者服上刑，连诸侯者次之，辟草莱、任土地者次之"（《离娄上》）。

（二）思想解放造就思考空间

法国实证主义哲学家孔德认为："我们所有的思辨，无论是个人的或是群体的，都不可避免地先后经历三个不同的理论阶段，通常称为神学阶段、形而上学阶段和实证阶段。"[1] 孔德的思想，在一定程度上揭示了人类认识发展的规律。中国是世界四大文明古国之一，社会发展所经历的各阶段较欧洲为早，从鬼神崇拜下解放出来的时间也较欧洲为早。

1. 鬼神崇拜观念的淡化和民本观念的确立。据载，殷商时代，人们还有浓厚的鬼神崇拜观念。"殷人尊神，率民以事神，先鬼而后礼。"这种宗教崇拜的观念在周代已发生了变化。"周人尊礼尚施，事鬼敬神而远之，近人而忠焉。"（《礼记·表记》）周公从殷亡的教训中得出，"民之所欲，天必从之"（《春秋左传·襄公三十一年》），并认为"天不可信"（《周书·君奭》）、"当于民监"（《周书·酒诰》）。箕子提出，"谋及卿士，谋及庶人"（《尚书·周书·洪范》）。随国大夫季梁提出，"夫民，神之主也。是以圣王先成民而后致力于神"（《春秋左传·桓公六年》），明确将"民"置于"神"之上。"民本"是相对于"神本"而言的，"民本"思想当然包含着"以人为本"的观

---

① ［法］奥古斯特·孔德：《论实证精神》，黄建华译，商务印书馆1996年版，第1页。

念。在季梁论述神民关系 40 年之后，史嚚曾就虢公向神献祭，求神赏赐土地一事发表议论："虢其亡乎！吾闻之，国将兴，听于民；将亡，听于神。神，聪明正直而壹者也，依人而行。虢多凉德，其何土之能得！"（《春秋左传·庄公三十二年》）更进一步强调了人的作用。鲁僖公时有五颗陨石降落宋国，有六只鹢鸟飞过宋的都城。宋襄公就此事的吉凶问于周内史叔兴。叔兴指出："君失问。是阴阳之事，非吉凶所在也。吉凶由人，吾不敢逆君故也。"（《春秋左传·僖公十六年》）在叔兴看来，这完全是自然界的变化，和人事的吉凶没有关系。鲁国的闵子马也说："祸福无门，惟人所召。为人子者，患不孝，不患无所敬共父命，何常之有？"（《春秋左传·襄公二十三年》）公元前 509 年，宋国和薛国关于营建周城发生争论。弥牟说，"薛征于人，宋征于鬼，宋罪大矣"（《春秋左传·僖公二十一年》），把宋国"征于鬼"视为罪过。这反映了当时知识分子对人之地位的认识。《诗经》则记录了普通劳动者的抱怨和诅咒，认为"昊天不平"（《小雅·节南山》），"天命不彻"（《小雅·十月之交》），"昊天疾威"（《小雅·小旻》）。而且认为，"下民之孽，匪（非）降自天，噂沓背憎，职竞由人"（《小雅·十月之交》）。甚至对那些不劳而获的贵族发出了责问，"不稼不穑"，"不狩不猎"，却要占有别人的劳动果实，这是偷吃别人粮食的"硕鼠"。

同样地，作为人神交往媒介的巫术也受到质疑。鲁国的开明贵族臧文仲认为，只要人们努力从事农业生产和节约财富，就可以预防天灾，与"巫"没有关系。他说："修城郭，贬食省用，务穑劝分，此其务也；巫尪何为？"（《春秋左传·僖公二十一年》）齐国的国君生病，让巫者祝祷。晏婴指出，国君生病是由于"纵欲厌私"和"斩刈民力"，祈祷是无用的。他说："民人苦病，夫妇皆诅。祝有益也，诅亦有损。聊、摄以东，姑、尤以西，其为人也多矣！虽有善祝，岂能胜亿兆人之诅？"（《春秋左传·昭公二十年》）郑国大夫子产对占星术提出自己的看法："天道远，人道迩，非所及也，何以知之？灶焉知天道？是亦多言矣，岂不或信？"（《春秋左传·昭公十八年》）孔子也对天和鬼神表示怀疑。他说："务民之义，敬鬼神而远之。"（《雍也》）又"子路问事鬼神。子曰：'未能事人，焉能事鬼？'曰：'敢问死。'曰：'未知生，焉知死？'"（《先进》）《左传·昭公八年》记载："八年春，石言于晋魏榆。晋侯问于师旷曰：'石何故言？'对曰：'石不能言，或冯焉。不然，民听滥也。'抑臣又闻之曰：'作事不时，怨讟动于民，则有非言之物而言。'"师旷的言论说明，人们已经不再将现实生活之中的怪异、奇闻与"神灵"进行联系，而将它视为民众对统治者不满时采取的一种手段。如此冷静、正确的认识和见解是与当时人们对天人关系的正确认识分不开的。

2. 人身独立和个体自主空间的扩大。主体间关系以个体的人身独立自由为基本前提。春秋时期，宗法制度对个人的束缚相对减弱，原始残暴的"人殉"现象受到谴责和遗弃，更加重视对精神价值的追求。《左传·襄公二十四年》记载："穆叔曰：……'豹闻之：大上有立德，其次有立功，其次有立言。'"人们已不满足于现实的富贵名利，而是要追求一种万世长存的价值，那就是"立德"、"立功"、"立言"。仅《论语》提到"君子"的地方就有107处[①]。各国"役人"纷纷暴动，敢于反抗贵族的统治。公元前644年，鲁国发生"役人"暴动；公元前624年，沈国发生"民溃"；公元前624年、公元前478年和公元前470年，卫国匠人暴动，等等。役人还以集体逃亡的形式与统治者进行斗争，例如郑国萑苻之"盗"，楚国云梦之"盗"，等等。古书中说：盗跖"聚党数千人，横行天下"（《史记·伯夷列传》），当时"盗跖吟口，名声若日月"（《不苟》）。《论语》中楚狂接舆、长沮、桀溺、荷蓧丈人的出现说明，中国境内已经出现了一些自由农民，他们脱离了家族，按自己的意愿从事个体的农业生产。春秋后期，"工商食官"制度被打破，出现了独立的私人手工业者。如当时著名的能工巧匠公输班，就是一个私人手工业者。不仅贵族、游士弃宗族而不顾，就是普通民众也开始试图离开宗族和家长，他们积聚私财，分家另过，逐渐形成不同于大家族的小家庭。《说林上》载："卫人嫁其子而教之曰：'必私积聚。为人妇而出，常也；其成居，幸也。'其子因私积聚，其姑以为多私而出之。其子所以反者，其所以嫁。其父不自罪于教子非也，而自知其益富。"这是子妇私积的一个显例，虽不幸遇到了强悍的婆婆被遣返回了母家，但从其他材料来看，家庭成员擅自积私财，又无法得到有效制止的现象却越来越严重。工商业的兴盛促进了人们头脑开化，加深了人们对自然、社会、人的认识。同时，由于商业的流动性、渗透性，商品交换就是信息交换，人们对世界的认识逐渐系统化、理论化。

人才在各国间穿梭往来，展开百家争鸣。《左传·襄公二十六年》记载，蔡声子在叙述"楚材晋用"的情况时说，"析公奔晋，晋人置诸戎车之殿"，"雍子奔晋，晋人与之都"，"子灵奔晋，晋人与之邢"，"伯贲之子贲皇奔晋，

---

① 杨伯峻：《论语译注》，中华书局1980年版，第241页。

晋人与之苗"，都使为谋主。晋自骊姬之乱，"诅无蓄群公子"，国内公族势力较弱，对外来者接纳最多。晋文公即位之后，曾公开提出要使"异姓之能"掌其远官，把重用"异姓之能"正式作为一条基本国策，说明他国贵族羁寓于晋者是较多的。战国时期，士人进一步摆脱束缚，可以择主而事，谁供养他们，谁赏识他们的才干，他们就依附谁，为谁效力，合则留，不合则去，朝秦暮楚，不足为奇，家臣"不事二主"的忠贞观念已经被完全破除。如《史记·孟尝君列传》记载："'文常好客，遇客无所敢失，食客三千有余人，先生所知也。客见文一日废，皆背文而去，莫顾文者。今赖先生得复其位，客亦有何面目复见文乎？如复见文者，必唾其面而大辱之。'冯驩结辔下拜。孟尝君下车接之，曰：'先生为客谢乎？'冯驩曰：'非为客谢也，为君之言失。夫物有必至，事有固然，君知之乎？'孟尝君曰：'愚不知所谓也。'曰：'生者必有死，物之必至也；富贵多士，贫贱寡友，事之固然也。君独不见夫趣市朝者乎？明旦，侧肩争门而入；日暮之后，过市朝者掉臂而不顾。非好朝而恶暮，所期物忘其中。'"宾客选择主人，端视是否能从中得利，当利益不丰厚时，自然没有人理会家主，家臣与家主之间已经变成"主卖官爵，臣卖智力"的关系。

由于各诸侯国互相攻伐，放松了对思想的控制，诸子百家著书立说，对社会人生发表见解，涌现出如孔子、老子、墨子、孟子、荀子、庄子、杨朱、商鞅、韩非、孙武等一大批影响深远的思想家，形成了儒家、墨家、道家、法家、名家、纵横家、兵家、杂家等众多的思想流派。他们各张旗帜，互相辩驳，气氛非常活跃。这是中国源创思想的爆发期，各种理论学说表现出来的丰富性、多样性和深刻性都是后世无法比拟的。

3. 辩证思维的发展。中国古人很早就已经从感性直观中认识到事物发展的辩证性，这是主体意识发展的重要标志，也是主体间关系得以建构的先决条件。

早在西周时期，中国人就已经认识到天地万物的变化，开始用"阴阳"、"五行"等范畴解释天地人生。《史记·太史公自序》载："伏羲至纯厚，作《易》八卦。"又说"西伯拘羑里，演《周易》"。《易经》系统剖析自然之道、人事之理。"极天下之赜者，存乎卦；鼓天下之动者，存乎辞；化而裁之，存乎变；推而行之，存乎通；神而明之，存乎其人；默而成之，不言而信，存乎德行。"（《周易·系辞上》）《中庸》讲，周文王已经认识到，如不爱惜自然资源，将"力尽而敝之"，并由是提出"能协天地之胜，是以长久"。《尚书·

洪范》通过箕子和周武王之间的对话，说明"五行"是事物运动的"彝伦攸叙"。周宣王时的尹吉甫提出"天生蒸民，有物有则，民之秉彝，好是懿德"（《大雅·烝民》）的观点。西周末史伯进一步提出："夫和实生物，同则不继。以他平他谓之和，故能丰长而物归之，若以同裨同，尽乃弃矣。"（《国语·郑语》）把尹吉甫的观点提升到一个新的水平。宋国大夫子罕也曾说："天生五材，民并用之，废一不可，谁能去兵。"（《左传·襄公二十七年》）

春秋之际，辩证思维和现实相结合，涌现出诸多辩证法大师。老子揭示事物相反相成、相互转化的普遍性，总结出一系列对立统一的范畴，如有无、难易、高下、前后、长短、进退、美丑、生死、刚柔、强弱、祸福、损益、贵贱、阴阳、动静、攻守、正奇，等等，共计90对之多。孙子揭示战争的规律，提出"战势不过奇正，奇正之变，不可胜穷。奇正相生，如环之无端，孰能穷之"（《势篇》）。认为利害可以转化，必须把握好"杂以利害"的原则，善于化害为利。战争中侧面迂回和正面迎敌两种战术相辅相成，可交替使用。"凡战者，以正合，以奇胜，故善出奇者，无穷如天地，不竭如河。"（同上）孔子系统研究社会伦常，主张"攻乎异端"、"执其两端，用其中于民"，走"中庸之道"，认为"过"与"不及"都不合理，应该根据事物发展的"时"，去掉两端以达到"致中和"、"守中庸"的理想状态。

战国时期，辩证思维进一步沿着不同的方向扩展。庄子深入研究事物之间的相对性，提出了"齐万物而为一"的结论；惠施、公孙龙则把孔子学说中具体的"名"、"实"关系抽象化，进一步发展到对概念的规定和分类、判断、推理等逻辑问题的研究，导致了"合同异"和"离坚白"的争论。墨子对义利关系提出自己的看法，提出了"兼相爱"、"交相利"的主张；《易传》不仅论述了"道"、"器"的一般关系，而且着重论述了"易"的"变"、"通"思想，提出了"一阖一辟谓之变，往来不穷谓之通"（《系辞上》）的论断；荀子"明于天人之分"，提出"制天命而用之"，公开向自然宣战；韩非子概括古今历史的变化，对君臣父子，"法"、"术"、"势"，"实效"、"功用"、"参验"之间的辩证关系都作了新的研究，把"世异则事异"，"事异则备变"，"故事因于世，而备适于事"作为其法治理论的基本原则。

（三）思维品格蕴含必然逻辑

主体间关系强调主体间的共在、平等、协调、同一，反对"以势压人"，将自己的意志强加于对方，把对方仅仅作为客体来对待。与西方哲学家以主客二分为前提，以"自我"为中心的思维方式相区别，中国哲学在其思想发端之时，就形成了"以和为贵"，"合二为一"，"合而不同"的思维取向，这种思维取向内在地包含着对主体间关系的选择。

1. 追求"天人合一"、"物我两忘"的境界。中国古代哲学家在处理天人、物我关系时，更多地把对方看作另一个主体，强调与自然、与他人融为一体。在这个"一体"中，"我—他"、"我—它"转化为"我—吾"，或者说转化为马丁·布伯所说的"我—你"。在这个关系中，他人及生灵万物，不再是与我相分离、相对立的异在者，正如布伯所说的，我与你之间伫立的是爱，作为第二境界的"我与你"正是要引导到爱（帮助、抚养、拯救）一切人，万物一体也是要引导到仁爱①。

早在西周时期，周文王已经认识到，如不爱惜自然资源，将"力尽而敝之"。并由此告诫子孙："山林非时不升斤斧，以成草木之长；川泽非时不入网罟，以成鱼鳖之长；不麛不卵，以成鸟兽之长。畋渔以时，童不夭胎，马不驰骛，土不失宜。"（《逸周书·文传解》）

春秋时期，《左传·昭公二十五年》进一步强调："能协于天地之性，是以长久。"老子明确把"天"、"地"、"人"三者联为一体。他说："故道大，天大，地大，人亦大。域中有四大，而人居其一焉。人法地，地法天，天法道，道法自然。"（《第 25 章》）墨子认为，天人之间是互通的，"我为天之所欲，天亦为我所欲"。"若我不为天之所欲而为天之所不欲，然则我率天下之百姓以从事于祸祟中也。"（《天志上》）庄子则借南郭子綦之口描述了"天籁"之声，把"天地与我并生，而万物与我为一"（《齐物论第二》）作为人生的最高境界。孔子也有关于天的人格化描写。他说，"巍巍乎！唯天为大"（《泰伯》），"获罪于天，无所祷也"（《八佾》）。他认为，天能予人以德，人能弘扬天道。"天生德于予，桓魋其如予何？"（《述而》）"人能弘道，非道弘人。"（《卫灵公》）

真正将天人明确"合二为一"的权威当首推孟子。孟子继承子思以"诚"为中心的"成己成物"的思想。"尽其心者，知其性也；知其性，则知天矣。"人的心、性与天原为一体或同出一源，"万物皆备于我矣，反身而诚，乐莫大焉。强恕而行，求仁莫近焉"（《尽心上》）。只要向内心世界用功探求，就可以体验到作为价值本体的义理之天，进入"下上与天地同流"的理想境界。

---

① 陈来：《仁学本体论》，生活·读书·新知三联书店 2014 年版，第 33 页。

《易传》的作者把这种境界称为"夫大人者，与天地合其德，与日月合其明，与四时合其序，与鬼神合其吉凶"（《乾卦·文言》）。这一思想被后世儒家进一步发挥。王阳明视万物一体为"大人"境界。他说："大人者，以天地万物为一体者也，其视天下犹一家、中国犹一人焉，若夫间形骸、分尔我者，小人矣。"（《阳明全书》卷26）张载认为，真正达到万物一体境界的人，把整个世界看成自己的家庭，"民吾同胞，物吾与也"，"凡天下疲癃残疾、茕独鳏寡，皆吾兄弟之颠连而无告者也"（《张载集·乾称篇第十七》）。程颢则把宇宙看成一人。"若夫至仁，则天地为一身，而天地之间、品物万形，为四肢百体。夫人岂有视四肢百体而不爱者哉！……医书有以手足风顽谓之四体不仁者，为其疾病不以累其心故也。夫手足在我，而疾痛不与知焉，非不仁而何？"（《二程遗书》卷2上）既然万物都是我这同一身躯的肢体，如果把自己的肢体看成不属于"我"的"尔"，或看成他人的形体，这就是不仁。只有以天地万物为一体（身）才是"至仁"境界。

2. 遵循"协和万邦"、"以和为贵"的人伦。"和"是中国古人处理不同个人、不同群体、不同国家之间关系的基本准则。《尚书》第一篇《尧典》即记载："（帝尧）克明俊德，以亲九族。""百姓昭明，协和万邦。"第二篇《舜典》也记载："命汝典乐……八音克谐，无相夺伦，神人以和。"《皋陶谟》讲："同寅协恭和衷哉。"《礼记·乐记》说："和，故百物皆化。"《论语》第一篇《学而》载，孔子的弟子有子说："礼之用，和为贵。先王之道，斯为美。""和"也是天地化生万物的方式。《系辞传》说："天地絪缊，万物化醇。男女构精，万物化生。""和"也是解决人与人之间矛盾的最好方法。孟子认为，"天时不如地利，地利不如人和"。"故曰：'域名不以封疆之界，固国不以山溪之险，威天下不以兵革之利。得道者多助，失道者寡助。寡助之至，亲戚畔之；多助之至，天下顺之。'"（《公孙丑下》）

怎样才能达到"和"？孔子强调走"中庸之道"。他说："政宽则民慢，慢则纠之以猛。猛则民残，残则施之以宽。宽以济猛，猛以济宽，政以是和。"（《左传·昭公二十年》）孟子亦说："执中无权，犹执一也。所恶执一者，为其贼道也，举一而废百也。"（《尽心上》）《中庸》首篇中说："喜怒哀乐之未发，谓之中；发而皆中节，谓之和。中也者，天下之大本也；和也者，天下之达道也。致中和，天地位焉，万物育焉。"对于"中庸"，朱熹解释说："中只是个恰当好道理。"（《朱子语类》卷33）

3. 探索"形神一体"、"内外兼备"的方法。中国哲学在其发端之时就强调心身之间的整体性、统一性。墨子明确提出："生，刑与知处也。"（《经上》）人的生命是形体与心智的统一体。《管子》四篇对身心的论述更为详尽。《心术上》论述了心与身特别是与耳目等器官的关系，"心之在体，君之位也；九窍之有职，官之分也。心处其道，九窍循理。嗜欲充益，目不见色，耳不闻声"。心的活动合乎其节度，身体的官能就各循其理；心中嗜欲过多，身体器官就受损伤。因此《心术》提倡，"洁其宫，阙其门，去私毋言，神明若存。纷乎其若乱，静之而自治"。过多的嗜欲使心纷乱，治心之道在静心去欲。

庄子认为，精神与形体相合，便有了生命。"夫昭昭生于冥冥，有伦生于无形，精神生于道，形本于精，而万物以形相生。"（《知北游》）高超的技巧来自"神"的作用。"方今之时，臣以神遇而不以目视，官知止而神欲行。依乎天理，批大郤，导大窾，因其固然；枝经肯綮之未尝微碍，而况大軱乎！"（《养生主》）形神相互影响，相互以养。"无视无听，抱神以静，形将自正。必静必清，无劳女形，无摇女精，乃可以长生。目无所见，耳无所闻，心无所知，女神将守形，形乃长生。慎女内，闭女外，多知为败。我为女遂于大明之上矣，至彼至阳之原也；为女入于窈冥之门矣，至彼至阴之原也。天地有官，阴阳有藏，慎守女身，物将自壮。"（《在宥》）庄子提出了"心斋"、"坐忘"的治心方法。"若一志，无听之以耳而听之以心，无听之以心而听之以气。耳止于听，心止于符。气也者，虚而待物者也。唯道集虚，虚者，心斋也。"（《人间世》）

孟子认为，在形神关系中，"志"主导着"气"，"气"是"志"的表现。"夫志，气之帅也；气，体之充也。夫志至焉，气次焉；故曰：持其志，无暴其气。""志"和"气"是相互影响的，"志壹则动气，气壹则动志也。今夫蹶者趋者，是气也，而反动其心"。孟子强调修养浩然之气，"其为气也，至大至刚，以直养而无害，则塞于天地之间。其为气也，配义与道。无是，馁也。是集义所生者，非义袭而取之也。行有不慊于心，则馁也"（《公孙丑上》）。荀子认为，身和心是相互依存的，形具而神生，心居中虚，以治五官。"天职既立，天功既成，形具而神生，好恶、喜怒、哀乐藏焉，夫是之谓天情。"（《天论》）心有知万物的功能，但心知万物是通过征取耳目感官对万物的感觉实现的，这就是所谓"征知"。达到"虚一而静"，心的状态就是"大清明"，就可以正确地思维、推理、论说。

"天人合一"、"物我两忘"的境界，"协和万邦"、"以和为贵"的人伦，"形神一体"、"内外兼备"的方法，使中国人在思考"我"与"他人"关系时，内在地要求把"我"与"他人"统一起来，作为价值选择的基本准则。可以说，中国哲学在其源起之时，各家各派思想中就已内在地包含着关于主体间关系的可能。

三　中国哲学建构主体间关系的表现形态

早在先秦时期，诸子百家就已展开关于主体间关系的讨论。主体间应是怎样的关系？如何实现这种关系？理论依据又是什么？围绕这些问题，中国哲学家进行了长期的讨论。

（一）互敬互爱、成己成人的价值追求

西方哲学家历来强调主体间的对立和斗争。在他们看来，对立面的斗争是事物产生和发展的根本动力，也是形成现实社会关系和社会面貌的原因。正如赫拉克利特所说："战争是万物之父，也是万物之王。它使一些人成为神，使一些人成为人，使一些人成为奴隶，使一些人成为自由人。"[①] 中国哲学家与西方哲学家不同，更加强调主体间相互的修养、协调、合作，以和平的方式处理不同主体间的矛盾。

1. 和合关系。中国哲学家强调不同主体间的结合，反对相互分裂和斗争。和，和睦也；合，相合也。"和合"是指主体间相互协调、相互适应、相互平衡，从而共处一个统一体中的最佳状态。《乐雅·释诂》："协，和也"；《玉篇》："协，合也"，"调，和合"。"和合"即"协调"。"和合"思想的产生和形成可以上溯到华夏文明史的源头。相传中华龙祖神农氏伏羲受"河图"而作八卦，大禹受"洛书"而创立包含"五行"思想的"洪范九畴"。中国最早的史书《尚书》以及《易经》中都详细记载了有关"河图"及"洛书"的传说。《管子》、《墨子》等著名典籍中也有"河图"、"洛书"的描述。"河图"八卦，"洛书"五行是华夏文化的重要源头。八卦、五行都把整个物质世界视为多种因素、多种异质异形成分的物质组合，它们在运动中相互依存，相互制约，相克相生，在矛盾中统一，在协调中发展。八卦、五行蕴含的这种唯物自然观，自西周以来，就被人们概括为"和"，并用来观察人类社会，并进

① 北京大学哲学系外国哲学史教研室编译：《西方哲学原著选读》上卷，商务印书馆1989年版，第27页。

一步丰富为"和合",以之作为处理不同主体间关系的原则。在中国古人看来,"和合"是化生万物的力量。"和,故百物皆化。"(《礼记·乐记》)"和"是家业兴旺的条件,"父子笃,兄弟睦,夫妇和,家之肥也!"(《礼记·礼运》)同时,"和"也是王道的体现,"礼之用,和为贵。先王之道,斯为美"(《学而》)。孟子认为,天地间没有什么可以胜过"人和","天时不如地利,地利不如人和"(《公孙丑下》)。西汉思想家董仲舒说:"举天地之道,而美于和。"(《循天之道》)然而,中国古人讲"同一",并不等于千篇一律,没有原则地与对方统一。早在西周晚期,郑国大夫史伯就曾说过:"夫和实生物,同则不继。以他平他谓之和,故能丰长而物归之;若以同裨同,尽乃弃矣。"(《国语·郑语》)孔子也曾说:"君子和而不同,小人同而不和。"(《子路》)儒家经典《中庸》说:"君子和而不流,强哉矫!中立而不倚,强哉矫!"其意思是说,君子虽然"贵和",但是反对无原则地随波逐流,为取悦世俗而改变自己原本正确的立场和主张。

2. 互爱关系。强调人与人之间的互爱,这是中国哲学的一个基本点。儒家所说的"仁",本身就是两个人的意思。在儒家看来,爱人是一种双向行为。《颜渊》载:樊迟问仁,子曰"爱人"。"爱人"就是爱"他人"。这里的"人",不仅包含社会中有地位、有财富的上层人,而且也包含爱庶人百姓等一切下层人。《乡党》载:"厩焚。子退朝,曰:'伤人乎?'不问马。"如何做到爱人并为他人所爱?孔子提出"己欲立而立人,己欲达而达人","己所不欲,勿施于人"(《卫灵公》)的主张。孟子接着说:"老吾老,以及人之老;幼吾幼,以及人之幼。"(《梁惠王上》)墨子强调"兼相爱"、"交相利",主张"爱人若己",像爱自己一样去爱他人。"视人之国若视其国,视人之家若视其家,视人之身若视其身。"即使奴隶,也要给予一视同仁的爱。"仁之事者,必务求兴天下之利,除天下之害,将以为法乎天下。利人乎,即为;不利人乎,即止。"(《非乐上》)墨子还以"天"作保证,要求人们从善去恶,否则就要遭到惩罚。老子把"慈爱"视为"三宝"之一,认为爱人能够获得无限的力量。"夫慈,以战则胜,以守则固。"(《第67章》)道家还认为,爱人要以尊重规律为前提。庄子的一则寓言典型地说明了这一点。"南海之帝为儵,北海之帝为忽,中央之帝为浑沌。儵与忽时相与遇于浑沌之地,浑沌待之甚善。儵与忽谋报浑沌之德,曰:'人皆有七窍以视听食息,此独无有,尝试凿之。'日凿一窍,七日而浑沌死。"(《应帝王》)这就是说,爱人以尊重人的本真为前提,一旦违背规律,爱人就会适得其反。近代以来,无论洪秀全的

"太平天国"，康有为的"大同世界"，孙中山的"天下为公"，还是李大钊、毛泽东等对共产主义的论述，自始至终都包含互爱的内涵。

3. 平等关系。讲究人格平等，做事公平公正，先公后私，这是中国哲学家的一贯追求。早在20世纪40年代，冯友兰就曾指出：中国哲学包含着民主的思想，"首先要提出的是人类的平等。中国哲学中各学派都承认这个理论，他们有的主张一切人在首先上都是一样的好；有的主张一切的人都一样能作道德的人"。①老子主张自然意义上的平等。他认为，"道"为天地之始，万物之母，一切人皆由"道"而来。在"道"面前，人人是"刍狗"，本质上没有高低贵贱的区分，"天地不仁，以万物为刍狗；圣人不仁，以百姓为刍狗"（《第5章》）。他主张绝圣弃智、绝仁弃义、绝巧弃利，使天下人"复归于婴儿"。人人自得其乐，"甘其食，美其服，安其居，乐其俗"（《第80章》），无侵扰于他人，就是对他人的尊敬。孔子强调个体对理想目标的自由选择。"三军可夺帅也，匹夫不可夺志也。"（《子罕》）任何人都无权强迫他人改变自己的志向。孔子还强调社会占有财富的平等，"不患寡而患不均"，"盖均无贫"（《季氏》），平均就是平等，只有平均才能保持社会稳定。"四海之内，皆兄弟也！"（《颜渊》）"兄弟"不仅意味着相互间的亲切友善，而且意味着身份和地位的平等。孟子充分肯定"人皆可以为尧、舜"（《告子下》）。君臣之间要互尊互敬，"君之视臣如手足，则臣视君如腹心；君之视臣如犬马，则臣视君如国人；君之视臣如土芥，则臣视君如寇仇"（《离娄下》）。"欲为君，尽君道；欲为臣，尽臣道。"（《离娄上》）墨子认为，"天之行广而无私"，在"天"面前，国无大小，人无长幼贵贱，都是天之臣，"今天下无大小国，皆天之邑也。人无幼长贵贱，皆天之臣也"（《法仪》）。天下人应该"交相利"。选贤任能，要一视同仁，不偏党父兄，不偏护富贵，不爱宠美色。韩非子强调，通过严厉的法律抑制人的自私本性，"夫立法令者，以废私也"（《诡使》）。法律面前人人平等，"法不阿贵，绳不挠曲。……刑过不避大臣，赏善不遗匹夫"（《有度》）。君主不可一意孤行，而应当注意听取民众的意见。他指出："君人者，以群臣百姓为威强者也。群臣百姓之所善，则君善之；非群臣百姓之所善，则君不善之。"（《八奸》）韩非子还指出，君主如果过分专制，"简侮大臣，无礼父兄，劳苦百姓，杀戮不辜者，可亡也"（《亡征》）。张载

① 冯友兰：《中国哲学中之民主思想》，载《中国哲学的精神——冯友兰文选》上，国际文化出版公司1998年版，第245页。

在《西铭》中首先肯定天地之间所有的人是兄弟："乾称父，坤称母，予兹藐焉，乃混然中处。……民吾同胞，物吾与也。大君者吾父母宗子，其大臣宗子之家相也。尊高年，所以长其长；慈孤弱，所以幼吾幼。圣其合德，贤其秀也。凡天下疲癃残疾、茕独鳏寡，皆吾兄弟之颠连而无告者也。于时保之，子之翼也。"张载认为，只有天地是人民的父母，帝王以至受苦的残病者都只是同胞兄弟的关系。在天地面前，人人是兄弟。"富贵福泽，将厚吾之生也；贫贱忧戚，庸玉汝于成也。"富贵是天地的恩赐，贫贱是天地对你的锻炼，这些都是父天母地的合理安排。兄弟间不存在根本的不平等。太平天国的纲领，在一定程度上也正是代表了一直以来农民阶级追求平等的愿望。洪秀全告诫人们："天下多男人，尽是兄弟之辈，天下多女子，尽是姊妹之群，何得存此疆彼界之私，何可起尔吞我并之念。"(《原道醒世训》)力图创建一个公平正直，无陵夺斗杀，"强不犯弱，众不暴寡，智不诈愚，勇不苦怯"(《原道觉世训》)的大同世界。

4. 相容关系。中国哲学家历来强调人与人之间相互的包容，把有没有容人之雅量视为考察人生品德的重要内容。包容意味着对"他人"缺点、局限的容忍。《周易》所讲"地势坤，君子以厚德载物"，被视为中华民族的基本美德。"厚德载物"就是要以宽广的胸怀包容承载万物。孔子说："宽则得众。"宽容别人，才能得到他人的认同，得到拥护和支持。又说："人不知而不愠，不亦君子乎！""君子求诸己，小人求诸人。""君子矜而不争，群而不党。""不患人之不己知，患不知人也。"这些格言，均是教人宽容、厚重处事与待人。在老子看来，包容是认识和把握大道的体现，"知'常'容，容乃公，公乃全，全乃天，天乃道，道乃久"(《第16章》)。收敛自己的行为而不伤害他人，"是以圣人方而不割，廉而不刿，直而不肆，光而不耀"(《第58章》)。像水那样永远处于下方的位置，帮助他人却不企求什么，利而不争，生而不有，为而不恃，长而不宰。大海正因为处于河流的下游，容纳百川，始成为百谷之王。荀子认为，宽容是成就天下大事的规律。"故君子之度己则以强，接人则用抴。度己以绳，故足以为天下法则矣；接人用抴，故能宽容，因求以成天下之大事矣。故君子贤而能容罢，知而能容愚，博士而能容浅，粹而能容杂，夫是之谓兼术。"(《非相》)这个道理，在《史记·李斯列传》作了全面的概括："泰山不让土壤，故能成其大；河海不择细流，故能就其深；王者不却众庶，故能明其德。"汉代董仲舒严厉谴责君主的自私自利行为。他举例说，"昔者晋灵公杀膳宰以淑饮食，弹大夫以娱其意"，像晋灵公这样的人可以称为"独夫","如此者，莫之亡而自亡也"（《仁义法》）。另一方面，他高度赞扬鲁相公仪休"拔葵出妻"的义举。作为一个国家的统治者，必须考虑到普通百姓的利益，不能尽占天下之利。韩愈特别推崇古代君子"严于律己，宽以待人"的风范。"古之君子，其责己也重以周；其待人也轻以约。"重以周，所以就不懈怠；轻以约，所以人就乐于做好事。"取其一，不责其二；即其新，不究其旧；恐恐然惟惧其人之不得为善之利。"（《原毁》）君子之所以为君子，就是能够严格要求自己，又能包容他人的缺点。"水至清则无鱼，人至察则无徒"，一个过分挑剔他人缺点的人不可能有真正的朋友。这种包容精神在中华民族的血脉中一直延续着，近代以来，最为典型的当数蔡元培倡导的"思想自由"、"兼容并包"的办学理念，创造了北京大学从未有过的繁荣。

5. 诚信关系。"诚信"是相对于他人而言的。中国哲学家认为，"诚"是"天道"在"人道"的体现。"诚者，天之道也；思诚者，人之道也。"（《离娄上》）《中庸》认为，"诚"是"成己"与"成物"的统一。"诚者，自成也；而道，自道也。诚者，物之始终，不诚无物；是故君子诚之为贵。诚者，非自诚己而已也，所以成物也。成己，仁也；成物，知也。性之德也，合外内之道也，故时措之宜也。"管子认为，诚信是团结和维系天下人的纽结。"诚信者，天下之结也。"（《枢言》）刘向说："人背信则名不达。"（《说苑》）《程颐文集》说："人无忠信，不可立于世。"老子认为，轻易许诺别人，必然困难重重，"夫轻诺必寡信，多易必多难"（《第 63 章》）。一旦失信，别人就不再信任他，"信不足焉，有不信焉"。王充《论衡·感虚篇》说："精诚所至，金石为开。"孙中山强调，任何人和国家做事都要讲信义。他批评"五四"时期那些不加分析，片面盲目排斥旧道德的人。"一般醉心新文化的人，便排斥旧道德，以为有了新文化，便可以不要旧道德。不知道我们固有的东西，如果是好的，当然是要保存，不好的才可以放弃。"[①] 孙中山特别强调："中国有一个道统，尧、舜、禹、汤、文、武、周公、孔子相继不绝，我的思想基础，就是这个道统；我的革命，就是继承这个正统思想，来发扬光大。"[②]

（二）内外兼修、礼法并用的实践途径

如何实践主体间关系？中国哲学家进行了多方面的思考，不仅强调"内

---

① 《孙中山选集》，人民出版社 1981 年版，第 680 页。
② 参见蔡尚思《中国现代思想史资料简编》第 4 卷，浙江人民出版社 1982 年版，第 329 页。

圣外王"的道德修养，而且注重"礼"的调节和国家法律的约束作用。

1. 明心见性，知己知人。通过反省内求，达到对他人的理解和领会，这是中国哲学的基本思想。老子认为，只有通过修养，以己之求，度人之需，才能治身、治家、治乡、治邦、治天下。而道德修养的核心在于贯彻"道"的精神，"生而不有，为而不恃，长而不宰，是谓'玄德'"（《第10章》）。孔子主张"克己复礼"。他说："为仁由己，而由人乎哉！"又说："仁远乎哉？我欲仁斯仁至矣。"（《述而》）孟子提出了一条尽心、知性、知天、知人的思想路线。他说："仁义礼智，非由外铄我也，我固有之也，弗思耳矣。"（《告子上》）朱熹对"仁"的理解虽与孟子有所不同，但同样要求通过心去理解。朱熹提出："为仁者必先克己，克己则公，公则仁，仁则爱矣。不先克己则公岂可得而徒存？未至于仁，则爱胡可以先体哉？"（《朱子文集》卷42）。王阳明认为，人心最大的特点是拥有"良知"。人正因为有良知，所以，"见父自然知孝，见兄自然知弟，见孺子入井自然知恻隐，此便是'良知'，不假外求"。认识的目的正在于"致良知"，克制私欲，"防于未萌之先，而克于方萌之际"（《答陆原静书》）。

2. 处世以德，相敬以"礼"。中国哲学家所说的"礼"，实际上是多个主体间互尊互敬的基本规则，单个主体无所谓"礼"。孔子强调"非礼勿视，非礼勿听，非礼勿言，非礼勿动"（《颜渊》）。荀子主张礼法并治，但又认为礼重于法。"《礼》者，法之大分，群类之纲纪也。"（《劝学》）为克服法家"刻薄寡恩"的缺点，他主张制定法度必须以礼义为标准，以纠正偏颇。"国无礼则不正。礼之所以正国也，譬之，犹衡之于轻重也，犹绳墨之于曲直也，犹规矩之于方圆也"（《王霸》）；"礼者，政之挽也。为政不以礼，政不行矣"（《大略》）；"礼者，治辨之极也，强国之本也，威行之道也，功名之总也……由其道则行，不由其道则废"（《议兵》）。董仲舒进一步将"三纲五常"与"天"联系起来，提出"王道之三纲，可求于天"（《基义》）的命题，董仲舒说："夫仁谊礼知信五常之道，王者所当修饬也；王者修饬，故受天之佑，而享鬼神之灵，德施于方外，延及群生也。"（《董仲舒传》）

3. 义利相兼，以义统利。"义"和"利"都是人所追求的价值。在中国哲学家看来，义利之间，不仅不矛盾，而且是相辅相成，相互促进的。"义"是互敬互爱的精神要求，"利"是互敬互爱的物质前提。早在春秋时期，管仲就已经懂得"利"对于"义"的重要性。他提出"仓廪实而知礼节，衣食足而知荣辱"（《牧民》）的治国要言。老百姓吃饱了、穿暖了自然就会懂得礼节，知晓荣辱，离开"利"谈"义"必然变为空想。孔子面对春秋时期各国混战的局面，主张把"义"放在"利"的前面，"君子喻于义，小人喻于利"（《里仁》）。墨子认为，"义"和"利"不存在根本的矛盾。"仁之事者，必务求兴天下之利，除天下之害，将以为法乎天下。利人乎，即为；不利人乎，即止。"（《非乐上》）为了实现天下之"利"，墨子提出了"尚贤"、"节用"、"节葬"、"非命"、"非攻"等一系列具体的政策主张。他劝导人们："有力者疾以助人，有财者勉以分人，有道者劝以教人。"（《尚贤下》）孟子认为，"义"和"利"不是截然区分的，老百姓要是没有稳定的田产，就没有稳定的心态，要达到"爱人"难度就很大。"是故明君制民之产，必使仰足以事父母，俯足以畜妻子，乐岁终身饱，凶年免于死亡；然后驱而善之，故民之从之也轻。"（《梁惠王上》）理想的国家是每家给予"五亩之宅"、"百亩之田"，使五十岁的人有丝绸衣服穿，七十岁的人有肉吃，八口之家可以不饿肚子。当"义"、"利"矛盾时，应把"义"放在第一位，"舍生取义"。

4. 取法自然，无私利他。中国哲学家崇尚自然，常以自然之道引喻人道。老子充分肯定人在天地间的位置，天地之间人为贵，"故道大，天大，地大，人亦大。域中有四大，而人居其一焉"。但"自然"却是天地间最为根本的规律，"人法地，地法天，天法道，道法自然"（《第25章》）。人本于自然，自然最可贵的品质是"无为"。治理国家要"无为而治"，处理人与人之间的关系要采取"谦下不争"的态度，"夫唯不争，故天下莫能与之争"（《第22章》），"天之道，不争而善胜"（《第73章》）。圣人遵循天道，"以百姓心为心"（《第49章》），"以其无私，故能成其私"（《第7章》）。老子之后的道家，包括战国庄子学派、汉初黄老学派、魏晋玄学派以及道教，都遵循着老子的教导，并且对后世各家各派也都产生了重要影响。

5. 赏罚分明，以法治国。"法"能够以强制的手段约束主体间相互的行为。习惯上，人们总以为孔子只强调"德"，不关心"法"，实则不然。《里仁》曰："君子怀刑，小人怀惠。"孔子反对"不教而诛"，认为"不教而杀谓之虐"。孟子指出："上无道揆也，下无法守也。朝不信道，工不信度，君子犯义，小人犯刑，国之所存者，幸也。"（《离娄上》）墨子认为，要保障人与人、国与国之间"兼相爱"、"交相利"，就必须制定法则，他称为"法仪"。他说："天下从事者，不可以无法仪。"（《法仪》）关于"法"的形式，墨子认为有宪法（宪）、刑法（刑）、军法（誓）。他指出，"先王之书所以出国家、布施百姓者，宪也"，"所以听狱制罪者，刑也"，"所以整设师旅，进退师徒者，誓也"（《非命上》）。关于"法"的本质，墨子认为，法不是施行暴力的工具，"法不仁，不可以为法"。荀子主张隆礼而重法，认为"隆礼至法则国有常"（《君道》）。韩非子尖锐地批评了儒家、墨家的主张，认为仅仅讲仁爱是达不到爱人的目的的，法能够抑制人的自私本性，强使各主体相尊相敬。他说："故矫上之失，诘下之邪，治乱决缪，绌羡齐非，一民之轨，莫如法。"（《有度》）汉代明确规定了"不道"罪，有"恶逆"、"不孝"、"不睦"、"不义"、"内乱"五种。

（三）以天喻人、将心比心的本体论基础

主体间关系如何可能？中国哲学家从本体论层面作了大量论述，尽管形式各异，但总体而言，不外乎以下两种情况：或以天道喻人道，由外致内；或以我心论人心，由内致外，最终落脚点都是主体间关系，形成五大本体论基础。

1. 道本论。老子认为，主体间关系根源于"道"。"道"是"天地之始"，"万物之母"。先天地而生，是所有万物的根本。"道"生成万物的基本逻辑是："道生一，一生二，二生三，三生万物。"（《第42章》）"道"支配万物的活动，"道者，万物之奥，善人之宝，不善人之所保"（《第62章》）。"虽小，天下莫能臣。"（《第32章》）"天得一以清，地得一以宁，神得一以灵，谷得一以生，侯王得一以为天下贞。"（《第39章》）韩非子精妙地概括了道与万物、万理的关系："道者，万物之所然也，万理之所稽也。……万物各异理，而道尽稽万物之理。"[①] 天地间尽管各物有各物的具体的特殊之理，但一定还有一个高居各种具体和特殊之理之上的"所以然之理"，是"最后的理"，这个理就是"道"。"道"的本质在于"自然"。天地是没有偏私的，"天地不仁"、"天道无亲"。在天道面前，人与人完全平等，没有高低贵贱之分。"天之道，利而不害；人之道，为而不争。"（《第81章》）"天道"体现为"人道"就是"德"。最深远的德是"玄德"。所谓"玄德"就是时刻为他人着想，"生而不有，为而不恃，长而不宰"（《第10章》）。统治者如果能够明白这个道理，少私寡欲，无为而治，那么，人与人之间的自私、狡诈、阴险的行为便会自然消除，从而人与人纯朴敦厚，相互谦让，不争不斗，则达于和美大治。相反，如果主观妄为，则注定要失败，所谓"为者败之，执者失之"（《第29章》）。"道本论"为后世道家、玄学家进一步发扬光大，并与儒学、

---

① 王先慎撰：《韩非子集解》，中华书局1998年版，第146—147页。

佛教融合发展，奠定了中国哲学的根本。

2. 天本论。"天"在人之外客观地存在着，人生的意义及其对待他人的方式都是由上天的旨意决定的。爱人敬人，替天行道，正是天意的体现，违背了天意，就要受到惩罚。孔子说："获罪于天，无所祷也。"（《八佾》）墨子推崇"天志"。认为人间之国、人间之人都是天之地、天之人，"今天下无大小国，皆天之邑也"。天从来不徇私情，"天之行广而无私，其施厚而不德，其明久而不衰，故圣王法之"（《法仪》）。统治者必须顺应上天的旨意，"顺天意者，义政也。反天意者，力政也"（《天志上》）。否则，就会遭受上天的惩罚。在董仲舒的理念中，天为万物之始，百神之大君。"天地者，万物之本，先祖之所出也。"（《观德》）人和万物都是天地派生的，天地是人和万物的本原。"天者，万物之祖，万物非天不生。独阴不生，独阳不生，阴阳与天地参，然后生。"（《顺命》）天是万物的祖先，没有天，就没有万物。天人之际，不可不察。

3. 理本论。朱熹认为，"理"在天地之先，为万物之本。"问：'昨谓未有天地之先，毕竟是先有理，如何？'曰：'未有天地之先，毕竟也只是理。有此理，便有此天地；若无此理，便亦无天地，无人无物，都无该载了！有理，便有气流行，发育万物。'曰：'发育是理发育之否？'曰：'有此理，便有此气流行发育。理无形体。'"先有理，才有天地万物，理是万物的根本。"太极只是一个'理'字"，"有是理后生是气"。"理"为本，"气"为用。"理形而上者，气形而下者。"理气不可分离，不分先后，理依赖于气。"此本无先后之可言。然必欲推其所从来，则须说先有是理。然理又非别为一物，即存乎是气之中；无是气，则是理亦无挂搭处。""若气不结聚时，理亦无所附著。"（《朱子语类》卷1）没有气，理也就没有可依托了。"理"贯穿宇宙，而"理"的本质又恰在于"仁"。"浑然天理便是仁，有一毫一私欲便不是仁了"（《朱子语类》卷28），循天理便是义，"义者，天理之所宜"（《论语集注》卷二），"礼者，天理之节文，人事之仪则"（《朱子语类》卷6），所宜、节文，都是天理的存在形态。天理不仅表现为仁、义、礼、智四德，而且体现为人伦，"父子兄弟夫妇，皆是天理自然，人皆莫不自知爱敬。君臣虽亦是天理，然是义合"（《朱子语类》卷13），父慈、子孝、弟悌、夫妇敬，都是天理之自然。同时，天理是心的本然，"盖天理者，此心之本然，循之则其心公而且正"（同上），心之本然是指心中浑然天理，而无一丝人欲之杂；天理是善，"性即天理，未有不善者也"（《孟子集注·告子章句上》）。

4. 心本论。孟子充分论述了心的作用。只要"尽心"就能"知性","知性"就能"知天"。"仁义礼智,非有外铄我也,我固有之,弗思耳矣。求则得之,舍则失之。"(《告子上》)孟子之后,"心"和"物"的关系成为哲学家们争论的重要问题。陆王心学则把心的作用推向极致。王阳明认为,朱子"格物"之训,未免牵强附会,非其本旨。"于事事物物上求至善,却是义外也。"(《徐爱录》)所谓"格物",只要在心上下功夫就可以了,"心外无理,心外无事"(《陆澄录》)。人心并不仅仅是一团血肉,而是人之视、听、言、动的主宰,正是人心保证了人之行为的善。"所谓汝心,却是那能视听言动的。这个便是性,便是天理。有这个性,才能生。这性之生理,便谓之仁。这性之生理,发在目便会视,发在耳便会听,发在口便会言,发在四肢便会动,都只是那天理发生。以其主宰一身,故谓之心。这心之本体,原只是个天理,原无非礼。"(《薛侃录》)只有人心才能唤醒万物,赋予万物以意义。"身之主宰便是心,心之所发便是意,意之本体便是知,意之所在便是物。如意在于事亲,即事亲便是一物;意在于事君,即事君便是一物;意在于仁民爱物,即仁民爱物便是一物;意在于视听言动,即视听言动便是一物。所以某说无心外之理,无心外之物。"(《徐爱录》)对待他人的善心正是来自"不虑而知,不学而能"的"良知"(《答聂文蔚(一)》)。正因为有"良知",所以,"见父自然知孝,见兄自然知弟,见孺子入井自然知恻隐,此便是'良知',不假外求。"(《徐爱录》)也正因为"良知",君子视人犹己,视国犹家。"世之君子,惟务致其良知,则自能公是非,同好恶,视人犹己,视国犹家。而以天地万物为一体,求天下无治,不可得矣。"(《答聂文蔚(一)》)

5. 性本论。主体间关系根源于人与生俱有之"性"。告子曰:"生之谓性。"(《告子上》)孟子认为,所谓人性,即人区别于"犬之性"、"牛之性"的本质规定。《正名篇》云:"生之所以然者谓之性。"顾炎武在《日知录》中说:"性之一字,始见于《商书》,曰'惟皇上帝,降衷于下民,若有恒性。''恒'即'相近'之义。相近,近于善也;相远,远于善也。故夫子曰:'人之生也直,罔之生也幸而免。'"孔门弟子有若说:"君子务本,本立而道生。"(《学而》)孟子主张"性善论",认为人性中先天地蕴含了对待他人的"善"的方式。"人性之善也,犹水之就下也。人无有不善,水无有不下。"(《告子上》)看见小孩即将落井的危险时刻,无论何人,都会伸出援救之手。这并不是因为和这孩子的父母有交情,也不是为了沽名钓誉,而只是出于一种天然的、纯粹的"不忍人之心"。以荀子为代表的"性恶论"则认为,人之性先天为恶，"人之性恶，其善者，伪也"，人性先天地包含着对待他人的"恶"的方式。"君子"和"小人"并无差别，"尧舜之于桀、跖，其性一也"（《性恶》）。韩非子进一步发挥荀子的思想，认为如果不对人性加以制约，任性而为，则人与人之间必然充满争夺和暴乱，因此必须制定严厉的法制，其曰："无棰策之威、衔橛之备，虽造父不能以服马；无规矩之法、绳墨之端，虽王尔不能以成方圆；无威严之势、赏罚之法，虽尧、舜不能以为治。"（《奸劫弑臣》）表面看来，自秦王朝灭亡，似乎韩非子的思想销声匿迹，其实不然。

四　本课题的价值意义

本课题认为，研究中国哲学中的主体间关系思想，对于我们重新理解中国文化传统，在更深层次上理解马克思主义中国化，展望人类未来发展趋向，凝练社会主义核心价值观念，构建当代中国乃至全球化形势下世界层面的主体间关系，都具有重要的启示意义。

（一）为人类未来发展提供方法论参考

人类向何处去？怎样处理不同主体间的关系？这不仅是当代中国面临的问题，也是人类文明发展面临的难题。世纪之交，世界各国的思想家、政治家都在思考这一问题。加入美国籍的日本人弗兰西斯·福山（Francis Fukuyama）在 1989 年发表《历史终结论》，其实质是力图说明，自由主义，尤其是新自由主义将"一统天下"，成为"千年王国"。"我的主题来自法国哲学家柯杰夫（Kojeve），比布热津斯基涵盖得更宽广。他指的单单是与共产主义对决的胜利：而我是从意识形态去看，西方'自由主义'（Liberalism）已没有任何其他的对手。"[①] 亨廷顿提出当代世界"八大文明"的历史分野：西方文明，儒家文明，日本文明，伊斯兰文明，印度文明，东正教文明，拉丁美洲文明，非洲文明。认为文明之间的冲突，尤其是东西方文明之间的冲突，西方基督教文明与西亚伊斯兰文明、东亚儒教文明之间的冲突，已经取得政治军事上的对抗，意识形态上的对抗，成为时代主题。这种理论名为"文明冲突论"，实际上更确切地讲，应当叫作"东西方文明冲突论"[②]。1993 年前后，曾任美国总统卡

---

① ［美］弗兰西斯·福山：《历史的终结》，本书翻译组译，远方出版社 1998 年版，第 388 页。
② ［美］亨廷顿：《文明的冲突》，载美国《外交学刊》，1993 年夏季号。

特国家安全事务助理的兹比格涅夫·布热津斯基，发表了一系列很有影响的学术著作，贯穿其中影响较大的，是他提出的"混乱失控论"。认为失去控制的全球混乱，可能成为值得忧虑的世界走向。1993 年 7 月，英国《经济学家》杂志曾以《西方的没落——丰饶中的纵欲无度》为题发表书评，形象生动地描述了该书的上述基本思想："一位不祥厄运预言家——兹比格涅夫·布热津斯基警告西方说，它必须亡羊补牢，否则将面临一个混沌的未来。他把世界描绘成是一架依靠自动驾驶仪飞行的飞机，速度连续不断地加快，但没有明确的目的地。由于缺乏道德品质和哲学素养，唯一现有的驾驶员——仍然是非美国莫属——迅速地每况愈下，越来越不称职了。"① 2001 年美国"9·11"事件发生后，包括美国总统布什在内的一些西方政要、学者，先后提出"反恐战争时代论"，认为恐怖主义乃是当代人类面临的主要危险，进行针锋相对的反恐战争，是消除恐怖主义危险及其根源的主要途径。正是在这种论调的支持下，美国先后发动了阿富汗战争、伊拉克战争，久拖不决，不仅使美国，而且使整个国际社会都陷入了难以自拔的沼泽地带。

　　世纪之交，还有一种观点应运而生，影响很大，这就是"全球化时代论"。这种观点认为，全球化趋势是当今时代的主要趋势，甚至干脆把当今时代称为"全球时代"。最具代表性的是英国学者戴维·赫尔德、安东尼·麦克格鲁等人合写的《全球大变革：全球化时代的政治、经济与文化》一书。该书按时间跨度，把全球化划分为"前现代的全球化"（大约开始于 9000—11000 年前）、"现代早期的全球化"（大约在 1500—1850 年间）、"现代的全球化"（大约在 1850—1945 年间）、"当代的全球化"（1945 年以来）4 个阶段。

　　中国学者也十分关注世界格局的变化，其中较有影响力的是郑必坚、于光远等人提出的改革调整论，或叫全面调整论，强调世界各国、各个方面，都出现了改革调整的潮流。1988 年 4 月 9 日，时任国务院国际问题研究中心副总干事的郑必坚，在一次国际研讨会上，发表了题为《改革、调整——世界面向 21 世纪明智抉择》的重要演讲。于光远也持"大调整时代论。""即将进入21 世纪时应该考虑新世纪处于怎样的时代，从社会经济政治关系的角度来看，

---

　　① ［美］兹比格涅夫·布热津斯基：《大失控与大混乱》，潘嘉玢、刘瑞祥译，中国社会科学出版社 1995 年版，第 252 页。

我认为整个世纪仍属于我所说的世界历史大调整时代。"①北京大学王东教授提出“改革创新时代论”。他认为，在新世纪、新千年的起点上，有三个最为显著的时代潮头：以劳动社会化为根基的经济全球化潮头，以科技现代化为根基的信息产业化潮头，以交往普遍化为根基的政治民主化潮头。这三种潮头比任何伟大人物、强大国家，更有力、更深刻地改变着当今世界的面貌。决定全球化命运的是三个基本矛盾：经济全球化与资本垄断化的矛盾，政治多极化与单极化的矛盾，文化多元化与单质化的矛盾。这种矛盾的影响，造成当今世界的六大危机：天人关系中的生态危机，人际关系中的战争危机，南北关系中的两极化危机，文明关系中的冲突危机，主体关系中的道德危机，义利关系中的价值危机，克服这些矛盾和危机的根本在于走综合创新之路②。

相对于以上各种观点，中国哲学蕴含走向未来的另外一种思考，这就是各不同文明，以及文明内部各主体间的融合互通，相依相存，互爱互利，和合大同，平等共赢。尽管随着信息化、全球化时代的到来，主体间的交往范围、速度、方式、途径都发生了前所未有的巨大变化，但即使这样，主体间的相依相存、互敬互爱、和合同一、平等互利、包容迁就、守诚互信仍然是人类走向未来不可缺少的原则，在主体间积极倡导建立这样的关系，有利于克服拜金主义和极端利己主义的消极影响，实现主体间的互敬互助，建立现代新型社会人际关系，以之作为和谐社会与和谐世界的前提。

（二）重新认识中国传统哲学及文化核心精神

进入 20 世纪以来，如何看待中国传统哲学及其文化精神，成为学术界争论最为激烈的重大问题之一。新文化运动时期，孔子及其儒学被斥之为“奴隶道德”。孔子的学说所以能支配中国人心有两千余年，是因为“他是适应中国二千余年来未曾变动的农业经济组织反映出来的产物”③。现在，时代变了，西洋的工业文明打进来了，中国的农业经济，既因受了重大的压迫而生动摇，孔子之于今日之吾人，成了残骸枯骨。“孔子者，历代帝王专制之护符也。”④陈独秀也认为，孔子及其儒家学说不能支配现代人心，适合现代潮流，“成了

---

① 赵弘等：《知识经济呼唤中国》，改革出版社 1998 年版，于光远作序。
② 王东主编：《时代精神与马克思主义哲学创新》，人民出版社 2011 年版，第 11—14 页。
③ 《李大钊全集》第 3 卷，人民出版社 2006 年版，第 145 页。
④ 《李大钊全集》第 1 卷，人民出版社 2006 年版，第 242 页。

我们社会进化的最大障碍"①。1942 年，毛泽东在谈及如何评价孔子的问题时明确指出："他们（国民党）靠孔夫子，我们靠马克思，要划清思想界限，旗帜鲜明。"② 1953 年 9 月，毛泽东借批评梁漱溟而再次批判孔夫子，认为孔子的主要缺点是不民主。"很有些恶霸作风，法西斯气味。"③ 1973 年 8 月 3 日，杨荣国写了《孔子——顽固维护奴隶制的思想家》一文，毛泽东批示：杨文颇好。全国报刊都刊登了杨文。由于毛泽东在全党乃至全国的特殊身份和地位，其思想对整个社会的思想倾向产生了不可估量的影响。80 年代，随着西方哲学思潮的涌入，中国传统文化再次遭受贬低和否定，最为突出的表现是电视剧《河殇》，对中华文明进行了全盘否定。90 年代以来，在建立社会主义市场经济体制的过程中，一些人把市场经济简单等同于"唯利是图"、"一切向钱看"，从另一方向否定中国传统价值观念。经过近百年的冲击，中国人乃以生存的传统价值观念从根本上被动摇，造成极其严重的恶果。

与以上各种否定性的论述相反，另一类观点则从肯定的角度挖掘传统哲学及其文化的价值。早在 20 世纪 40 年代，冯友兰就曾认为，中国哲学中包含着民主思想，"国家不仅是'为民的'和'民治的'，它根本是人民的"。中国的哲学足以救世界而有余。中国文化及民族性还处在不断创造之中，尚未到"盖棺定论"的时候，"中国人一日不死尽，则中国文化及中国民族性即一日在制造之中。他们并不是已造的东西，Something made，乃是正在制造的东西，Something in the making。我们就是制造他们的工程师和工作者，他们的好坏，就是我们的责任"④。20 世纪 80 年代之后，学术界兴起探讨中国传统哲学及文化价值的热潮。张岱年认为，中国文化传统的基本精神可以概括为四个方面：天人合一；以人为本；刚健自强；以和为贵。有六个命题可以表明，中国传统哲学特别重视人的价值："人者天地之心"——人是有思维能力的；"人之所以为人者何以也"——人与一般动物的区别；"三军可夺帅也，匹夫不可夺志也"——人的独立意志；"人莫不自为也"——人的个人利益；"天地之性人为贵"——人的价值；"圣人，人伦之至也"——人与人际关系⑤。90 年代，赵馥洁发表《中国传统哲学价值论》，从价值原理、学派取向、范畴系列三个

① 《陈独秀文章选编》（上），生活·读书·新知三联书店 1984 年版，第 392 页。
② 许全兴：《毛泽东与孔夫子》，人民出版社 2003 年版，第 44 页。
③ 同上书，第 50 页。
④ 冯友兰：《中国哲学的精神》上，国际文化出版公司 1998 年版，第 201、244 页。
⑤ 张岱年：《中国传统哲学中"人"的观念》，《学术论坛》1988 年第 6 期。

方面对中国传统哲学的价值作了深入系统的论述。进入新世纪以来，学术界发表和出版了更多的学术专著，张立文通过对中国传统哲学"天道"和"人道"近百个范畴的系统梳理，把中国传统的人文精神概括为"和合"二字①。楼宇烈指出："中国文化的核心，强调人在天地万物中的核心地位，突出了人本主义精神，这一特征又是通过人文教育形成的。中国文化虽然突出了人的地位，但也非常尊重人生存的环境、尊重万物。因此，中国文化讲究'重天道'和'法自然'，又崇尚'人道'，重视礼乐教化。这些都是中国文化的特征和品格。"② 陈来重点挖掘儒家核心价值，认为"儒学即是仁学，故儒学的本体论亦即为仁学的本体论，仁学本体论即是仁的本体论，仁的本体论即是仁学的本体论"③。

　　本课题从主体间关系的视角深入挖掘中国传统哲学及其文化的价值。认为中国哲学自始至终从人与人的关系中研究人，充满对"他人"的关爱，中国哲学史就是不断建构主体间关系的历史。对主体间关系的建构是中国文化最为独特的品质，也是中国政治和社会的灵魂所在，那种否定中国传统，进而否定中国几千年历史的观点是没有根据的。

（三）为开展学术对话和交流提供思想前提

　　西方哲学在其发源之时，便强调主体间的对立和斗争。近代以来，西方哲学家把焦点转向主体"自我"，挖掘"自我"的潜能，"他人"只被作为客体来对待。在经历数百年的洗汰后，历史和现实终于把"他人"问题置于哲学的重要位置。但西方哲学家们的任务首先是论证这个"他我"在认识论、本体论上的可能性。胡塞尔、海德格尔、伽达默尔、哈贝马斯哲学关于"交互主体性"（或"主体间性"）的论述都是沿着这一思路展开的。与西方哲学不同的是，中国哲学在其源创之时就把主体间关系作为哲学的核心问题来讨论，但中国哲学讨论的首先是主体间的生活准则和实践伦理，本体论、认识论服从于实践论，即知行关系论。从中国哲学与马克思主义哲学的比较来看，马克思主义哲学把主体划分为不同阶级，强调通过无产阶级的革命联合和主观世界的改造，力图以暴力推翻现有国家制度，建立一个"自由人的联合体"。但如何

---

① 张立文：《和合哲学论》，人民出版社 2004 年版，第 38 页。
② 楼宇烈：《中国的品格》，四川人民出版社 2014 年版，第 1—2 页。
③ 陈来：《仁学本体论》，生活·读书·新知三联书店 2014 年版，第 29 页。

实现无产阶级的主观改造，马克思讲得并不多。中国哲学自始至终把主体的精神境界和道德修养放在第一位，强调"将心比心"、"推己及人"，通过社会改良建立一个人人和谐相处的"大同世界"。显然，深入研究中国哲学关于主体间关系的思想，对于我们更为全面地认识主体间关系，开展"中西马"三种哲学之间的对话，无疑具有重要的意义。

第一编　源生篇

第一章　还原主体间的自然身份

——老子"为人为己"的建构

老子生活在春秋之际，面对社会巨变出现的混乱局面，对主体间的相互关系作了多方面的探索，主张以"天道"审视"人道"，以"为人"实践"为己"，以"玄德"对待"不德"，从而消除社会的混乱，建立"甘其食，美其服，安其居，乐其俗"的理想社会。作为中国传统哲学之根、治国之道、文化之源，老子的主体间关系思想对中国历史的发展起了深刻而久远的影响。借鉴老子对主体间相互关系的论述，对于我们处理转型中的社会问题，提升人生修养，建设和谐社会，无疑具有重要的启迪意义。

一　老子建构主体间关系的自然主义逻辑

如何处理不同主体间的关系？这才是老子全部思维的目标所在。在这一问题上，老子从论述"道"的本性开始，首先确立了"天道"标准，并以"天道"审视"人道"，要求为政者排除自己的私心私利，善于为百姓谋事，"以百姓心为心"，把"生而不有，为而不恃，长而不宰"作为人生的最高境界。在这里，老子讲出了一套处理主体间关系的道理。

（一）以"天道"审视"人道"

人从何处来，"我"与"他人"是什么关系？老子遵从"道生万物"→"万物尊道"→"道法自然"→"人法自然"的逻辑，从本体论视角进行了追根溯源的考察。什么是"道"？《老子》开篇指出："道"是"天地之始"，"万物之母"。"道"是万物运动的总规律。"道者，万物之奥，善人之宝，不善人之所保。"（《第62章》）"道常无名、朴。虽小，天下莫不臣。"（《第32章》）"得道"意味着成功和圆满。"天得一以清，地得一以宁，神得一以灵，谷得一以生，侯王得一以为天下贞。"（《第 39 章》）"失道"意味着失败和破灭，"天无以清将恐裂，地无以宁将恐发，神无以灵将恐歇，谷无以盈将恐竭，万物无以生将恐灭，侯王无以为贞将恐蹶。"（同上）"道"的本性在于"自然"，"人法地，地法天，天法道，道法自然"（《第 25 章》）。"天道"是没有偏私的："天地不仁，以万物为刍狗，圣人不仁，以百姓为刍狗。"（《第 5 章》）又说："天道无亲。"（《第 79 章》）天道是没有远近亲疏的。

老子秉持"天道"，对现实社会人性的异化展开强烈的批判：

一是否定现实社会的不公平。"天道"公平无私，而"人道"则不然。"天之道，其犹张弓与？高者抑之，下者举之；有余者损之，不足者补之。天之道，损有余而补不足。人之道则不然，损不足以奉有余。"（《第 77 章》）老子发出愤怒的控诉："大道甚夷，而人好径。朝甚除，田甚芜，仓甚虚；服文彩，带利剑，厌饮食，财货有余；是谓盗夸。非道也哉！"（《第 53 章》）大道非常公平，但统治者却十分狭隘自私。朝政腐败之极，弄得农田荒芜，仓库空虚；却还穿着锦绣的衣服，佩戴着锋利的宝剑，饱足精美的饮食，搜刮过多的财货。这就叫作强盗头子，多么无道呀！

二是否定对圣贤的崇拜。老子认为，天下的混乱正是崇拜圣贤而造成的，相反，"不尚贤，使民不争"（《第 3 章》）。一旦放弃了对"圣智"、"仁义"、"巧利"的追求，天下的盗贼也就自然消失了。"绝圣弃智，民利百倍；绝伪弃诈，民复孝慈；绝巧弃利，盗贼无有。此三者以为文，不足。故令有所属：见素抱朴，少私寡欲。"（《第 19 章》）这里所谓"文"，是指巧妙虚假的装饰。"不足"就是不足以治理天下。老子认为，儒家所讲的"礼"，并非大道的体现。"夫礼者，忠信之薄，而乱之首。"（《第 38 章》）正因为大道被废弃，国家混乱，家庭不和，才有了对仁义、忠孝的呼吁。"大道废，有仁义；六亲不和，有孝慈；国家昏乱，有忠臣。"（《第 18 章》）庄子解释说："圣人不死，大盗不止。虽重圣人而治天下，则是重利盗跖也。为之斗斛以量之，则并与斗斛而窃之；为之权衡以称之，则并与权衡而窃之；为之符玺而信之，则并与符玺而窃之；为之仁义以矫之，则并与仁义而窃之。何以知其然邪？彼窃钩者诛，窃国者为诸侯。诸侯之门，而仁义存焉，则是非窃仁义、圣智邪？"（《胠箧》）

三是否定对财富的贪婪。天下盗贼频出，是因为统治者过分看重那些"难得之货"，相反，"不贵难得之货，使民不为盗"（《第 3 章》）。"金玉满堂，莫之能守。"（《第 9 章》）。"民之饥，以其上食税之多，是以饥。"（《第

75 章》)

四是否定对情欲的骄纵。"不见可欲，使民心不乱。"(《第3章》)"富贵而骄，自遗其咎。"(《第9章》)"五色令人目盲；五音令人耳聋；五味令人口爽；驰骋畋猎，令人心发狂；难得之货，令人行妨。是以圣人为腹不为目，故去彼取此。"(《第12章》)这是对当时人性严重异化的思考。老子希望恢复人们纯真自然的本性。"复归于婴儿。"(《第28章》)"如婴儿之未孩。"(《第20章》)"含德之厚，比于赤子。"(《第55章》)

(二) 以"为人"从而"为己"

在老子看来，"为人"和"为己"是辩证统一的。圣人不为自己积累财富，他尽力帮助他人，为人越多，自己越是富有；给人越多，自己得到的也越多。"圣人不积，既以为人，己愈有；既以与人，己愈多。"(《第81章》)庄子说老子"常宽容于物，不削于人。可谓至极"(《天下》)。意思是说，老子经常能够宽容地对待事物，不损害和剥削他人，可以说达到了最高境界。在老子看来，圣人并不是没有私心，但总是置自身于人之后，成就别人反而成就了自己。"是以圣人后其身而身先，外其身而身存。以其无私，故能成其私。"(《第7章》)

基于"为人"和"为己"的辩证统一，老子对于如何治理国家提出了独到的看法：

其一，以贱为本，以下为基。老子认为，有道的人君要以普通百姓作为自己的基石，善于处下、居后、谦卑。"故贵以贱为本，高以下为基。是以侯王自称孤、寡、不穀。此非以贱为本邪？非乎？故至誉无誉。是故不欲珠珠如玉，珞珞如石。"(《第39章》)最高的荣誉是没有荣誉，与其羡慕那华丽的美玉，不如作一块普通的石头。"太上，不知有之；其次，亲而誉之；其次，畏之；其次，侮之。信不足焉，有不信焉。"(《第17章》)在这里，老子依据百姓对侯王的态度，把侯王分成四个等次。最好的侯王把自己隐埋在普通百姓中，以致百姓不知他的存在；第二等侯王，百姓想法亲近他、吹捧他；第三等的侯王，百姓畏惧他；最差的侯王，百姓侮辱他。统治者的诚信不足，人民自然不会相信他。

其二，常善救人，常善救物。老子反复强调无私奉献的精神。圣人永远没有自己的私心，把百姓的心作为自己的心。"圣人常无心，以百姓心为心。"(《第49章》)上善的人如同水一样，滋养万物却不与之争夺。"上善若水。水善利万物而不争，处众人之所恶，故几于道。居善地，心善渊，与善仁（人），言善信，政善治，事善能，动善时。"（《第8章》）圣人善于经常救助他人，所以没有被抛弃的人；善于经常拯救万物，所以没有被抛弃的物。"是以圣人常善救人，故无弃人；常善救物，故无弃物。是谓'袭明'。"（《第27章》）圣人为天下劳作却不恃功倨傲。"是以圣人为而不恃，功成而不处。其不欲见贤。"（《第77章》）天地之所以能长久，是因为它无私奉献，养育万物，而不企图延长自己的存在。"天长地久。天地所以能长且久者，以其不自生，故能长生。是以圣人后其身而身先，外其身而身存。以其无私，故能成其私。"（《第7章》）

其三，少私寡欲，无为而治。老子大声疾呼："五色使人目盲"、"五味使人之口爽"、"五音使人之耳聋"，过于注重物欲，欲壑难填，必然"使人之行妨"（《第12章》）。老子认为，天下之所以难治，是因为统治者过多的作为、肆意妄为。"民之难治，以其上之有为，是以难治。"（《第75章》）凡事须有度，过多的作为必然造成反面的影响。"天下多忌讳，而民弥贫；人多利器，国家滋昏；人多伎巧，奇物滋起；法令滋彰，盗贼多有。"（《第57章》）"为无为，则无不治。"（《第3章》）要使天下走向大治，就必须无为而治，这是因为"道常无为而无不为。侯王若能守之，万物将自化"（《第37章》）。"我无为，而民自化；我好静，而民自正；我无事，而民自富；我无欲，而民自朴。"（《第57章》）相反，如果主观妄为，则注定要失败，所谓"为者败之，执者失之"（《第29章》）。"是以圣人无为故无败，无执故无失。"（《第64章》）

其四，以大事小，以强扶弱。老子强烈谴责现实社会里大国、大邦对小国、小邦的欺凌。他认为，大国、大邦与小国、小邦之间应相互照顾，谦下互让。"故大邦以下小邦，则取小邦；小邦以下大邦，则取大邦。故或下以取，或下而取。大邦不过欲兼畜人，小邦不过欲入事人，夫两者各得所欲。大者宜为下。"（《第61章》）。老子坚决反对战争。"兵者，不祥之器，物或恶之，故有道者不处。"（《第31章》）武力征服不但要遭到报复，而且给人民带来饥荒的痛苦。"以道佐人主者，不以兵强天下。其事好还。师之所处，荆棘生焉。大军过后，必有凶年。"（《第30章》）喜欢用兵，赞美胜利，就是喜爱战争，乐于杀人，这样的人是不能得志于天下的。"兵者不祥之器，非君子之器，不得已而用之，恬淡为上。胜而不美，而美之者，是乐杀人。夫乐杀人者，则不可得志于天下矣。"（《第31章》）

其五，以静待躁，谨言慎行。老子认为，"静"是大道的本性，只有遵循大道，怀着谨慎的态度，才能治理好国家。老子说，"静胜躁，寒胜热。清静，为天下正"，"重为轻根，静为躁君"。然而，现在的问题，恰恰是君主们的浮躁不安。老子发出慨叹："奈何万乘之主，而以身轻天下？轻则失根，躁则失君。"他断言："静曰复命。复命曰常，知常曰明。不知常，妄作，凶。"（《第30章》）从"清静"出发，老子提出，治理国家一定要小心谨慎。他说："治大国，若烹小鲜。"（《第60章》）这里所谓"小鲜"即指小鱼。《解老篇》解释此句说："故以理观之，事大众而数摇之，则少成功；藏大器而数徙之，则多败伤；烹小鲜而数挠之，则贼其宰；治大国而数变法，则民苦之。是以有道之君，贵虚静而重变法。故曰：'治大国者，若烹小鲜。'"所谓"数挠之"，即多次翻动。所谓"贼其宰"，即鱼翻烂了，伤害了宰夫的烹饪之功。同样的道理，治理国家不能朝令夕改。政策改来改去，老百姓就无所适从，就失去了信任。

（三）以"玄德"面对"不德"

"德"是"道"的体现。面对现实社会的"不德"行为，老子强调道德修养的重要性。"修之于身，其德乃真；修之于家，其德乃余；修之于乡，其德乃长；修之于邦，其德乃丰；修之于天下，其德乃普。"（《第54章》）在老子看来，大道核心的精神就是甘于奉献。"生之畜之。生而不有，为而不恃，长而不宰，是谓'玄德'。"（《第10章》）人应该像大道那样，甘于为他人"生之"、"为之"、"长之"，却从来不索取占有，不恃功倨傲，不做他人的主宰，这才是人生的最高境界，这就是所谓"玄德"。

从"玄德"出发，老子教导人们：

其一，与人为善，柔弱处世。老子认识到生命的珍贵，而要延长生命，最为重要的是在交往中与人为善，以柔弱姿态对待他人。他说，"弱者，道之用"，"柔弱胜刚强"（《第40章》），这是一个普遍的真理。因为柔弱代表了新生、生命力和灵活性，刚强则代表死亡和僵硬。他从自然现象获得领悟："天下莫柔弱于水，而攻坚强者莫之能胜，以其无以易之"（《第78章》），"天下之至柔，驰骋天下之至坚"（《第43章》）。他从生命现象得到体验：婴儿"骨弱筋柔而握固"（《第55章》），"人之生也柔弱，其死也坚强；草木之生也柔脆，其死也枯槁"（《第76章》）。他从社会现象受到启迪："勇于敢则杀，勇于不敢则活"（《第73章》），"强梁者不得其死"（《第42章》）。于是老子说："坚强者死之徒，柔弱者生之徒。是以兵强则灭，木强则折。强大处下，柔弱处上。"（《第76章》）老子主张柔弱，并不是要人一味示弱与退让，而是考虑到对方也是主体，要用温和的方式去处理自己面对的矛盾，待人接物要灵活而不僵化，圆融而不固执，具有耐心和韧性。这对交往双方而言，可以减少生活道路上不必要的阻力与障碍，有利于矛盾的解决和个人愿望的实现；对社会而言，可以减少与他人的摩擦与冲突，维护和谐的人际关系。如果坚持刚强，则不是皎皎者易污，刚强者易折，就是好勇斗狠，纷争四起，对社会造成巨大的破坏，于人于己均无益处。所以老子的这一方法，初看是软弱或耻辱，但最终是聪明和有力的。

其二，不走极端，不与人争。他说："物壮则老，是谓不道。不道早已。"（《第30章》）意思是说，事物达到强盛之极点，就会走向衰亡，这叫不"道"，不"道"就会很快败亡。他还说："飘风不终朝，骤雨不终日。"（《第23章》）狂风刮不了一个早晨，暴雨下不了一整天。天地尚且如此，而况人乎？所以，懂得"道"的本性的人坚持不走极端，尽量以和缓的态度去对待他人。有德行的人要去除极端、奢侈和过度。"是以圣人去甚，去奢，去泰。"（《第29章》）老子进而教导人们要"挫其锐，解其纷，和其光，同其尘"（《第56章》）。也就是要收敛个人的锋芒，放弃个人偏激的主张，改变咄咄逼人的姿态，了解对方意见中的合理部分，从而达到认识上的统一，使矛盾得以缓和，纠纷得以化解。老子反对人与人之间的争斗，提出了"不争"的要求。他反复强调，"夫唯不争，故天下莫能与之争"（《第22章》），"以其不争，故天下莫能与之争"（《第66章》）。你不与人争，天下人就不与你争。但"不争"并不意味着你的利益受到损害，相反，"不争"能够使你取得天下谁也无法与你相比的成就和地位。这是天道使然。"天之道，不争而善胜。"（《第73章》）不争是最好的争，可以使交往双方的利益都得到保障。"善为士者不武，善战者不怒，善胜敌者不与，善用人者为之下。是谓不争之德。"（《第68章》）"与"即争，"不武"、"不怒"、"不与"、"为之下"都具有"不争"的意思。由此可知，老子的"不争"是高明的争、高级形态的争，是不争之争。朱熹对此有十分到位的理解，他说老子："其所以不与人争者，乃所以深争之也。"（《朱子语类》卷137）

其三，相依相存，宠辱不惊。老子以物喻人，说明世间一切事物相依相存的道理。"故有无相生，难易相成，长短相较，高下相倾，音声相和，前后相随。"（《第2章》）世界上的事物不仅相依相存，而且是相互转化的。"曲则全，枉则直，洼则盈，敝则新，少则得，多则惑。"（《第22章》）一旦运动到了极端，必然会向自己的反面发展。"反者，道之动；弱者，道之用。天下万物生于'有'，有生于'无'。"（《第40章》）天下人应该明白祸福相倚，善恶转化的道理。"祸兮，福之所倚；福兮，祸之所伏。正复为奇，善复为妖。"（《第58章》）善恶美丑都是相对的。"天下皆知美之为美，斯恶已；皆知善之为善，斯不善已。"（《第2章》）有道德的人永远处下，懂得进退。"知其雄，守其雌，为天下溪。""知其白，守其黑，为天下式。""知其荣，守其辱，为天下谷。"（《第28章》）

其四，为于未有，治于未乱。为了延缓和防止事物向坏的方向转化，老子提醒人们要重视"微明"，因为当事物处于转化的萌芽状态时，及早察觉，可以防患于未然。"其安易持，其未兆易谋；其脆易泮，其微易散"，这四种处于萌芽状态的矛盾，是容易处理的，重视"微明"就可以做到"为之于未有，治之于未乱"（《第64章》）。局势安定时容易维持，事情未露苗头时容易对付，事物脆弱时容易消解，事物微小时容易散除。要在事情还没发作时处理它，要在局势还没动乱时治理它。因此，考虑难办的事情要从简易处着眼，实行大的计划要从细微处入手。"图难于其易，为大于其细。天下难事，必作于易；天下大事，必作于细。是以圣人终不为大，故能成其大。"凡是轻易许诺必然就会失去对他人的信用；凡是把事情看得简单就必然会困难重重。因此，圣人总是认真对待困难，所以，他才反而没有困难。"夫轻诺必寡信，多易必多难。是以圣人犹难之，故终无难矣。"（《第63章》）

二 老子主体间关系思想的历史影响

《老子》是我国古代最重要的哲学著作和道家经典之一，虽然篇幅不过五千言，却拥有博大精深、玄奥无比的思想理论体系，其内容涉及自然、社会、人事、政治、经济、文化等各个方面，一直受到高度重视。《老子》所体现的主体间关系思想，也以不同的方式和渠道渗透在中国传统文化的血液之中，深刻影响了中国人的思维习惯和行为方式。

（一）中国传统哲学之根

老子是中国哲学的开创者，是最早从本体论视角探讨主体间关系并与国家治理、个人德性修养结合的古代哲学家，几乎历代哲人都与《老子》有缘。

一方面，他们以各种不同的方式，探求《老子》本来的含义；另一方面，他们又依据时代发展的要求，借注释《老子》来阐发自己的思想。《老子》所蕴含的主体间关系思想，极大地启发和影响了后世哲人，渗透于他们的论著之中。

　　《庄子》多处直接征引《老子》，并加以强调、解说或发挥。《史记·田齐世家》云，"宣王喜文学游说之士，自如驺衍、淳于髡、田骈、接予、慎到、环渊之徒七十六人，皆赐列第，为上大夫，不治而议论"，其中田骈、接予、慎到、环渊"皆学黄老道德之术"。汉代王充也公开声称，其著《论衡》"虽违儒家之说，合黄老之义"。东汉张衡从政初期著《二京赋》，巧妙地通过"凭虚公子"和"安处先生"的对话，赞扬汉文帝时的安民政治，批评汉武帝时的扰民政治。《赋》中的"为无为，事无事"是《老子》第 63 章原文，而赞扬文帝的"不穷乐以训俭，不殚物以昭仁"，"遵节俭，尚素朴"，"怀忠而抱悫"，"将使心不乱于所在，目不见其可欲"，"却走马以粪车"等句，批评武帝的"好剿民以女婾乐，忘民怨之为仇也；好殚物以穷宠，忽下叛而生忧也"，"夫水所以载舟，亦所以覆舟"等句，则分别暗合于《老子》中"治人事天莫若啬"，"见素抱朴，少私寡欲"，"不见可欲，使民心不乱"，"天下有道，却走马以粪"，"民之饥，以其上食税之多……民之轻死，以其上求生之厚"，"天下莫柔弱于水，而攻坚强者莫之能胜"等章句之精髓。张衡的天文学名著《灵宪》描述天地生成运转的规律："故道志之言云：'有物浑成，先天地生。'"从《灵宪》此段所引《老子》原文可知，张衡的宇宙观是受了老子哲学思想的影响。张衡晚年作《思玄赋》，称以老子学说为网，去获取儒、墨之精华："御六艺之珍驾兮，游道德之平林。结典籍而为罟兮，驱儒墨而为禽。玩阴阳之变化兮，咏雅颂之徽音。"《赋》中"不出户而知天下兮"引用《老子》第 47 章文句，以传达他利用前人知识积累和现实有利条件攀登科学高峰的体会①。

　　据司马迁《史记》载，儒家创始人孔子曾问礼于老子。《论语》中孔子所言"无为而治者其舜也欤"，"仁者必有勇"，与老子"是以圣人处无为之事，行不言之教"、"道常无为而无不为"、"慈故能勇"的意思十分接近。"天何言哉"亦合老子"无言"之旨。《宪问》谈到"以德报怨"时，还直接引用

---

① 参见陈鼓应《论道家在中国哲学史上的主干地位——兼论道、儒、墨、法多元互补》，《哲学研究》1990 年第 1 期。

《老子》第63章的文句。《尽心下》中的"民为贵，社稷次之，君为轻"与孔子"礼不下庶人，刑不上大夫"、"天尊地卑，乾坤定矣；卑高以陈，贵贱位矣"曲调不同，却与老子"贵以贱为本，高以下为基"相通。《墨子》的非命、兼爱、节用、节丧、非乐，和《老子》的"道……似万物之宗"、"以百姓心为心"、"善利万物"、"治人事天莫若啬"相一致。墨子主张"非攻"而重视防守，认为武王伐纣是诛而不是攻，也和老子的"慈故能勇"、"兵者不祥之器，物或恶之"意旨相似。《离娄下》说："大人者，无失其赤子之心也。"显然和老子崇尚质朴纯真的主张相一致。《梁惠王下》中"与民同乐"、"闻诛一夫纣矣，未闻弑君者也"的议论，表明孟子蔑视等级制度。明太祖朱元璋认为孟子大逆不道，要废其书不许世人诵读，经大臣劝阻，才出节选本《孟子》。孟子说："养心莫善于寡欲。"这无疑是老子"清心寡欲"思想的延伸。荀子在《礼论》中坦率地说明"礼"就是针对不同贵贱等级的人而规定的权利和义务，但其中"天地合而万物生，阴阳接而变化起"，及其《天论》中"大天而思之，孰与物畜而制之？从天而颂之，孰与制天命而用之"、"强本而节用则天不能贫，养备而动时则天不能病"等言论，显然与老子所说的"道法自然"、"道……似万物之宗"、"执古之道以御今之有"相通。《易传·系辞》的天地动静说同于《庄子·天道》，刚柔相推说为老子"以柔克刚"的进一步发展，"易知简能"即老子的简易之道，"原始反终"是老庄自然观的一个特殊观点，"精气"概念出自道家，"神"的概念与老庄同义，阴阳说本于道家和阴阳家，太极说源自道家，道器说本于老子，变通说与老庄思想相承发展，"几"的要领，是老子"微明"的另一种表述，"言"、"意"关系的讨论，也与老庄同一论旨。

韩非子的《解老》、《喻老》是最早的《老子》注，其学说中"君道无为，臣道有为"的观点，即源于老子。韩非子在《五蠹》中主张"圣人不期修古，不法常可，论世之事，因为之备"，深得老子"为无为"即顺应自然而为的要义。王弼通过对本末、体用、一多、动静等互相对应范畴的解释，建立起一套形而上的玄学本体论体系，其核心内容是"以无为本"，也即"崇本息末"与"举本统末"。魏嵇康《与山巨源绝交书》说："老子、庄周，吾师也……又读庄老，重增其放。"晋郭象注《逍遥游》篇说："此庄老之谈所以见弃于当涂。"《颜氏家训·勉学篇》称："《庄》、《老》、《周易》总谓三玄。"唐代以成玄英、李荣、杜光庭等为代表的一批道教学者则援佛入老，佛道相激。以心性解老，是宋代以后老学发展中一个极为普遍的现象，儒、释、道三教学者莫不为之。到元代时，杜道坚在《道德玄经原旨》中指出：当时"道德八十一章，注者三千余家"。自元以后，重新注释《老子》的人，更难计其数。宋代的赵志坚在《道德真经疏义》中曾总结说："以文属身，则节解之意也；飞炼上药，丹经之祖也；远说虚无，王弼之类也；以事明理，孙登之辈也；存诸法象，阴阳之流也；安存戒亡，韩非之喻也；溺心灭质，严遵之博也；加文取悟，儒学之宗也。"①

宋儒使用的一些重要概念，如"无极"、"太极"、"无"、"有"、"道"、"器"、"动"、"静"、"虚"、"实"、"常"、"变"、"天"、"理"、"气"、"性"、"命"、"心"、"情"、"欲"等，大都来自于道家传统，如周敦颐所用"无极"一词，即首出老子。后陆九渊即指出：周子言"无极"出于老子。又如程颢认为，"天理"的概念最早见于《庄子·养生主》。而程、朱论天理，更与老、庄"道"无大殊异，如朱熹所谓"宇宙之间，一理而已，天得之而为天，地得之而为地……若其消息盈虚，循环不已，则未始有物之前，以至人消物尽之后，终则复始，始复有终，又未尝有顷刻之或停也"（《朱文公全书》卷70）。王廷相认为："老、庄谓道生天地，宋儒谓天地之先只有此理，此乃改易面目立论耳，与老、庄之旨何殊？"（《雅述》上篇）颜元著《朱子语类评》，认为朱子其"参于禅、老、庄、列者深矣"。明代黄绾称："孟子殁而无传，故至有宋诸儒，其学皆由于禅。"（《明道编》卷1）全祖望指出："两宋诸儒，门庭径路，半出于佛、老。"（《鲒埼亭集外编》卷31）陈建则谓陆、王心学，乃"阳儒阴佛"（《学蔀通辩》后编卷上）。顾炎武亦云："今之所谓理学，禅学也。"（《亭林文集》卷3《与施愚山书》）这种论述，十分透彻地点明了儒学与道学的关系。

（二）中国传统治国之道

《老子》不仅是一部哲学书，而且被历代政治家视为"君人南面之术"，善于运用《老子》所阐发的精神作为治国、治军之纲要。历史上，唐玄宗、宋徽宗、明太祖、清圣祖四位皇帝曾亲自为《老子》作注，其对政治家及国家治理的影响，可见一斑。

历史上，很多政治家常常深研《老子》，用老子的思想来谋划政治和军

---

① 参见陈鼓应《论道家在中国哲学史上的主干地位——兼论道、儒、墨、法多元互补》，《哲学研究》1990年第1期。

事。如战国时期的张良，在秦灭韩后，求刺客谋刺秦始皇于博浪沙，误中副车，遂逃匿下邳，遇隐士黄石公授予《太公兵法》（《三略》、《六韬》）。《三略》中有"夫兵者不祥之器，天道恶之。不得已而用之，是天道也"，与《老子》第31章的文句意思十分相近。张良数以《太公兵法》说刘邦，多次为高祖乃至惠帝谋划而成大事。刘邦开国封侯，要封张良三万户，张良推辞而自愿为留侯，之后远离朝政，用道家辟谷导引术祛病延年。陈平出身平民，少年时好黄老之学，后为刘邦出谋划策。"常出奇计，救纷纠之难，振国家之患"（《史记·陈丞相世家论》），继曹参之后，相汉11年，自脱于吕后多事之秋，用计与君臣共夺吕族兵权而迎刘恒即皇帝位，善始善终，史称贤相。东汉末年，豪杰纷争割据。刘备三顾茅庐求助于诸葛亮。诸葛亮身为躬耕村野的平民，为刘备出谋划策，能因时、因势、循规律而动，决战决胜，好谋而成，所著《便宜十六策》引用"圣人无常心，以百姓心为心"、"不贵难得之货，使民不为资"等《老子》原句，对老子哲学的运用达到纯熟的地步。

战国时秦相吕不韦召集门客，网罗百家、"集腋成裘"，辑合百家学说编成《吕氏春秋》，全书以"无为"为纲纪，称老子为"圣人"。发源于战国晚期而兴盛于汉初的黄老学派，体现了当时道、法合流的趋势，而以道家无为及辩证法思想为其理论基础。曹参于汉初任齐相国，从盖公习黄老之学。盖公说，"治道贵清静，而民自定"，曹参相齐九年，百姓安集。汉丞相萧何死后，曹参继任丞相，遵循萧何"与民休息"、节约俭朴等政策法规不稍更改。"参为相国三年……百姓歌之曰：'萧何为法，讲若画一；曹参代之，守而勿失。载其清靖，民以宁壹。'"（《汉书·萧何曹参传》）

汉文帝刘恒及皇后窦氏都好黄老之学，从文帝诏书中可以看出他对老子哲学的积极实践。文帝即位的当年就颁布赈穷养老之令，翌年诏令四方勿献珍物，对来献千里马者说："鸾旗在前，属车在后，吉行日五十里，师（征伐）行三十里，朕乘千里马，独先安之？"致书南越王赵佗："……前日闻王发兵于边，为寇灾不止，当其时，长沙苦之，南郡尤甚。虽王之国，庸独利乎？必多杀士卒，伤良将吏，寡人之妻，孤人之子，独人父母；得一亡十，朕不忍为也。"并采取了相应的政治经济措施，促使赵佗放弃帝号而称臣。文帝下诏废除"诽谤妖言法"："古之治天下，朝有进善之旌，诽谤之木，所以通治道而来谏者也。今法有诽谤妖言之罪，是使众臣不敢尽情，而上无由闻过失也。将何以来远方之贤良？其除之。"（《汉书·文帝纪》）下诏废除断肢体、刻肌肤、连及父母妻子同坐等苛法峻刑。北方游牧民族匈奴屡犯边民，文帝遣使频向匈奴单于申明大义，与之和亲。匈奴和亲后又背约入盗，文帝派大军备边峙敌，不发兵深入，几个月后匈奴远遁，乃收兵还师。文帝是著名的节俭皇帝，终其位，宫室、苑囿、车骑、服御无所增益，临终下诏：简化葬礼，不使劳民伤财。

汉景帝即位当年，就把文帝每逢灾年只收民田半租的特例变为常制，即：改高祖时的田亩十五税一为三十税一，以促进农业生产。窦太后好黄老之言，景帝及其太子、族人都不得不读黄老之书，致使黄老之学盛行。从文帝、景帝的诏书及所纳近臣的谏议可以看出，汉初所用黄老之学并无多少"刑名法家"的成分，老子哲学对当时社会各界的深刻影响不言而喻。文帝、景帝用老子思想治国四十年，人民休养生息，生产技术长足发展，社会安定，经济繁荣，亲内和外，海内殷富，史称"文景之治"。

唐太宗尊崇老子，认李耳为先祖。丞相魏征运用老子哲学辅政，在"贞观之治"中起了重要作用。魏征曾为道士，著有《老子治要》，深得老子要旨。他于唐太宗即位之初上书二百余，言事切当，得到唐太宗李世民重用。贞观年间"偃武修文，中国既安，四夷自服"（《资治通鉴》卷193），同等看待汉族与非汉族，百姓安居，远方宾服，"天下大宁，绝域君长，皆来朝贡，九夷重译相望于道"（《贞观政要·论诚信第十七》）。《老子》广泛流传于上层社会，深深植根于民众厚土，对历代政治家、军事家多有影响。

历史上，有四位皇帝亲自为《老子》作注。他们分别是唐玄宗李隆基、宋徽宗赵佶、明太祖朱元璋和清世祖福临。由于他们的特殊身份，他们的注释就有了特殊的意义。然而，由于他们个人所处的时代及修养不同，对同一《老子》便有不同的解释。如，对《老子》第3章"为无为，则无不治矣"唐玄宗解释说："于为无为，人得其性，则淳化有孚矣。"意思是说：坚持无所作为，符合人的本性，如果真能这样，那么实现道德淳化就有了希望。这种解释显然与通常的解释相去甚大。宋徽宗则认为："圣人之治，岂弃人绝物，而恝然自立于无事之地哉？为出于无为而已。万物之变，在形而下。圣人体道，立乎万物之上，总一其成，理而治之。物有作也，顺之以观其复；物有生也，因之以致其成。岂有不治者哉？故上治则日月星辰得其序，下治则鸟兽草遂其性。"意思是说：圣人治国，并不是悠然自得地无所事事，而是要以无为的态度实现有所作为。万物的变化是外在的、个别的，圣人则要把握总体原则。顺从事物的本性，就能治理一切。宋徽宗虽然是一失国皇帝，然而，这里的解释却是颇为得体。明太祖朱元璋则写道："诸事先有勤劳，而合理尽为之矣。既已措安，乃无为矣。"意思是说：处理事务，先要勤劳，合乎原则地努力完成。一切都已安排停当，也就无所作为了。这种解释有点不伦不类，有点脱离老子的本意，把"无为"解释为"有为"。清世祖福临则认为："夫为治而至于无为，则天下无不治矣。"① 意思是说：治国能达到无所作为，天下就都可以得到治理。这也不尽恰当。

（三）中国道教文化之源

道教是中国的本土宗教，具有浓郁的中国传统文化色彩。道教与道家思想有着紧密的联系，以《老子》为首的道家思想及老子本人对道教教义、修炼方法、神仙信仰等方面都产生了重要影响。

道教以"得道成仙"为最高追求，其中，"成仙"或"长生"是终极目标，这是道教与佛教的重要区别，佛教以生为苦，道教以生为乐，且以长生为乐。而实现这一目标的途径，就是通过修炼以"得道"。《老子》关于长生的思想，如"……是谓深根固柢、长生久视之道"（《第59章》）。《逍遥游》关于神仙的记载"藐姑射之山，有神人居焉。肌肤若冰雪，绰约若处子，不食五谷，吸风餐露，乘云气，御飞龙，而游乎四海之外……"，这些都给人以无限的期待和向往。道教对世界的解释正是源于道家思想，尤其是道家创始人老子的思想。正如南朝梁刘勰在《灭惑论》中所说，道教"上标老子，次述神仙，下袭张陵"。

道教的第一部经典《太平经》说："夫道何等也？万物之元首，不可得名者。六极之中，无道不能变化。元气行道，以生万物，天地大小，无不由道而生者也。"早期道教的五斗米道所宗的秘典《老子想尔注》说："一者道也。……一在天地外，人在天地间，但往来人身中耳，都皮裹悉是，非独一处。一散形为气，聚形为太上老君。"使道教理论体系化的葛洪，在《抱朴子·内篇》也着意宣扬"道"，并以"玄"去释"道"。"道"、"玄"同构，是葛洪论道的特色，其手法实与老子无异。他说："玄者，自然之始祖，而万殊之大宗也。""凡言道者，上自二仪，下逮万物，莫不由之。"此"玄"，此"道"，深远高旷，无所不至，无所不能，"高则冠盖乎九霄"，"旷则笼罩乎八隅"，"胞胎元一，范铸两仪，吐纳大始，鼓冶亿类，佪旋四七，匠成草昧，砻策灵机，吹嘘四气，幽括冲默，舒阐粲尉，抑浊扬清，斟酌河渭，增之不

---

① 参见高专诚《御注老子》，山西古籍出版社 2003 年版，第 23 页。

溢，挹之不匮，與之不荣，夺之不瘁"。《隶释》卷3有延熹八年的《老子铭》，文人边韶就谈到了当时信道者附会老子"天地所以能长且久者，以不自生，故能长生"和"谷神不死，是谓玄牝"的话，说好道者"以老子离合于混沌之气，与三光为终始。观天作，升降斗星，随时九变，与时消息，规矩三光，四象在旁，存想丹田，太一紫房。道成身化，蝉蜕度世。自羲农以来，世为圣者作师"。

汉明帝、章帝之际，王阜撰《老子圣母碑》说："老子者，道也。乃生于无形之先，起于太初之前，行于太素之元，浮游六虚，出入幽冥，观混合之未别，窥清浊之未分。"把老子说成了"道"的化身。对此，王充在《论衡·道虚》中指出："世或以老子之道，为可以度世，恬淡无欲，养精爱气……老子行之，踰百，度世为真人矣。"道教徒认为，追求长生不老的途径是体道和修道，那么如何体道、修道呢？道教徒认为大地间只有道是永恒的，因此要想长生，就要与道合一。"守一法"是道教修炼的一种形式，《太平经圣君秘旨》说，此法"可以度世，可以消灾，可以事君，可以不死，可以理家，可以事神明，可以不穷困，可以理病，可以长生，可以久视"。"守一法"中的"一"即指道，道教徒认为守持道，就能长生，精神就可以长存。

道教认为，道是可以知道、体悟到的，但不能用认识一般事物的常规方法来体悟道。道教吸收了老子和庄子清净无为的思想，提出修道有两种具体的方法：一是斋醮，二是炼养。斋醮，即通常所说的"做道场"，包括清静身心、祭祀神灵等方面；炼养，即炼丹与养生，包括炼外丹、炼内丹、以柔克刚等方面。其中，清净身心、以柔克刚等修炼方法皆源于老子的养生思想。道教与佛教虽然都讲究清静，但具体的修炼方式是不同的，佛教是参禅打坐，道教则吸收了老子和庄子的思想，强调修身养性，认为"真静"、"真寂"是"常清静"。司马承祯在《坐忘论》中说："神与道合，谓之得道。"道教还认为修炼是一个循序渐进的过程，在这一过程中，要祛除对物质利益的追求，避免外界事物对人的眼、耳、鼻、舌、身等器官的刺激，在心性修炼中做到"收心习静"。这与老子强调的"五色令人目盲，五音令人耳聋，五味令人口爽，驰骋畋猎令人心发狂，难得之货令人行妨"，以及"塞其兑，闭其门，终身不勤；开其兑，济其事，终身不救"等思想是一致的。

道教炼内丹的养生方法也与老子的"专气致柔"、"贵柔处弱"思想有着紧密的联系。炼丹分为炼外丹和炼内丹，炼外丹就是用铅、汞等矿物质为原料，以化学的方法炼出丹丸，道教徒认为吃了以后可以长生不老；炼内丹是指以人体内的精、气、神为"原料",将身体当作"炼丹炉",即通过调节呼吸,用气功的方法在体内形成丹气,靠丹气的运行变化养生,以达到长生不老的目的。"气"的概念在《老子》中多次提到,老子说:"专气致柔,能如婴儿乎?"强调结聚精气以致柔顺,就像婴儿一样的状态。婴儿的骨头嫩弱,筋脉柔软,但拳头却能攥得紧紧的,虽然还不懂得男女交合之事,而生殖器却会勃起,这是由于精气非常旺盛的原因,整日哭喊但嗓子不会哑,这是由于元气非常淳厚。精气、元气的淳厚乃是自然之道,掌握了这一点才是明智的,过分贪图享受就是灾祸。老子以及后来庄子对气的论述,加上先秦其他思想家关于气的阐述,共同构成道教炼内丹的理论依据。《悟真篇》云:"劝君究取生身处,返本还源是药王。"要人求取精、气、神等生命之源,强调爱精保气。《养生延命录》还说:"养生大要,一曰啬神,二曰爱气,三曰养形,四曰道引,五曰言语,六曰饮食,七曰房室,八曰反俗,九曰医药,十曰禁忌。"道教养生法强调,凡会引起精、气、神消耗的事情,都应少做。这与老子的"去甚、去奢、去泰"的思想是一致的。

由于道教在教义和修炼方法上都吸收了以老子为首的道家思想,因此《老子》一书必然被道教奉为经典,老子本人被道教奉为祖师甚至神灵。根据1997年考古工作者对鹿邑太清宫遗址的考古发掘,发现从东汉一直到元、明时期,历朝历代都有皇帝到太清宫来祭祀老子。据《史记·老子韩非列传》记载,"老子修道德,其学以自隐无名为务","盖老子百六十余岁,或言二百余岁,以其修道而养寿也"。可见,早在西汉时期,老子已成为人们迷信的长寿之星,这进一步促使后来的道教徒将老子奉为地位越来越高的神灵。汉桓帝开始为老子立祠,并以郊天乐祀之。在最高统治者的推崇和影响下,民间开始将老子当作神来崇拜,老子由此与天神有了同等的地位。东汉后期,信奉《太平经》的太平道和信奉老子《道德经》的五斗米道先后兴起,五斗米道教派的首领张陵写了《老子想尔注》,用浅显易懂的语言来解释深奥玄妙的《道德经》,向百姓传道。《云笈七籤》又说:"老子者,老君也,此即道之化身也,元气之祖宗,天地之根也。"佛教传入中国后,地位比道教低,道教徒也极力压制佛教徒,襄楷还向汉桓帝编造了一个谣言,说老子入夷犹为浮屠。佛教徒为了保持其发展,不得不依附于黄老道,并默认佛教始祖为老子门徒。

西晋时期,佛教、道教斗争较为激烈,道士王浮作《老子化胡经》,编造老子教化胡人的故事,贬低佛教,以抬高道教的地位。东晋时期,著名道士葛洪学得炼丹术，还研读了大量道教经典，并撰写了《抱朴子内外篇》。他继承老子“道为宇宙之本原”的思想，并对道进行神化，建立了基本完备的道教神学体系。葛洪还继东汉刘向《列仙传》而作《神仙传》，叙述了古代传说中 94 位神仙的故事，用极其夸张的笔法描写老子的形象，将老子奉为神仙，并指出其能“度人成仙”。北齐时魏收在《魏书·释老志》记载道士寇谦之遇“太上老君”，“太上老君”、“老君”在南北朝时期已成为对老子的主要尊称。

唐朝开国皇帝李渊尊老子为唐王室祖先，并以神仙老子的后裔自居，还大力制造“君权神授”的舆论。唐太宗李世民规定，宫中举行仪式时，道士在前，僧人在后。干封元年（公元 666 年），唐高宗下诏追封老子为“太上玄元皇帝”，并在亳州老子的故居建立了祠堂。仪凤三年（公元 678 年），唐高宗又下诏以《道德经》为上经，作为国家科举考试的正式科目，列于《论语》等儒家经典之前。唐玄宗更加崇尚道教，天宝二年（公元 743 年），唐玄宗改西京玄元庙为太清宫，将其尊为祖庙，并追尊老子为“大圣祖玄元皇帝”，尊老子之父为“先天太上皇”，尊老子之母为“先天太后”。天宝八年（公元 749 年），唐玄宗亲谒太清宫，重新封老子为“圣祖大道玄元皇帝”。唐玄宗还亲自为《老子》作注解，要求天下庶士皆需家藏一本《老子》，并下令编纂道藏，这是历史上道教经典第一次被编集成“藏”。唐朝末年，道士杜光庭对历史上道教的斋醮科仪、思想进行了整理和总结，并编纂了《道德真经广圣义》，详细地总结了历代研究老子的情况，尤其是此前 60 余种《老子》注疏的情况，将其概括为“明治国之道、明治身之道、明事理因果之道、明重玄之道、明虚极无为理家理国之道”等几派，因此被认为是一本《老子》研究简史。

宋真宗、宋徽宗也极其崇信道教，道教因而备受尊崇，成为国教。此时出现了茅山、阁皂等派别，天师道也重新兴起。在理论方面，陈抟、张伯端等人阐述的内丹学说极为盛行。金朝时，在北方出现了王重阳创导的全真道。后来，王重阳的弟子丘处机为蒙古成吉思汗讲道，颇受信赖，并被元朝统治者授予主管天下道教的权力。而同时，为应对全真道的迅速崛起，原龙虎山天师道、茅山上清派、阁皂山灵宝派合并为正一道，尊张天师为正一教主，从而正式形成了道教北有全真、南有正一两大派别的格局。明代时，永乐帝朱棣自诩为真武大帝的化身，而对祭祀真武的张三丰及其武当派大力扶持。此时，道教依然在中国的各种宗教中占据着主导的地位。自清代开始，满族统治者信奉藏传佛教，并压制主要为汉族人信仰的道教。道教从此走向了衰落。

三　老子主体间关系思想的当代价值

老子秉持自然主义的逻辑，重新审视现实社会，对人性的异化展开无情的批判，提出了一套独特的治国理政、人生修养理论，深刻影响了中国人的思维方式和交往方式，在传统文化中始终占有一席之地，常注常新，至今仍然闪现着理论和实践的价值。

（一）道德修养的至高境界

老子认为，春秋之际，人与人互不相爱，诸国混战，其根本原因在于人性的异化。为此，老子从大道出发，谴责现实社会的不公，否定圣贤崇拜，否定对金钱的膜拜，否定对情欲的骄纵，要求人们设身处地加强道德修养，修之于家，修之于乡，修之于邦，修之于天下，善于救人，善于救物，甘于奉献，利而不争，处下谦让，复归于婴儿，建立一个"甘其食、美其服、安其居、乐其俗"的绝对平等社会，从而化解矛盾，消除社会混乱。

今天，人性的异化并未完全消除。在当今中国，突出表现为以下三种崇拜。一是崇拜"权力"，认为有了权就有了一切。为此，人们不惜代价，不择手段地向权力的巅峰钻挤。一旦掌握了某方面的权力，便立刻寻求回报，出现了权钱交易、以权谋私、权力寻租等多种腐败现象。二是崇拜"资本"，认为"金钱能让鬼推磨"。有钱就可以买到享受一切的权力。为此，人们抛开良心，互相欺骗，通过各种狡诈的手法获取暴利，甚至以牺牲他人的生命作代价。三是崇拜"关系"，认为有了某种"关系"，便可升官发财，所谓"一人得道，鸡犬升天"。为此，人们挖空心思拉关系，搞关系网。从老子的视角看，这些思想行为无疑是违背常道的。而事实上，正是对"权力"、"资本"、"关系"的崇拜扰乱了人们正常的生活，它让人们处心积虑、烦躁不安、见利忘义、冷漠无情。反思老子的论述，对于消除各种异化现象，做一个诚实的人，建设质朴自然的人际关系，尊重他人，具有重要的现实意义。

诚实善良、平实质朴是中华民族的美德。在革命战争年代，正是在质朴善良的人民群众的支持下，中国革命才得以成功。淮海战役期间，山东、中原、华中、冀鲁豫 4 个地区共有 543 万支前民工，88 万多大小车辆，1.4 万多船只，从陆路到河湖，船装车载，昼夜不停地在无数条通往战场的大小路上为我军运送武器弹药、柴草粮禾和伤员。陈毅元帅高兴地说：我们的胜利是人民群众用小车推出来的！新中国成立后，更涌现出如雷锋一样诚实质朴、做了好事不留姓名的好战士，如铁人王进喜一样为人民为国家而忘我工作、牺牲自我的好工人，如焦裕禄一样一心想着群众、为群众谋利的好干部。

但在新中国成立后的一段时间里，"以阶级斗争为纲"的方针也给人与人之间的关系蒙上了巨大的阴影。1957年的反右派斗争扩大化，把几十万爱国知识分子打成所谓"右派"，人们因此而噤若寒蝉，人人自危，不敢讲真话。1958年的"大跃进"，更使假话、大话、空话满天飞，包括知识分子在内的很多人放弃了独立思考精神，"放卫星"、为"大跃进"唱赞歌成为一种潮流。"文革"开始后，造反派大兴"文字狱"，要求父子之间、夫妻之间、同志之间、这一人群与那一人群之间划清阶级界限，无端"抓辫子、戴帽子、打棍子"，制造了千千万万的冤假错案。"文革"给普通人的教训是：老实人吃亏，说真话吃亏，做好事吃亏。以致在20世纪70年代邓小平第二次复出全面整顿时，把"说老实话、办老实事、做老实人"放在特别重要的位置，号召向大庆学习。这个教训告诉我们：要让普通百姓不说假话，必须要有一个良好的环境，包括政治环境、经济环境、文化环境、社会环境，而这种好环境归根结底要由积极的价值观来引导。老子自然主义的价值观无疑给我们提供了一条重要的思路。

（二）治国理政的深谋大略

老子提出了"无为而治"的治国理念。纵观中国历史，无论是汉代的"文景之治"，还是唐代的"贞观之治"和"开元盛世"等，当时的统治者无一不遵循了"无为而治"的古训。新中国成立初期，由于我们照搬苏联模式，实行高度集中的计划经济体制。"加强党的领导，变成了党去包办一切、干预一切；实行一元化领导，变成了党政不分、以党代政；坚持中央的统一领导，变成了'一切统一口径'。"① 其结果严重损害群众积极性，生产不发展，长期徘徊不前。改革开放以来，正由于简政放权，实行社会主义市场经济，生产力飞速发展，取得了举世瞩目的成就。实践表明，政府管得过多过死，必然造成对群众生产生活的干扰，反而遏制群众的积极性。这实际上就是视群众作为管理客体，没有把群众作为主体来看待。进一步深化市场取向的改革，实现从管

---

① 《邓小平文选》第2卷，人民出版社1994年版，第142页。

理型政府向服务型政府的转变，这是当前我们政治体制改革的重大战略任务，其目的就是要把群众作为交往主体来看待，一切从群众的需要出发，减少和防止不必要的作为。这与老子"无为而治"的思想无疑是一致的。老子还提出"治大国，若烹小鲜"的论断。用今天的话来讲，政府要谨慎地制定和推行政策，不能朝令夕改，让百姓无所适从。改革开放初期，党和政府的许多政策难以推行，一个根本的原因就是怕"变"。当时民间有句传言："党的政策像月亮，初一十五不一样。"20 世纪 80 年代，安徽出了个"傻子瓜子"，"傻子"年广久靠卖"傻子瓜子"挣了一百万，当时很多人主张要动他。邓小平坚决不同意。他说，一旦动了，群众就会以为我们党的政策又变了。邓小平主张依法治国，依靠市场调节生产，其目的就在于尊重价值规律，减少政府行为的随意性。然而，在现今的实践中，一些领导干部为了弄出"政绩"，从而达到被迅速提升的目的，架空决策程序，随意立项、撤项，视群众的呼声于不顾。这同样是对百姓主体性的践踏和侵犯。

老子强调个人身心的修炼，主张"见素抱朴"、"少私寡欲"、"无私利他"、"贵柔守弱"。实践表明，在现代化的进程中，加强主体的身心修养，减少过多的物质欲望，转变发展方式，已经成为一个非常迫切的问题。中国是一个人口大国，现有人口 13.7 亿。虽然实行严格的计划生育政策，但是每年仍净增 1400 万—1500 万人，到 2040 年中国总人口将达 16 亿。虽然以 GDP 总量来看，我国已处于世界第 2 位，但这种发展是以拼资源、拼环境、拼劳动力得来的。我国矿产资源总量虽然较大，约占世界的 12%，居世界第 3 位，但从人均资源拥有量来看，仅为世界人均水平的 58%，居世界第 53 位。我国人均水资源拥有量 2200 立方米，为世界平均水平的 1/4。我国现人均耕地面积不足 1.4 亩，不到世界人均水平的 40%。2000 年人均石油可采储量、天然气可采储量、煤炭可采储量，分别为世界平均值的 11.1%、4.3% 和 55.4%；2003 年分别为世界平均值的 10%、5% 和 57%。我国目前原油进口依存度约为50%，铁矿石为 70%，铜精矿为 80% 以上。我国的环境已恶化到相当严重的程度。80% 的江河湖泊断流，2/3 的草原沙化，绝大部分森林消失，近乎100% 的土壤板结。中国 1/3 的国土已被酸雨污染，主要水系的 2/5 已成为劣五类水，3 亿多农村人口喝不到安全的水，4 亿多城市居民呼吸着严重污染的空气，1500 万人因此得上支气管炎和呼吸道癌症。世界银行报告列举的世界污染最严重的 20 个城市中，中国占了 16 个。全国 668 座城市 2/3 被垃圾包围，这些垃圾不但扩大着农田占用面积，而且威胁着基本生存环境。显然，不节制对物质占有的欲望，不转变经济发展方式，不适当放慢发展速度，继续走西方现代化的老路，无异于走向死亡。老子所讲的"少私寡欲"、"恬淡自然"的价值观，无疑提供了一个重要的选择方向。

（三）世界和平的必然之道

老子之道，强调人人平等，反对以武力强迫他人。老子讲："以道佐人主者，不以兵强天下。"老子还明确指出：天下有"道"之时，自然是国泰民安，百姓丰衣足食；天下无道之时，就会人人贪得无厌，战乱时时发生。据统计，到20世纪80年代中期，世界核武器库中已贮存50000个核弹头，其总威力相当于100万个广岛原子弹，地球上的每个人平均3.5吨TNT当量。霸权主义、恐怖主义、分离主义、宗教极端势力、海盗、毒品、艾滋病、突发性传染病、粮食安全、金融危机等，依然严重威胁着人类的生存和安全。

由于人类的贪婪，人类共同生存环境正面临前所未有的挑战。一是大气污染。全球每年释放二氧化碳达220亿吨，世界城市人口中的一半（约9亿）呼吸着不健康的空气。二是温室效应加剧。由于温室效应引起温度和雨量变化，使干旱和洪水频繁发生，使世界产生1000多万环境难民。据计算，两极气温提高5℃—10℃就会导致格陵兰和南极洲的冰帽融化，海平面逐渐上升，世界上的许多沿海城市将会淹没在汪洋大海之中。三是地球臭氧层减少。这使紫外线对人类的危害加剧，患皮肤癌和白内障等疾病的人数不断增加。四是土地退化和沙漠化。20世纪中期地球的森林覆盖率为1/4，到80年代已不到1/5。热带雨林正以每年11万平方公里的速度减少，按照这个速度，热带雨林将在85年内全部消失。由于滥垦滥伐，过度放牧造成土地贫瘠和沙漠化。如果按目前的速度继续下去，世界1/3的耕地将在短短的20年内消失，沙漠化正以每年几乎6万平方公里的速度扩展，有2000万平方公里的土地处于沙漠化的边缘。五是水源短缺、污染严重。全世界每年有2.5万人由于饮用被污染了的水而致病死亡，12亿人缺少安全饮用水。六是海洋环境恶化。全球每天往海里倾倒的垃圾和污染物多达数万吨，使沿海居民中患肝炎、霍乱等病例增多，使鱼虾和其他海洋生物减少。七是"绿色屏障"锐减。每年热带雨林面积减少1700万公顷，约占总面积的0.9%。八是生物种类不断减少。目前，地球上每天有100多种生物灭绝。大约有3.4万种植物处于灭绝边缘。未来50年中，1/4的物种将遭受灭顶之灾。九是垃圾成灾。全球年产垃圾100多亿吨，绝大多数得不到有效处理。十是人口增长过快。到2011年，世界人口已超过 70 亿。对地球资源开发利用的速度赶不上人口增长的速度，对环境的影响和破坏日益严重。

世界还很不安定，世界还不和谐，人性的异化远未消除。大国、强国只有像老子所说的那样，不恃强欺弱，不以武力相威胁，不仅考虑自身的发展，而且考虑他人他国的发展，才可能实现对资源的永续利用和可持续发展，世界和谐才会有希望。

第二章　创立主体间的互爱礼约

——孔子"仁者爱人"的建构

如何建构不同主体间互敬互爱的关系？这是孔子思想的核心。《论语·颜渊》载：樊迟问仁，子曰"爱人"。"爱人"就是爱"他人"。这里的"人"，不仅包含社会中有地位、有财富的上层人，而且也包含爱庶人百姓等一切下层人。《论语·乡党》载："厩焚。子退朝，曰：'伤人乎？'不问马。"活灵活现地描绘了孔子对下人的关切之情。如何做到"爱人"？孔子从多层面进行了探索，提出了一系列十分具体的主张。孔子之后，孟子、荀子从不同视角加以发挥。自汉武帝以来，孔子及儒家思想被确立为国家意识形态，主导中国两千多年，对中国社会发展起了极为深刻的影响。深入研究孔子关于主体间关系的思想，对于我们处理当代中国主体间的相互关系，仍有重要的借鉴意义。

一　孔子建构主体间关系的四个层面

如何做到"爱人"？孔子分别从个人、家庭、国家、教育等几个层面进行了思考。个人是家庭的成员，家庭是社会的细胞，国家是社会的组织者，教育是培养社会英才的渠道，因而四个层面相互依存，又相互渗透，共同构成了孔子主体间关系思想的体系。这正如"亚圣"孟子所言："天下之本在国，国之本在家，家之本在身。"（《离娄上》）而修身的根本又在于教育和学习。

（一）修己以敬：追寻人人相爱之根

孔子对主体间互敬互爱关系的建构是从分析人之"性"开始的。孔子认为，人有与生俱来的"性"。他说："性相近也，习相远也。"（《阳货》）何谓"性"？告子曰："生之谓性。"（《告子上》）《正名篇》云："生之所以然者谓之性。"顾炎武在《日知录》中说："性之一字，始见于《商书》，曰：'惟皇上帝，降衷于下民，若有恒性。'‘恒’即‘相近’之义。相近，近于善也；相远，远于善也。故夫子曰：‘人之生也直，罔之生也幸而免。'”孔子认为，最真诚的爱是发自内心、直乎其性的爱。孔门弟子有若说："君子务本，本立而道生。孝弟也者，其为仁之本与！"在孔子看来，孝悌即人们对自己父母和同胞的爱，是最为根本的爱。他要求弟子"入则孝，出则弟"（《学而》），并说："君子笃于亲，则民兴于仁。"（《泰伯》）

然而，爱人不能仅仅停留在"亲亲"、"事亲"上。具体而言，就是要实行"忠"、"恕"之道。按照朱子的解释，尽己之谓忠，推己之谓恕。也就是说，"忠"是尽心竭力，尽己之心以爱人；而"恕"是推己及人，将心比心以爱人。"爱人"就是要把"忠"与"恕"结合起来，正如曾参所说："夫子之道，忠恕而已矣。"（《里仁》）孔子在《论语》中讲"忠"有十多处，如云："居处恭，执事敬，与人忠。""居之无倦，行之以忠。""君使臣以礼，臣事君以忠。""主忠信。"这些教言，均说明一个道理：一个真正的人，必须设身处地为他人着想，尽心竭力承担道德责任和伦理义务，这就叫作"主忠信"。"恕"字在《论语》中只出现过两次，但却是十分重要的概念。"恕"字的字形从心从如，意指将心比心，推己待人。《卫灵公》载：子贡问曰："有一言而可以终身行之者乎？"子曰："其恕乎！己所不欲，勿施于人。"意思是说，要像对待自己和亲人那样对待别人。凡自己不想遭受的，也不要强加于他人；反之，自己想要达到的，也希望他人达到。故其又言："夫仁者，己欲立而立人，己欲达而达人。能近取譬，可谓仁之方也已。"（《雍也》）"能近取譬"，就是拿自己打比方，推己及人。按照孔子的说法，一个人做到了"忠"与"恕"，那便实现了"仁爱"的基本义务与责任。

孔子认为，能否做到爱人，在很大程度上取决于后天主观的修养。成仁至易亦至难。说其至易，是说能否成仁，完全取决于自己能否达到道德理性之自觉。故其言曰："仁远乎哉？我欲仁斯仁至矣。"（《述而》）说其至难，是说要达到仁的境界，需要经过艰苦的努力与考验，关键是要立志求仁。故其言曰："苟志于仁，无恶也。"（《里仁》）有了仁的志向，便要去躬行践履，做到"君子无终食之间违仁，造次必于是，颠沛必于是"（《里仁》）。为了仁，有时需要付出重大牺牲，甚至献出生命。所以孔子说："朝闻道，夕死可矣。"（《里仁》）"志士仁人，无求生以害仁，有杀身以成仁。"（《卫灵公》）对于成仁的重要性与艰巨性，孔门弟子曾参作了很好的说明。他说："士不可以不弘毅，任重而道远。仁以为己任，不亦重乎！死而后已，不亦远乎！"（《泰伯》）

这就是说，仁和成仁在一定意义上比生命还重要，它是一种崇高的理想境界和庄严的伦理义务。达到此种境地，实践了此种义务，那样才能真正感到做人的神圣与庄严。

从爱人出发，孔子对其弟子提出了修养"五德"的要求。《阳货》载：子张问仁于孔子。孔子曰："能行五者于天下，为仁矣。"请问之。曰："恭、宽、信、敏、惠。恭则不侮，宽则得众，信则人任焉，敏则有功，惠则足以使人。"所谓"恭"就是要求士君子为人处世其仪容要端庄、严肃、彬彬有礼。孔子强调，做人要"居处恭"（《子路》）、"貌思恭"（《季氏》）、"执事敬"（《子路》）、"行笃敬"（《卫灵公》）、"祭思敬"（《子张》）、"修己以敬"（《宪问》）。尊重别人同时就会受到别人的尊重，故曰"恭则不侮"。所谓"宽"是指待人处世要宽容厚道。孔子说："宽则得众。"宽容别人，才能得到别人的认同。孔子说："人不知而不愠，不亦君子乎！"（《学而》）"君子求诸己，小人求诸人。""君子矜而不争，群而不党。"（《卫灵公》）"不患人之不己知，患不知人也。"（《学而》）这些格言，均是教人宽容、厚重处事与待人。所谓"信"，是指诚实不欺。《述而》云："子以四教，文、行、忠、信。"孔子时常要求学生"主忠信"、"谨而信"、"敬事而信"、"与朋友交，言而有信"（《学而》）。一个人如缺乏诚实品格，做事不守信义，就不能立身于世。故曰："人而无信，不知其可也。"（《为政》）所谓"敏"，有机敏、勤快之义。故与迟钝（讷）、谨慎（慎）对举。孔子说，敏则有功。又说："君子欲讷于言而敏于行。"（《里仁》）"敏于事而慎于言。"（《学而》）要求"君子"说话应当谨慎，行动要机敏，这样才容易作出成绩。所谓"惠"，作为"仁"的德目之一，有恩惠、慈善之义。就道德修养之意义来说，孔门弟子称道孔子所具备的"温（温和）、良（善良）、恭（庄重）、俭（俭朴）、让（谦逊）"等气质、涵养皆可概括为"惠"。孔子说："惠则足以使人。"（《阳货》）"使人"犹言服人、治人，亦即以仁爱精神推行德治，使天下人心悦诚服。可知孔子所提倡的仁惠品德，其精神主要体现在他的政治理想中。

（二）相敬相让：规范家庭相亲之伦

在孔子的思想中，理顺家庭内部各主体间的关系，是理顺国家乃至天下关系的基础。正如《礼记·大学》指出的："一家仁，一国兴仁；一家让，一国兴让。"针对春秋之际家庭伦理混乱，父子相残的可怕局面，孔子提出了"父慈子孝"、"兄友弟悌"、"夫敬妇听"等家庭伦理，以此规范家庭成员间的相互关系，建设相敬相让、互敬互爱的家庭关系。

亲子关系是最为密切的家庭关系。孔子认为，父母对子女要"慈"，子女对父母要"孝"。"为人父，止于慈。"（《礼记·大学》）何谓"父慈"？从《论语》可以看出，"父慈"的意思：第一，抚养子女。"子生三年，然后免于父母之怀。""父母唯其疾之忧。"（《阳货》）抚养子女是父母责无旁贷的义务。第二，教育子女。《三字经》中说："养不教，父之过。"对子女应严格要求，绝不要溺爱、偏私，"君子之远其子"（《季氏》）。后来《颜氏家训》进一步发挥说："父子之严，不可以狎；骨肉之爱，不可以简。简则慈孝不接，狎则怠慢生矣。"（《教子》）朱熹说："如为人父，止于慈，若一向僻将去，则子孙有孝，亦不知责而教焉，不可。"（《朱子语类》卷16）第三，爱护子女。孔子说："予也有三年之爱于其父母乎？"（《阳货》）。又说："爱之，能勿劳乎？"（《原宪》）爱子女就要心甘情愿地花费心血，不辞辛劳，使子女长大成人。第四，关心子女。包括关心子女的婚姻。孔子主张"同姓不婚"，认为婚姻应通过"父母之命，媒妁之言"来实现。择偶的关键是看对方的品德。《论语》载："子谓公冶长：'可妻也。虽在缧绁之中，非其罪也。'以其子妻之。"（《公冶长》）关于孔子嫁侄女的事，《论语》中有两处记载，"子谓南容：'邦有道，不废；邦无道，免于刑戮。'以其兄之子妻之。"（《公冶长》）"南容三复《白圭》，孔子以其兄之子妻之。"（《先进》）从这两件事可知，孔子特别重视女婿的品行学识，选女婿绝对不是要选一个有财、有势的人。后人发展了孔子这一思想，明确提出"选婿重才不重财；择妇重德不重色"的指导原则。

另一方面，子女要"孝敬"父母。何谓"孝"？第一，以礼对待父母。礼，是子女对父母应遵行的行为准则和仪式。《论语》载："孟懿子问孝，子曰：'无违。'樊迟御，子告之曰：'孟懿子问孝于我，我对曰，无违。'樊迟曰：'何谓也？'子曰：'生，事之以礼；死，葬之以礼，祭之以礼。'"（《为政》）第二，尊敬父母。《左传·僖公十一年》中说："礼，国之干也；敬，礼之舆也。不敬则礼不行，礼不行则上下昏，何以长也？"《左传·成公十三年》中也说："是故君子勤礼，勤礼莫如致敬！"孔子对此也有较明确的认识，他说："为礼不敬……吾何以观之哉？"（《八佾》）孔子的学生曾参发挥老师的观点，把孝分为三个等次，主张尊敬父母是大孝。他说："养，可能也，敬为难。"又说："孝有三，大孝尊亲，其次弗辱，其下能养。"（《礼记·祭义》）这说明，"敬"是孔子"孝"的根本所在，实质上是要子女自觉自愿地爱父母。第三，和颜悦色地对待父母。据《论语》载：“子夏问孝。子曰：‘色难。有事，弟子服其劳；有酒食，先生馔，曾是以为孝乎？’”（《为政》）“色”指的是子女对待父母所持的态度、脸色。这段话的意思是说，和颜悦色待父母是难能可贵的。如果做不到这一点，而仅仅是有事，子女代劳，有好吃、好喝的东西让父母尝，这算不上孝。为此，关键要有爱父母的真心。《礼记》中说：“孝子之有深爱者必有和气，有和气者必有愉色，有愉色者必有婉容。”（《礼记·祭义》）第四，委婉地劝止父母的过错。孔子继承了《易·蛊》中的“干父之蛊”的思想，提出了“几谏”说。“事父母几谏，见志不从，又敬不违，劳而无怨。”（《里仁》）意思是说，侍奉父母，如果他们有不对之处，子女应委婉地劝告，看到自己的意见没有被听从，仍然恭敬地以礼待他们，虽然内心忧愁，却不能有怨恨情绪。第五，正确地对待父母的“道”。孔子说：“父在，观其志；父没，观其行；三年无改于父之道，可谓孝矣。”（《学而》）意思是说，多年不改于父之道，是孝的表现。

　　兄弟关系是第一代旁系血亲关系，情同手足。然而，在宗法制社会里，兄弟之间因权力和利益分配不均时常发生矛盾和冲突。轻则兄弟阋于墙，争吵不休；重则兄弟相残，视同仇人。孔子很重视兄弟之间关系的协调，提出了“兄弟睦”的准则。而做到这一点，必须兄“友”，弟“悌”，才能使“兄弟怡怡”（《子路》）。“友”，要求兄要挚爱、关心弟。悌，要求弟善事兄长，敬从兄长。孔子认为：兄弟相处，应礼让三先，对财产、地位、权力要看得轻，相互之间要尊重。孔子称赞伯夷、叔齐兄弟让国的行为，还称赞让国于弟的泰伯是“至德”。孔子的学生子夏发挥老师的“兄弟礼让”的观点，明确地说：“君子敬而无失，与人恭而有礼。四海之内，皆兄弟也！君子何患乎无兄弟也？”（《泰伯》）这是说，要把对自己兄弟的敬爱之心推广于天下所有的人，则四海之内皆为兄弟，还会担心人与人之间不和睦吗？对兄弟之间有小的矛盾，孔子主张相互忍耐，不要动不动就唇枪舌剑。他说：“小不忍则乱大谋。”（《卫灵公》）忍耐求全是兄弟和睦的重要条件。

　　夫妇关系是通过婚姻而结成的姻亲关系。孔子认为，君子之道是从夫妇之间相亲相敬的关系开始的。他说：“君子之道，造端乎夫妇。”（《礼记·中庸》）夫妇之道，是天下通行的五“达道”之一。他根据人的生理与人性的自然之理，提出“饮食，男女，人之大欲存焉”（《礼记·礼运》）。认为男女的结合是人的自然生理欲望，不论男女都是如此，因此，他大胆提倡“夫妇和”。他说：“父子笃，兄弟睦，夫妇和，家之肥也！”（《礼记·礼运》）在这句话里，孔子首次提出"夫妇和"这一家庭伦理命题，并把"夫妇和"作为家业兴旺发达的条件。然而，孔子又说："唯女子与小人难养也。近之则不孙，远之则怨。"（《阳货》）为了处理好夫妇关系，孔子认为：首先，丈夫应尊重妻子。他说："昔三代明王之政，必敬其妻也，有道。"理由是："妻也者，亲之主也，敢不敬与！"（《礼记·哀公问》）如何"敬妻"呢？结婚时，要行亲迎之礼。他说："敬之至矣。大昏为大，大昏至矣。大昏既至，冕而亲迎，亲之也。"（《礼记·哀公问》）结婚后，丈夫要"敬、爱"妻子，他说："是故君子兴敬为亲，舍敬，是遗亲也。弗爱不亲，弗敬不正。"（《礼记·哀公问》）其次，妻子要听从、顺从丈夫，做到"妇听"。但这并不是要妻子绝对顺从，妻子对丈夫的意见要有辨别，分清是非，"听思聪"。合礼的就听，否则"非礼勿听"（《颜渊》）。当然，孔子在男女婚姻问题上，也有不少错误。他把女子和无德小人并举；主张"男女授受不亲"，"男女无媒不交，无币不相见"。并说："取妻如之何？必告父母。"（均见《礼记·坊记》）这就为封建主义歧视、压迫妇女，以及为封建家庭剥夺女子婚姻自由、自主的权利提供了理论依据。

（三）为国以礼：重建君臣相事之序

礼治是在西周时期确立起来的有关国家交往行为的规范和制度。历史上有周公"制礼作乐"的说法，但到春秋时期，礼治遭到极大破坏，王室衰微，礼法败坏。所谓"世衰道微，邪说暴行有作，臣弑其君者有之，子弑其父者有之"（《滕文公下》）。目睹"礼崩乐坏"的现实，孔子痛心疾首，把恢复周礼，建构君臣之间相待以礼的关系作为重大使命。

孔子主张"为国以礼"（《先进》）。孔子说："能以礼让为国乎？何有？不能以礼让为国，如礼何？"（《里仁》）意思是，以礼让治国，国家是很容易治理的。如果不能用礼让的原则来治理国家，那么，礼乐制度又将怎样实行呢？"为国以礼"就是维护礼治秩序。《礼记·哀公问》记载：哀公问政于孔子，孔子对曰："古之为政，爱人为大。所以治爱人，礼为大。"子曰："兴于诗，立于礼，成于乐。"（《泰伯》）那么，"礼"何以如此之重要呢？孔子说："非礼无以节事天地之神也，非礼无以辨君臣、上下、长幼之位也，非礼无以别男女、父子、兄弟之亲，昏姻、疏数之交也。"（《礼记·哀公问》）没有"礼"的约束，行为就没有准则，天下就要失序。现实社会中臣弑君、子弑父、诸侯攻伐野战，就是丧失"礼"的结果。又说："恭而无礼则劳，慎而无礼则葸，勇而无礼则乱，直而无礼则绞。"(《泰伯》) 礼是人们交往中的规范和准则，没有礼的节制，就会让人陷于与自己的努力相反的境地。孔子说的礼，就是周礼。孔子说："周监于二代，郁郁乎文哉! 吾从周。"(《八佾》) 颜渊问仁。子曰："克己复礼为仁。一日克己复礼，天下归仁焉。"(《颜渊》) 当孔子听说鲁国三位权臣祭祀祖先唱着"雍"来撤除祭物时，就斥责道："'相维辟公，天子穆穆'，奚取三家之堂。"而当听说季平子竟然比照天子的标准，"八佾舞于庭"时，孔子更加气愤地说："是可忍，孰不可忍也。"(《八佾》)

在孔子看来，恢复周礼，首要的问题是"正名"。孔子说，"夫名以制义，义以出礼，礼以体政，政以正名"(《左传·担公二年》)，就是说，"礼"和"政"都可以归结为"正名"。"子路曰：'卫君待子为政，子交奚先?'子曰：'必也正名乎! ……名不正，则言不顺；言不顺，则事不成；事不成，则礼乐不兴；礼乐不兴，则刑罚不中；刑罚不中，则民无所错手足。故君子名之必可言也，言之必可行也。君子于其言，无所苟而已矣。'"(《子路》) 孔子认为，礼治制度之所以产生，是为了确定各人与其名分相符的思想和行为。正名就是使名实相符，所以说"名之必可行也，言之必可行也"。而所谓刑罚，则是对违反礼治者的惩罚。孔子还打了一个比喻："觚不觚，觚哉! 觚哉!"(《雍也》) 觚就是觚，觚不像觚，那还是觚吗? "齐景公问政于孔子。孔子对曰：'君君，臣臣，父父，子子。'公曰：'善哉! 信如君不君，臣不臣，父不父，子不子，虽有粟，吾得而食诸?'"(《颜渊》)"正名"就是使君臣父子各安其位，谨守各自的名分，不越位，不僭礼，做到"非礼勿视，非礼勿听，非礼勿言，非礼勿动"(《颜渊》)。

"礼"不仅体现为君臣关系，而且体现为君民关系。孔子希望在统治者与百姓之间，形成一种仁德的关系。"为政以德。譬如北辰，居其所而众星共之。"(《为政》) 在孔子心中，德治胜于法治。"道之以政，齐之以刑，民免而无耻；道之以德，齐之以礼，有耻且格。"(《为政》) 用刻板的政令和繁苛的刑罚来治理国家，老百姓畏于刑罚而只求免罪，却没有羞耻之心；如果用德教和礼乐去引导和熏陶百姓，他们就会自觉走上正道。孔子崇尚仁爱，对"不教而杀"的暴政深恶痛绝。季康子问政于孔子说：如果用"杀无道"的办法来成全有道的人，是否就可以把政治搞好呢? 孔子回答说："子为政，焉用杀? 子欲善而民善矣。"(《颜渊》) 孔子反对厚敛、攻伐与独裁。卫灵公问阵于孔子。孔子对曰："俎豆之事，则尝闻之矣；军旅之事，未之学也。"(《卫灵公》）第二天便离开了卫国。当季孙氏想要讨伐鲁国境内的小封国（颛臾）时，孔子严词批评了为季氏谋划的冉有，还讲了番"均无贫，和无寡，安无倾"和修德怀远的道理，并警告冉有说，如果季氏滥施攻伐，"吾恐季孙之忧，不在颛臾，而在萧墙之内也"（《季氏》）。

（四）教学相长：开创平等治学之道

孔子是伟大的思想家，也是不折不扣的教育家。对学生不分贵贱，一视同仁；教学中因材施教，和学生平等讨论，教学相长。这是孔子建构主体间互敬互爱关系的另一个层面。

春秋时期，学在官府，以吏为师，统治者完全垄断了教育权和受教育权，平民子弟根本无权受教育。孔子兴办私学，其招生对象不受区域、贵贱、等级、地位和年龄的限制，只要"自行束修以上，吾未尝无诲焉"（《述而》）。十条干肉既作为师生见面礼，也是学费。孔子三千弟子中，有贵族出身的如南宫敬叔、孟懿子，有鄙人出身而后成为"结驷连骑"的大商人子贡，有曾经做过盗贼的颜涿聚，更多的则是平民，曾参"三年不举火、十年不制衣"，颜渊"穷居陋巷"、"一箪食，一瓢饮"。另外，他的学生不但身份复杂，而且来自四面八方，如鲁、卫、楚、宋、陈、吴、秦国。学生之间的年龄也相差悬殊，年龄最大的颜路小孔子6岁，年龄最小的小孔子53岁[1]。

然而，无论学生贫富贵贱，孔子都能一视同仁。《述而》说："二三子以我为隐乎？吾无隐乎尔！吾无行不与二三子者，是丘也。"对学生和对自己的儿子一样，所教内容无异。"陈亢问伯鱼"足以说明这一点。学生陈亢不仅从孔子的儿子鲤处得知了学习《诗》和《礼》的重要意义，而且还明白了像孔子这样的正人君子，对自己的儿子也不偏私。孔子说起自己的弟子如数家珍，"柴也愚，参也鲁，师也辟，由也喭"（《先进》），"由也果"，"赐也达"，"求也艺"（《雍也》）等。孔子对学生的关爱更是细致入微。如，冉伯牛患传染病，孔子从窗户里拉着他的手说，"亡之，命矣夫！斯人也而有斯疾也！斯人也而有斯疾也"（《先进》），痛惜爱生得此恶疾。《论语》载：孔子死，弟子皆服丧三年，子贡庐墓六年。可见，师生之情逾于父子之情。但孔子对学生爱而不溺，甚至要求严格，该批评时严厉批评。他遇到宰予昼寝，便严加斥责："朽木不可雕也，粪土之墙不可圬也；于予与何诛？"（《公冶长》）他听

---

① 参见贾伟《从师生交往看孔子的民主师生观》，《陕西师范大学学报》2006年第35卷专辑。

到子路在说别人的坏话,"子贡方人",便说:"赐也贤乎哉?夫我则不暇。"(《宪问》)孔子私下打算,若是卫君请他主政,便首先主张"正名",子路却认为这太迂腐了。孔子责备说:"野哉,由也!"(《子路》)冉求替季氏聚敛民财,孔子生气地说:"(求)非吾徒也。小子鸣鼓而攻之,可也。"(《先进》)孔子对学生的"严"正是源于他对弟子的"爱"。"爱之,能勿劳乎?忠焉,能勿诲乎?"(《宪问》)由于孔子"学而不厌,诲人不倦",以身作则,渊博的知识和高超的教育艺术,使他在学生中享有崇高的威信。如颜回敬佩孔子的学问说:"仰之弥高,钻之弥坚。"(《子罕》)子贡评价他的老师说:"天纵之将圣又多能。"宰我说:"以予观于夫子,贤于尧、舜远矣!"(《公孙丑上》)

尽管如此,孔子从来不以权威自居,对学生的批评总是虚心接受。当孔子在鲁昭公是否知礼的问题上说错了话,陈司败向孔子的学生指出以后,巫即以实告孔子,孔子也就在学生面前承认了错误。子路也曾几次向孔子提出批评意见,孔子也都予以接受,表现出对学生的一种尊重。孔子在《卫公灵》中说,在真理面前,人人平等,鼓励学生"当仁不让于师",他把"仁"作为师生言行的主要标准,在这个标准面前师生都要遵守。再比如,孔子鼓励学生独立思考,不盲从,这也是对学生的尊重。他和学生一起谈论问题时曾明确表示,不要因为我的年龄大,你们就不发表不同意见了,每一个人都可以谈自己的看法,显示了对学生的极大尊重。总之,孔子和弟子们之间互相尊重,学生可以坦白地向老师提出不同意见甚至是批评意见,孔子也常常在学生面前暴露自己的思想感情,承认自己的错误或"无知"。

二 孔子主体间关系思想的历史影响

孔子是儒家学派的创始人,历代儒家根据时代发展的需要,对孔子思想不断进行吸收改造,特别是经过孟子、荀子的宣扬,到汉武帝时,儒学被定为国家意识形态,盛行两千多年。孔子的主体间关系思想也以不同的方式和程度,影响各种人的思维方式和行为方式。

(一) 开启仁爱之源的长久争辩

孔子主张仁者爱人,待人以善。可是,仁爱之心从何而来?在孔子看来,人性中先天地包含着爱心。后世儒家各派循着孔子的论述,展开长久争辩,形成了关于人性六种典型观点。

1. "性善论"。孟子认为,人生先天为善。"人性之善也,犹水之就下也。人无有不善,水无有不下。"(《告子上》)又说:"君子所性,仁义礼智根于心。"(《尽心上》)然而,由于后天环境的浸染,每个人都可能丧失自己的本心,爱人需要通过不断地努力和追求才能达到,"仁义礼智,非由外铄我也,我固有之也,弗思耳矣。故曰:'求则得之,舍则失之。'"(《告子上》)学习的目的就是重新找回那被放逐的本心。"学问之道无他,求其放心而已矣。"(《告子上》)如果人们能够充分发挥自己先天的善端,推己及人,天下的大治就为期不远了,"老吾老,以及人之老;幼吾幼,以及人之幼。天下可运于掌"(《梁惠王上》)。而发明本心的关键又在于"尽心","尽其心者,知其性也。知其性,则知天矣"(《尽心上》)。"尽心"是人认识自身,进而认识他人,达到爱人的基本前提。

2. "性恶论"。荀子认为:"人之性恶,其善者,伪也。"在这一点上,"君子"和"小人"并无差别,"尧舜之于桀、跖,其性一也"。如不加制约,任性而为,则人与人之间必然充满争夺和暴乱。"今人之性,生而有好利焉,顺是,故争夺生而辞让亡焉;生而有疾恶焉,顺是,故残贼生而忠信亡焉;生而有耳目之欲,有好声色焉,顺是,故淫乱生而礼义文理亡焉。然则从人之性,顺人之情,必出于争夺,合于犯分乱理,而归于暴。"为了防止人与人之间的伤害,于是圣人就制定了礼仪和法度。"故圣人化性而起伪,伪起而生礼义,礼义生而制法度。"(以上均自《性恶》)"礼"和"法"都是用来制约人的行为的。"礼者,断长续短,损有余、益不足,达爱敬之文、而滋成行义之美者也。"(《礼论》)"国无礼则不正。礼之所以正国也,譬之,犹衡之于轻重也,犹绳墨之于曲直也,犹规矩之于方圆也,既错之而人莫之能诬也。"(《王霸》)"礼也者,贵者敬焉,老者孝焉,长者弟焉,幼者慈焉,贱者惠焉。"(《大略》)荀子主张"隆礼重法",对人的行为从"礼"和"法"两方面加以规范。

3. "性有善有不善论"。董仲舒认为:"人受命于天,有善善恶恶之性,可养而不可改,可豫而不可去,若形体之可肥臞,而不可得革也。"(《玉杯》)董仲舒多次把性和善的关系比作禾与米的关系、蚕茧和蚕雏的关系。米是从禾里长出来的,但不是本来就存在的。同样地,蚕雏也是从蚕茧里生出来的,也不是本来就有的。性何以有不善?董仲舒认为,因性中有情,情是不善的,所以性不能说是全善。他说:"人之诚,有贪有仁。仁、贪之气,两在于身。身之名，取诸天。天两有阴阳之施；身亦有贪、仁之性。"（《深察名号》）天把"贪"与"仁"赋予了不同的人，不同的人具有不同的人性。一是纯善无恶的"圣人之性"，二是可善可恶的"中民之性"，三是有恶无善的"斗筲之性"。他不同意孟子的性善论，认为性有待教化而为善，又修正荀子，以人性为善的本原，"善出于性，而性未可谓善也"（《实性》）。于是，便由绝对至善的圣人制礼作乐，教化可善可恶的中民，以引导他们向善，而对有恶无善的斗筲之民则以刑赏制裁之。

4．"性善恶混论"。扬雄认为，"人之性也善恶混。修其善则为善人，修其恶则为恶人。气也者，所以适善恶之马也与？"（《法言·修身》）王充认为，"性本自然，善恶有质"（《论衡·本性篇》），人之性善或性恶，是由于所禀受的元气的精粗厚薄不同所致，"禀气有厚泊，故性有善恶也"（《论衡·率性篇》）。禀气精者多者善，粗者少者恶。根据禀气的不同，他也把人性分为三等，其上者为极善之性，中者为可善可恶之性，下者为极恶之性。虽然他也承认上下之性非修习所能移，却又认为极恶之性也可以进行感化，这是他与董仲舒的不同之处。

5．"性善情恶论"。韩愈认为，不但性有三品，而且情也有三品。他说："性也者，与生俱生者也；情也者，接于物而生也。性之品有三，而其所以为性者五；情之品有三，而其所以为情者七。"（《韩愈全集·原性》）性指"仁、义、礼、智、信"，情指"喜、怒、哀、惧、爱、恶、欲"。人于五常之性或兼有或悖反，于七情或能中节或不能中节，而可分上中下三等。与韩愈同时而稍晚的李翱认为，人的性是从天上来的，"性者天之命"，圣人和百姓的性没有差别，都是善的。圣人之所以为圣人，在于他的性不受情欲的浸染；一般人之所以不能成为圣人，是因为他的性受了情欲的浸染。这就是他所说的："人之所以为圣人者，性也；人之所以惑其性者，情也。喜怒哀惧爱恶欲七者，皆情之所为也。情既昏，性斯匿矣。非性之过也；七者循环而交来，故性不能充也。……情不作，性斯充矣。"（《复性书》上）由此，他得出结论说，普通人若能消除情欲的蒙蔽，使他的性恢复原来的光明，同样能成为圣人。李翱的论述，客观上把汉儒所设立的人性的社会对立修改为主体自身性与情的对立，从主体自身寻找根源，为主体的道德修养提供了内在的动力。

6．"性二元论"。朱熹认为，性有天地之性、气质之性。天地之性，即是理；及理与气合，乃有气质之性。天地之性未有不善者。"性即天理，未有不善者也。"（《孟子集注》卷11）可是，既然"凡生于天地之间者"都禀得天理"以为性",为什么唯独人性善,其他的存在不可以言善呢?这是因为万物在禀受天理的时候,人得其全,而物得其偏。"以理言之,则仁、义、礼、智之禀,岂物之所得而全哉?此人之性所以无不善而为万物之灵也。"(《孟子集注》卷11)人为万物之灵,灵就灵在他禀受了天理之全,并能觉悟到这一点,进而扩充、实现天理之善。至于恶,则并非天理所有,而是气禀厚薄的表现。朱熹进一步认为,"人欲"只指"人心"中为恶的一面,而不包括"人心"中可以为善的一面。他认为"天理"和"人欲"是绝对对立不可并存的,必须"革尽人欲"才能"复尽天理"。他说:"人之一心,天理存,则人欲亡;人欲胜,则天理灭。"(《朱子语类》卷13)因此,"学者须是革尽人欲,复尽天理,方始是学"(《朱子语类》卷13)。朱熹这一观点的提出,有一定的时代背景,他所讲的"人欲",更确切地讲是指人的"私欲"。

(二)铸就中国家庭的基本模式

孔子认为,"孝"为"仁"之本、德之始。"弟子,入则孝,出则弟,谨而信,泛爱众而亲仁"(《学而》);"君子笃于亲,则民兴于仁"(《泰伯》)。家庭伦理是国家秩序的基础,能孝之于父母,就能忠于君上,"孝慈,则忠"(《为政》)。曾子说:"慎终,追远,民德归厚矣。"(《学而》)有子说:"其为人也孝悌,而好犯上者,鲜矣;不好犯上,而好作乱者,未之有也。"(《学而》)孔子以"孝"为核心的伦理观念,对中国家庭传统伦理关系的形成、发展与巩固起了最为直接和明显的影响。

1. 维护了家庭的和谐。孔子家庭伦理的基本原则是"父慈子孝"、"兄友弟恭"、"夫敬妇听"。这在客观上要求家庭成员相敬相爱。首先,"父慈子孝"既保证了子女的成长,也保障了父母晚年的生活。"孟母三迁"、"岳母刺字"是长辈教育子女成才的美谈,元代郭居敬辑录的古代24个孝子的故事又集中反映了儿女回报父母的情感。其次,"兄友弟恭"维护了兄弟间的互爱情感。孟子说:"兄爱其弟,弟敬其兄,临财相让,遇事相谋,通有无,共忧乐,爱敬即笃,家室相和。"(《文忠集》卷6)朱熹说:"仁主于爱,而爱莫切于事亲;义主于敬,而敬莫先于从兄。故仁义之道,其用至广,而其实不越于事亲从兄之间。"(《孟子集注·离娄上》)"孔融让梨"是兄弟辞让的典范。再次,夫妻恩爱、白头偕老被人们传为美谈。《后汉书·逸民传》记庞公"居现山之南,未尝入城府。夫妻相敬如宾"。中国历史上有许多夫妻相敬如宾的典型,如汉代梁鸿、孟光"举案齐眉"。相敬如宾的核心精神是相互尊重,但是在传统家庭中夫主妻从，妻子缺乏独立的人格，相敬强调妻子对丈夫的尊敬与顺从，而不是平等的相互尊重。今天我们应提倡在平等基础上，尊重个人的人格尊严，承认彼此的差别性，给对方以充足的自由。妻对夫以礼而顺，夫对妻以义为尊，仍然是不可否认的夫妻之道。

2. 保证了人口的增殖。孔子、孟子生活的时代，战乱频繁、人口大量减少，因而很希望国家有较多的人口。孔子说："地有余而民不足，君子耻之。"（《礼记·亲记下》）孟子认为，"诸侯之宝三：土地、人民、政事"（《尽心下》），"广土众民，君子欲之"（《尽心上》）。为了达到人口众多的目的，孔子主张男女应早婚早育。《孔子家语·本命解》说："男子二十而冠，有为人父之端，女子十五许嫁，有适人之道，于此而往，则自婚矣。"孟子把生育与"孝"联系起来。他说："不孝有三，无后为大。"（《离娄上》）这句过于世俗化的话，成为了后世统治者提倡和推行生子传嗣、生而又生、子孙繁庶、绵延不绝的传宗接代生育观，多生多育生育政策的绝好的经典式注释。在近两千年的发展中，中国人口峰值总保持在 6000 万的上限，而自清乾隆时，人口数量猛增，在首次过亿后，又迅速膨胀到 4 亿，这与中国人的孝子观和生育观无疑是相联系的[①]。

3. 强化了社会的稳定。春秋以来，天下大乱，如何实现社会的稳定，达到天下大治，是当时思想家们共同关心的问题。秦王朝虽然统一了中国，但却不能使天下安定。儒学从廓清家庭伦理秩序开始，可谓抓住了天下治乱的根本。中国封建社会能够延续两千多年，被称为"礼仪之邦"，这种超稳定社会的形成与儒学的内在逻辑理念是分不开的。当然，这种超稳定也是以从家庭到社会的"男尊女卑"的不平等为前提的。孔子的论述已经包含着对女子的鄙视。他说："唯女子与小人难养也。近之则不孙（逊），远之则怨。"（《阳货》）西汉董仲舒提出的"三纲五常"说，把封建的尊卑等级观念说成是天意的体现，这就使得家庭中上下有别、尊卑有差的观念进一步制度化、合法化、理论化和神秘化。问世于东汉章帝时期的今文经学经义总汇、钦定的儒学法典《白虎通义》，在进一步突出王权至上思想的基础上，发展和补充了"三纲五常"说，家庭封建伦理纲常和关系由此更趋定型，并最终成为束缚人的思想和行为的桎梏。东汉中期，班昭撰写的《女诫》，以刚柔、强弱"阴阳"概念说和德、言、容、功"妇行"说，从理论和实践上对夫妻关系和夫妻行为准

---

① 参见薛伟强《如何理解中国古代人口兴衰与社会变迁》，《历史学习》2007 年第 3 期。

则作了论证。宋明理学从"灭私欲则天理明"（《遗书》卷24）的观点出发，对源于儒家经典《易传》"从一而终"的观念进一步加以论证，主张妇人应当顺从于男子，以顺从为德，从一而终，终身不变。进而并提出所谓"饿死事极小，失节事极大"（《遗书》卷22下）的极端化主张，使理学变成了一种严酷的道德说教，对后世的家庭伦理，特别是妇女的贞节道德观产生了极其严重的影响和后果。

（三）形成封建国家的一般纲领

孔子一生虽未能实现其推行"仁政"的政治理想，但经过孟子和荀子的宣扬，特别是董仲舒的改造，儒学最终成为建构封建国家政治制度的基本纲领，隋唐以后进一步成为科举考试的基本内容。尽管封建统治者对儒学运用的方法，以及所采取的措施各有千秋，但孔子的主体间关系思想却通过历代儒家的发挥，以不同的程度渗透于封建社会。

1. 先秦时期，孟子和荀子极力倡导"以礼治国"。孟子指出："以力服人者，非心服也，力不赡也；以德服人者，中心悦而诚服也，如七十子之服孔子也。"（《公孙丑上》）施行暴力得来的成果是难以维持的，"天子不仁，不保四海；诸侯不仁，不保社稷；卿大夫不仁，不保宗庙；士庶人不仁，不保四体。今恶死亡而乐不仁，是犹恶醉而强酒"（《离娄上》）。梁惠王曾向孟子求教报仇雪耻的办法。孟子回答说："王如施仁政于民，省刑罚，薄税敛，深耕易耨，壮者以暇日修其孝悌忠信，入以事其父兄，出以事其长上，可使制梃以挞秦、楚之坚甲利兵矣。彼夺其民时，使不得耕耨以养其父母。父母冻饿，兄弟妻子离散。彼陷溺其民，王往而征之，夫谁与王敌？故曰：'仁者无敌。'"（《梁惠王上》）孟子认为，只有那些爱惜民力，救民水火的人才会受到百姓的拥戴。荀子主张礼法并治，但又认为礼重于法。"《礼》者，法之大分，群类之纲纪也。"（《劝学》）为克服法家"刻薄寡恩"的缺点，他主张制定法度必须以礼义为标准，以纠正偏颇。他说："国无礼则不正。礼之所以正国也，譬之，犹衡之于轻重也，犹绳墨之于曲直也，犹规矩之于方圆也。"（《王霸》）"礼者，政之挽也。为政不以礼，政不行矣。"（《大略》）"礼者，治辨之极也，强国之本也，威行之道也，功名之总也……由其道则行，不由其道则废。"（《议兵》）极力主张通过礼义的教育和灌输，使人们能够"疆学而求有之"，"思虑而求知之"，从而去恶从善，以治天下。

2. 经汉代董仲舒改造，儒学正式被钦定为国家意识形态。尽管有孟子、荀子的宣扬，儒学并不为诸侯各国所重视。尤其在秦始皇统一中国后，儒生因不满秦的暴政而遭到"焚书坑儒"的下场。汉高祖刘邦出身草莽，对儒术别有偏见。起兵初年，有人戴着儒士的帽子去见他，他竟把帽子摘下来往里边撒尿。郦食其初见刘邦时，报者言其类大儒，刘邦拒见，复言其酒徒，刘邦才准延入相见。建国后，受身边一些儒者潜移默化的影响，态度才略有转变。谋士陆贾"时时前说称《诗》、《书》。高帝骂之曰：'乃公居马上而得之，安事《诗》《书》！'陆生曰：'居马上得之，宁可以马上治之乎？且汤武逆取而以顺守之，文武并用，长久之术也。昔者吴王夫差、智伯极武而亡；秦任刑法不变，卒灭赵氏。向使秦已并天下，行仁义，法先圣，陛下安得而有之？'高帝不怿而有惭色，乃谓陆生曰：'试为我著秦所以失天下，吾所以得之者何，乃古成败之国。'陆生乃粗述存亡之征，凡著十二篇。每奏一篇，高帝未尝不称善，左右呼万岁，号其书曰《新语》"（《史记·郦生陆贾列传》）。贾谊在《过秦论》中将秦灭亡的原因归之为"仁义不施而攻守之势异"。他说："夫并兼者高诈力，安定者贵顺权。此言取与守不同术也。秦离战国而王天下，其道不易，其政不改，是其所以取之也。守之者宜异也。"陆贾和贾谊提醒汉初统治者改弦易辙，换一种方式守天下。他们提出的守天下的原则和方法，均出自先秦儒家的基本思想。贾谊强调要以民为本。他说："闻之于政也，民无不为本也。国以为本，君以为本，吏以为本。"（《新书·大政下》）主张以礼为主，礼法并用。认为"礼者，禁于将然之前"，"法者，禁于已然之后"，二者作用不同，可相互补充，相辅相成，而重点应通过礼的教化作用，"绝恶于未萌"，即事前防范优于事后惩罚。这是荀子隆礼重法，先德后刑，德主刑辅思想的进一步发挥。然而，汉初统治者尊崇黄老之学，儒学并未受到重用。直到汉武帝采纳董仲舒"罢黜百家，独尊儒术"的建议，儒学才正式成为中国封建社会的国家意识形态。

3. 儒学虽先后受到多方面的冲击和挑战，但每次都成功地经受住了考验。隋文帝、隋炀帝都视儒学为治国法宝，大力扶植和提倡儒学，兴儒学，习儒典，重儒士，搜集整理儒家经典，并以儒家学说为基础建立起了三省六部制的官僚政治体制，确立了选拔官吏的科举制度。唐代统治者在治国问题上仍旧推崇儒学，把尊儒崇经，推行仁政定为治国的基本方针。唐高祖即位之始即下令恢复儒学。唐太宗即位后，开文学馆、弘文馆，优待儒士，弘扬儒学，并指出："朕今所好者，唯在尧舜之道，周孔之教。"（《贞观政要·慎所好》）在统治者的大力支持下，唐代开始了大规模的修撰史书、整理古籍的工作。颜师古"考订五经，颁于天下"，国子祭酒孔颖达与诸儒"撰定《五经》义疏，凡一百七十卷，名曰《五经正义》，令天下传习"①。从此《五经正义》将魏晋以来论说纷纭、南北分裂的经学在形式和版本上达到了统一。在佛道鼎盛之时，儒士们依然坚守自己的精神家园，他们或在朝直言陈谏，或于民间执经传道，或守节自善。遭际不同，其志则一。韩愈循着孟子的理论轨迹，仿照禅宗传法世系，为儒家虚设了一个以仁义道德为内容的"道统"。宋代儒生接过韩愈的旗帜，开始全面入室操戈，"出入于佛老而归于儒"，一面排斥佛老出世弃家的基本立场，一面将佛道的思想成果融入儒学体系，重建儒学的哲学基础，创立了源于佛老，归于儒学的心性本体论。

4. 儒学具有很强的同化异族的能力。元朝建国不久，统治者们很快认识到"以儒治国"的重要性。元统治者采纳耶律楚材的建议，订制度、议礼乐、立宗庙、建宫室、创学校、设科举、拔隐逸、访遗老、举贤良、求方正、劝农桑、抑游惰、省刑罚、薄赋敛、尚名节、斥纵横、去冗员、黜酷吏、崇孝悌、赈困穷，太宗四年壬辰（1232 年），"求孔子后，得五十一代孙元措，奏袭封衍圣公，付以林庙地。命收太常礼乐生"（《元史》卷 146）。太宗五年癸巳（1233 年）十二月，"救修孔子庙"；八年丙申三月（1236 年），"复修孔子庙及司天台"（《元史》卷 2）。太宗四年，在"封圣"之后，"召名儒梁涉、王万庆、赵著等，使直释九经，进讲东宫。又率大臣子孙，执经解义，俾知圣人之道"（《元史》卷 146）。太宗五年癸巳（1233 年），"有诏在燕京设国子学"，命燕京课税使"陈时可提领"（《元史》卷 2），国子学教读。满清入主中原以后，在皇太极三年（1629 年），清朝就设立文馆、记注政事、翻译汉文典籍，举行了首次科举考试。接下来，清统治者又对理学表示了浓厚的兴趣。康熙皇帝"夙好程、朱，深谭性理，所著《几暇余编》，其穷理尽性处，虽夙儒者学，莫能窥测"②。推崇理学，居常讲论，无不以朱子之学为正宗。御旨编纂《性理精义》，重刊了明代的《性理大全》、《朱子全书》，并颁行全国；执行了"表彰经学，尊重儒先"、"一以孔孟程朱之道训迪磨厉"的文化政策；优宠理学名士，选任理学家出仕为官。康熙十七年（1678 年）又开设博学宏词科，以罗织天下名士，并增加了科举考试的录取名额。这样，清初社会便形成了以振兴程朱理学、实行政治高压和推崇科举为特色的社会思潮。

---

① 刘昫：《旧唐书》，中华书局 1975 年版，第 4941 页。

② 昭梿：《啸亭杂录》，何英芳点校，中华书局 1980 年版，第 6 页。

（四）创立古代教育的原则典范

中华文明源远流长，学派庞杂，自汉武帝采纳董仲舒的建议，儒学成为官方意识形态，孔子的教育思想和方法也成为后世师道典范，对中华民族精神的培养起了根本性的作用。

1. 孔子奠定了传统师道的重要基础。孔子兴办私学，主张"有教无类"，教学相长，因材施教，处处以身作则，为人师表。他曾坦率地告诉学生："吾非生而知之者，好古，敏以求之者也。"（《子罕》）他认为："十室之邑，必有忠信如丘者焉，不如丘之好学也。"（《公冶长》）不仅自己学习刻苦，教诲别人也不知疲倦，"学而不厌，诲人不倦"。他告诫学生，做学问一定要谦虚，要多闻多问。"三人行，必有我师焉。""多闻，择其善者而从之；多见而识之，知之次也。"（《述而》）学习要与思考相结合，温故而知新。"学而不思则罔，思而不学则殆。""温故而知新，可以为师矣。"（《为政》）要勇于承认自己的不足，"知之为知之，不知为不知，是知也"（《为政》）。学习要积极主动，"不愤不启、不悱不发"（《述而》），对问题要领会其精髓，做到"举一反三"。孔子之后，在中国封建社会，儒家积极办学，涌现出许多著名的教育家和文化典籍专家，如孟子、荀子、董仲舒、朱熹、王守仁等，他们在教育上的成就都是非常卓著的。

2. 中国古代教育主要以儒学经典为教材。西汉盛行"五经"，即《诗》、《书》、《礼》、《易》、《春秋》。东汉时，于"五经"之外增加了《孝经》和《论语》，扩大为"七经"。隋唐时期，为适应科举制的需要，经学得到进一步发展，唐代孔颖达奉命作《五经正义》，作为科举读本。后来，又加入《周礼》、《仪礼》、《春秋穀梁传》、《春秋公羊传》、《孝经》、《论语》、《尔雅》，于是有"十二经"之称。宋代把《孟子》并列在经书之列，于是成为"十三经"。宋代理学家又把《大学》、《中庸》从《礼记》之中提取出来，与《论语》、《孟子》并列为"四书"，朱熹作《四书集注》。从此，"四书"与"五经"并列成为科举取士的根本依据。儒家经典培养了士人，并带动了整个民族的思想意识。其中最重要的，一是强调个人和民族自立、自尊、自强的意识和尊重他人、他国的意识。二是强调"格物致知"、"修身齐家治国平天下"的意识。三是强调对民族和国家的责任感，"天下兴亡，匹夫有责"。

3. 科举制度开创了平等选拔官吏的制度。科举制度源于汉朝，始于隋朝，确立于唐朝，完备于宋朝，兴盛于明、清，衰退于清末。据史书记载，从隋朝大业元年（605年）的进士科算起到光绪三十一年（1905年）正式废除。我国科举制度前后延续了1300年，共产生700多名状元，11万名进士，数百万名举人①。中国封建社会中的知名政治家、教育家、科学家、军事家，大都出自状元和举人之列。这样一个独具特色的官吏选拔制度，对中国社会和文化的影响是根深蒂固的，对中华文明特别是对儒家思想的传播、发展产生了巨大的促进作用。除此之外，宋元以后，中国的科举制度经过东传西传，对越南、日本、朝鲜、法国、美国、英国等国的官吏选拔制度也产生了积极的影响。甚至可以说，西方现行的文官制度是对中国古代科举制度的继承和发展。因此，西方有人将中国的科举制称为"中国的第五大发明"。著名学者卜德将科举制誉为中国赠予西方的"最珍贵的知识礼物"。美国著名汉学家H. G. Creel（中文名顾立雅）更是认为，中国历史上的科举制其意义远远超过物质领域中的四大发明，是"中国对世界的最大贡献"。孙中山先生在考察了欧美各国的考试制度之后指出："英国行考试制度最早，美国行考试才不过二三十年，英国的考试制度是学我们中国的。中国的考试制度是世界最好的制度。现在各国的考试军队亦都是学英国的。"② 胡适说："我在国外的时候，时常感觉到，中国文化对于世界的一个伟大贡献就是公开的客观的文官考试制度。没有一个国家的考试制度，能够像我们这样久远、严密与公开。""反观西洋国家实行文官考试制度，至多不上二三百年，而且都是受了中国的影响的。"③

三 孔子主体间关系思想的现代启示

孔子思想产生于2500年前，世代相传，绵缊化生。这期间，既有后人对其思想的弘扬，也有别有用心的歪曲和篡改。到了近代，随着帝国主义的入侵，中华民族岌岌可危，人心思变，开始了关于传统与现代关系的反思。在这一过程中，大致产生了四种关于孔子和儒学思想的倾向。一是张之洞等人所谓"中学为体，西学为用"的主张；二是"五四"期间"打倒孔家店"，最终全盘西化的口号；三是"文革"期间"批林批孔，反修防修"的主张；四是20世纪80年代以来"儒学复古"的思潮。今天，科学评价孔子及思想，必须坚

---

① 参见薛存心《科举制在选拔官吏中的作用与影响》，《信阳农业高等专科学校学报》2004年第4期。

② 《孙中山选集》，人民出版社1981年版，第496页。

③ 参见萧功秦《从科举制度的废除看近代以来的文化断层》，《战略与管理》1996年第4期。

持一分为二的方法，既看到解放人、尊重人，从而安定天下的积极意义，也要看到他的思想局限，这对于我们建构现实的主体间关系仍有重要的启迪意义。

（一）修身是建立互爱关系的重要前提

主体间关系研究的是两个以上主体间的关系。孔子生活在春秋时代，那时，从个人、家庭到国家的各不同主体互相攻伐，人人自危，信义全无，生命安全毫无保障。孔子循着"修身→齐家→治国→平天下"的逻辑，把"修身"视为问题的根本。他从周朝的礼仪制度出发，就主体间关系提出了一系列思想准则和规范，汉以后，被尊为国家意识形态，培养了彬彬有礼的中国人，造就了"路不拾遗，夜不闭户"的古代文明，被世界各民族所称道。然而，孔子距今毕竟有 2500 多年，他的思想是否适合于现代生活？

20 世纪初，近代思想家章太炎接连发表激烈的文字，批评孔子"虚誉夺实"，儒术为"南面之术，愚民之计"，"儒术之害，则在淆乱人之思想"①。接着，辛亥革命的爆发，南京临时政府的成立，实际上废除了儒学作为国家政治指导思想的信条。"五四"期间，陈独秀明确断言：孔子之道不适于现代生活。他指出："本志（《新青年》）诋孔，以为宗法社会之道德不适于现代生活，未尝过此以立论也。"陈独秀认为，孔子思想"不能支配现代人心，适合现代潮流……成了我们社会进化的最大障碍"②。李大钊也慨叹："吾华之有孔子，吾华之幸，亦吾华之不幸也。"③ 毛泽东则把共产党的哲学概括为"斗争哲学"。出于对马克思哲学的误解和毛泽东在党内党外特有的影响，"阶级斗争"的作用被无限放大。"阶级斗争一抓就灵"，阶级斗争要"天天讲，月月讲，年年讲"，人性、人道主义统统被斥之为资产阶级人性论，其结果导致个人之间、群体之间、党内党外，处处气氛紧张，人情冷漠，万马齐喑。十一届三中全会果断停止了"以阶级斗争为纲"的口号，和谐、合作、双赢逐渐成为社会风尚，但出于对市场经济的片面理解，"一切向钱看"成为当代一些人的生活座右铭，自私自利的个人主义在中国大地泛滥成灾。实践表明，社会的和谐是以"为他人筹划"为前提的，而孔子的道德修养准则正是立足于此的。

---

① 参见中国孔子基金会编《儒学与廿一世纪》（上），华夏出版社 1996 年版，第 68 页。
② 《陈独秀文章选编》（上），生活·读书·新知三联书店 1984 年版，第 186、392 页。
③ 《李大钊文集》（上），人民出版社 1984 年版，第 160 页。

亚洲和世界上其他国家的实践表明，孔子的个人道德修养准则与现代化并不矛盾。孔子哲学所孕育的，首先是一种"他人"意识，强调做人要懂得孝、悌、忠、信、礼、义、廉、耻。对父母要孝敬，对兄弟要友爱，对国家要忠诚，对朋友要守信，交往要讲礼节，处世要讲正义，为官要讲廉洁，办事要讲公平，做人要懂得羞恶。这正是当今中国道德建设不可或缺的思维理念。

（二）家庭是培育互爱关系的基本单位

如何处理好家庭内部成员之间的关系，这是家庭和谐的关键。孔子认为，能处理好家庭内部的关系，就能处理好人们在社会和国家交往中的关系，国家实际是家庭的放大，孝于宗族长辈，就是忠于朝廷。孔子说："弟子，入则孝，出则悌，谨而信，泛爱众而亲仁。"（《学而》）不能处理好家庭内部成员间关系，就不可能处理好社会和国家主体间的关系。

现今中国正处于转型时期，家庭结构由复杂转为简单，"核心家庭"开始占据主流，还出现了由夫妇二人组成的"丁克家庭"、由未婚或已婚成年男女独自组成的"单身家庭"和由父亲或母亲一方领着子女生活的"单亲家庭"，等等；家庭关系的重心也由"纵向"向"横向"转化，夫妻关系在家庭中的地位正在上升，出现了夫妻关系与亲子关系并重，夫妻关系超过亲子关系的情况；淡化配偶双方的社会、经济地位，以及年龄、外貌等择偶观念，推崇爱情至上模式，社会竞争与分化，使家庭背景对个人素质的影响力相对下降，婚姻双方的关系更为平等；人们引入"以人为中心"的概念，尊重个体，强调个性，"男主外、女主内"的旧婚姻模式受到颠覆，夫妻经济平等、人格平等，包括性生活平等，已成为现代家庭稳定和谐的基础。

然而，毋庸置疑，当代家庭也产生了诸多难以克服的问题。比如，许多家庭过早出现"空巢"，老年人晚年生活困难，甚至"老无所养"。父母对子女过度溺爱，重知识学习而忽视品德教育，对子女期望过高而又单一，方法简单，干涉过多，家教失衡。"独柴难烧，独子难教"，独生子女在家中往往成为"小皇帝"，唯我独尊，不知尊重他人；任性自私，自理能力差，依赖性大，娇气，不合群。在婚姻关系中，婚外性关系、离婚率急剧上升，重婚、纳妾、"包二奶"等现象死灰复燃，家庭暴力时有发生，有人自嘲男女双方在家"相对无言、相安无事、相敬如宾"。显然，宣扬孔子的家庭伦理观念，从家庭内部端正人们相互之间的关系，无疑是解决社会问题的重要基础。

（三）国家要以建构互爱关系为目标

国家是阶级统治的工具，是一种暴力机构。孔子力图将暴力转化为亲和力，提出了"以礼治国"的主张。他说："上好礼，则民莫敢不敬；上好义，则民莫敢不服；上好信，则民莫敢不用情。夫如是，则四方之民襁负其子而至矣。"（《子路》）这样的国家本质上是处处体现主体间关系的国家。"君使臣以礼，臣事君以忠。"（《八佾》）君臣有义，父子有亲，夫妇有别，长幼有序，朋友有信。尽管儒学的推行造成了诸多负面的影响，有所谓"儒者以礼杀人"的控诉，但总体来看，它是一种非暴力的柔性统治方式。中国封建社会能够延续两千多年，与采纳儒家的礼治主张是分不开的。

社会主义国家应该怎样搞建设，怎样处理人与人之间的关系？对这个问题，长期以来，我们并没有搞清楚。毛泽东曾试图以革命的办法"跑步进入共产主义"，之后，又发动"文化大革命"，导致人与人之间激烈的争斗，出现人人自危、主体间关系严重破坏的局面。从十一届三中全会开始，邓小平反复强调法制建设的重要性，党和国家、集体和个人都要在宪法允许的范围内活动，实行"依法治国"。从理论上讲，社会主义的"法"与以往的"法"有着本质的区别。以往的"法"是为统治者服务的工具，社会主义的"法"使国家及其一切党派、个人的活动公开化、程序化、科学化，为交往关系的平等化创建了平台。由于我们的民主法治建设尚不健全，致使许多问题得不到及时的解决，但绝不能拿现今法治的疏漏而怀疑法律维护主体间关系的功能。然而，仅有"法"的力量是不够的。孔子强调"礼"的力量，要求人们的言行时时处处符合"礼"的规定。

实践表明，在坚持"依法治国"的基础上，加强道德建设仍然是非常必要的。外界批评中国人"脏、乱、吵"，"脏"即不讲卫生，"乱"即不讲秩序，"吵"即在公共场合大声喧哗。某些国人的言行的确有辱中华民族"礼仪之邦"的雅称。重新认识孔孟之道，在法治精神之外，讲究做人的礼节和气质培养，这对于提高中华民族的整体素质，实现社会关系的民主化、科学化、秩序化，无疑具有重要意义。

（四）教育要培养懂得互爱关系的新人

在中华民族的文明史上，孔子第一次兴办私学，教育对象不分贫富，不分长幼，不分等级，师生平等相处，教学相长。两千多年来，孔子一直被视为师道之典范。孔子的可贵之处正在于他不自觉地按主体间关系的要求对待师生关系。

　　回顾新中国成立以来的历史，我们在教育方面的失误正在于对主体间关系的忽略。反右斗争期间，几十万知识分子被扣上右派分子的帽子，要求他们洗心革面；"文革"期间，知识分子又被打入"臭老九"的行列，主张学生向老师造反。"文革"结束后，邓小平反复强调：要尊重知识，尊重人才，又提出"科学技术是第一生产力"的论断。知识分子受到空前的尊重。然而，在市场经济体制的建立过程中，受"一切向钱看"思维的影响，教师行业也受到不良风气的浸染。在一些大学里，教师忘记了自己为人师表的职责，侵犯他人知识产权、制造学术垃圾的事件时有发生。学生往往变成某些教师用来谋取个人利益的工具，师生关系变成了"老板"和"打工仔"的关系，教师把自己的课题强行布置给学生，而不管学生是否情愿、感兴趣，甚至学生的成果有时被教师无端占有。另一方面，学生也由于缺少必要的修身教育，不懂得尊重师长，师生关系被商业化，课后如同陌路之人，谁也不理谁，这种师生关系的确让人忧虑。

　　显然，弘扬孔子开创的师道，对于提高教师和学生的精神境界，培养师生间的主体间关系，进而推动整个社会的主体间关系，无疑是具有重要意义的。

第三章　培植主体间的普爱情感

——墨子"爱人若己"的建构

中国古代哲学家墨子，作为下层劳动者的代表，对如何建构"大国—小国"、"大家—小家"、"强者—弱者"、"贵者—贱者"等不同主体间的相互关系作了不懈的探索。面对天下人相害不相爱的现实，墨子提出"兼爱"、"交利"、"法仪"等一系列主张，强调"爱人如己"，要求人们不分贫富贵贱，互爱互利。墨子的思想在中国历史上虽有争议，但对于激荡士人精神境界，拓展民族富强之路，以及依法治国都曾发挥了重要的影响。今天，研究墨子关于主体间相互关系的思想，对于我们处理市场经济条件下不同主体间的相互关系，建设和谐社会，无疑具有重要的参考价值。

一　墨子建构主体间关系的三个原则

墨子对主体间互爱互利关系的思考，本质上是一个实践伦理问题。墨子的主张，贯彻了三个相辅相成的原则："兼爱"、"交利"、"法仪"。"兼爱"必然体现为"交利"，同时要以"交利"和"法仪"为基础；"交利"要通过"兼爱"和"法仪"来保障；"法仪"不仅作为手段，而且以实现"兼爱"和"交利"为目标。它们相辅相成，共同构成了墨子哲学的逻辑体系，闪现着墨子对主体间相互关系的独特见解。

（一）培植"爱人若己"的思想情感

墨子生活于战国初年，当时诸侯纷争，天下大乱，不同主体视对方为仇敌，互相残杀，出现了"大国攻小国"、"大家乱小家"、"强劫弱"、"众暴寡"、"诈谋愚"、"贵傲贱"，"为人君者不惠"、"臣者不忠"、"父者不慈"、"子者不孝"，"贱人执其兵刃毒药水火，以交相亏贼"等不同主体交相为乱的现实。墨子认为，这是天下最大的祸害。"然当今之时，天下之害孰为大？曰：若大国之攻小国也，大家之乱小家也，强之劫弱，众之暴寡，诈之谋愚，贵之敖贱，此天下之害也。"（《兼爱下》）

1. "当察乱何自起？起不相爱。"墨子认为，天下大乱，究其原因皆起于人们自私自利，彼此不能相爱。做儿子的爱自己，不爱自己的父亲，因而总是亏损父亲而寻求自利；做弟弟的爱自己，不爱兄长，因而总是亏损哥哥而有利于自己；做臣子的爱自己，不爱自己的国君，因而总是亏损国君而有利于自己。同样，做父亲的也不知爱儿子，做兄长不知爱弟弟，做君主的不知爱臣子。"今诸侯独知爱其国，不爱人之国，是以不惮举其国，以攻人之国。今家主独知爱其家，而不爱人之家，是以不惮举其家，以篡人之家。今人独知爱其身，不爱人之身，是以不惮举其身，以贼人之身。"（《兼爱中》）不仅如此，人们甚至不能做到"各亲其亲、各子其子"，完全只顾己身，连丝毫之惠都不能推之于他人。"君臣不惠忠，父子不慈孝，兄弟不和调"（《兼爱中》），不仅一家之中、一国之内情况如此，国与国之间也是这样。"诸侯各爱其国，不爱异国，故攻异国以利其国。"（《兼爱上》）爱是主体发自内心的思想情感，爱的对象可以是个人、群体、国家。墨子认为，挽救社会首先在于挽救人们的思想情感，懂得爱人。

2. "爱人，待周爱人而后为爱人。"在搞清了天下大乱的原因后，墨子提出了"兼爱"的交往原则。他说，"兼即仁矣、义矣"（《兼爱下》），爱人并不是仅仅爱某个人，而是要普遍地爱人。"爱人，待周爱人而后为爱人。"（《小取》）"爱人若爱己身。"（《兼爱上》）"视人之室若己室，视人之国若己国。"（《兼爱上》）"爱人之亲，若爱其亲。"（《大取》）可以看出，墨子倡导的"兼爱"是无差等之爱，其对象不止于一人、一家、一族、一国，而是人所能及的任何人。墨子认为："体，分于兼也。"（《经上》）个人是"体"，个人之体是从人类之兼剥离出来的。爱为每个个体所承担，否则，兼爱就成了一句空话。而能承担爱的个体，无职位尊卑、财富多寡的差别，哪怕是奴隶，仍应享有爱。墨子说："爱臧（男奴隶）之爱人也，乃爱获（女奴隶）之爱人也。"（《大取》）为什么呢？因为"获，人也；爱获，爱人也。臧，人也；爱臧，爱人也。"（《小取》）而且，"人无长幼贵贱，皆天之臣也"（《法仪》）。所以，只要是人，在爱这个问题上就是平等的，就有爱与被爱的权利。如果因其出身低微而不能爱之，就"有失周爱"了。

3. 行兼爱，"犹火之就上，水之就下也"。墨子认为，只要人们彼此相爱，处处为对方着想，融洽相处，那么，天下的祸乱也就不攻自息了。他说："若使天下兼相爱，国与国不相攻，家与家不相乱，盗贼无有，君臣父子皆能孝慈，若此，则天下治。"（《兼爱上》）然而，天下之士君子，非言兼爱的言论，却一直不能停止。针对人们对兼爱说的各种非难，墨子从多方面进行了反驳。他分别以行"兼相爱"和"别相恶"的士人和君主为例，说明面对生离死别的困境，人们一定会选择行兼爱的士人和君主。有人把行兼爱比为举着泰山跨越长江和黄河。墨子指出，这样的比喻是不恰当的，"夫挈泰山以超江河，自古之及今，生民而来，未尝有也。今若夫兼相爱、交相利，此自先圣六王者亲行之"（《兼爱下》）。大禹、商汤、周文王、周武治理天下的时候，就做到了"兼爱"。从前越王好勇，士皆敢死，楚王好细腰，一国皆饿死，晋文公好苴服，满朝皆破衣，这说明民风并非不可改变，只要君主带头，行兼爱就像火之就上，水之就下一样容易。"苟有上说之者，劝之以赏誉，威之以刑罚，我以为人之于就兼相爱、交相利也，譬之犹火之就上，水之就下也，不可防止于天下。"（《兼爱下》）

（二）遍察"皆得其利"的致富之路

墨子认为，爱人不仅是一个思想情感问题，而且是一个利益问题。"义"和"利"不仅不矛盾，而且是相辅相成，相互促进的。为了实现天下之"利"，墨子提出了"尚贤"、"节用"、"节葬"、"非命"、"非攻"等一系列具体的政策主张。

1. "尚贤者，政之本也。"墨子认为，只有让那些贤能的人治理国家，天下人才可能各自施展自己的能力，"有力者疾以助人，有财者勉以分人，有道者劝以教人。若此，则饥者得食，寒者得衣，乱者得治。若饥则得食，寒则得衣，乱则得治，此安生生"（《尚贤下》）。相反，如果一个国家不能任用贤能的人，让不肖之徒出于国君左右，"则其所誉不当贤，而所罚不当暴"（《尚贤中》）。"贪于政者，不能分人以事；厚于货者，不能分人以禄。"（《尚贤中》）其结果必然是，"入则不慈孝父母，出则不长弟乡里。居处无节，出入无度，男女无别。使治官府则盗窃，守城则倍畔，君有难则不死，出亡则不从。使断狱则不中，分财则不均。与谋事不得，举事不成，入守不固，出诛不强"（《尚贤中》）。古代的圣王正因为尊崇贤士而任用能人，不偏党父兄，不偏护富贵，不爱宠美色。凡是贤能的人便选拔上来使其处于高位，给他富贵，让他做官任职；凡是不肖之人便免去职位，使之贫贱，让他做奴仆。于是人民相互劝赏而畏罚，争做贤人，所以贤人多而不肖的人少。这样做的结果是"天下皆得其利"（《尚贤中》）。而昔时三代暴王之所以失措其国家，倾覆其社稷，原因就在于他们不能任用贤人，让不肖之徒上跳下蹿。由此，墨子发出呼吁："尚贤者，天、鬼、百姓之利，而政事之本也。"（《尚贤下》）

2."去无用之费，圣王之道，天下之大利也。"战国时代，生产力虽有发展，但还很低下，人们能够创造的财富依然十分有限。针对当时统治者的奢靡生活，墨子发出了"俭节则昌，淫佚则亡"（《辞过》）的呼唤，提出了一系列"节用"的思想。墨子认为，让奢侈的国君去治理邪僻的百姓，要想让国家不乱，这是不可能的。古代的圣人担当处理国家政务的职责，在宫室、衣服、饮食、舟车方面从来不过度花费。圣人治理一国，能够让这个国家的利益加倍增长，这并不是因为他掠夺别国的土地，而是因为他节省了不必要的费用。墨子明确反对儒家的厚葬久丧，提出了"节葬"的主张。因为过度花费，天下的财力就会不足，而一旦衣食财力不足，人与人之间为争夺财物而发生争执和抱怨就不可避免，要想让他们保持亲近和相爱就不可能。墨子说："若苟不足，为人弟者求其兄而不得，不弟弟必将怨其兄矣；为人子者求其亲而不得，不孝子必是怨其亲矣；为人臣者求之君而不得，不忠臣必且乱其上矣。"（《节葬下》）墨子还反对音乐。墨子指出："仁之事者，必务求兴天下之利，除天下之害，将以为法乎天下。利人乎，即为；不利人乎，即止。"（《非乐上》）从事音乐活动不仅不能平息战乱，而且使用乐工要荒废百姓的农活，置办乐器得从百姓那里筹措大量的钱财，王公大人们又总要和其他人一起来听音乐，其结果总要耽误别人的事务。"与君子听之，废君子听治；与贱人听之，废贱人之从事。今王公大人惟毋为乐，亏夺民之衣食之财，以拊乐如此多也。"（《非乐上》）所以，从事音乐活动是一种不必要的消费。

3."执'有命'者之言，不可不非。"墨子认为，有命论是非常有害的。有命论者认为，天下之治乱，人口之众寡，生活之贫富，寿命之长短，一切都是命中注定的，即使使出很强的力气，也没有什么用处。这种主张是不仁不义的。同样的社会和人民，桀、纣时天下混乱，汤、武时则天下大治，这能说是有命吗？有命论者以百姓之忧为乐，是在毁灭天下。"说百姓之谇者，是灭天下之人也。"（《非命上》）古代的圣王与百姓兼相爱、交相利，移则分。"是以天鬼富之，诸侯与之，百姓亲之，贤士归之，未殁其世而王天下，政诸侯。乡者言曰，义人在上，天下必治。上帝山川鬼神必有干主，万民被其大利。"（《非命上》）古代的圣王还颁布宪令，设立赏罚制度以鼓励贤人。"是以入则孝慈于亲戚，出则弟长于乡里。坐处有度，出入有节，男女有辨。是故使治官府则不盗窃，守城则不崩叛。君有难则死，出亡则送。"（《非命上》）有命论者认为，赏罚都是命中注定的。如果相信命定论，那么做君主的就会"不义"，做臣子的就会"不忠"，做父亲的就会"不慈"，做儿子的就会"不孝"，做兄长的就会"不良"，做弟弟的就会"不弟"。墨子认为，有命论实际是在鼓励人们好吃懒做，不从事生产，"贪于饮食，惰于从事，是以衣食之财不足，而饥寒冻馁之忧至"（《非命上》）。如果一国的百姓，"上不听治，下不从事"，那么，国家的行政就要大乱，财用就会匮乏。"上无以供粢盛酒醴，祭祀上帝鬼神，下无以降绥天下贤可之士；外无以应待诸侯之宾客，内无以食饥衣寒，将养老弱。故命，上不利于天，中不利于鬼，下不利于人。而执此者，此特凶言之所自生而暴人之道也。"（《非命上》）坚持有命论没有任何利益可言。

4."非攻之为说，而将不可不察。"战争在本质上以藐视和消灭对方的主体性为目的。墨子所处的时代，各路诸侯、各个私室大臣等，各以自己的力量，逐鹿中原，导致诸侯割据，战争频繁。在这种"大攻小、强执弱"的形势下，墨子主张君主"视人之国，若视其国"，"是故诸侯相爱，则不野战"（《兼爱中》），反对不义之战。墨子认为好战的国家发动侵略战争，动辄举师数十万，持续数月以至数年，给社会造成极大的危害。比如，战争发动以后，"攻者，农夫不得耕，妇人不得织，以守为事；攻人者，亦农夫不得耕，妇人不得织，以攻为事"（《耕柱》）。在战争中，军队、装备被消耗，牲畜损伤死亡，"百姓死者，不可胜数也。与其居处之不安，食饭之不时，饥饱之不节，百姓之道疾病而死者，不可胜数"（《非攻中》）。墨子不仅提倡国与国之间"非攻"、实行和平相处、还广收天下门徒，长期奔走于各诸侯国之间，四处游说强国放弃攻打小国。他自己身体力行止楚攻宋；南游到卫国，宣传"蓄土"以备守御；晚年到齐国，企图劝止项子牛伐鲁等。墨子的"非攻"及其实践行动，实际上是他反对侵略战争、维护天下和平、保护弱小国家主体性的集中表现。

（三）树立"度量天下"的法治权威

墨子很早就认识到了法的重要性。在他看来，要保障人与人、国与国之间"兼相爱"，"交相利"，就必须使交往主体之间有一套交往的法则，他称为"法仪"。

1. "天下从事者，不可以无法仪。"墨子认为治理天下应该有法可循。他反复强调，"言必立仪"，意即无论做工务农，还是治理天下，都必须有法度可循，否则将一事无成。他说："天下从事者，不可以无法仪；无法仪而其事能成者，无有也。虽至士之为将相者，皆有法。虽至百工从事者，亦皆有法。百工为方以矩，为圆以规，直以绳，正以县。……故百工从事，皆有法所度。今大者治天下，其次治大国，而无法所度，此不若百工辩也。"（《法仪》）墨子所说的"法"或"法度"，泛指一切标准、规范或者制度，是一个含义十分广泛的概念，但从他这里所强调的"至士为将相者皆有法"，以及"治大国"、"治天下"等方面来看，无疑包括了我们今天所说的"法律"和"国家制度"等内容。这里，他将法与圆规、曲尺、绳坠等度量衡相比拟，以突出法律的客观性和公平性，墨子自我比喻说："我有天志，譬若轮人之有规，匠人之有矩，轮匠执其规矩，以度天下之方圜。"（《法仪》）圆规和矩尺是制轮匠人的工具，它们可以"中者是也，不中者非也"。这里，"中者"标准就是他的法仪，在政治伦理上就是"义者，正也"（《天志下》）。墨子"天下从事者，不可以无法仪"的主张对后来韩非、荀况等的法治思想有直接的影响。

2. "考之天鬼之志，圣王之事。"在立法的依据上，墨子主张"考之天鬼之志，圣王之事"（《非命中》）。首先，墨子公开宣称："子墨子置立天志，以天为法仪。"（《天志下》）并反复强调说："置此以为法，立此以为仪，将以度量天下。"也就是说，墨子以天之意志作为衡量天下士君子言行的"明法"，以"天志"作为测定是非善恶的客观依据和衡量言行的最高标准，这表明墨子法治思想是与其"天志"思想紧紧联系在一起的。在他看来，"天志"与法律的关系是源与流的关系。治理天下，他选择以天为法的理由是以"父母、学、君"为法都"莫若法天"。因为"天之行广而无私，其施厚而不德，其明久而不衰，故圣王法之"（《法仪》）。意思是天最公正无私，它能平等地对待每一个人而没有丝毫偏向，它给人丰厚的恩惠却不要求人对它感恩戴德，它的权威普及四方经久不衰，所以君主治国应该效法天来制定法令和政策。所以，墨子认为人类立法应该效法于天。天有三个立法原则：一是立法为公原则，"天之行广而无私"（《法仪》）；二是法律面前人人平等原则，"今天下无大小国，皆天之邑也。人无幼长贵贱，皆天之臣也"（《法仪》），既然人间之国、人间之人都是天之地、天之人，那就应该平等对待；三是以法治官、以"义政"反对"力政"的原则，"顺天意者，义政也。反天意者，力政也"（《天志下》）。墨子推崇"天志"的目的在于强调法律的公正和平等。

其次，墨子之法还在于法先王。他把法先王奉为自己的政治纲领和道德行为准则。在判断是非的"三表法"中，第一表就是"上本之于古者圣王之事"，意即他把是否与古代圣王的事迹相符作为判断人们行为的准则。他说："凡言凡动，合于三代圣王尧、舜、禹、汤、文、武者为之；凡言凡动，合于三代暴王桀、纣、幽、厉者舍之。"（《贵义》）可见，墨子法先王之法，非常注意利益原则。不仅如此，他还把古代典籍所记载的古代圣王的事迹，作为判断真理的标准。他说："然胡不考之圣王之事？"（《非命下》）墨子强调从法先王的事迹和法先王的路线中找到依据，虽然具有一定的经验主义认识论性质，但是他与先秦时代儒家"信而好古"的孔子、"言必称尧舜"的孟子，以及道家主张回归"小国寡民"的老子和描述其"至世之德"的庄子都具有复古倾向有相类同之处，我们必须一分为二地分析。墨子坚持"以天为法"和"以圣人为法"，表明他也在寻找立法效力的依据。"法天"是墨子建构其思想体系的出发点和归宿，"法圣人"是他的立法依据和基础。当然，也很清楚，墨子以"天志"为基础的法矛头重点指向的是统治者，目的是为了将统治者置于天的控制之下，使他们不敢为所欲为，而是尽可能地为天下人谋福利，以实现他匡救时弊、改造社会的理想。由此也可见，墨子立法之用心良苦。

3. "宪、刑、誓"与"法不仁，不可以为法"。关于"法"的形式，墨子认为有宪法（宪）、刑法（刑）、军法（誓）。他指出，"先王之书所以出国家、布施百姓者，宪也"、"所以听狱制罪者，刑也"、"所以整设师旅，进退师徒者，誓也"（《非命上》）。在《墨子》篇中他在引用古代圣王的事例中有多处宪、刑、誓的出现，在此不再赘述。关于立法准则，墨子眼光独到而睿智。他认为，"法不仁，不可以为法"（《法仪》），即法不是维护暴政的工具。联系墨子对"仁"的阐述，可见墨子认为立法目是为了保障人的尊严、价值、权利，是为了建立其理想的社会政治伦理秩序。这种将法赋予道德色彩并以道德作为立法和执法的准则，鲜明地体现出伦理法特色。从这一点来说，虽然墨子之法含有泛指一切依据之意，对于单纯法治思想还具有不明确性甚至带有神秘色彩，但他把法治与德治结合起来，为实行"依法治国"和"以德治国"相结合作出了开创性贡献。

二 墨子主体间关系思想的历史影响

据韩非子记载，墨学和儒学在战国时并列为"显学"。他说："世之显学，儒、墨也。儒之所至，孔丘也。墨之所至，墨翟也。"（《韩非子·显学》）又说：楚王曾谓田鸠曰："墨子者，显学也。"（《韩非子·外储说左上》）《淮南子·道应训》篇说："孔丘、墨翟，无地而为君，无官而为长，天下丈夫女子，莫不延颈举踵而愿安利之者。"《吕氏春秋·不侵》篇说："孔、墨，布衣之士也。万乘之主，千乘之君不能与之争士也。"这种评价，反映了当时墨学的显赫地位。然而，到司马迁作《史记》时，能够知道墨学的人已经很少，以致司马迁在《史记》中寥寥只记下二十四个字："盖墨翟，宋之大夫，善守御，为节用。或曰并孔子时，或曰在其后。"（《史记·孟荀列传》）东汉刘安说，墨学至"楚汉之际而微"，"于后遂无闻"（《淮南子·氾论训》）。实际上，战国及其之后，历朝历代，墨学对官方和民间的影响一直延续着，总体呈现出评价不断上升的态势。

（一）"兼相爱"激荡士人精神境界

墨子"兼爱"思想是否正确？这是后世士人争辩的重要话题。从孟子称其为"邪说暴行"，到韩愈认为"孔墨必相为用"，再到清人毕沅称其"通达经权，不可訾议"，后世对墨子"兼爱"说的评价，经历了一个逐渐认同的过程。总体上有以下两类观点：

第一类观点：否定和怀疑的观点。战国时期，儒学"亚圣"孟子将墨子和杨朱的学说并称为"邪说暴行"。他说："天下之言不归杨，则归墨。杨氏为我，是无君也；墨氏兼爱，是无父也。无父无君，是禽兽也。"（《尽心上》）庄子对墨子的"兼爱"精神也表示怀疑。他说："墨子泛爱、兼利天下而非斗，其道不怒；又好学而博，不异，不与先王同，毁古之礼乐。……今墨子独生不歌，死不服，桐棺三寸而无椁，以为法式。以此教人，恐不爱人；以此自行，固不爱己。"（《天下》）荀子尤其反对墨家"有见于齐，无见于畸"的"社会无等差论"。荀子认为，墨学"不知壹天下、建国家之权称，上功用、大俭约而慢差等，曾不足以容辨异、县君臣；然而其持之有故，其言之成理，足以欺惑愚众"（《非十二子》）。又说："故墨术诚行，则天下尚俭而弥贫，非斗而日争，劳苦顿萃而愈无功，愀然忧戚非乐而日不和。"（《富国》）韩非子认为，墨家宣扬的"兼爱天下"、"视民如父母"的主张，"犹无辔策而御駻马"，终"不可以为治"。因为"人之情性莫先于父母"，但"父母之爱子"而"子未必不乱也"（《韩非子·五蠹》）。汉朝刘安认为，孔、墨之道皆是"仁义之术"。他说："孔、墨之弟子，皆以仁义之术教导于世。"（《淮南子·俶真》）"非仁义儒、墨不行，非其世而用之，则为之擒矣。"（《淮南子·人间》）然而，孔、墨之间存在着对立。"墨子学儒者之业，受孔子之术，以为其礼烦扰而不说，厚葬靡财而贫民，（久）服伤生而害事，故背周道而用夏政。"（《淮南子·要略》）

两汉时期，班固认为，墨家的长处在于："墨家者流，盖出于清庙之守。茅屋采椽，是以贵俭；养三老五更，是以兼爱；选士大射，是以上贤；宗祀严父，是以右鬼；顺四时而行，是以非命；以孝视天下，是以上同；此其所长也。"而墨家的缺点在于："及蔽者为之，见俭之利，因以非礼，推兼爱之意，而不知别亲疏。"（《汉书·艺文志》）王充认为，如果不是杨、墨扰乱了儒学的要义，孟子的大名就不可能后传。他说："杨、墨之学不乱儒义，则孟子之传不造。"（《论衡·对作》）又说，"孔墨之业，圣贤之书，非徒曲城、越女之功也；成人之操，益人之知，非徒战斗必胜之策也"（《论衡·别通》），言其作用在暗化而不在明功。

宋代王安石认为，"墨子之志虽在于为人，吾知其不能也。……墨子者，废人物亲疏之别，而方以天下为己任，是其所欲以利人者，适足以为天下害也，岂不过甚哉"（王安石：《杨墨辩》）。朱熹则毫不客气地批评了韩愈。"昌黎之言有甚凭据？"（《朱子语类》卷61）"杨墨皆是邪说，但墨子之说尤出矫伪，不尽人情而难行。孔墨并用乃是退之之谬。"（《朱子语类·诸子》）"墨子爱无差等，而视其至亲无异众人，故无父。无父无君，则人道灭绝，是亦禽兽而已。"（《孟子集注·滕文公下注》）

明朝王阳明从学理源头上对墨子的"兼爱"说作了否定。他认为："父子、兄弟之爱，便是人心生意发端处，如木之抽芽。自此而仁民，而爱物，便是发干生枝生叶。墨氏兼爱无差等，将自家父子兄弟与途人一般看，便自没了发端处。不抽芽，便知得他无根，便不是生生不息，安得谓之仁？孝弟为仁之本，却是仁理从里面发生出来。"（《陆澄录》）

第二类观点：肯定和赞美的观点。唐代韩愈提出了"孔墨必相为用"的观点，认为儒墨之间并没有根本的差异，"辩生于末学"。他说："儒讥墨以上同、兼爱、上贤、明鬼，而孔子畏大人，居是邦不非其大夫，《春秋》讥专臣，不'上同'哉？孔子泛爱亲仁，以博施济众为圣，不'兼爱'哉？孔子贤贤，以四科进褒弟子，疾殁世而名不称，不'上贤'哉？孔子祭如在，讥祭如不祭者，曰'我祭则受福'，不'明鬼'哉？儒墨同是尧舜，同非桀纣，同修身正心以治天下国家，奚不相悦如是哉？余以为辩生于末学，各务售其师之说，非二师之道本然也。孔子必用墨子，墨子必用孔子，不相用不足为孔墨。"（韩愈：《读墨子》）韩愈的言论引起了后来较长时间的争论。顾炎武则在《日知录》中多处引用了《墨子》的话，对墨子"兼爱"说大加赞赏。他说："由慈悲利物之说而极之，以至于普度众生，超拔苦海，则墨氏之兼爱也。天下之言不归杨，则归墨，而佛氏乃兼之矣。"①

清代中后期学者毕沅认为，墨家学说，"通达经权，不可訾议"②。汪中认为，墨家学说"救世亦多术"，《备城门》以下"临敌应变，纤悉周密"，乃"才士"所为，墨家倡兼爱"欲国家慎其封守，而无虐其邻之人民畜产"，与先王所制"聘问吊恤之礼"同义，"墨子之诬孔子，犹孟子之诬墨子也，归于'不相为谋'而已矣"，墨家"述尧舜，陈仁义，禁攻暴，止淫用，感王者之不作，而哀生人之长勤，百世之下如见其心焉"③。俞正燮批评孟子说："谓兼爱即无父，是险义也。学者恶墨以墨绳自矫，不便私欲，为遁辞以避之，谓圣人有差等。按墨书言兼爱，本之天，与王者天道王政岂有差等哉？"④俞樾结合当时的社会背景评论墨、孟之争，认为"墨子则达于天人之理，熟于事物之情，又深察春秋战国百余年间时势之变，欲补弊扶偏，以复之于古，郑重其意，反复其言，以冀世主之一听。虽若有稍诡于正者，而实千古之有心人也"，肯定了墨家的救世价值；又谓"乃唐以来，韩昌黎外，无一人能知墨子者"⑤。

近人梁启超通过排比，阐述了墨家"兼爱"之伟大、之切实可行。他说，世有"惟爱灵魂者"，故而恶其躯壳，不爱灵魂载体之身体，显然"不能行于普通社会"；有"自爱其灵魂躯壳而不顾他人者"，如杨朱等，拔一毛利天下而不为，"于是社会驯致灭亡"；有"以本身为中心点，缘其远近亲疏以为爱之等差者"，即儒家"亲亲"之爱，"于给持社会秩序最有力焉"；有"平等无差别之爱普及于一切人类"者，即"泰东之墨子，泰西之耶稣"，"实爱说中之极普遍极高尚者也"；有"圆满之爱普及于一切众生"，即佛家之爱，"然此自是出世间法，与世间法不甚相容"⑥。

---

① 参见黄汝成《日知录集释》，岳麓书社 1994 年版，第 652 页。
② 参见孙诒让《墨子间诂》，载《新编诸子集成》本，中华书局 1986 年版，第 610—614 页。
③ 同上书，第 617—621 页。
④ 俞正燮：《癸巳存稿》，载《续修四库全书》，上海古籍出版社 2003 年版，第 127 页。
⑤ 参见孙诒让《墨子间诂》序，载《诸子集成》（四），中华书局 2006 年版，第 1 页。
⑥ 梁启超：《子墨子学说》，载严灵峰编《无求备斋墨子集成》，台湾成文出版社 1975 年版，第 30—31 页。

（二）"交相利"拓展国家富强之路

墨子提出了一系列强国治本之道，后世留下的与之联系的直接记载虽不多，但他的主张，如"尚贤"、"节用"、"节葬"、"非命"等被官方和民间以不同的方式所采纳，其影响作用是显而易见的。

1. 墨子的"尚贤"思想与后世"唯才是举"、"任人唯贤"的人才观有着千丝万缕的联系。墨子之后，孟子曾讲："不信仁贤，则国空虚。"（《尽心下》）"国人皆曰贤，然后察之；见贤焉，然后用之。"（《梁惠王下》）"尊贤使能，俊杰在位，则天下之士皆悦，而愿立于其朝矣。"（《公孙丑上》）荀子认为，社稷的存亡取决于能否得人。"得其人则存，失其人则亡。"（《君道》）韩非子也认为："明君之道，使智者尽其虑，而君因以断事，故君不穷于智；贤者效其材，君因而任之，故君不穷于能。"（《主道篇》）《吕氏春秋》分别以"下贤"、"察贤"、"期贤"、"赞能"等为篇章，要求执政者广揽人才、不辞辛苦；辨别人才必须"入于泽而问牧童，入于水而问渔师"（《吕氏春秋·无义》）；总结了外用"八观六验"，内用"六戚四隐"的辨别人才的方法。"八观"主要是观察人在通达穷困、富贵贫贱时的不同表现，"六验"是观察人在喜、怒、哀、乐、惧、苦等情况下，能否保持操守。"六戚四隐"着重考察一个人如何处理与亲属、朋友、故旧、邻里的人际关系。还有，使用人才要充分信任和大胆使用（《吕氏春秋·先己》）。

汉高祖刘邦吸取秦灭亡以及项羽骄傲自大的教训，曾亲下《求贤诏》宣布："贤士大夫有肯从我游者，吾能尊重之，布告天下，使明朕意。"在讲到张良、萧何、韩信三人时，曾讲"此三人，皆人杰也，吾能用之，此吾之所以取天下也"（《史记·高祖本记》）。到了汉武帝，这一思想表达得更为清楚，在其《求贤诏》中，他讲："盖有非常之功，必待非常之人。"在实际的政治生活中，他建立和完善了"察选"、"征召"、"公车上书"等制度，兴办"太学"以培养人才。魏晋时期，由于争霸天下的需要，对人才的重视就更可见一斑。如曹操三下求贤令，认为"为国失贤则亡"，提出"唯才是举"的思想。诸葛亮讲："治国之道，务在举贤。"（《诸葛亮集·文集举措篇》）

唐朝是我国历史上多有创新的朝代，唐太宗李世民在《荐贤举能诏》中说："朕遐想千载，旁览九流，详求布政之方，莫若荐贤之典。"大声疾呼有才能的贤人"务尽报国之义，以副钦贤之怀"。唐代韩愈说，"世有伯乐，然后有千里马"，"千里马常有，而伯乐不常有。故虽有名马，只辱于奴隶之手，骈死于槽枥之间，不以千里称也"（《杂说》）。强调了发现人才、重视人才的重要性。并且，在人才观点上进一步指出："吾师道也，夫庸知其年之先后生于吾乎。是故无贵无贱，无长无少，道之所存，师之所存也。"（《师说》）这与墨子的"尚贤"思想如出一辙。

宋朝大批人才受到压抑，但其人才思想仍有许多闪光之处。宋英宗赵曙颁布《令中外选举人者务在得人不必满所限之数诏》。王安石在《上仁宗皇帝言事书》和《才论》、《兴贤》、《知人》等文章中，对人才问题进行了广泛的研究。他说："夫才之用，国之栋梁也，得之则安以荣，失之则亡以辱。"（《才之用，国之栋梁也》）北宋宰相司马光在《资治通鉴》首卷中对德才关系作了富有创新的论述。他反对"唯才是宜"的观点，认为"才者，德之资也；德者，才之帅也"。德靠才来发挥，才靠德来统率。明朝朱元璋颁布《访求师儒敕》、清朝康熙皇帝定《治国圣训》，提出了"人才至上，德才兼备，纳谏招贤，宽以待人，从实考核"的用人原则，大量选拔不同民族的人才。这与墨学"尚贤"的基本思想是一致的。

2. 墨子的"节用"思想对中国人"节俭"传统的形成起了一定的育化作用。墨子之后，荀子曾提出"强本而节用"（《天论》）的主张。他指出："足国之道，节用裕民，而善臧其余。"（《富国》）就是说，使国家富强的根本方法是节约费用和开支，使人民宽裕。韩非子提出："以俭得之，以奢失之。"（《十过》）节用俭约，可使家国繁荣昌盛；奢靡挥霍，就会使家国败亡。《汉书·司马迁传》言，"墨者俭而难遵，是以其事不可徧循；然其强本节用，不可废也"，"墨者亦上尧、舜，言其德行……"，"要曰'强本节用'，则人给家足之道也。此墨子之所长，虽百家不能废也"。

汉初的诸多政策都与墨家的"节用"主张相联系。据《汉书·高帝记》：萧何为刘邦治未央宫，"上见其壮丽，甚怒，谓何曰：'天下匈匈，劳苦数岁，成败未可知，是何治宫室过度也！'"孝文帝躬行节俭，实源于此。《汉书·食货志》记载："文帝即位，躬修俭节，思安百姓。"汉文帝其先后除诽谤、妖言法，除肉刑，减笞刑；又除田租；实行"轻徭薄赋"、"约法省禁"、"去繁礼"政策，因作露台需费百金而罢作；身体力行，躬行节俭，学墨家之节用。其受墨家影响，从文帝遗诏中最可体现。《史记·孝文本纪》曰："后七年六月己亥，帝崩于未央宫。遗诏曰：'朕闻盖天下万物之萌生，靡不有死。死者天地之理，物之自然者，奚可甚哀。当今之时，世咸嘉生而恶死，厚葬以破业，重服以伤生，吾甚不取。且朕既不德，无以佐百姓；今崩，又使重服久临，以离寒暑之数，哀人之父子，伤长幼之志，损其饮食，绝鬼神之祭祀，以重吾不德也，谓天下何！……其令天下吏民：令到，出临三日皆释服。毋禁取妇嫁女祠饮酒食肉者。自当给丧事服临者，皆无践。经带无过三寸，毋布车及兵器，毋发男女哭临宫殿。宫殿中当临者，皆以旦夕各十五举声，礼毕罢。非旦夕临时，禁毋得擅哭。已下，服大红十五日，小红十四日，纤七日，释服。佗不在令中者，皆以此令比率从事。布告天下，使明知朕意。霸临陵山川，因其故，毋有所改。归夫人以下至少使……'"文帝谓"厚葬以破业，重服以伤生，吾甚不取"，又令"出临三日，皆释服"、"经带无过三寸，毋布车及兵器，毋发男女哭临宫殿"等，与墨家的"节葬"、"节丧"学说非常相似。

隋文帝杨坚统一全国之后，曾告诫太子杨勇："历观前代帝王，未有奢华而得长久者。汝当储后，若不上称天心，下合人意，何以承宗庙之重，居兆民之上？吾昔日衣服，各留一物，时复看之，以自警戒。今以刀子赐汝，宜识我心。"（《隋书·杨勇传》）唐太宗李世民不但以史为镜，戒奢尚俭，而且还以身作则。据《贞观政要》记载，他曾基于秦始皇、隋炀帝因追求个人奢侈物欲而亡国败政的惨痛历史教训，宣布了一条规定："自王公已（以）下，第宅、车服、婚嫁、丧葬、准品秩不合服用者，宜一切禁断。"并针对当时以厚葬为俸终，以高坟为行孝的奢侈之风，提出"为害既深，宜为惩革"的法规："自今以后，送葬之具有不依令式者，仰州县官明察检察，随状科罪。"唐代于志宁也说："克俭节用，实弘道之源；崇侈恣情，乃败德之本。"（《贞观政要·规谏太子》）也是把节俭素朴看作弘扬道德的根本，把崇尚奢侈看成是败坏德行的祸根。

宋太祖赵匡胤成为北宋王朝的最高统治者之后，身体力行倡导节俭风尚。针对皇后与公主所说的"官家作天子日久，岂不能用黄金装肩舆，乘以出入"，赵匡胤说："我以四海之富，宫殿悉以金银为饰，力亦可办，但念我为天下守财耳，岂可妄用。古称以一人治天下，不以天下奉一人。苟以自奉为意，使天下人何仰哉？当勿复言。"（《续资治通鉴长编》卷13）赵光义曾手诏戒次子元僖等："即位以来，十三年矣。朕持俭素，外绝畋游之乐，内却声色之娱，真实之言，故无虚饰。汝等生于富贵，长自深宫，民庶艰难，人之善恶，必恐未晓，略说其本，岂尽余怀。夫帝子亲王，先须克己励精，听卑纳谏。每著一衣，则悯蚕妇，每餐一食，则念耕夫。至于听断之间，勿先恣其喜怒。"（《续资治通鉴长编》卷29）要子女不忘创业之难。他甚至还说："汝以奇巧为贵，我以慈俭为宝。"（《续资治通鉴长编》卷32）司马光在《训俭示康》中说："俭，德之共也。侈，恶之大也。"（《司马文正公传家集》卷 67）"共"就是洪大。他把俭约看成是高尚的品德，认为奢侈是严重的恶行。

3. 墨子扶危济困的"非攻"思想促成了中华民族热爱和平，路见不平拔刀相助的侠义精神。墨子一生多次为反侵略战争而四处奔走，如止楚攻宋、说服鲁阳文君放弃攻郑、说服项子牛放弃攻鲁国等义举。更为可贵的是墨家集团为求天下大义，即使是牺牲了个人性命也在所不惜。"墨子服役者百八十人，皆可使赴火蹈刃，死不还踵。"（《淮南子·泰族》）而且，他们功成不受赏，施恩不图报，生活极其简朴，墨子之徒"以裘褐为衣，以支蹻为服，日夜不休，以自苦为极"。墨家具有严密的组织纪律，他们"以巨子为圣人，皆愿为之尸，冀得为其后世，至今不决"（均见《天下》）。《吕氏春秋》记载："墨者之法，杀人者死，伤人者刑。"（《吕氏春秋·去私》）钜子腹䩅的儿子杀了人，虽得到秦惠王的宽恕，但仍坚持"杀人者死"的"墨者之法"。

墨子出身"贱人"，扶弱以抗强，一直是墨者的本色。这点我们从墨子的徒弟禽滑厘的一句话中可看出："甲兵方起于天下，大攻小，强执弱，吾欲守小国，为之奈何？"（《备城门》）先秦诸子中，像墨家这样坚定地站在弱者一边，是绝无仅有的，而同情弱者，正是中国传统侠义精神的发端。《经上》曰："任，士损己而益所为也。"注曰："谓任侠。"这里墨子提出了一个重要的"任侠"观念。"损己而益所为"，也就是损己利人。接着，在《经说上》中，墨子进一步阐述了任侠精神的实践方式："任，为身之所恶，以成人之所急。"（《经说上》）这正是侠的行为准则。墨子痛斥为一己之私利而公然藐视天下之公利的行为，认为这是"亏人自利"，是"不义"的，而"不与其劳，获其实"，更是不义之为，所以"仁之事者，必务求天下之利，除天下之害"（《兼爱下》）。后世的"义侠"正是在这种理论的指导下敢于强力而为，赖力仗义，以义正人，乐于除暴安良、抗强扶弱的义含。据《史记·游侠列传》和《汉书·游侠传》记载，西汉时有朱家、剧孟、王孟、郭解、万章、楼护、陈遵、原涉等任侠集团，他们"不爱其躯，赴士之厄困"，"千里诵义，为死不顾世"，且"既已存亡死生矣，而不矜其能，羞伐其德"，大得墨家之旨。任侠集团的"不矜其功，羞伐其德"系受墨子止楚救宋而"治于神者，众人不知其功"的影响。其中鲁之朱家，"所藏活豪士以百数"，"专趋人之急，甚己之私"，而"家无余财，衣不完采，食不重味，乘不过钧牛"（《史记·游侠列传》）。

近代以来，一大批救亡图存的仁人志士大多以游侠自居，颇有墨侠遗风。

梁启超自号"任公",取墨者任侠之义。"幼而好墨",自称"墨学狂"。他认为墨家"轻生死,忍苦痛"的武侠精神"可以起中国之衰"。因此,"欲救今日之中国,舍墨学之忍苦痛则何以哉,舍墨学之轻生死则何以哉!""今欲救之,厥惟墨学。"(《饮冰室合集》)谭嗣同在《仁学·自序》中写道:"吾自少至壮,遍遭纲伦之厄,涵泳其苦,殆非生人所能任受,濒死累矣,而卒不死。由是益轻其生命,以为块然躯壳,除利人之外,复何足惜!深念高望,私怀墨子摩顶放踵之志矣。"章太炎也曾悉心钻研墨学,他在其《检论》中认为,凡是游离于蒿莱(顺民)和明堂(官吏)之间的人,都有成为侠的可能。章太炎投身排满民族革命,曾七被追捕,两入幽禁,使酒骂袁,以死相抗,不是坐而论道,而是舍身赴难,身践履行,大有墨家"轻生死,忍苦痛"的性情、气质和人格[①]。

(三) 重"法仪"奠定后世法治基础

墨子的"法仪"主张以"尚同"、"天志"、"明鬼"为内容。所谓"尚同"实际是想统一天下人的思想,平息天下混乱,而"天志"、"明鬼"不过是想借"天"和"鬼神"的力量对统治者以警戒。这些思想为后世不同阶层的人所引用,产生了多方面的作用。可以说,"法仪"思想通过曲折的路线,成为后世"法治"思想的开始。

1. 墨子的主张是后世诸多农民起义口号的思想渊源。正如侯外庐先生所言:"中国农民战争的口号应溯源于战国末年墨侠一派下层宗教团体所提出的一条公法,据《吕氏春秋》所载,'杀人者死,伤人者刑,墨者之法也'。这样要求人身权的旗帜,曾经影响了秦汉之际的农民起义。王充所谓'遂愚人之欲',也指这一点。这一口号正和墨侠主张的有财相分、共同劳动的共有财产空想相照应。这在汉初游侠的言行中还可以看出来。……樊崇起义复沿用墨者的公法,提出了'杀人者死,伤人者偿创'的口号……"[②]可以说,从汉至清代的一些大的农民起义与平民暴动在其思想主张和组织形式上,都与墨家的思想行为不谋而合。如"替天行道","等贵贱、均贫富","天遣魔军杀不平……杀尽不平方太平","均田免粮、平买平卖","有田同耕,有饭同食,有衣同穿,有钱同使,无处不均匀,无人不饱暖","天下多男子,尽是兄弟

---

① 参见薛柏成《墨家思想对中国"侠义"精神的影响》,《东北师大学报》2005 年第 5 期。

② 侯外庐:《我对中国社会史的研究》,《历史研究》1984 年第 3 期。

之辈；天下多女子，尽是姊妹之群"，等等，他们往往借助宗教来发动人民，这正是墨家"尊天事鬼"及"行天之志"理论的体现。

2. 墨子"天鬼"说是后世方道术士"天人一体"神学体系的重要来源。道教的原始经典《太平经》认为，天地人间存在着无数神灵，构成一个有上下等差的神灵控制系统，其中最高控制者是"天"，"天者，为神主神灵之长也"（《太平经》卷92）。"天"以下有众多神灵，"神也者，皇天之吏也"①。从"天"到世人共分十等，曰：天、无形委气之神人、大神人、真人、仙人、大道人、圣人、贤人、凡民、奴婢②。从而构成一个"天人合一"的有序神人世界。在这个神人世界里，"天"是最高的善恶主宰者。天意欲人行善事、去邪恶。"王者行道，天地喜悦；失道，天地为灾异。"③"天地睹人有道德为善，则大喜；见人为恶，则大怒忿。"④ 世人行善，天地以善报世人；世人行恶，天地则以恶报世人。"夫天地之性，自古至今，善者致善，恶者致恶，正者致正，邪者致邪。"⑤ 天神报应执政君王的手段是灾异："帝王多行道德，日月为之不蚀，星辰不乱其运。"⑥ 报应世人的手段是寿夭、灾病："善自命长，恶自命短"⑦；"有善者，财小过除，竟其年耳。如有大功，增命益年"⑧；"天大怒不悦喜，故病灾万端"⑨。"天"派鬼神来监察世人，人间善恶，"天遣神往记之。过无大小，天皆知之。簿疏善恶之籍，岁日月拘校，前后除算减年"⑩。

方士道士们还利用墨家的科技成果，制成法术器具，研究出种种方术来迷惑世人，以神其道。西汉武帝年间，方士齐人少翁"夜致王夫人及灶鬼之貌"，使"天子自帷中望见"之术，以及方士栾大的"夜祠其家"，"百鬼集矣"（《史记·孝武本纪》），大概都是利用光、影、成像等光学知识所创制的方术。王莽时，"博募有奇技术可以攻匈奴者"，有方士"言能飞，一日千里，可窥匈奴"，于是"取大鸟翮为翼，头与身皆著毛，通引环纽"，便可"飞数

---

① 王明编：《太平经合校》，中华书局1960年版，第221页。
② 同上书，第88页。
③ 同上书，第17页。
④ 同上书，第324页。
⑤ 同上书，第512页。
⑥ 同上书，第366页。
⑦ 同上书，第525页。
⑧ 同上书，第537页。
⑨ 同上书，第55页。
⑩ 同上书，第526页。

百步"(《汉书》卷99下）是利用机械原理、风力流体力学原理创制的方术。这些方术的创制，与墨家所总结的光学、力学等科技知识不无联系。

　　3. 墨学中的"尚同"思想，对韩非等人的法治思想产生了直接的影响。墨子之所以提出"尚同"说，是鉴于当时"一人一义，十人十义"，天下动乱"生于无政长"，尚同的目的就是为了"一同天下之义"，把思想统一到最高统治者的思想上来，以君主的是非为是非，绝对服从君主的统治以达到天下大治。韩非子对此思想进行了更进一步的发挥，他认为，君主的地位是至高无上的，也是神圣不可侵犯的，为臣之道，最重要的就是尽忠，一切唯君主之命是从。如说"'臣事君，子事父，妻事夫。三者顺，则天下治；三者逆，则天下乱。'此天下之常道也"(《忠孝》）。韩非子甚至认为："人主虽不肖，臣不敢侵也。"(《忠孝》）即使君主不够贤明，哪怕是昏君，臣子也不能有二心，否则就是不贤、不肖之臣，如说："贤者之为人臣，北面委质，无有二心；朝廷不敢辞贱，军旅不敢辞难；顺上之为，从主之法，虚心以待令而无是非也。"(《有度》）这活脱脱是墨子"上之所是，必皆是之；上之所非，必皆非之"的尚同思想的翻版，甚至有过之而无不及，如说："有功则君有其贤，有过则臣任其罪。"(《主道》）他把君与臣的主从尊卑关系推到了极致，使君主的地位绝对化。

　　墨子的"尚同"说还为天子治理国家设计了一个组织有序的官僚体系，如天子以下设有三公，三公以下设有诸侯国君，之下又设有正长，一直到乡长、里长，以此组成强大的管理国家的组织机构。韩非子正是继承了这一点，他认为君主作为一国的最高管理者，其任务不在于躬亲每一件事，最好的办法是把臣下有效地组织起来，建立一整套组织机构，在君主的最高权威下，由各级官吏对国家的事情进行管理，即所谓"明主治吏不治民"(《外储说右下》）。韩非子的"法"、"术"、"势"把君主集权思想发挥得淋漓尽致，墨子"尚同"思想在韩非子这里可以说是发扬光大了。

三　墨子主体间关系思想的当代意义

　　墨子的思想充满对他人无私的关爱，以及对国家和民族义无反顾的责任感，成为最能体现民族精神的亮丽瑰宝。深入挖掘并弘扬墨子"爱人若己"的思想，对于我们提升民族自豪感，坚定社会主义、共产主义信念，建设温暖和谐的主体间关系，仍然具有重要的启迪意义。

（一）主体间关系首先表现为思想情感的融合

一个人只有头脑中视"他人"为主体，具有爱"他人"的意识，行为中才可能为"他人"着想，为"他人"筹划。然而，主体间的思想情感是非常复杂的。从逻辑上讲，可能的情况有以下四个方面：第一，"我"知道"你"是和"我"一样的主体，但"你"、"我"之间毫无情感可言，我们是竞争对手，甚至是仇敌，我们之间无法尊重和沟通，这大概相当于西方哲学家霍布斯所说的自然状态下人与人的关系；第二，"我"知道"你"是和"我"一样的主体，我们只是这个社会的公民，形同陌路，互不相识，毫无情感可言，只为各自的利益奔忙，"我"不会损害"你"的利益，但也不会做出有利于"你"的事情，这相当于杨朱所说的"拔一毛而利天下者，不为也"的关系；第三，"我"知道"你"是和"我"一样的主体，"我"愿和"你"平等对话，"我"尊重"你"的选择，"我"会考虑到爱"你"，但"我"不可能如爱"我"或者爱"我"的家人一样去爱"你"，去爱"你"的家人，这相当于孔子讲的"仁者爱人"的境界；第四，"我"知道"你"是和"我"一样的主体，因而不但尊重"你"，而且和爱"我"一样爱"你"，爱"你"的家人，时时为"你"着想，这是主体间相互关系的最高境界，相当于墨子"兼爱"的境界。"兼爱"是《墨子》全书的灵魂，"兼爱"的意思就是平等无差别地爱人。

实际上，历史上对"兼爱"的表达并非只有墨子一家。墨子稍后诞生的基督教经典《圣经》强调，每个人都是上帝的选民，生来就是平等的，人们应该互相敬爱。"我赐给你们一条新命令，乃是叫你们彼此相爱；我怎样爱你们，你们也要怎样相爱。"① 欧洲文艺复兴时期，启蒙思想家严厉声讨教会的虚伪，鞭挞世俗世界的专制，但基督教"平等互爱"的教义却始终未变。稍后，"自由、平等、博爱"成为资产阶级革命的旗帜，尽管资产阶级有虚伪和欺骗人民的一面，但这个口号本身却并没有错误。到 19 世纪，欧文、傅立叶、圣西门等人提出的"乌托邦"构想，实际上是实践"兼爱"的另一种试验。马克思正因为看到资本主义下交往关系的异化，才提出了建立共产主义的理想，本质上是要以革命的手段，推翻资产阶级的统治，消灭一切剥削和差别，实现人与人之间真正的平等互爱。因此，我们完全可以说，墨子是共产主义思

---

① 朱德峻等：《新约·约翰福音》，人光出版社 1984 年版，第 223 页。

想道德的最初表达者。今天，人类越来越清楚地认识到合作的重要性，而合作的前提是尽可能地为对方着想。在这样的情形下，重新阅读《墨子》，可以引导人们克服自私自利的狭隘心理，培养主体间互爱互利的思想情感。

（二）主体间关系以物质财富的增长为前提

墨子说："万事莫贵于义也。"（《贵义》）何为"义"？墨子说："义，利也。"（《经上》）"义，志以天下为芬，而能能利之，不必用。"（《经说上》）在墨子看来，"爱人"需要一定的物质基础，"义"和"利"并不矛盾，国家要是没有足够的财物，百姓普遍贫穷，要彼此相爱就是一句空话。这也正如管仲所说："仓廪实而知礼节。"百姓有了足够的财物，才可能懂得礼貌，才可能考虑爱人。墨子所讲的"利"与马克思对生产和财富的论述丝毫不矛盾。马克思说过，如果没有生产力的普遍发展，那就只会有贫穷、极端贫困的普遍化；而在极端贫困的情况下，必须重新开始争取必需品的斗争，全部陈腐污浊的东西又要死灰复燃①。这就是说，主体间的互敬互爱必须以高度发达的物质生产力为基础，离开生产力讲主体间的爱，必然导致唯心主义。

墨子不仅提出了"交相利"的主张，而且提出了"尚贤"、"节用"、"节葬"、"非乐"、"非攻"等一系列增加社会财富，达到社会互爱互利的具体措施，这也是难能可贵的。我国社会主义建设的实践也充分地说明了这一点。"文革"期间，我们离开生产力的发展，片面强调精神鼓励的作用，以为无产阶级本来就应该是贫穷的，一旦富裕就会"变修"，这是极其荒谬的。虽然当时阶级斗争的压力，在一定范围遏制了黄赌毒等社会丑恶现象的发生，但形势稍有变化，这些东西就沉渣泛起，解决这些问题的根本途径还在于发展生产。完全离开物质财富的增长谈爱人，必然会导致历史唯心主义。

（三）主体间关系要以现实的法制作保障

为了保障人们之间能够互爱互利，墨子要求立"法仪"，提出了"尚同"、"天志"、"明鬼"等主张，要求全国百姓上同于天子，天子要接受鬼神的监督，这可以说是最初的法制建设思想。然而，墨子用鬼神来吓人的做法却是极其幼稚的。由于鬼神是根本不存在的，所以对天子的监督就形同虚设。一旦天子将自己的意志强加于他人，他人的主体性随时都有被抹杀的可能，主体间的

---

① 《马克思恩格斯选集》第 1 卷，人民出版社 1995 年版，第 86 页。

互爱互利就失去了保障。

实践证明，主体间的互爱互利需要现实的法制作保障。从历史的视角来看，法的阶级性正在日益被淡化，法所体现的人与人之间的关系，正从统治和被统治的"主体→客体"关系向人人身份地位平等的"主体⇌主体"关系进化。政党、政府、组织、个人的权利和义务都趋于明确的划分，法为防止极权和专制作出了各方面的考虑，无论单位、部门，还是国家，在作出决定时，更多地采取民主的方法。

在当代中国，在不同主体之间，采取各种手段互相欺骗的现象屡见不鲜。例如，官员腐败是对群众的欺骗，企业制假售假是对消费者的欺骗，偷窃他人成果是对成果所有者的欺骗，说明现有法律有时形同虚设，在某些情况下并没有得到应有的重视。而当人们遭受歹徒袭击，或年迈老人不慎跌倒在地，需要救助时，路人却往往袖手一旁，不敢救助，原因是担心被救者反诬陷害，而现行法律的确没有相关的保护救助者的规定，说明我们的法律确实有需要继续完善的地方。

第四章 严察主体间的自私本性

——韩非子"去私行公"的建构

与道、儒、墨各家不同，法家认为，人本性恶，追逐私利，视他人为工具。因此，国家必须制定严厉的法律，使每个人在作出自己的选择时，不得不考虑到他人的利益。如此，才可能达到治理天下的目的。慎到、申不害、商鞅等人都看到这一点，而韩非子作为法家思想的集大成者，其思想最具代表性。韩非子尖锐地批评儒家、墨家的仁爱思想。认为仅仅讲仁爱是达不到爱人目的的，只有实行严格的法治，才可能抑制人性的自私，达到人人相尊相敬的目的。从表面看来，自秦王朝灭亡，到汉代儒学成为国家哲学，似乎韩非子的思想销声匿迹。其实不然，中国封建社会强调德治，但并不是没有法治，而是"德主刑副"。韩非子的思想一直在以各种方式和途径发生重要的影响。深入研究韩非子通过法治构建主体间关系的思想，对于我们加强法治建设，实现依法治国的总战略，仍有十分重要的借鉴意义。

一 揭露人性自私自利的本质

韩非子借管仲的话说："凡人之有为也，非名之，则利之也。"（《内储说上七术》）人性先天自私自利，人们行为的直接动因就是追求个人的名分和利益。他举例说："鳣似蛇，蚕似蠋。人见蛇，则惊骇；见蠋，则毛起。渔者持鳣，妇人拾蚕，利之所在，皆为贲、诸。"（《说林下》）鳣像蛇，蚕像毛毛虫，人们见了蛇和毛毛虫很害怕，而捕鳣、养蚕却完全不害怕，甚至像古代的孟贲、专诸等勇士一样勇猛，就是因为有利可图。《韩非子》一书充满了关于人性自私的论述。

（一）即使父子间也有利益的计算

韩非认为，自私自利是人性的本来面目，即使家庭内部，父子之间、兄弟之间、夫妻之间也都有利益的计算。历史乃至现实社会，父子、兄弟、夫妻相互有利益计算的例子数不胜数。

1. 父母之于子也，犹用计算之心以相待之。韩非认为，父母总是希望自己有个贤能的儿子，如此则家境贫困时可以富裕起来，痛苦时可以靠儿子高兴起来。"父之欲有贤子者，家贫则富之，父苦则乐之。"相反，现在如果有贤能的儿子却不为父亲着想，那么父亲住在家里就很痛苦。"今有贤子而不为父，则父之处家也苦。"（《忠孝》）父母生下男孩就高兴，生下女孩就将其杀死，这是因为更为长远的利益。"且父母之于子女也，产男则相贺，产女则杀之。此俱出于父母之怀衽，然男子受贺，女子杀之者，虑其后便、计其长利也。故父母之于子也，犹用计算之心以相待之，而况无父子之泽乎？"（《六反》）春秋时期，易牙把自己的儿子蒸了给齐桓公吃，并不是因为易牙真的爱齐桓公，而是估计这样做会给自己带来更大的利益。齐桓公后来重用了易牙，结果易牙与竖刁、开方等人互相勾结，把齐桓公囚禁起来，齐桓公饿死后尸虫爬出户外还得不到安葬，充分暴露了其险恶用心。

2. 父子、兄弟之间为争夺权位而常常互相残杀，更是骇人听闻。韩非列举大量的事例来说明这个道理。"楚成王以商臣为太子，既而又欲置公子职。商臣作乱，遂攻杀成王。"（《内储说下六微》）楚国的公子围受君主委托将到郑国去进行国事访问，还没有出境，听说楚王生病就回来了。接着便进宫去询问楚王的病情，用他的帽带将楚王勒死而自立为王。齐国的公子纠和公子小白为君位而兄弟反目，公子小白杀死了公子纠，是为桓公。晋献公的时候，骊姬尊贵，和君主的正妻地位相等，而又想用自己的儿子来取代太子申生，因此便在晋献公面前陷害申生而迫使申生自杀，于是就把奚齐立为太子。人们历来赞赏尧、舜、汤、武的仁义，却很少有人去揭露他们的另一面。在韩非看来，即使尧、舜、汤、武也都有弑君谋利的嫌疑。"瞽瞍为舜父而舜放之，象为舜弟而杀之。放父杀弟，不可谓仁；妻帝二女而取天下，不可谓义。"（《忠孝》）

3. 夫妻之间也有利益的计算。卫国一个人的妻子向神祷告，希望使自己得到一百匹布，丈夫说她希望得到的太少，妻子回答说，要是多了你会买小妾。"卫人有夫妻祷者，而祝曰：'使我无故，得百束布。'其夫曰：'何少也？'对曰：'益是，子将以买妾。'"（《内储说下六微》）在宫廷里，君主和他的诸多妻子之间的较量往往更为激烈，后妃、夫人常常为了自己的利益，不惜采取一切可能的手段，蒙蔽君主。更可怕的是，后妃、夫人、太子的党羽形成后，他们就希望君主早点死去，这并不是因为憎恨君主，而是因为"君不死，则势不重"（《备内》）。楚庄王的弟弟春申君有个爱妾叫余，为了得到春申君的宠爱，先将自己的身体弄伤，然后向春申君告状，说是春申君的正妻打伤了她，春申因此废弃了正妻。余又想杀掉正妻的儿子甲，让自己的儿子作春申君的继承人，于是将自己的衣服撕裂，然后哭着向春申君诉说，是甲调戏她以致撕裂了衣服，春申君大怒，杀了甲。韩非由此感叹道："从是观之，父之爱子也，犹可以毁而害也。君臣之相与也，非有父子之亲也，而群臣之毁言，非特一妾之口也，何怪夫贤圣之戮死哉！"（《奸劫弑臣》）

（二）匠人成棺，则欲人之夭死也

在韩非看来，社会上一般的人际关系更是利害关系："利之所在，民归之；名之所彰，士死之。"（《外储说左上》）百姓趋利，士人求名，这是人性的本质所在。

1. 职业性利益期待是人之常情。造车的人希望别人富贵，木匠则希望别人夭折早死。这并不是因为造车的人仁慈而木匠残忍，而是因为别人不富贵，那么车子就卖不掉；别人不死，那么棺材就没人买。木匠的本意并不是憎恨别人，而是因为他的利益建立在别人的死亡上。人们为了自己的利益，有时甚至会弄出自相矛盾的笑话。"楚人有鬻楯与矛者，誉之曰：'吾楯之坚，莫能陷也。'又誉其矛曰：'吾矛之利，于物无不陷也。'或曰：'以子之矛陷子之楯，何如？'其人弗能应也。"（《难一》）俗话说，利令智昏。从表面看来，这个楚人确实有点可笑，可现实生活中的人又何尝不是这样，韩非子刻画了一幅生动的众生相。

2. 情感投资是谋利的隐蔽手法。吴起担任魏国的将军而去攻打中山国。军人中有一个生毒疮的，吴起跪下亲自给他吮吸伤口的脓血。这军人的母亲立刻哭了，有人问她，将军对你的儿子这么好，你为什么还要哭呢？这位母亲回答说："吴起吮其父之创而父死，今是子又将死也，今吾是以泣。"（《外储说左上》）这位母亲看出了事情的实质。吴起吸吮士兵的脓血，并不是真的爱这个士兵，而是为了感化士兵，从而为自己卖死力。晋文公返回晋国的时候，来到河边上，命令把竹笾木盘丢掉，把席子草垫丢掉，让手脚磨出了老茧、脸色黝黑的人退到后面去。咎犯听说了这消息便在夜里痛哭起来，并向晋文公两次下拜告别。文公感到不妙，赶紧阻止他说："今子与我取之，而不与我治之；与我置之，而不与我祀之；焉可？"于是"解左骖而盟于河"（《外储说左上》）。晋文公以此笼络住了那些想要离开的臣子。

3. 嫁祸于人是谋取私利的阴险手段。韩非子不惜笔墨，不厌其烦地列举了这方面的例子。齐国的中大夫夷射不给一个被砍了脚的守门人酒吃，守门人于是在地上泼了些水，并说这是夷射昨夜酒醉后撒的尿，齐王就杀了夷射。魏王的臣子中有两个人和济阳君关系不好，济阳君便让人假托魏王的命令来策划攻击自己，等到魏王追问这件事时，济阳君立刻说他与两个人关系不好，魏王就处罚了那两个人。季辛和爰骞互相怨恨，司马喜新近刚和季辛的关系不好，便暗中派人杀掉了爰骞，中山国的君主认为指使杀害爰骞的是季辛，就把他杀了。楚王的爱妾郑袖妒忌楚王新纳的美女，就假装关心这美女，说楚王特别喜欢她掩鼻的样子，等楚王问郑袖为什么美女老是掩鼻，郑袖乘机说是新人讨厌楚王的口臭，楚王发怒割了美女的鼻子。费无极是楚国令尹子常的亲信，郤宛新近刚刚侍奉令尹，令尹很喜欢他，费无极便建议令尹在郤宛家置办一次酒席，然后费无极又教郤宛把兵器陈列在厅堂下面及大门前的空地上，令尹见了大怒，起兵来向郤宛问罪，把他杀了。犀首与张寿结了仇，陈需新近刚来到魏国，与犀首的关系不好，便派人暗杀了张寿，魏惠王以为指使杀张寿的是犀首，于是就去谴责犀首。中山国有个地位低贱的公子，他的马很瘦，他的车很破，侍从中有人和他私人关系不好，便替他向国王请求给这公子的马更多的草料，国王没答应，侍从便暗中叫人在夜里放火焚烧了存放草料的马棚，国王认为指使纵火的是这地位低贱的公子，于是就责罚了他。魏国有一个年老的儒生和济阳君关系不好，济阳君的门客中有一个和这老先生有私仇的，便去痛打这老先生并把他打死了，借此来讨好济阳君，济阳君便不加审察地奖赏了这个人。（《内储说下六微》）韩非认为，类似这样的事情，本质上是人主失诛，而大臣成私。

（三）君以计畜臣，臣以计事君

韩非认为，君臣和所有的人一样，都遵循求利的原则。"害身而利国，臣弗为也；富国而利臣，君不行也。"（《饰邪》）君臣之间是赤裸裸的利益交换关系。"且臣尽死力以与君市，君垂爵禄以与臣市。君臣之际，非父子之亲也，计数之所出也。"（《难一》）君臣之间有时很难达到利益平衡，"人臣大得，人主大亡"（《八说》）。

1. *君臣之间为利益而互相残杀*。《韩非子》以大量的事实说明，君臣之间的争斗往往非常激烈，这些争斗无疑是由利益引起的。君主如果不能很好地掌握权力，其境地就会非常危险，弄不好就要丧身毙命。齐国的崔杼因庄公与其妻通奸，便举兵砍杀了庄公，立其弟景公为王；李兑在赵国掌权，把国君囚禁了上百天以致饿死了；卓齿在齐国得到了任用，抽了齐湣王的筋，把他悬在宗庙的梁上，过了一夜就死了（《奸劫弑臣》）。鲁国的孟孙、叔孙、季孙三家合力攻打鲁昭公，把昭公驱逐出境，昭公结果死在晋国的乾侯。卫国的州吁在卫国权势很大，和国君不相上下，群臣百姓都害怕他的权势，后来州吁果然杀了他的国君而夺取了卫国的政权。韩廆做韩哀侯的相国，严遂受到君主的器重，两个人互相勾心斗角很厉害。严遂就派人在朝廷上刺杀韩廆，韩廆跑到君主那里抱住了君主，刺客就刺死了韩廆同时也刺了哀侯。田常做了齐国的相国，阚止受到简公的器重，两个人互相怨恨而且都想杀害对方。田常因此而施行私人的恩惠来收买齐国的民心，接着就杀死了简公而夺取了齐国的政权。（《内储说下六微》）

2. *臣子往往借助外国力量巩固其地位*。韩非认为，"君臣之利异"（《内储说下六微》），为了自己的利益，大臣会不顾国君，甚至会出卖国君的利益。韩国的相国公叔伯婴、魏国的翟黄通过外国的干涉，向本国君主施加压力，从而巩固其在本国的地位。吴国的太宰嚭劝说越国大夫文种不要灭了吴国，否则会落一个"狡兔尽则良犬烹，敌国灭则谋臣亡"的下场，以此阻止越国的进攻。大成牛从赵国到韩国对申不害说，您用韩国的力量来加强我在赵国的势力，请让我用赵国的力量来加强您在韩国的势力。这样，您就有了两个韩国，我就像有了两个赵国。司马喜是中山国国君的臣子，却和赵国亲善，所以常常把中山国的计谋秘密地告诉给赵王。魏、楚两国交战，宋石和卫君分别担任两国指挥这次战争的将领。宋石给卫君送去一封信，建议两国军队相对，一次仗也不要打，因为这只是国君的事，一旦打起来，双方一定不能同时并存。白圭做魏国的相国，暴谴做韩国的相国。白圭对暴谴说，您用韩国的力量帮助我在魏国掌权，我就用魏国的力量来支持您在韩国掌权。这样，我就能长期在魏国执政，您就能长期在韩国执政。（《内储说下六微》）

3. *君臣合作是为了取得最佳利益*。韩非认为，称霸天下是人主最大的利益："霸王者，人主之大利也。"（《六反》）人主正是怀着这样的目的，任贤使能，执法废私，以此来换取臣民死力的。而人臣最大的利益是富贵："富贵者，人臣之大利也。"（《六反》）为了这一目的，人臣不畏艰险，即使力量花光了也没有什么抱怨。虽然君臣都是为了各自的利益，但韩非认为，臣子一定要服从君主的领导。他说："臣之所闻曰：'臣事君，子事父，妻事夫。三者顺，则天下治；三者逆，则天下乱。此天下之常道也，明王贤臣而弗易也。则人君虽不肖，臣不敢侵也。'"（《忠孝》）在他看来，臣事君、子事父、妻事夫是万世不易的原则。因而，事君、养亲与行法三者不仅不相悖，而且是统一的。"人生必事君、养亲，事君、养亲不可以恬淡；之人必以言论忠信法术，言论忠信法术不可以恍惚。"（《忠孝》）

（四）国家间更有利益的计算

在《韩非子》中，这样的例子可谓不胜枚举，具体表现就是在特定的外交事务中，交往双方都会计算和比较国家获利的多少，称霸天下则是诸侯们的最高目标。

1. 两害相权取其轻，舍小利而保大利。越国面对荆国的进犯，到底是选择割地还是交战呢？大夫文种提出，不能交战，因为"吾豪士尽，大甲伤。我与战，必不克，不如赂之"。文种的建议得到了采纳，越国"割露山之阴五百里以赂之"（《说林下》）。秦王面对韩、魏、齐三国联军进攻召见公子汜。"王召公子汜而告之，对曰：'讲亦悔，不讲亦悔。'王今割河东而讲，三国归，王必曰：'三国固且去矣，吾特以三城送之。'不讲，三国也入韩，则国必大举矣，王必大悔。王曰：'不献三城也。'臣故曰：'王讲亦悔，不讲亦悔。'王曰：'为我悔也，宁亡三城而悔，无危乃悔，寡人断讲矣。'"（《内储说上七术》）不难发现，在这两个例子中，越、秦两国都无力击败对手，在危亡（较大损失）和割地（较小损失）两者之间，两国通过利益计算都选择了后者，维护了本国的利益。

2. 必欲取之，必先予之。韩非认为，人与人之间的利益计算是辩证的，有时为了得到，首先要有意付出。智伯向魏宣子索取土地，魏宣子的部下任章建议给予他一个住有万户人家的城市。他说："无故索地，邻国必恐。彼重欲无厌，天下必惧。君予之地，智伯必骄而轻敌，邻邦必惧而相亲。以相亲之兵待轻敌之国，则智伯之命不长矣。"（《说林上》）在任章看来，不给智伯土地，就会马上招来祸患，给了土地反而能骄纵智伯，导致他的覆灭。果然，智伯接着又向赵国索取土地，赵国不给，智伯因而围攻晋阳。韩氏和魏氏联手，赵氏在晋阳城内作接应，智伯便很快遭到覆灭的下场。

3. 鹬蚌相争，渔翁得利。"晋人伐邢，齐桓公将救之。鲍叔曰：'太蚤。

邢不亡，晋不弊；晋不敝，齐不重。且夫持危之功，不如存亡之德大。君不如晚救之以敝晋，齐实利。待邢亡而复存之，其名实美。'桓公乃弗救。"（《说林上》）齐国救不救邢国，首先考虑的不是道义，而是自己的利益。邢国不被灭亡，晋国就不会疲惫；晋国没有疲惫，齐国的地位就不会显得重要。等到晋国灭了邢国，再扶持邢国复国，这样既削弱了晋国，还使自己取得更大的美名。这等于使国家的利益最大化。

4. 贪小利而失大利。韩非列举大量事例来说明国家间因不算大账，贪小而失大利的事情。"智伯将伐仇由而道难不通，乃铸大钟遗仇由之君。仇由之君大说，除道将内之。赤章曼枝曰：'不可！此小之所以事大也，而今也大以来，卒必随之，不可内也。'仇由君不听，遂内之。赤章曼枝因断毂而驱，至于齐，七月而仇由亡矣。"（《说林下》）仇由国国君被小利所蒙蔽，算不出享有钟鼎与亡国何大何小，最终亡了国。同样地，虞国国君面对晋国送来的玉璧和宝马，一时算不出虞国和虢国唇齿相依，唇亡齿寒的账，他不听大臣的劝阻，答应晋国假道伐虢，最后在晋国灭了虢国之后，顺手牵羊灭了虞国，璧和宝马也被晋国牵走了（《内储说下六微》）。

二 力主"去私曲"而"行公法"

韩非认为，法是去除私心私利，实现富国安民的最好举措。"故当今之时，能去私曲就公法者，民安而国治；能去私行行公法者，则兵强而敌弱。"（《有度》）法也是矫正过失，统一行为的最好规范。"故矫上之失，诘下之邪，治乱决缪，绌羡齐非，一民之轨，莫如法。"（《有度》）但执法必须"有度"，法律面前必须人人平等。"法不阿贵，绳不挠曲。法之所加，智者弗能辞，勇者弗敢争。刑过不避大臣，赏善不遗匹夫。"（《有度》）韩非子力谏君主适时而治，"不务德而务法"（《显学》）。

（一）"仁义用于古不用于今"

韩非认为，自古至今，没有绝对的治国方法。一个国家以什么样的思想为主导，采取什么样的治理方法，都是因客观条件和历史发展的需要而定的，"循名实而定是非，因参验而审言辞"（《奸劫弑臣》）。孔、墨的学说虽然适合于古代，却不适合于今世。

1. 古今人们占有的物质条件不同。韩非很懂得物质条件对人们行为的制约作用。他说："无地无民，尧、舜不能以王，三代不能以强。"（《饰邪》）人与人之间的关系也与当时的物质条件相联系。"腊腊而相遗水；泽居苦水者，买庸而决窦。故饥岁之春，幼弟不饷；穰岁之秋，疏客必食。"（《五蠹》）上古之时，人口少而财货足，男子不需耕种，妇女不需纺织，野生瓜果足以食用，禽兽之皮也足以穿戴。"不事力而养足，人民少而财有余，故民不争。"所以，不需要赏罚，人们自然安定无事。现在一个人有五个儿子不算多，而每个儿子又有五个儿子，祖父还没有死就有了二十五个孙子。"是以人民众而货财寡，事力劳而供养薄，故民争，虽倍赏累罚而不免于乱。"（《五蠹》）

2. 古今君主的责任和待遇不同。古代天子带头劳动，比一般的民众还要辛苦。尧统治天下的时候，茅草盖的屋顶也不加修剪，栎木做的椽子也不加砍削；吃的是粗米、稻饼之类的粗粮和野菜豆叶之类熬煮的菜羹；冬天只穿小鹿皮做的皮衣，夏天只穿葛布做的粗布衣；就是现在看门人的衣服给养，也不会比这更少的了。禹统治天下的时候，亲自拿着木锹铁铲把自己作为民众的带头人，累得大腿上都没有肥肉，小腿上都不长汗毛，即使是奴隶们的劳役，也不会比这更苦的了。所以，古代让掉天子的职位，就不但是丢掉了看门人的给养，而且还摆脱了奴隶般的劳役，所以把统治天下的大权传给别人并不值得称赞。而现在的一个县令，一旦自己死了，他的子孙接连几代都享受出门乘车的特殊待遇，所以人们才很看重这个官职。由此看来，古代的人轻易地辞去天子的高位，并不是因为品德高尚，而是因为当时天子的权势很小；今天的人争着去做官或依附权势，并不是因为志趣低下，而是因为当官的权力很大。"故圣人议多少、论薄厚为之政。故罚薄不为慈，诛严不为戾，称俗而行也。故事因于世，而备适于事。"（《五蠹》）

3. 古今人们的社会需求不同。上古之世，人民少而禽兽众，人民不胜禽兽，于是，"有圣人作，构木为巢以避群害"。当时民众吃野生的瓜果和河蚌、蛤蜊等水产动物，腥臭难闻而且伤害肠胃，经常生病，于是，"有圣人作，钻燧取火以化腥臊"。中古之世，天下洪水泛滥，因而鲧、禹疏通河道，排除水患。近古之世，夏桀、商纣王残暴昏乱，因而商汤、周武王起兵讨伐。他们之所以受到人民的拥戴，都是因为适应时代需要，满足了人民的需求。假如在夏王朝统治的那个时代，还有人架起木头搭成鸟窝似的住处来居住或者钻木燧来取火种，那就一定会被鲧、禹耻笑了；假如在商朝、周朝那个时代还有人整天去疏通河道，那就一定会被商汤、周武王耻笑了。如果在当今这个时代还有人赞美尧、舜、商汤、周武王、夏禹的政治措施，那就一定要被新时代的圣人所耻笑了。"是以圣人不期修古,不法常可,论世之事,因为之备。"(《五蠹》)如果真有人这样做了,那就像刻舟求剑的楚人、守株待兔的宋人、削足适履的郑人一样愚蠢。考究圣人治国的最根本的一点就是:"审于是非之实,察于治乱之情也。"(《奸劫弑臣》)而那些愚蠢的学者不懂得这个道理,只是喋喋不休地搬弄古书上的道德说教。伊尹如果不改变商朝的古制惯例,姜太公如果不改变周国的古制惯例,那么商汤、周武王就不能称王天下。管仲如果不更改齐国的古制惯例,郭偃如果不改革晋国的古制惯例,那么齐桓公、晋文公就不能称霸了。"夫不变古者,袭乱之迹;适民心者,恣奸之行也。"(《南面》)

4. 古今历史的客观选择不同。韩非指出,在舜统治天下的时代,苗族不肯归顺,禹准备去讨伐。舜表示反对,认为这是因为君主的德行还不够深厚,于是就用了三年时间修行德教,拿着盾牌、大斧等武器跳舞来进行精神感化,苗族便归顺了。周文王住在丰、镐之间,领土才方圆百里,他推行仁义之道而感化了西戎,"遂王天下"。而历史发展到现在,其客观选择发生了重大变化。徐偃王统治着汉水以东的地区,领土有五百里见方,他也推行仁义之道,割让土地而向他朝拜的有三十六个国家。楚文王怕他会危害到自己,所以起兵攻打徐国,便把他灭了。齐国将要攻打鲁国,鲁国派子贡去游说齐国人。齐国人说,您说的话不是没有道理,但我们想要的是土地,而不是这些话中所讲的道理。于是就起兵攻打鲁国,把距离鲁国国都城门十里的地方作国界。"是以言之,夫仁义辩智,非所以持国也。"(《五蠹》)韩非以大量的事实说明:"上古竞于道德,中古逐于智谋,当今争于气力。"(《五蠹》)如果不顾历史的选择,而强行推行仁义道德,"以宽缓之政治急世之民",这就像是没有驭马的辔头,而想要驾驭悍马一样不可能。(《五蠹》)不考察当今的现实,强行推行那些不解决问题的虚名,必然要在竞争中遭受失败的下场。"世主美仁义之名而不察其实,是以大者国亡身死,小者地削主卑。……吾是以明仁义爱惠之不足用。"(《奸劫弑臣》)

(二)"盖贵仁者寡,能义者难也"

韩非认为,仁义道德那一套东西徒有其表,中看不中用。他说:"磐石千里,不可谓富;象人百万,不可谓强。石非不大,数非不众也,而不可谓富强者,磐不生粟,象人不可使距敌也。"(《显学》)孔子本人在世时就四处碰壁,更何况孔子关于古代贤人的说法本身就有矛盾,圣人又是几百年才出一个,等待圣人来救世,显然是不够现实的。

1. 孔子的学说常常发生逻辑上的混乱。以孔子赞叹过的舜的事迹为例：历山一带的农夫互相侵占田界，舜就到那里去耕种，一年后，田界就被端正了。黄河边上的渔民互相争夺钓鱼时凭靠的河中高地，舜到那里去捕鱼，一年后，大家就把好地方谦让给年纪大的人了。东方部落的制陶工人做出来的陶器粗劣不坚固，舜到那里去制作陶器，一年后，做出来的陶器就牢固了。孔子对此大发感慨，赞赏圣人德化的力量。但是，"耕、渔与陶，非舜官也，而舜往为之者，所以救败也。舜其信仁乎！乃躬藉处苦而民从之。故曰：圣人之德化乎！"（《难一》）再拿孝悌忠顺来说，天下人都认为孝悌忠顺之道是正确的，却看不到孝悌忠顺之道造成的混乱。尧当君主，却把自己的臣子舜奉为君主；舜当臣子，却把自己的君主尧当作臣子；商汤、周武王作为臣子，却杀害自己的君主、斩割君主的尸体；然而天下的人却赞誉他们，这就是天下直到现在都不太平的原因。"故至今为人子者有取其父之家、为人臣者有取其君之国者矣。"（《忠孝》）历史和现实的大量事实说明，废弃那永恒的政治原则而尊崇贤人，国家就混乱；抛掉了法度而任用智者，君主就危险。所以说：要尊法度而不要崇尚贤能。

2. 仁爱软弱无力，其效果无法与强力相比。孔子在世的时候，他曾周游天下宣传自己的学说，可是天下喜欢他的仁爱思想，诚心赞美他的道义学说，愿意为他效劳的，总共只有七十个。而鲁哀公虽是一个才智低下的君主，而国境内的民众没有哪个敢不称臣服从。现在的儒生们去游说君主，不是劝君主去凭借必定可以制服人的权势，反而说什么致力于推行仁义之道就可以称王天下，这就是要求君主一定要及得上孔丘，而以为世上的普通老百姓都会像孔丘的各个门徒那样喜欢仁爱的说教，这肯定是不现实的。"故敌国之君王，虽说吾义，吾弗入贡而臣；关内之侯，虽非吾行，吾必使执禽而朝。是故力多，则入朝；力寡，则朝于人；故明君务力。夫严家无悍虏，而慈母有败子。吾以此知威势之可以禁暴，而德厚之不足以止乱也。"（《显学》）而且，仁义爱惠往往与法的推行相矛盾。韩非举例说："楚之有直躬，其父窃羊而谒之吏，令尹曰：'杀之。'以为直于君而曲于父，报而罪之。以是观之，夫君之直臣，父之暴子也。鲁人从君战，三战三北，仲尼问其故，对曰：'吾有老父，身死莫之养也。'仲尼以为孝，举而上之。以是观之，夫父之孝子，君之背臣也。"（《五蠹》）父亲偷了羊，儿子不举报就是不够忠君，举报了则不够孝顺父亲；在前线多次逃跑的士兵，虽然违法，仲尼却称其为孝子。韩非还进一步论证说："惠之为政，无功者受赏，则有罪者免，此法之所以败也。"（《难三》）

仁义爱惠实为败法之道。

3. 期待圣人来救世，客观形势不允许。韩非举例说："舜救败，期年已一过，三年已三过。舜有尽，寿有尽，天下过无已者；以有尽逐无已，所止者寡矣。"（《难一》）期待舜去纠正天下的弊病，一年纠正一个过错，三年纠正三个过错。如此，天下何时才能达于治呢？而法治则恰恰相反："赏罚，使天下必行之。令曰：'中程者赏，弗中程者诛。'令朝至暮变，暮至朝变，十日而海内毕矣，奚待期年？"（《难一》）更何况像尧、舜、禹那样的圣人世上本来就很少见呢？"且夫尧、舜、桀、纣千世而一出……今废势背法而待尧、舜，尧、舜至乃治，是千世乱而一治也。"（《难势》）更何况要求君主以身作则更是不切实际之事呢？"且夫以身为苦而后化民者，尧、舜之所难也……将治天下，释庸主之所易，道尧、舜之所难，未可与为政也。"（《难一》）表面看来，严刑重罚似乎残暴，仁义爱惠显得慈善，其实不然。"故其治国也，正明法，陈严刑期，将以救护群生之乱，去天下之祸，使强不凌弱，众不暴寡，耆老得遂，幼孤得长，边境不侵，君臣相亲，父子相保，而无死亡系虏之患，此亦功之至厚者也！愚人不知，顾以为暴。"（《奸劫弑臣》）

4. 判断是非一定不能离开其实际的效用。韩非所批判的，不只是儒家和墨家，还有其他各派各家。他指出，像季良、惠施、宋钘、墨翟的学说，都不过是些画了图像的荚，虽然奥妙艰深，但不值得提倡；魏牟、长卢子、詹何、陈骈、庄周的学说都不过是些图画上的鬼魅，虽然变化无常，但都是些任意的杜撰；务光、卞随、鲍焦、介子推、伯夷、田仲都是些坚硬的葫芦，虽然心地坚实，但却没有什么用处（《外储说左上》）。所以，"有道之主，远仁义，去智能，服之以法"（《说疑》）。由此看来，韩非还提醒君主要注意社会上的六种反常现象，即所谓"六反"，抑制那些世所誉之的"奸伪无益之民"（《六反》）；任人要注意"八说"，既防"匹夫之私誉"，又防"匹夫之私毁"（《八说》）；韩非还把"学者"（儒生）、"言古者"（纵横游说之士）、"带剑者"（侠客）、"患御者"（逃避兵役的人）、"商工之民"（商业手工业者，系指墨家）称为"五蠹"。他警告说："人主不除此五蠹之民，不养耿介之士，则海内虽有破亡之国、削灭之朝，亦勿怪矣。"（《五蠹》）他认为，这五种人是国家的蛀虫，有碍于君主的独裁统治，要毫不容情地把他们诛灭杀尽。

（三）严刑重罚可以治国也

韩非认为，只有实行严刑重罚，这是一个非常一般的道理。"无棰策之威、衔橛之备，虽造父不能以服马；无规矩之法、绳墨之端，虽王尔不能以成方圆；无威严之势、赏罚之法，虽尧、舜不能以为治。"（《奸劫弑臣》）现在世主们丢掉重罚严诛，而想行仁义来称霸天下，这是荒唐可笑的。

1. 从人性的角度来看，"民固骄于爱，听于畏威矣"。韩非举例说："今有不才之子，父母怒之弗为改，乡人谯之弗为动，师长教之弗为变。夫以父母之爱、乡人之行、师长之智三美加焉，而终不动，其胫毛不改。州部之吏操官兵、推公法而求索奸人，然后恐惧，变其节，易其行矣。"（《五蠹》）不肖之子无法用母爱、师教等道德感化的手段来改变他，但是，等到执法官吏一到，采用法律强制手段的时候，他立即恐惧变节，改恶从善变好了。同样地，大臣总是玩弄权术，蒙骗君主："上用目，则下饰观；上用耳，则下饰声；上用虑，则下繁辞。"（《有度》）如果君主亲自去考察百官，时间就不够用。但君主如果守法不移，则"治不足而日有余"（《有度》）。韩非主张，治法一定要严厉。他举例说，为什么七丈高的城墙，就是善于跳跃登高的楼季也不能越过，而上千丈高的大山，就是瘸了腿的母羊也容易被赶上去放牧，就是因为城墙险峻陡峭而山坡平缓。"故主施赏不迁，行诛无赦，誉辅其赏，毁随其罚，则贤、不肖俱尽其力矣。"（《五蠹》）只要推行严刑峻法，就能达到"君子与小人俱正，盗跖与曾、史俱廉"（《守道》）的效果。

2. 从历史的经验来看，"明法者强，慢法者弱"。一个国家的强弱，与这个国家是否坚定地奉法守法是密切相关的。当魏国正在彰明《立辟》的时候，当赵国正在彰明《国律》的时候，当燕国正在彰明《奉法》的时候，这些国家就强大。待到后来法律被懈怠，这些国家接着也就衰微了。同样地，国家的强弱与是否有一个坚定奉法的国君也是密切相关的。"奉法者强，则国强；奉法者弱，则国弱。"（《有度》）从前因为有楚庄王、齐桓公，楚国和齐国才得以称霸；因为有燕昭襄王、魏安釐王，燕国和魏国才得以强盛。这些国君死后，这些国家也跟着衰微了。当然，推行法治并不是一件容易的事情。吴起教楚悼王革新楚国的风习，秦孝公任用商鞅实行变法，吴起和商鞅分别得到分裂肢体和五马分尸的酷刑（《和氏》）。现在，法术之士所面临的形势，要比吴起和商鞅的时代更为困难了。"当今之世，大臣贪重，细民安乱，甚于秦、楚之俗，而人主无悼王、孝公之听，则法术之士，安能蒙二子之危也而明己之法术哉？此世所以乱无霸王也。"（《和氏》）韩非慨叹说："亡国之廷无人焉。"执政者一定要排除自己的主观好恶，依法择人，依法行赏。"故明主使法择人，不自举也；使法量功，不自度也。"（《有度》）执法一定要公正，做到公私分明，"法不阿贵，绳不挠曲。法之所加，智者不能辞，勇者弗敢争。刑过不避大臣，赏善不遗匹夫。故矫上之失，诘下之邪，治乱决缪，绌羡齐非，一民之轨，莫如法"（《有度》）。

3. 从现实的需要来看，"人主有二患：任贤，则臣将乘于贤以动其君；妄举，则事沮不胜"。韩非告诫君主们，处在人君这个位置，大臣是最大危险。一旦臣子了解了君主的喜好，就会千方百计来投其所好，用所好来蒙蔽君主。过去越王勾践喜爱勇敢，民众中就涌现出很多不怕死的人；楚灵王喜欢细腰，国内就有很多为了使自己的腰变细而饿肚子的人；齐桓公忌妒外朝的卿大夫而爱好后宫的女色，所以竖刁把自己阉割了来治理后宫的事务；齐桓公爱好美味，易牙就蒸了自己儿子的头献给桓公；燕王子哙爱好贤名，所以子之表面上不肯接受王位。结果，子哙因为战乱而死，齐桓公尸体上的蛆虫爬出了门也得不到安葬。韩非特别提醒君主要防止"五壅"、"八奸"、"十过"。所谓"五壅"就是君主可能受到的五种蒙蔽。"是故人主有五壅：臣闭其主曰壅，臣制财利曰壅，臣擅行令曰壅，臣得行义曰壅，臣得树人曰壅。"（《主道》）所谓"八奸"，就是臣子用来使他们的罪恶阴谋得逞的八种手段：一曰"同床"，二曰"在帝"，三曰"父兄"，四曰"养殃"，五曰"民萌"，六曰"流行"，七曰"威强"，八曰"四方"。韩非说："凡此八者，人臣之所以道成奸，世主所以壅动、失其所有也，不可不察焉。"（《八奸》）君主也可能因自己的错误而酿成大祸，韩非将其概括为"十过"："一曰行小忠，则大忠之贼也。二曰顾小利，则大利之残也。三曰行僻自用，无礼诸侯，则亡身之至也。四曰不务听治而好五音，则穷身之事也。五曰贪愎喜利，则灭国杀身之本也。六曰耽于女乐，不顾国政，则亡国之祸也。七曰离内远游而忽于谏士，则危身之道也。八曰过而不听于忠臣，而独行其意，则灭高名为人笑之始也。九曰内不量力，外恃诸侯，则削国之患也。十曰国小无礼，不用谏臣，则绝世之势也。"（《十过》）怎样才能克服君主面临的危险呢？韩非急君主之所急，提出君主要抱法守势，懂得使用权术。

三　历史实践昭示的当代意蕴

韩非生活在战国晚期，他目睹诸侯混战，民不聊生的现实，为国家统一寻求理论基础。他力主君主专制，中央集权，严刑峻法。韩非思想被秦始皇吸收，促成了中国的大统一，但很快就在农民起义的打击下瓦解了。韩非思想何以如此迅速败亡？从主体间关系的视角来看，有三个教训值得汲取。

（一）人与人之间应保持基本的信任

韩非认为，人与人之间的关系只是一种利益关系。为了实现自己的利益，什么手段都可能使得出来。他列举春秋以来"臣弑君"、"子弑父"的众多事实，反复提醒君主任何人都是不可靠、不可信的。这样一来，大臣成为由君主随意摆弄的提线木偶，而君主本人也成为真正的孤家寡人。

1. 为了防范大臣，韩非要求君王"数披其术"，实行独断。这等于剥夺大臣的权力，就是君不与臣"共"治。他说："一家二贵，事乃无功。"又说："王良、造父，天下之善御者也。然而使王良操左革而叱咤之，使造父操右革而鞭笞之，马不能行十里，共故也。田连、成亥，天下之善鼓瑟者也。然而田连鼓上，成亥擱下，而不能成曲，亦共故也。夫以王良、造父之巧，共辔而御，不能使马，人主安能与其臣共权以为治？以田连、成亥之巧，共瑟而不能成曲，人主又安能与其臣共势以成功乎？"（《外储说右下》）韩非要求君主牢牢掌握一切权柄，尤其是"刑德""二柄"。韩非认为，君臣"异利"，"臣利立而主利灭"，君王失权就意味着臣下得势，而且"上失扶寸，下得寻常"（《孤愤》），"上失其一，臣以为百"，严重时还会造成"主失势而臣得国"（《孤愤》）的结局。正是因为"赏罚下共则威分"，君与臣"共事"还有被"杀"的危险，所以君王对一切权力都应固握之。如果说一般地宣传独断未必能对君王产生太大的影响，那么，韩非把君臣关系说成是"上下一日百战"，不能不使为君者毛骨悚然，而由于失权而使君"见劫"、"见弑"的渲染，无疑触动了君王们最敏感的神经。秦始皇就是受了这种触动而实行了"独"而不"共"方针的第一位君王。"博士虽七十人，特备员弗用。垂相诸大臣皆受成事，倚辨于上"，"天下之事无小大皆决于上"（《史记·秦始皇本纪》）。

2. 按照韩非的研究，不管是"大臣"还是"左右"，都是"人主之所公患"，就连"后妃、夫人、适子为太子者"，也"欲其君之蚤死"。这些臣属不仅希望攫取君的权力网罗用来"弑君"的"党与"(《孤愤》),而且随时随地都在窥探君心。为此,韩非给君王献了"独寝"等"不漏"(《外储说右上》)之术。韩非以"信人"为"人主之患"(《备内》),其在实践中所产生的最严重的后果就是秦始皇父子"不信功臣"(《新书·过秦下》)。君臣之间无信,君王连赏罚的意图都不欲臣知,当然也就谈不上君与臣共商大计、共论赏罚。臣都是"苟成其私利",便"不顾国患"(《内储说下》)的奸贼。君当然没有必要同他们商讨政务,更不应听他们的谏阻,因为臣既然可以通过窥测君心以谋私,当然也就可以通过谏净,利用君王之手排除异己或培植亲信。

3. 更为甚者,即使君命出错,大臣也不敢直谏。正是在韩非的这种理论的指导之下,历来都是纠正君王错误的方式的谏净在秦几成非法。长子扶苏因"数直谏"(《史记·李斯列传》)被发往北疆监郡,其他大臣"畏忌讳谈",更"不敢端言其过"。这样,在秦始皇统治期间便形成了"上不闻过而日骄,下慑伏谩欺以取容"(《史记·秦始皇本纪》)的局面。二世统治时期,"群臣谏者以为诽谤",基本上绝了谏净之路。陈胜、吴广农民大起义爆发之后,右丞相去疾、左丞相李斯、将军冯劫等进谏,遭到的是下吏"案责他罪"(《史记·秦始皇本纪》)的打击。君命已错,却又不听谏阻。谏者被疑为有不良企图,或受屠戮,臣下只好沉默或谀君取容,使秦一错再错,最后亡国。秦虽有"深虑知化之士",但"忠言未卒于口而身为戮没"的专制,"使天下之士倾耳而听,重足而立,拑口而不言"(《新书·过秦下》)。秦亡于何?亡于"独",亡于不与臣"共",不听臣谋,不许臣言①。

(二) 不能爱人就不能为人所爱

韩非看不起儒家的仁义爱惠,一再予以痛斥。其结果是,秦赫赫帝国,二世而亡,何其神速!汉初政治家纷纷探讨其中的奥秘。贾谊慷慨论秦之过,指出秦失天下的原因是"仁义不施而攻守之势异也"(《新书·过秦上》),可谓一语中的。

1. 秦国的统一以暴力征伐为基础。据清代史家梁玉绳的研究,秦国在统一过程中有记载的斩首数量是 166.8 万人,认为"史所缺略不书者尚不知凡几,从古杀人之多,未有如无道秦者也"②。王玉哲先生认为秦国斩首数量在

---

① 参见徐进《韩子亡秦论——商鞅、韩非法律思想之比较》,《法学研究》1994 年第 4 期。
② 梁玉绳:《史记志疑》卷 4,中华书局 1981 年版,第 142 页。

170 万左右。根据《史记》所载，秦国在统一过程中，22 个战役斩首累计 181 万人。据《史记六国年表》统计，秦国发动的战役共有 93 次，由六国发动的战争有 38 次。其中有 71 次战役没有透露斩首的数量。秦国在兼并战争中，斩首的实际数量远远超过可查的 181 万①。

2. 秦统一后，统治者不惜民力，随意征调，秦始皇"即位三十五年犹不息"（《说苑·反质》）。有数字显示：公元前 215 年，发兵 30 万北击匈奴；次年，征发"五十万人守五岭"；公元前 213 年，仅修筑长城一项，用人就达 50 万（一说为 20 万）。3 年间，未能投入生产的总民力逾百万。而当时总人口仅 2000 万，劳动人口占一半弱，约 800 万—1000 万。可见，非生产性民力支出超出 1/10 的限额。民力不够，农事萧条，"粮荒"继起。1 石 30 钱左右是秦统一前的官定粮价②，发展到公元前 216 年，已为"米石千六百"（《史记·秦始皇本纪》），上涨了 50—60 倍。"厨有腐肉，国有饥民；厩有肥马，路有餒人"（《盐铁论·圆池》）之景，无处不在。汉人刘向记载侯生临刑前的骂辞："黔首匮竭，民力殚尽，尚不自知。"（《说苑·反质》）桓宽认为，秦政府"南禽劲越，北却强胡，竭中国以役四夷，人罢极而主不恤，国内溃而上不知"（《说苑·结合》）。"名宫之旁，庐舍丘落，无生苗立树；百姓离心，怨思者十有半。"（《说苑·散不足》）

徭役的残酷性更达到了无以复加的程度。连李斯、冯劫都认为秦末农民起义缘于"盗多以戍、漕、转、作、事苦，赋税大也"（《史记·秦始皇本纪》）。秦王朝"收泰半之赋，发闾左之戍"，使"男子力耕不足粮饷，女子纺绩不足衣服"，"竭天下之资财以奉其政，犹未足以澹其欲也"（《汉书·食货志》），于是"丁男被甲，丁女转输，苦不聊生，自经于道路，死者相望"，最后"海内仇怨，遂用溃畔"（《汉书·严安传》），百姓"崛起于阡陌之中"，"斩木为兵，揭竿为旗"，"天下云集响应，山东豪俊遂并起而亡秦族矣"（《新书·过秦上》）。

3. 秦国法律异常严酷。刘海年先生根据秦简，把秦的刑法大体分为死刑、肉刑期、徒刑、髡耐刑、迁刑、赀、赎刑、废、连坐、收、谇等 12 类。并指出，不仅这 12 种刑罚轻重不同，在同一刑罚内，又论处死的方式、对肢体残害的部位、鞭笞的多少、刑期的长短、迁徙远近和罚金数目等，再分为不同

① 付金才：《秦国斩首考》，《历史教学》2008 年第 8 期。
② 睡虎地秦墓竹简整理小组：《睡虎地秦墓竹简》，文物出版社 1978 年版，第 84 页。

等级。"使本来种类已相当多的刑罚更加名目繁多，使本来已很残酷的刑罚更加残酷。"① 例如，死刑期又包括戮、桀、腰斩、畏死、刨枭首、弃市、夷三族等。肉刑又包括墨、劓、斩左右趾、宫刑等。秦朝的罪名也是种类繁多，如侵犯皇帝人身、权力及尊严方面的罪名有："妖言诽谤"罪，处死刑，严重的诛灭三族；"谋反"罪，处以"具五刑"，且夷灭三族，如李斯被赵高陷害，以"谋反"罪论处。另外，危害专制集权与封建政权方面，官吏渎职方面，侵犯生命与财产安全方面等也各有众多的罪名②。

（三）操人以术必反为人操

实行术治把臣民置于无所适从、唯有恐惧的境地。这种藏于独断独行的君王胸中的术获得了最高权力的推动力，不受任何法的约束，一任君王随心所欲。

1. 术治的推行导致秦国人人自危。在韩非向君王提供的术中就有诸如"行饮食"、搞暗杀之类的锦囊妙计。这样一来，君王便完全跳到法律之上；君王行赏罚，宰割臣民便完全可以不考虑法定的"度"、"程"，所谓僭赏滥罚当然也就在所难免。"言必称韩子"的二世胡亥正是精于用术。因恐"大臣"、"官吏"、"诸公子"不服，便采用了远比"行饮食"更赤裸的手段，"灭大臣而远骨肉"，"尽除去先帝之故臣，更置亲信者"。他的"令有罪者相坐诛"，"贫者富之，贱者贵之"（《史记·李斯列阵传》）之计；他借出巡"案郡县守尉有罪者诛之"，以"除去""生平所不可者"（《史记·秦始皇本纪》）的术，堪称出于韩子而胜于韩子。用术虽妙，结果却极惨。由于无罪而戮，手足被残，良臣殒命，"天下共畔"。到子婴立为秦王时，已是"孤立无亲，危弱无辅"（《新书·过秦下》），不堪一击。无术或许亡身，但不必一定亡国；不用术或许君弱，但不必一定民贫国削。秦亡于何？亡于用术，非亡于用法，亦非亡于酷。二世时的"用刑太极"（《新书·过秦下》）是形式，术才是内容。用术不讲公道、不循定法，滥杀无辜，才使臣民为其不可为之事。李斯正是用韩非之术杀害了韩非，而使用韩非之术的秦始皇和二世也很快断送了秦国的前程。

2. 秦国采取"焚书"的办法控制人们的思想。公元前 212 年，秦始皇大

---

① 刘海年：《秦律刑法考析》，载中华书局编辑部编《云梦秦简研究》，中华书局 1981 年版。

② 粟劲：《秦律通论》，山东人民出版社 1985 年版。

宴群臣，博士齐人淳于越提出倡议，主张学古法，分封皇子功臣为诸侯，遭到丞相李斯的斥责。李斯上书秦始皇说："异时诸侯并争，厚招游学。今天下已定，法令出一，百姓当家则力农，士则学习法令。今诸生不师今而学古，以非当世，惑乱黔首，相与非法教人，闻令下，则各以其学议之，入则心非，出则巷议，薛主以为名，异趣以为高，率群下以造谤。如此弗禁，则主势降乎上，党与成乎下，禁之便！臣请史官非秦记皆烧之（以烧列国史记也）。非博士官所职，天下有藏诗、书、百家语者，皆诣守、尉杂烧之。有敢偶语诗、书弃市；以古非今者族；吏见知不举，与同罪。令下三十日，不烧，黥为城旦。所不去者，医药、卜筮、种树之书。若有欲学法令者，以吏为师。"① 李斯建议禁止私学，办法是除了史官所藏秦国史记以外，别国史记一律烧毁；除了博士馆所藏图书，私人所藏儒家经典和诸子的书籍一概送官府烧毁。下令三十天后不送所藏私书到官府的，罚其筑长城四年。聚集在一起谈论诗书的人要斩首，赞颂古代而贬斥当今的人，要灭九族。只有医药、卜筮和有关农业生产的书籍不在禁止之列。民间要想学习就以官吏为师，学习当今法律。秦始皇听从了李斯的建议，下了焚书法令。大量的诸子学说和许多宝贵的历史资料，被付之一炬。

3. 秦始皇还将持不同意见的儒生活埋。仅一年之后，即公元前211年，方士为秦始皇求神仙不得，畏罪潜逃，激怒了残暴的秦始皇，下令活埋儒生460余人。"三十五年……卢生相与谋曰，始皇为人，天性刚戾自用，起诸侯，并天下，意得欲从，以为自古莫及已。专任狱吏……上乐以刑杀为威……秦法不得兼方，不验辄死……天之事无大小，皆决于上……贪于权贵至如此，未可为求仙药。于是乃亡去。始皇闻亡，乃大怒曰：吾前收天下书不中用者，尽去之。悉召文学方术士甚众，欲以兴太平。方士欲谏以求奇药，今闻韩众去不报，徐市等费以巨万计，终不得药。徒奸利相告日闻，卢生等吾尊赐甚厚。今乃诽谤我，以重吾不德也。众生在咸阳者，吾使人廉问，或为妖言以乱黔首。于是使御史悉案问诸生。诸生转相告引，乃自除犯禁者，四百六十余人，皆坑之咸阳，使天下知之以惩。后益发谪从边。"② "又令冬种瓜骊山，寅生。命博士诸生就视，为伏机，杀七百余人。""二世时，又以陈胜起，召博士诸生议，

① 司马光：《资治通鉴》第1卷，中华出版社1956年版，第244、248页。
② 司马迁：《史记》第6卷，远方出版社1990年版，第85页。

坐以非所宣言者又数十人。”①“焚书坑儒”其本质在于实行思想禁锢，它结束了春秋以来百家争鸣的局面，使得专制统治更肆无忌惮，更加残暴，促使秦朝结束了它短暂的生命。

---

① 邓之诚：《中华二千年史》第 1 卷，中华书局 1983 年版，第 22 页。

第二编　发展篇

第五章　求索主体间的天人之数

——董仲舒"安人正我"的建构

董仲舒生活的大背景，春秋战国的混乱局面刚刚结束，秦始皇虽然统一了中国，以法治天下，但其暴政却引起人民的强烈不满，仅传二世即亡。汉初推行黄老之学，人民休养生息，出现了罕见的"文景之治"，同时也爆发了"七国之乱"，招来匈奴不断的骚扰。说明过于"左"或过于右，都不能保证天下的安定。董仲舒考求历史的教训，发挥孔子《春秋》之微言大义，求于天人之际，"罢黜百家，独尊儒术"，力主"尊君"与"爱民"的统一，"安人"与"正我"的统一。汉武帝采纳董仲舒的建议，走一条中间路线，有效调整了各不同主体间的关系，保证了社会相对的和平与安定。董仲舒将儒家的"仁爱"精神用封建纲常的"外壳"加以包裹，变为现实可用的统治政策，成为主体间关系的新形式。

一　"伸天屈君"与"屈民伸君"

"君"和"民"是构成国家的两大主体。君无权威或君权过大，都可能导致天下大乱。董仲舒借鉴历史的教训，发挥孔子《春秋》的微言大义，对"君"、"民"关系进行了新的思考。他说："《春秋》之法，以人随君，以君随天。……故屈民而伸君，屈君而伸天，《春秋》之大义也。"（《玉杯》）这里，"以人随君"就是要天下百姓服从君主的统治，树立君主的权威；"以君随天"就是要君主听从上天的意旨，对自己的欲望有所限制，实行仁政，以民为本，爱护百姓。

（一）"伸天屈君"意在"爱民"

在董仲舒哲学的理念中，"天"是至高无上的万物之祖，是"百神之大君"。即使是君主，也要听从上天的意旨，否则，就要遭到谴告。董仲舒思想的基本逻辑是：

1. 君为"天子"，自当"视天如父"、"父母事天"。董仲舒从"深察名号"入手，把天与天子之间的关系确立为父子关系。而父子关系是最基本、最稳定的人伦关系，因此天子无论如何也无法摆脱天的制约，而"尊天"、"敬天"、"事天"、"顺天志"、"法天之行"便成了天子别无选择的使命。"事天与父同礼也"（《尧舜不擅移、汤武不专杀》），这是天子之为天子所必须接受的前提条件。既然天与天子存在"父子"关系，那么，天子必须"事天以孝道"（《深察名号》），躬行孝道的具体方法是"郊祭"，也就是祭天，作为天子事天的隆重仪式，实际是从外在方面使天子屈服于天。"天子父母事天，而子孙畜万民，民未遍饱，无用祭天者，是犹子孙未得食，无用食父母也。"（《郊祭》）

2. "天之生民，非为王也，而天立王以为民也"。天是君之成为君的终极依据，也是君拥有天下获得权力的本原。但是，天确立君并不是目的，为黎民众庶才是立君之本意。君的权威，天可以"予之"，也可以"夺之"，天既是最高的理性，又是绝对的善良意志，天的予夺完全基于天子是"安乐民"还是"贼害民"，也就是天子是否实现了天意至善的目的。尤其是"天之无常予，无常夺"，打破了天子永久拥有君权的可能性，这就警醒君，使之不能滥施淫威，而应如履薄冰，谨慎为政。

3. "天人感应"是天监控君的具体体现。"天人感应"的思想由来已久，但真正把"天人感应"思想建立为完整的理论模式的却是董仲舒，其目的乃在为监控君提供一个通达天人的渠道。"天人感应"中的"人"固然涵括一切人，但在董仲舒那里主要是指君，"天人感应"本质上就是天与君之间的感应，这种感应成为天之屈君的途径。天随人后，天根据君的个人德性行为和政治业绩，选择不同事物的变化来表达自身对君的评价。王政有失，"天出灾害以谴告之"（《必仁且智》）；天子敬德保民，则"天瑞应诚而至"（《汉书·董仲舒传》）。前者代表天对君否定的评价；后者则体现了天对天子肯定的评价。二者相辅相成，构成"天人感应"理论不可或缺的两个方面。董仲舒天的学说，尤其是"天人感应"理论的提出，乃是封建大一统专制条件下，面对君主至高无上的个人权力之于国家和百姓利益存在的可能危险，面对现实中无法找到任何威慑君主、制约君权的行之有效的方法，而依据传统思想，请出人格之天，以天高踞于君之上。董仲舒并非是有意捏造"谎言"，而是经过严肃认真的理论探索才提出自己的学说。这种理论对于君主的影响，只要看一看汉武帝的《策贤良制》以及此后天子的"罪己诏"就十分清楚了。这样，肯定董仲舒思想的历史合理性是必要的。

（二）"屈民伸君"旨在"尊君"

董仲舒不仅借天来屈君，而且要借天来尊君，让天下百姓遵从君的统治。为汉代大一统政体的建立提供合法依据。在董仲舒看来，只有这样，才能维护国家的统一，才不致天下大乱。董仲舒采取种种比附的手法来论述这一点。

1. 借天人之序，从逻辑上演绎君之尊。董仲舒认为，天为万物之始，百神之大君，君权授之于天，君替天行道，下民当然应当听从君的召唤。董仲舒说："天地者，万物之本，先祖之所出也。"（《观德》）人和万物都是天地派生的，天地是人和万物的本原。"天者，万物之祖，万物非天不生。独阴不生，独阳不生，阴阳与天地参，然后生。"（《顺命》）天是万物的祖先，没有天，就没有万物。"天子受命于天，诸侯受命于天子，子受命于父，臣受命于君，妻受命于夫，诸所受命者，其尊皆天也，虽谓受命于天亦可。"（《顺命》）一切尊卑关系都是上天的安排。"三代圣人不则天地，不能至王。阶此而观之，可以知天地之贵矣。"（《奉本》）三代圣人都是"尊天以成功"的。据此，天子是诸侯的天，诸侯是大夫的天，君是臣的天，父是子的天，夫是妻的天。子不奉父命，臣不奉君命，妻不奉夫命，都是不顺奉于天的严重罪行。

2. 根据历史，从典籍中体验君之尊。董仲舒认为，《春秋》"其辞体天之微"，其义"弗能察，寂若无；能察之，无物不在"（《精华》）。如何达到《春秋》"体天之微"呢？"辞不能及，皆在于指。"（《竹林》）只有不离文辞，又不拘泥于文辞，并能沿着文辞的指向，才能达到这一领域。《春秋》对于新君即位称"元年春，王正月"，这种体例本来是孔子"依商周史臣的常例而书元年"，董仲舒却依公羊学作出自己的理解。元又称"天元"，元是天的端始，"元，犹原也"（《玉英》），元年是新君即位的初始之年。它之所以称元年，是因为"元者为万物之本"（同上），而"王者，人之始也"（《王道》），因而在天称"天元"，在君则称"元年"，以示人君践祚乃是上奉天时，尊崇天意，这是以"天元"来规定人君之元年。"春"为四时之始，而四时是天向人显示自身的方式，正月为春之始，也是一岁之始。夏、商、周三代之建正各不相同，夏正建寅，商正建丑，周正建子。董仲舒把正月之正解作正统之正，"王正月"是指"受命之君"的正月，新王履天下之所以要"改正朔，易服色，制礼乐"(《三代改制质文》),目的乃在表明自己是"受命于天,易姓更王"(《楚庄王》)。相反,如果一仍其旧,则意味着踵继前王而王,其权力来源因为缺少超越性依据而没有合法性。

3. "深察名号",从语义中领会君之尊。也就是对"天子"、"王"等名号作语义分析,将其以天尊君的思想阐发得更为具体。天子这个名号的最初意义是"天佑而子之,号称天子。故圣王生则称天子"(《三代改制质文》)。天本身作为终极存在不可追问,惟其如此,才能成为君主最高权力的来源和合理性的根据,这显然是君权神授的另一种表述。同时,天子毕竟是人,人如何成为"天之子",天与天子之间的这种不能究诘的关系进一步把天子神秘化,更能显示王者的权威。董仲舒这一思想的影响至为深广,纬书神化孔子、神化帝王,不能不说与董仲舒这一神秘化的天和赋予天子以神性的思想有直接关联。董仲舒认为:"王者皇也,王者方也,王者匡也,王者黄也,王者往也。是故王意不普大而皇,则道不能正直而方;道不能正直而方,则德不能匡运周遍;德不能匡运周遍,则美不能黄;美不能黄,则四方不能往;四方不能往,则不全于王。"(《深察名号》)这里运用声训方法,将五种含义聚集于王之下。早期汉字固然具有声义辗转相生的特点,王与皇、方、匡、黄、往也有声韵上的关联,但王的含义是否确乎与这五者尤其是与方、匡都有必然联系,这并不是董仲舒所着意考虑的,其真正用心则是要揭示王之匡正天下、使万民归附这一实质。另外,董仲舒又借形训揭示王者具有沟通天地人的神圣使命,这样,王便成为天下之必不可少而又是天意在人间的显现者。

二 "尊卑有分"与"安人正我"

董仲舒出于大一统的需要,从两个方面对人的行为加以规范。一方面,他认为人有贵贱尊卑之分,每个人都应牢记"三纲",处于下位的人要遵守自己的本分,服从长者的意志。另一方面,他又强调"仁义",要求处于上位的统治者一定要爱惜民力,体察民情,不能尽占其利,要为各阶层的百姓留有生存之道。

(一)"阴阳尊卑"不可逾越

董仲舒认为,天有阴阳,人有尊卑。"三纲"是尊卑关系在人的日常生活中的具体体现。人性先天就可分为三等，上等人天生高贵，下等人天生愚昧。

1. **天道之大者在阴阳，阳尊而阴卑。** 天道是人道的根据，天道就有阴阳尊卑之分。"故阳气出于东北，入于西北，发于孟春，毕于孟冬，而物莫不应是。阳始出，物亦始出；阳方盛，物亦方盛；阳初衰，物亦初衰。物随阳而出入，数随阳而终始，三王之正，随阳而更起。以此见之，贵阳而贱阴也。"（《阳尊阴卑》）万物随阳气的出入变化而生长盛衰，从孟春至孟冬，阳气发生作用共有十个月，故天道贵阳而贱阴。从地位上来说，阳阴是主从关系，而且阳主阴从的地位不能改变。就功用而言，阳发挥着主导作用，阴起着辅助作用。董仲舒对阴阳作出了诸多事实认定和价值评价。"阳天之德，阴天之刑也。阳气暖而阴气寒，阳气予而阴气夺，阳气仁而阴气戾，阳气宽而阴气急，阳气爱而阴气恶，阳气生而阴气杀"，"贵阳而贱阴"，"阳尊而阴卑"，"恶之属尽为阴，善之属尽为阳"（同上）。概言之，阳气暖，主德、贵、尊、善；阴气寒，主刑、贱、卑、恶。董仲舒认为："阳贵而阴贱，天之制也。"（《天辨在人》）《春秋》的一个基本道理，就是"奉天而法古"，"近近而远远"，"亲亲而疏疏"，"贵贵而贱贱"，"重重而轻轻"，"厚厚而薄薄"，"善善而恶恶"，"阳阳而阴阴"，"白白而黑黑"（《楚庄王》）。董仲舒从天道论及人道，认为人道也有阴阳贵贱之分，"丈夫虽贱皆为阳，妇人虽贵皆为阴"（《阳尊阴卑》）。

2. **王道之三纲，可求于天。** 春秋以来，伦理关系十分混乱，"弑君三十二，亡国五十二"（《王道》），君臣父子互相残杀，出现了"父不父"、"子不子"、"君不君"、"臣不臣"的可怕现实。董仲舒认为，社会必须有一定的禁制，"无以禁制，则比肩齐势而无以为贵也。故圣人之治国也，因天地之性情，孔窍之所利，以立尊卑之制，以等贵贱之差"（《保位权》）。董仲舒吸收韩非子"三纲"论、先秦儒家及秦汉以来诸子关于君臣、父子、夫妻关系的论述，提出了一套充满神学色彩的"三纲"理论："阴者，阳之合，妻者，夫之合，子者，父之合，臣者，君之合。物莫无合，而合各有阴阳。阳兼于阴，阴兼于阳，夫兼于妻，妻兼于夫，父兼于子，子兼于父，君兼于臣，臣兼于君。君臣、父子、夫妇之义，皆取诸阴阳之道。君为阳，臣为阴；父为阳，子为阴；夫为阳，妻为阴。阴道无所独行，其始也不得专起，其终也不得分功，有所兼之义。是故臣兼功于君，子兼功于父，妻兼功于夫，阴兼功于阳，地兼功于天。"（《基义》）后来，经《白虎通义》进一步提炼为"君为臣纲、父为子纲、夫为妻纲"。"三纲"是上天的命令，"子受命于父，臣受命于君，妻受命于夫"（《顺命》）。"三纲"渗透于日常生活，要求人们严格遵守自己的等级位置，不可有丝毫的僭越。以服饰度制为例："率得十六万国三分之，则各度爵而制服，量禄而用财。饮食有量，衣服有制，宫室有度，畜产人徒有数，舟车甲器有禁。生有轩冕、服位、贵禄、田宅之分，死有棺椁、纹衾、扩袭之度。虽有贤才美体，无其爵，不敢服其服；虽有富家多赀，无其禄，不敢用其财。天子服文有章，夫人不得以燕，以飨庙，将军大夫不得以燕，以飨庙，官吏以命，士止于带缘。散民不敢服杂采，百工商贾不敢服狐貉，刑余戮民不敢服丝玄纁乘马，谓之服制。"（《服制》）

3. 人性先天有上、中、下三等。董仲舒提出的"性三品"思想，把人性分为上、中、下三等，即圣人之性、中民之性和斗筲之性。由"性三品"生出"人三品"。上等人就是圣人，他们的性不仅生来就是善的，并且是超过"善"的，人类社会"善"的标准和具体内容就是由他们制定出来的。上等人是不多的，只包括统治阶级的最高阶层，包括帝王和那些制礼乐、定法度的当权人物。下等的斗筲之人是指封建社会中最贫苦最"低贱"的劳动者，他们的性生来就是恶的，根本上不算是人性。圣人生而知之，不必受教育；斗筲之人生而愚昧，不具有善质，不能受教育，"无其质，则王教不能化"（《实性》）。除此以外，其余的都是中民，这主要指的是地主富豪一品。中民具有善质，但必须受了教育之后才能成为善性。"善者，王教之化也。"（《实性》）董仲舒用众多的比喻来说明这一道理。"中民之性如茧如卵。卵待覆二十日，而后能为雏；茧待缲以涫汤而后能为丝；性待渐于教训而后能为善。善，教训之所然也，非质朴之所能至也，故不谓性。"（《实性》）所以董仲舒的教育对象就是中民等级的人，贫苦的劳动者被排除在教育之外。当然，即使中民等级的人，也要处于上等地位的圣人来教化。

（二）"安人正我"不可两分

董仲舒一方面强调要明确人与人之间的等级关系，卑者、贱者要服从高者、贵者的领导；另一方面，他又要求统治者施行仁政，不滥杀无辜，不与百姓争利，选贤任能，实行德治。只有这样，才能维护天下大一统的局面。

1. 仁之美者，在于天。董仲舒认为，仁是天的意志与人的血气相结合的产物。"天，仁也。天覆育万物，既化而生之，有养而成之，事功无已，终而复始，凡举归之以奉人，察于天之意，无穷极之仁也。人之受命于天也，取仁于天而仁也。是故人之受命，有天之尊，有父兄子弟之亲，有忠信慈惠之心，有礼义廉让之行，有是非逆顺之治，文理灿然而厚，知广大有而博，唯人道为可以参天。"（《王道通三》）人受命于天，从天那里领悟仁、取法仁，然后才开始使自身成为仁。天有阴阳法则、天有四时秩序，于是，人也便有父兄子弟之亲、忠信慈惠之心、礼义廉让之行、是非逆顺之治。天之大德，在于"生"，天能够让世界万物都发育生化，这就是最大的仁。"《春秋》之道，大得之则以王，小得之则以霸，故曾子、子石盛美齐侯、安诸侯，尊天子。霸王之道，皆本于仁。仁，天心，故次以天心。"（《俞序》）。在董仲舒看来，《春秋》一书的根本宗旨，就在于要人们领会如何施行仁人之政。仁是天之心，是天所具有的一种本质化倾向。仁为天、人所同有，当然也可以成为沟通天、人的枢纽或中介。通过仁，上天可以感应出人世国家政治的得失和社会秩序的顺逆。人生于天，理当取法于天，仁作为天的根本，当然也就是人的伦常生活所不可抗拒的必然律则。

2. 仁在爱人，义在正我。董仲舒在仁与义的关系上，一反先秦以来通常所认为的"仁内、义外"的哲学主张，而强调"仁在爱人，义在正我"。关于"仁"的界定，董仲舒说："何谓仁？仁者，憯怛爱人，谨翕不争，好德敦伦，无伤害之心，无隐忌之志，无嫉妒之气，无感愁之欲，无险陂之事，无辟违之行。故其心舒，其志平，其气和，其欲节，其事易，其行道，故能平易和理而无争也。如此者，谓之仁。"（《必仁且知》）"仁"一定是与人的心理之爱相连结的，关注的是人的感性心理活动。这是董仲舒对孔孟之意的继承，并无特立之新意。孔孟之后，不乏类似之论。关于"义"的规定，董仲舒说："义者，谓宜在我者；宜在我者，而后可以称义。故言义者，合我以为一言，以此操之，义之为言我也。故曰：有为而得义者，谓之自得；有为而失义者，谓之自失。人好义者，谓之自好；人不好义者，谓之不自好。以此参之，义，我也，明矣。"（《仁义法》）董仲舒把"义"诠释为"宜"，意为适宜、恰当，是实际生活中一切行为所必须遵守的基本准则。但董仲舒的特别发明在于，他把"义"与"我"作了密切的联系。如果说"义"是宜，那么，它就是针对我而言的适宜、恰当，立足点是我而不是他人。"义"只有在我的身上获得适宜而恰当的安顿之后，才可以被称作为"义"。所以，理解"义"，首要的就是应当把"我"与"宜"结合为一体。"我"因为"宜"而得到完善，"宜"因为"我"而能够落实。一个人如果对"义"有所喜好，那么就可以叫作"自好"；同样，如果对"义"没什么喜好，则就叫作"不自好"。这也完全是自身的原因使然。义与不义、宜与不宜以及自得与自失、自好与不自好，完全取决于个人因素。"义"与"我"不可分,"义"的落实在很大程度上不得不依赖于人们主观的情感、意志、心理、态度的作用。

仁和义的区别在于:仁是相对于他人而言,义是相对于自我而言;仁要求把爱施于他人,义要求自身纯正。自身不正,即使能正人,却不能算义;得不到他人之爱,即使自爱,也不能算仁。"仁之法在爱人,不在爱我;义之法在正我,不在正人。我不自正,虽能正人,弗予为义;人不被其爱,虽厚自爱,不予为仁。"(同上)董仲舒以晋灵公为例来说明什么是仁。"昔者,晋灵公杀膳宰以淑饮食,弹大夫以娱其意,非不厚自爱也,然而不得为淑人者,不爱人也。质于爱民以下,至于鸟兽昆虫莫不爱。不爱,奚足谓仁!仁者,爱人之名也。"(同上)王者、霸者之道,皆在于爱人,不能爱人,无异于独夫。"是以知明先,而仁厚远。远而愈贤,近而愈不肖者,爱也。故王者爱及四夷,霸者爱及诸侯,安者爱及封内,危者爱及旁侧,亡者爱及独身。独身者,虽立天子诸侯之位,一夫之人耳,无臣民之用矣。如此者,莫之亡而自亡也。"(同上)作为人君国主,如果对自己还没有能够予以及时、准确地反省、审查,即使能够对别人的过失作出纠正,也不应该被看作义举;如果别人不能够蒙受自己的仁爱恩泽,即使对自己有深厚的惜爱,同样也不能视作仁的表现。仁人之爱,应该具有更为宽广的胸襟,必须打破自我中心主义,跳出亲亲的窠臼,把仁爱推及群民众生,以至于鸟兽虫鱼,这样才能有利于博爱情怀的形成。没有对群民众生的爱,就不可能有真正的仁。在一定意义上,仁就是爱或爱人尤其是爱他人的别称。

3. 务德而不务刑。董仲舒基于秦王朝严刑峻法而天下并未大治的教训,力主中央实行"利民"、"乐民"的德政。首先,他认为"务德而不务刑"是"天之制",是天道贵阳贱阴的具体表现。董仲舒说:"阳气暖,而阴气寒;阳气予,而阴气夺;阳气仁,而阴气戾;阳气宽,而阴气急;阳气爱,而阴气恶;阳气生,而阴气杀,是故阳常居实位而行于盛,阴常居空位而行于末。"(《王道通三》)所以"阳贵而阴贱,天之制也。"(《天辨在人》)用阴阳来说明德、刑,"阳为德,阴为刑"(《汉书·董仲舒传》)。他认为古之圣人都是"法天而立道"的,他们都能"多其爱而少其严,厚其德而简其刑,以此配天"(《基义》)。其次,爱民就不能"苦民"、"伤民"、"杀民"。董仲舒说:"《春秋》之法,凶年不修旧,意在无苦民尔。苦民尚恶之,况伤民乎?伤民尚痛之,况杀民乎?"(《竹林》)董仲舒甚至把害民之大小作为衡量政治上恶之大小的重要标志,认为"害民之小者,恶之小也;害民之大者,恶之大也"

（《竹林》）。董仲舒认为，"阳常居大夏，而以生育养长为事"（《汉书·董仲舒传》)，从而进一步向统治者提出了"薄赋敛，省徭役，以宽民力"，使百姓"内足以养老尽才，外足以事上共税，下足以畜妻子极爱"（同上）的主张。针对汉武帝大兴徭役、兵役，百姓苦不堪言的现状，董仲舒奉劝要"省徭役"，并以阴阳五行观为基础，论证统治者顺应天时之变，注意与民休息，不违农时的重要性。再次，教化是"提防"民众的最佳选择。"夫万民之从利也，如水之走下，不以教化隄防之，不能止也。是故教化立而奸邪皆止者，其隄防完也"（同上）；用什么来教化民众？当然是仁义礼智信的五常之道。董仲舒说，"夫仁谊礼知信五常之道，王者所当修饬也；王者修饬，故受天之佑，而享鬼神之灵，德施于方外，延及群生也"（同上）。至于教化的方法则是"立大学以教于国，设庠序以化于邑，渐民以仁，摩民以谊，节民以礼"（同上）。显然，董仲舒强调教化民众，目的是为了使老百姓遵守五常之道，以稳定封建统治。但是，相比较于刑罚和暴力而言，它无疑是有可取之处的①。

4. 天有"分予"，人不"兼利"。董仲舒特别推崇孔子"不患寡而患不均"的名言，认为要想天下安定，必须实行"调均"政策，使处于不同层次的人都有生活的来源。他说："夫天亦有所分予，予以齿者去其角，傅其冀者两其足，是所受大者不得取小也。古之所予禄者，不食于力，不动于末，是亦受大者不得取小，与天同意者也。夫已受大，又取小，天不能足，而况人乎！"（同上）天不兼予，人不兼利，"此上天之理，而亦太古之道，天子之所宜法以为制，大夫之所当循以为行也"（同上）。董仲舒"分予"思想的核心是反对封建官僚与民争利。他明确提出，"食禄之家，食禄而已，不与民争业，然后利可均布，而民可家足"（同上）。如果"食禄"的官吏"夺园夫红女利"，实际上就是与老百姓抢饭碗。董仲舒认为"世之所难治"，其中一个重要原因便是"富者愈贪利而不肯为义，贫者日犯禁而不可得止"（《度制》）。而"贫者日犯禁而不可得止"的根本原因就在于豪强地主"乘富贵之资力，以与民争利天下"（《汉书·董仲舒传》）。董仲舒说，豪强地主"众其奴婢，多其牛羊，广其田宅，博其产业，畜其积委，务此而亡已，以迫蹵民，民日削月朘，寝以大穷。富者奢侈羡溢，贫者穷急愁苦；穷急愁苦而上不救，则民不乐生；民不乐生，尚不避死，安能避罪！"（同上）针对西汉中期土地

① 参见汪高鑫《略论董仲舒民本思想》，《学术界》1994 年第 4 期。

兼并日益激烈的局面，董仲舒认为调均的关键是要"限民名田，以赡不足，塞并兼之路"（《汉书·食货志》），限制豪强地主们对土地的兼并和掠夺。他还针对当时富人们过着"贪利而不肯为义"的奢侈生活，而老百姓则"常衣牛马之衣，而食犬彘之食"（《汉书·食货志上》）的状况，提出"贵贱有节"和去欲的主张。应该说，董仲舒的"正其道不谋其利，修其理不急其功"（《对江都王越大夫不得为仁》），也是对现实政治的一种感慨，内蕴是很深刻的。

5. 治国以积贤为道。董仲舒认为，人君能否知贤、选贤和用贤，关系到国家的兴衰。"任贤臣者，国家之兴也。夫知不足以知贤，无可奈何矣。知之不能任，大者以死亡，小者以乱危，其若是何邪？"（《精华》）智不足以辨别贤才，那是无可奈何的。但如果知之而不能任之，那就是不可饶恕的错误。认为当时社会"阴阳错缪，氛气充塞，群生寡遂，黎民未济，廉耻贸乱，贤不肖浑（淆）"，都是"长吏不明"（《汉书·董仲舒传》）的缘故。那么，如何选贤呢？董仲舒一方面建议汉武帝"兴太学，置明师，以养天下之士"（同上）；一方面又向汉武帝提出"使诸列侯、郡守、二千石各择其吏民之贤者，岁贡各二人以给宿卫，且以观大臣之能。所贡贤者有赏，所贡不肖者有罚"（同上）。董仲舒还对汉武帝时期用人制度的种种弊端进行了大胆的揭露和指责，说当时的各级官吏，"长吏多出于郎中、中郎，吏二千石子弟选郎吏，又以富訾，未必贤也"（同上）。又说当时的官场皆是"（累）系日以取贵，积久以致官，是以廉耻贸乱，贤不肖浑肴，未得其真"（同上）。应该说董仲舒的论述颇中时弊，其选贤、用贤治国思想是很深刻的。

三　"罢黜百家"与"融合百家"

董仲舒一方面上书汉武帝，要求"罢黜百家，独尊儒术"；另一方面，他本人又积极吸取百家学说，提升并完善自己的理论。

（一）"罢黜百家"的霸权策略

董仲舒建议汉武帝"罢黜百家，独尊儒术"，这是相当专制的。然而，"罢黜百家"又非汉武帝之首创，儒术在秦朝时曾大受挫折，董仲舒只不过将"独尊儒术"系统化了。

1. "罢黜百家"并非董仲舒所首创。一个国家采取什么样的意识形态，这是由这个国家所处的历史时代和环境所决定的。早在春秋战国时期，适应大一统的需要，哲学家们就已经开始寻找能够"尊一"的思想。荀子在《非十二子》中就提出法则舜、禹、孔子之义，"务息十二子之说"；在《致士》中他又说："隆一而治，二而乱。自古及今，未有二降争重而能长久者。"又如法家的著名人物韩非亦说："夫冰炭不同器而久，寒暑不兼时而至，杂反之学不两立而治。今兼听杂学，缪行、同异之辞，安得无乱乎？"（《显学》）由此表明，在战国末期，人们就已经认识到，一个国家只能有一个指导思想，不能有两个或更多个指导思想，否则就会引起社会的混乱。

2. 儒术在秦就曾大受挫折。秦朝统一中国之后，李斯进言："今陛下并有天下，别白黑而定一尊，而私学乃相与非法教之制，闻令下，各以其私学议之。入则心非，出则巷议，非主以为名，异趣以为高，率群下以造谤。如此不禁，则主势降乎上，党与成乎下，禁之便。"（《史记·李斯列传》）于是，便发生了历史上著名的"焚书坑儒"事件。在西汉建立之初，刘邦吸取秦朝覆亡的教训，采取崇尚黄老无为和予民休息的政策。几十年后，西汉社会出现了"都鄙廪庾尽满，而府库财余，京师之钱累百钜万，贯朽而不可校"（《汉书·食货志》）的繁荣景象。然而，由于汉初实行分封制，到文帝及景帝和武帝时期，以皇帝为代表的中央集权政府与以地方封建割据势力、宗族地主及富商大贾的矛盾，已发展成为当时社会的主要矛盾，解决这一矛盾迫切需要一种新的思想。元光元年（公元前134年）五月，汉武帝诏举贤良对策："制曰：盖闻虞舜之时，游于岩廊之上，垂拱无为，而天下太平。周文王至于日昃不暇食，而宇内亦治。夫帝王之道，岂不同条共贯与，何逸劳之殊也？……夫帝王之道岂异指哉？"（《天人三策》）公开征询新的思想。

3. 董仲舒提出系统的"独尊儒术"之说。针对汉武帝提出的时代问题，董仲舒上对策三篇——即后世所谓"天人三策"。在三策的结论部分，董仲舒对"独尊儒术"进行了阐明："《春秋》大一统者，天地之常经，古今之通义也。今师异道，人异论，百家殊方，指意不同，是以上亡以持一统；法制数变，下不知所守。臣愚以为诸不在六艺之科、孔子之术者，皆绝其道，勿使并进。邪辟之说灭息，然后统纪可一而法度可明，民知所从矣。"（《天人三策》）这里有三层含义：其一，大一统是天下古今之通义，思想统一是天下统一的前提，如果"百家殊方，指意不同"，必然无法保证政策的一贯性和稳定性，行为上必然无所适从；其二，独尊儒术，确立儒术在每一个领域里的至尊地位，其他各派，"皆绝其道，勿使并进"；其三，只有歪门邪道的学说消亡了，纲纪才能统一、法度才能严明，人民就知道应该遵循什么了。为保证儒术独尊，董仲舒提出了双管齐下的方针，即一方面，运用国家强制手段来确立儒术的独尊地位；另一方面，在制度上予以安排，即在教育和科举等方面贯彻儒家思想的独尊，董仲舒提出了设五经博士、举孝廉、兴太学的重要建议，使得研究儒家思想成为社会精英的晋身之道。

（二）"贯综百家"的学术精神

董仲舒虽然上书武帝，要求"罢黜百家，独尊儒术"，而他本人却并不囿于一家之言，在明倡儒学、坚守儒家的基本内容、立场的前提下，对诸子百家之学进行辨识、剖析，广纳博采，贯综百家，熔铸成一个集社会、自然、宇宙为一体的新儒学思想体系，使儒家思想得到丰富、改造和发展。

1. 继承孔孟，援法入儒，倡导德主刑辅。董仲舒说："政有三端：父子不亲，则致其爱慈；大臣不和，则敬顺其礼；百姓不安，则力其孝弟。孝弟者，所以安百姓也。力者，勉行之身以化之。天地之数，不能独以寒暑成岁，必有春夏秋冬；圣人之道，不能独以威势成政，必有教化。故曰：先之以博爱，教以仁也；难得者，君子不贵，教以义也；虽天子必有尊也，教以孝也；必有先也，教以弟也。此威势之不足独恃，而教化之功不大乎！"（《为人者天》）秦朝速亡，使董仲舒意识到，须借助孔孟，辅之以刑，德刑共举，威惠兼施，才能平治天下。他说："教，政之本也。狱，政之末也。其事异域，其用一也。"（《精华》）又说："国之所以为国者，德也，君主所以为君者，威也，故德不可共，威不可分。德共则失恩，威分则失权。失权则君贱，失恩则民散，民散则国乱，君贱则臣叛。"唯此，才能"附其民"，"正其臣"（《保位权》）。董仲舒在力主"德"、"刑"并举时，还要求善用"权术"。"为人君者，其要贵神。神者，不可得而视也，不可得而听也，是故视而不见其形，听而不闻其声。"（《立元神》）所谓"贵神"，即君主要使臣下神秘莫测，这正是法家以权术管控臣下的传统方法。此外，董仲舒还认为，君王应牢牢握住权柄，推行"势治"。他说："为人主者，居至德之位，操杀生之势，以变化民。民之从主也，如草木之应四时也，喜怒当寒暑，威德当冬夏。"（《威德所生》）从总体上看，董仲舒的刑德观，基本上沿袭了周公"明德慎罚"、孔子"为政以德"的思想，而不同之处在于他所设定的理论中糅杂了众多学派的思想内涵，即阴阳家的阴阳刑德理论、法家的刑赏学说，以及黄老学派的某些观点。它不仅为当时的社会寻找到一条最好的发展轨道，而且成为"汉以后法律思想的核心，也是历时悠久的封建刑事政策"。① 当然，在封建专制制度环境下催生出的学说，无疑是维护封建统治和君权，因此，不能过分拔高其作用。

2. 继承并改造阴阳五行说。关于阴阳、五行、灾异、符瑞等议论，遍于《春秋繁露》、《举贤良对策》、《春秋阴阳》等著作。这充分表明董仲舒对阴阳五行说的融合程度之深，以致《汉书》卷 27 上《五行志》中言"董仲舒治《公羊春秋》，始推阴阳"。盖非虚言。首先，对前人的阴阳五行说进行改造，其中最直接的是将五行的次序改正为木、火、土、金、水，并认为土为五行之主，"土居中央，为之天润。土者，天之股肱也。其德茂美，不可名以一时之事，故五行而四时者，土兼之也"(《五行之义》)。这一改造因缘于汉朝与土德之制相符。其次，援阴阳家学说入儒学。他凭借阴阳五行来传达、贯彻儒家价值理念，并赋阴阳五行以道德属性。如谓："故五行者，乃孝子忠臣之行也。"(《五行之义》)甚至把司农、司马、司营、司徒、司寇"五官"，仁、智、信、义、礼"五常"，与"五行"相比附，说什么司农尚仁，取法于木；司马尚智，取信于火；司营尚信，取法于土；司徒尚义，取法于金；司寇尚礼，取法于水，使阴阳五行伦理化。董仲舒一方面神化天，认为"天"是至善的道德化身，用孔子仁学思想来解释"天"，赋予"天"以"仁"的底蕴。他一再地说，"仁，天心"(《俞序》)，"察于天之意，无穷极之仁也。人之受命于天也，取仁于天而仁也"(《王道通三》)。另一方面也在一定限度内彰显人在自然界中的重要性。如谓："何谓本？曰：天、地、人，万物之本也。天生之，地养之，人成之。天生之以孝悌，地养之以衣食，人成之以礼乐，三者相为手足，合以成体，不可一无也。"(《立元神》)又"天地之性人为贵"(《汉书·董仲舒传》)。"人之超然万物之上，而最为天下贵也。人下长万物，上参天地。"(《天地阴阳》)不难看出，他将人类社会与天地宇宙视为一个有机整体，在这个整体中，没有人是不行的，这就在一定程度上强调了人对自然、对天的参预能力。在"天人感应"的理论模式中凸显了"人"的作用，强调"人"可以通过积极努力扭转和改变某些东西，使作为感应一方的"人"变成主动因素，这就淡化了"天人感应"的神学灵光。

3. 采择征引道家，并将其纳入自己的思想体系。这主要体现在"无为"论的取舍上。老子哲学的最高范畴是"道"，将"道"引入政治领域，其实质是"无为而治"。庄子从天人关系视角进一步阐述"无为而治"的重要性，认

---

① 刘厚琴：《儒学与汉代社会》，齐鲁书社 2002 年版，第 134 页。

为“无为而尊者，天道也；有为而累者，人道也。主者，天道也；臣者，人道也”（《在宥》）。也就是说，君主既然代表着“天道”，就应依“天道”而行无为之事，亦即“故君子不得已而临莅天下，莫若无为”（同上）。董仲舒依据老庄“天”或“道”的法则来神化天，以天道论人道，推衍出“为人君者居无为之位，行不言之教，寂而无声，静而无形，执一无端，为国源泉”（《保位权》）。这与《老子》所言“是以圣人处无为之事，行不言之教”一脉相承。但是，董仲舒所言之“天”，不再是道家的自然之天，而完全生化为具有主观道德属性的天，所谓“天志仁，其道也义”（《天地阴阳》）便是这种思想的体现。在他那里，阴阳、四时、五行的运行皆赖于道德的要求，法天行无为之道体现着仁的精神，即“故为人主者，法天之行……乃不自劳于事，所以为尊也；泛爱群生，不以喜怒赏罚，所以为仁也”（《离合根》）。同时，董仲舒所言“无为”不及道家讲的“无为”范围宽泛，它仅限定在君主身上，但从含义上说要比道家讲得更透、更细，“反映了他站在儒家的立场上汲取道家思想部分内容之特色”。①

4. 对墨家学说的吸收、改造。墨子宣扬“兼爱”、“交利”、“天志”、“法仪”等思想，这在董仲舒思想中都有反映，如谓：“圣人法天而立道，亦溥爱而亡私，布德施仁以厚之，设谊立礼以导之。”（《汉书·董仲舒传》）又谓：“质于爱民以下，至于鸟兽昆虫莫不爱。”（《仁义法》）众所周知，先秦儒家讲爱人，以亲亲为基础，爱有差等，孟子曾批评墨子兼爱是无父也。表面看来，董仲舒不仅没有特别强调爱有差等的原则，反而大讲博爱，言近于墨，但董仲舒言“爱”，是基于天生之“仁”，并不僭越亲亲、尊尊之礼，这便与墨家以现实物质功利为基础的、无差等的“爱”相去甚远了。西汉中期，国力强大，统治阶级充满着建功立业的精神。作为这种时代精神的反映，董仲舒的思想中也为“功利”留有一定位置，但却把它牢牢置于“义”的统率之下，如谓：“天之生人也，使人生义与利。利以养其体，义以养其心。心不得义不能乐，体不得利不能安。义者心之养也，利者体之养也。”（《身之养重于义》）从中不难看出，在董仲舒眼里，义更为重要，唯有明义才能得利，抛弃义，“虽富莫能自存”（同上）。这无疑是用儒家思想对墨家义利观即以利释义进行了改造。墨子认为“天”是有意志的，不仅主宰着宇宙万物，而且还主宰着人类社会。因此，人们的言行要符合“天”的意志，绝不能违抗。在董仲舒那里，天意同

---

① 黄朴民：《天人合一：董仲舒与汉代儒学思潮》，岳麓书社 1999 年版，第 57 页。

样主宰一切："天地者，万物之本，先祖之所出也。……君臣、父子、夫妇之道取之此。大礼之终也。"（《观德》）"天者，百神之君也，王者之所最尊也。"（《郊祭》）在二者的思想中，天都被"人格化"，成为有意志、君临一切的人格神。董仲舒受墨学的影响是显而易见的。当然，两者利用"天志"的宗旨并不尽相同，墨家讲"天志"，是为其"兼相爱、交相利"作辩护，"爱人利人者，天必福之；恶人贼人者，天必祸之"（《法仪》）；而董仲舒则给儒家纲常伦理学说披上神权的外衣，所谓"王道之三纲，可求于天"（《基义》）。目的在于维护封建统治秩序。除上述外，在董仲舒思想中，还吸收了墨家学说中的"尚同"、"尚贤"等内容。

四　董仲舒思想的可取之处

孔子虽然创立了儒家学说，但一生四处宣扬，却不能为诸侯所采纳，说明其带有理想性质。董仲舒通过对君权和民权的双重限制，对安人与正我的重新解释，对儒家与百家关系的融会与分割，把儒家主体间关系思想用统治者和百姓都可以接受的方式加以贯彻，奠定了中国封建时代主体间关系的基本形式，维护了中国近两千年的稳定和百姓的安宁。

（一）惟有"贵民"始能"亲君"

董仲舒借"天人合一"、天人感应，宣扬人之高贵，客观上肯定了民权。人为天之十端之一，相对于天、地、阴、阳、五行等整个客观世界，与天、地并为三才，自成一端，最为天下贵。他说："何谓本？曰：天、地、人，万物之本也。"（《立元神》）如同万物由天化生一样，人亦受命于天，与天偶合，"人之为人本于天，天亦人之曾祖父也。此人之所以上类天也"（《为人者天》）。"天地之精所以生物者，莫贵于人。"（《人副天数》）人是天的缩影和副本，人体的一切皆与天数相对应，人之身，首颁而圆，象天容也；形体骨肉，偶地之厚也；上有耳目聪明，日月之象也；体有空窍理脉，川谷之象也；心有哀乐喜怒，神气之类也，人有大节十二分，副月数也；内有五藏，副五行也；外有四肢，副四时数也；有三百六十六小骨节，副一年之天数，"心有计虑，副度数也；行有伦理，副天地也"（同上）。不但外貌形体，而且精神性情、道德义理，人无一不与天同，"人之形体，化天数而成；人之血气，化天志而仁；人之德行，化天理而义；人之好恶，化天之暖

清；人之喜怒，化天之寒暑；人之受命，化天之四时。人生有喜怒哀乐之
答，春秋冬夏之类也。……天之副在乎人，人之情性有由天者矣。"（《为人
者天》）人亦如天有阴阳之气，"天有阴阳，人亦有阴阳。天地之阴气起，
而人之阴气应之而起；人之阴气起，而天地之阴气亦宜应之而起，其道一
也"（《同类相动》）。这实际上是用比附的手法抬高人性，把人看作与天一
样的宇宙，人不仅在外观上，而且在精神气质上都与天相像，人的性情和行
为也能影响天，人是不可小视的，普通百姓是不可小视的，上天赋予普通百
姓的权利是神圣不可侵犯的。

另外，董仲舒又特别强调灾异的警惧作用，压制君主，防止其胡作非为。
"美事召美类，恶事召恶类，类之相应而起也，如马鸣则马应之。帝王之将兴
也，其美祥亦先见；其将亡也，妖孽亦先见。物固以类相召也。"（《同类相
动》）自然界的灾害变异，是为政者的错误所导致的。"刑罚不中，则生邪气，
邪气积于下，怨恶蓄于上，上下不和，则阴阳谬戾，而妖草生矣，此灾异所缘
而起也。"（《汉书·董仲舒传》）统治者如能对灾异谴告作出积极反应，改善
政治，就会感应上天，变灾异为祯祥。"天地之物，有不常之变者谓之异，小
者谓之灾。灾常先至而异乃随之。灾者，天之谴也；异者，天之威也。谴之而
不知，乃畏之以威。《诗》云：'畏天之威。'殆此谓也。凡灾异之本，尽生于
国家之失。国家之失乃始萌芽，而天出灾异以谴告之；谴告之而不知变，乃见
怪异以惊骇；惊骇之尚不见畏恐，其殃咎乃至。以此见天意之仁而不欲陷人
也"（《必仁且智》）。董仲舒借天来告诫统治者实行仁政，爱护百姓，这种以
人为本、以百姓为本的价值取向是不可否认的。

（二）惟有"正我"才能"安人"

如何对待他人？这是春秋以来中国哲人苦心思索的重要问题。董仲舒通过
对仁义的重新解释，明确地回答了这个问题。"仁"是指爱人。不爱人，只爱
自己，就不能算"仁"。对此，他以有关晋灵公的两则故事为例作了说明：一
是晋灵公"杀膳宰以淑饮食"。说的是晋灵公嘴馋，等不及熊掌煮熟就取出来
吃，发现不熟，就把膳宰给杀了，并把尸体肢解，令人弃之。二是"弹大夫
以娱其意"。说的是晋灵公为了取乐，让大臣来拜见他，他站在台上用弹瓦弹
射他们，大臣们跑来跑去以躲避弹丸，他却觉得很开心。董仲舒评论说："昔
者晋灵公杀膳宰以淑饮食，弹大夫以娱其意，非不厚自爱也。然而不得为淑人
者，不爱人也。质于爱民，以下至于鸟兽昆虫莫不爱。不爱奚足为仁？"（《仁

义法》）就是说，晋灵公爱自己尽管爱得很深，但却不能算仁。只爱自己而不爱别人，是成为孤家寡人而自取灭亡的邪道。

　　义是儒家德治思想的又一个重要范畴。董仲舒对"义"从人与我的角度，提出了"义以正我"的原则。董仲舒非常明确地讲："义之法，在正我，不在正人。""我不自正，虽然能正人，弗予为义。"（《仁义法》）就是说，义是要求纠正自己的错误，而不是为了纠正别人。如果自己行为不端正，即使能够纠正别人，也不合乎义。他认为所有"乱世枉上"的人和一切暴君"莫不欲正人"，但他们的行为却又都不合乎义。他为了说明这一思想，还举例作了说明："昔者，楚灵王讨陈、蔡之贼，齐桓公执袁涛涂之罪，非不能正人也，然而《春秋》弗予，不得为义者，我不正也。阖庐能正楚、蔡之难矣，而《春秋》夺之义辞，以其身不正也。"（《仁义法》）楚灵王、齐桓公、吴王阖庐在上述事件中都有"正"别人的行为，但由于他们自身不正，所以不能说是义。他进而给"义"下了一个明确定义："义者，谓宜在我者；宜在我者，而后可以称义。故言义者，合我与宜以为一言。以此操之，义之为言我也。"（《仁义法》）董仲舒认为，只有我做了应该做的事，走了应该走的路，才能叫作义。董仲舒看到了"爱人"与"正我"的关系，而这正是主体间关系得以成立的两个基本要素，一个自私的人、一个思想邪恶的人是无从谈及主体间关系的。这在今天仍然是值得予以肯定的。

（三）惟遵"规矩"方可"治乱"

　　《春秋繁露》为什么要从演绎《春秋》开始？董仲舒在开篇指出："《春秋》之道，奉天而法古。是故虽有巧手，弗修规矩，不能正方圆；虽有察耳，不吹六律，不能定五音；虽有知心，不览先王，不能平天下。然则先王之遗道，亦天下之规矩六律而已。故圣者法天，贤者法圣，此其大数也。得大数而治，失大数而乱，此治乱之分也。"（《楚庄王》）董仲舒试图通过对《春秋》的演绎，寻求历史发展的"规矩"，"视大始而欲正本也"（《汉书·董仲舒传》），也就是发现所谓"数"，从而达到"平天下"的目的。董仲舒是孔子思想的推崇者，孔子一生著有"六经"，而董仲舒独钟情于《春秋》。这是因为，"孔子作《春秋》，上揆之天道，下质诸人情，参之于古，考之于今"（《天人三策》）。"《春秋》修本末之义，达变故之应，通生死之志，遂人道之极者也。"（《玉杯》）"《春秋》正是非，故长于治人。"（《玉杯》）董仲舒此处的想法，也就是遵循社会发展规律的意思。作为一个知识分子，董仲舒刻苦自励，融通百家，知道自己的时代需要什么，顺应时代要求，弘扬自己的理想，"为人廉直"，为官经常"上疏谏争"，不与恶劣的君主沆瀣一气，既寻求历史的规律，又把握时代的趋势，坚持自己高尚的人格标准，这是十分难能可贵的。

第六章　维护主体间的圣贤传统

——韩愈"严己宽人"的建构

自汉武帝开始，儒学被确立为国家意识形态，但随着佛教的传入以及统治者对佛教和道教的推崇，儒家学说受到严重冲击，到唐代韩愈之时，已岌岌可危。韩愈提出"道统论"，力图扭转儒学被冷落和受排挤的现实，维护儒学的主导地位。从主体间关系的视角看，韩愈与董仲舒一样，具有两面性。一方面，韩愈维护和宣扬了儒家的仁爱观念，不断申述人与人之间相生相养的圣贤之道，倡导"严于律己，宽以待人"的君子之风；另一方面，韩愈又主张"性善情恶"，把人的"性"与"情"先天地分为"三品"，客观上以维护封建等级制度为前提，这与主体间关系要求的平等前提背道而驰。

一　道统论蕴含的主体间关系思想

韩愈作为唐代儒家思想的代表，以维护儒家的道统为己任。在与佛教和道教的斗争中，他重新阐述儒学的传统，批判佛老的"寂灭"之道，力图纠正世俗的不正之风，在这样的论述中，韩愈实质上重新阐述并进一步弘扬了儒家的主体间关系思想。突出表现在三个方面：

（一）对圣人相生相养之道的澄明

韩愈所说的"道统"，即儒家学说的传授系统。在他看来，这个道统从尧开始，尧传给舜，舜传给禹，禹传给汤，汤传给文王、武王、周公，文王、武王、周公传给孔子，孔子传给孟轲，孟轲死后，没有继承的人。只有荀卿和扬雄，从中选取过一些但选得不精，论述过一些但并不全面。韩愈认为，正因为孟子之后，儒家道统没有人接续，才使得佛老思想猖獗。韩愈在《原道》中，阐述了自己对儒家"道统"的基本观点，渗透着对主体间关系的看法。

1. 圣人以仁、义、道、德规范人伦。何谓仁、义、道、德？韩愈回答说："博爱之谓仁，行而宜之之谓义，由是而之焉之谓道，足乎己无待于外之谓德。"（《原道》）在仁、义、道、德之间，仁和义是内容，道与德是形式，"仁与义为定名，道与德为虚位"。韩愈认为，儒家的社会规范形成了一整套的文化系统，"其文《诗》、《书》、《易》、《春秋》，其法礼乐刑政，其民士农工贾，其位君臣、父子、师友、宾主、昆弟、夫妇，其服麻丝，其居宫室，其食粟米果蔬鱼肉"（同上）。由于这套制度简单易行，无论用它来教育自己，还是用它来对待别人，或者用它来治理天下国家，都没有不适当的地方。"是故以之为己，则顺而祥；以之为人，则爱而公；以之为心，则和而平；以之为天下国家，无所处而不当。"（同上）儒家的这套礼仪制度，不仅能够教人相生相养，安顿人的生死，而且能够感动天神的降临。"是故生则得其情，死则尽其常，郊焉而天神假，庙焉而人鬼飨。"（同上）然而，圣人道统的传承，并非一帆风顺，正经受着严峻的考验，佛教和道教的兴起，使"其危如一发引千钧，绵绵延延，浸以微灭"（《与孟尚书书》），岌岌可危。韩愈认为，人为夷狄禽兽之主，实行仁政是其本质所在。"主而暴之，不得其为主之道矣。"所以，"圣人一视而同仁，笃近而举远"（《原人》）。

2. 佛老之道本质上是"寂灭"之道。韩愈指出，自周道衰微，孔子死后，圣人的道统为老子和佛教的体系所取代。"周道衰，孔子没，火于秦，黄老于汉，佛于晋、魏、梁、隋之间，其言道德仁义者，不入于杨，则入于墨；不入于老，则入于佛。"（《原道》）老子用他个人自私狭隘的观念去解释仁义道德，他轻视仁义，而且离开仁义去讲道德。"老子之小仁义，非毁之也，其见者小也。坐井而观天，曰天小者，非天小也；彼以煦煦为仁，孑孑为义，其小之也则宜。其所谓道，道其所道，非吾所谓道也；其所谓德，德其所德，非吾所谓德也。凡吾所谓道德云者，合仁与义言之也，天下之公言也；老子之所谓道德云者，去仁与义言之也，一人之私言也。"（同上）道家说，孔子是我们老师的学生。佛家也说，孔子是我们老师的学生。研究孔学的人，听惯了佛老之徒的话，乐于接受他们的荒诞言论而轻视自己，也说"我们的老师曾向他们学习"这一类话。不仅在口头说，而且又把它写在书上。更为糟糕的是，佛教蛊惑人们出家，不从事生产，导致天下资财的贫乏。"古之为民者四，今之为民者六；古之教者处其一，今之教者处其三。农之家一，而食粟之家六；工之家一，而用器之家六；贾之家一，而资焉之家六；奈之何民不穷且盗也！"（同上）在古代，人们遭受多方面的危害，于是，有圣人出来教给人们相生相养的道理。而现在，有人却说："圣人不死，大盗不止；剖斗折衡，而民不争。"佛老之道实际上是把人类引向死亡，"今其法曰：必弃而君臣，去而父子，禁而相生养之道，以求其所谓清净寂灭者"（同上）。

3. 如何使儒学走出困厄的局面？人们信佛，是因为相信佛能够给自己带来更大的福分。针对唐宪宗迎佛骨一事，韩愈列举大量的事例说明，中国古代虽不曾有佛，但帝王们个个长命百岁。"昔者黄帝在位百年，年百一十岁；少昊在位八十年，年百岁；颛顼在位七十九年，年九十八岁；帝喾在位七十年，年百五岁；帝尧在位九十八年，年百一十八岁；帝舜及禹年皆百岁；此时天下太平，百姓安乐寿考，然而中国未有佛也。其后殷汤亦年百岁，汤孙太戊在位七十五年，武丁在位五十九年；书史不言其年寿所极，推其年数，盖亦俱不减百岁。周文王年九十七岁，武王年九十三岁，穆王在位百年，此时佛法亦未入中国，非因事佛而致然也。"（《论佛骨表》）汉明帝时，佛教传入中国，皇帝却个个短命，国运也不顺畅。"汉明帝时，始有佛法，明帝在位才十八年耳，其后乱亡相继，运祚不长。宋、齐、梁、陈、元魏已下，事佛渐谨，年代尤促。惟梁武帝在位四十八年，前后三度舍身施佛，宗庙不祭，不用牲牢，昼日一食，止于菜果，其后竟为侯景所逼，饿死台城，国亦寻灭。"（同上）这说明，"事佛求福，乃更得祸；由此观之，佛不足事，亦可知矣！"（同上）佛来自夷狄，语言不通，衣服殊制，身不服先王之法服，不知君臣之义，父子之情。由于它不适合于中国的国情，所以，必须加以制止。"不塞不流，不止不行。人其人，火其书，庐其居，明先王之道以道之，鳏寡孤独废疾者有养也，其亦庶乎其可也？"（《原道》）这就是韩愈拯救儒学的措施和途径。

（二）对君子严己宽人人格的呼唤

韩愈十分重视主体的自我修养，在《原毁》、《师说》、《伯夷颂》、《进学解》等文章中，他反复赞叹古代圣贤的处世风度，多次论及君子的处世态度，甚至赞扬普通人自立自强的精神，他希望以此来扭转世风。其中暗含的道理是：处理好主体间关系关键在于自我修养。

1. 严于律己，宽以待人。古代的君子在处理自我和他人的关系时，对己严格要求，对人却宽容简约。"古之君子，其责己也重以周；其待人也轻以约。"（《原毁》）重以周，所以就不懈怠；轻以约，所以人就乐于做好事。舜就是这样的人，那些以舜为榜样的人，对自己要求说：舜是个人，我也是个人；他能这样，而我却不能这样！于是，早晨晚上都在思考，改掉那些不如舜的地方，效仿那些与舜相同的地方。但他对于别人却说：能有这些，这就够了。又说：能擅长这些，这就够了。"取其一，不责其二；即其新，不究其旧；恐恐然惟惧其人之不得为善之利。"（同上）而现在的君子却不是这样。"其责人也详，其待己也廉。"（同上）因为对别人要求得多，所以人就很难为善；因为对自己要求得宽松，所以获得的就少。自己没有做好，却说：我能这样，就不错了。自己没有才能，却说：我能够这样，这就够了。对外欺骗别人，对内欺骗自己的良心。对待别人却不是这样：他虽能这样，但他的为人不值得称赞。他虽然擅长这些，但他的本领不值得称赞。"举其一，不计其十；究其旧，不图其新。恐恐然惟惧其人之有闻也，是不亦责于人者已详乎！"（同上）这难道不是拿一般人的标准来要求自己，而拿圣人的标准来要求别人吗？这样的做法是有思想本原的，那就是怠慢和忌妒罢了。由于这种不好的世风，事业成功，诽谤便随之产生；德望高了，恶言就接踵而来。读书人要想在这个世界上名誉彰显，道德推行，真是不容易啊。

2. 善于学习，不耻下问。韩愈认为，从君子人格的视角来看，人非生而知之者，每个人都有自己困惑的问题。有问题就应该向人请教，而不管他年纪比我大，还是比我小。"是故无贵无贱，无长无少，道之所存，师之所存也。"（《师说》）韩愈揭露和批判士大夫们虚伪的等级观念。他指出，古代的圣人，他们的学问超出一般人很远，犹且从师而问；现在的普通人，他们低于圣人很远，却耻学于师。所以聪明的人越来越聪明，而愚蠢的人越来越愚蠢。巫医乐师百工之人，他们不耻相师。而士大夫之族，一听说老师、弟子等说法，就聚在一起讥笑。问他们笑什么，则说：他与他年龄相近，才能也差不多。与地位不如自己的人学习让人感到羞愧，而跟地位比自己高的人学习又像去阿谀奉承。"士大夫之族，曰师、曰弟子云者，则群聚而笑之。问之，则曰：彼与彼年相若也，道相似也。位卑则足羞，官盛则近谀。"（同上）那些有地位的所谓君子看不起巫医乐师百工之人，而他们的智慧现在却赶不上这些人，原因就在于他们耻于学习。韩愈指出："圣人无常师，孔子师郯子、苌弘、师襄、老聃。郯子之徒，其贤不及孔子，孔子曰：'三人行，则必有我师。'是故弟子不必不如师，师不必贤于弟子，闻道有先后，术业有专攻，如是而已。"（同上）

3. 特立独行，义无反顾。韩愈曾为很多有气节的人作传，表彰他们坚持自己的主张，不媚世俗的傲骨。比如，《伯夷颂》从正面赞美伯夷宁死不食周粟的高尚人格；《张中丞传后叙》则描写了张巡英勇抗敌，坚贞不屈，慷慨就义的中国传统士大夫形象；《圬者王承福传》则描写了一个普通劳动者独立自强的形象。韩愈认为，要做一个特立独行的人是非常艰难的。一家人反对，能够力行不惑的，就已经很少了；一国一州的人反对，能够力行不惑的，大概通天下也就一人而已；举世界的人反对，而能够力行不惑的，或许千百年也就一人而已。像伯夷这样的人，大概自开天辟地以来，也不过一人。"若伯夷者，穷天地亘万世而不顾者也。昭乎日月不足为明，崒乎泰山不足为高，巍乎天地不足为容也！"（《伯夷颂》）士人能够特立独行，仅仅因为义而已。

（三）对善与性情关系的重新解释

人性论是韩愈论述主体间关系的重要前提。在他看来，人的行为是善的还是恶的，这与人的性、情是密切相连的。人有性有情，性是先天具有的，具体表现为仁、义、礼、智、信五德，分为上、中、下三品。上品为善；中品可引导而趋善或趋恶；下品为恶。其论据是：上品之性，"主于一而行于四"，以仁为主导而通于其余四德；中品之性，五德虽不缺少，但仁这一主德却有所不足，"其于四者混"，其余四德也杂而不纯，所以可善可恶；下品之性，"反于一而悖于四"，五德都不具备。情与性不同，它是后天受外界环境刺激而引起的，具体表现为喜、怒、哀、惧、爱、恶、欲七情。情与性的品级相对应，也分为三品。七情控制适中，"动而处其中"是上品之情；七情或多或少，"有所甚有所亡，然而求合其中"是中品；完全率情而动，"亡与甚，直情而行"是下品（《原性》）。"性之于情视其品"，"情之于性视其品"（同上），善恶原于性，善恶的表现由于情，只能因情以见性，不可灭情以见性，关键在于控制情欲，使之"动而处于中"，符合中道。

韩愈既反对佛老的"灭情禁欲"，也反对世俗的任情纵欲。韩愈指出：灭情禁欲，其结果必然"欲治其心，而外天下国家"（《原道》），毁灭君臣、父子人伦"天常"。韩愈性情统一的观点，体现了儒家的道德修养不离人伦日用的特点，其目的当然是要人们持积极"有为"的态度去遵循仁义道德和名教纲常。但在佛教盛行的唐代，却具有反对出世主义和禁欲主义的积极意义。不仅如此，韩愈在论述道统的本原时，发挥了孔、孟以仁政治国平天下的政治主张。他说："古之君天下者，化之不示其所以化之之道；及其弊也，易之不示其所以易之之道，政以是得，民以是淳。"（《本政》）他在《争臣论》里表示："得其道，不敢独善其身，而必以兼济天下也，孜孜矻矻，死而后已。"（《争臣论》）这些思想与孟子讲的"古之人，得志，泽加于民，不得志，修身见于世。穷则独善其身，达则兼善天下"（焦循：《孟子正义·尽心章句上》）的思想相比，不仅有了发展，用世思想也更强。

二　韩愈道统思想对后世的影响

韩愈所处的中唐时代，政治上出现了"安史之乱"、"藩镇割据"、"牛李党争"，政治的危机也带来了经济上的萧条，人民流离失所，苦不堪言，而佛教和道教的盛行，又带来思想上的大混乱。韩愈本人的主张得不到统治者的重视，仕途屡屡受挫。韩愈的道统思想，正是对时代危机和个人遭遇的反映。

（一）重新树立儒学主导地位

中唐以前，贞观之治、开元之治以及教育的复兴，带动了国家的兴旺发达。唐王朝幅员辽阔、人口众多、文化发达、技术进步，成为雄踞世界东方的"超级大国"。然而，公元755年（天宝十四年），唐玄宗的《霓裳羽衣曲》终于在惊天动地的渔阳鼙鼓声中戛然而止。"安史之乱"历时八年，其间亲人骨肉离散，生命如同草芥。战前全国人口5300余万，战后仅存不足700万，唐朝有效控制的版图仅为战前的三分之一。"安史之乱"后，唐王朝的权威不断受到挑战，藩镇尾大不掉，朝廷大臣之间的党派斗争十分激烈，"牛李党争"相延40年，双方互相排挤、攻讦，朝政更加混乱；宦官兴风作浪，通过卖官鬻爵聚敛财富，兼并土地，尽占名园良田为私产，成为唐后期社会上的一大毒瘤。贞元二十一年（公元805年）的"永贞革新"，大和四年（公元830年）"甘露之变"，两次君臣联合诛宦官均以失败告终。

社会政治经济的危机，归根结底是儒学文化体系的危机。在唐代，儒学的特殊地位受到佛、道两教的有力冲击。佛教在西汉末年、东汉初年传入中国，经历了魏晋南北朝的初步发展壮大，到隋唐时期达到繁荣的顶峰。首先，这一时期，最重要的佛教典籍已被译为汉语。从传入到隋唐的几百年间，共译出佛经2278部。这一时期还形成了有中国特色的佛教学派，影响较大的宗派有天台宗、唯识宗、华严宗、禅宗。其次，这一时期的佛教上有统治者的扶持、推崇，士大夫阶层与僧人交往，对佛教进行研习；下有普通民众的信奉、崇拜。武周时，"铸浮屠，立庙塔，绝无虚岁！"代宗"胡僧不空官至卿监，爵为国公，出入禁闼，势移权贵，京畿良田利多归僧寺"。"造金阁寺于五台山，铸铜涂金为瓦，所费巨亿。"会昌废佛则从相反方面显示佛教的兴盛："凡天下所毁寺四千六百余区，归俗僧尼二十六万五百人，大秦穆护、祆僧二千余人，毁招提、兰若四万余区，收良田数千万顷，奴婢十五万人。"（《资治通鉴》卷248）士大夫阶层或信奉佛教，或研习佛教，或与僧人交往。柳宗元自己说，"吾自幼好佛，求其道积三十年"，进而表示"浮屠诚有不可斥者，往往与《易》《论语》合……不与孔子异道"（《送僧浩初序》）。韩愈虽然言辞激烈，态度鲜明地排斥佛老，但诗文中同样出现了《与大颠书》、《送浮屠令纵西游叙》、《送文畅师北游》、《送僧澄观》等与僧徒交往的篇目，也肯定了佛教的治心，"实能外形骸以理自胜，不为事物侵乱"（《与孟尚书书》）。

道教是中国土生土长的宗教，产生于东汉，奉老子为教主，以黄、老学说为经典。东汉末年黄巾起义首领张角即为道教分支太平道的"大贤良师"。道士在魏晋时期异常活跃，道教的著名人物张鲁曾雄踞汉中30年之久，左慈、葛洪等人也都活跃于当时的政坛。贞观年间，李世民为标榜自己统治的合法性，牵强附会，把李氏家族同老子李耳联系起来。公元637年（贞观十一年），下敕规定道先佛后，引起佛教界的强烈不满，许多佛教徒因此而受仗责，甚至丢了性命。公元660年（显庆五年），武则天参与朝政，为实现自己的政治野心，夺取皇位，自称是弥勒佛转世，命各州县建大云寺，藏《大云经》，由高僧定期向百姓宣讲。令行法随，不得有违，全国各地的大云寺拔地而起，乃致帕米尔的碎叶城，海南岛的天涯海角都是一派佛光普照。至此，佛教的地位又高于道教。公元713年（开元元年），唐玄宗粉碎了太平公主阴谋集团，又开始了道士们扬眉吐气的新时代。唐玄宗更是亲自为《道德经》作注，《老子》、《庄子》等书被称为《道德真经》、《南华真经》，列为科举考试明经科一项内容。公元743年（天宝二年），道教鼻祖老子的头衔由"太上玄元皇帝"晋升为"大圣高祖玄元皇帝"。

韩愈清楚地认识到，要对抗佛、老，消灭佛、老的影响和危害，必须重新恢复和建立儒家的道统。"道统"论的意义，不仅在于将儒家学说的传承联系到一个持续不断的文化系统之中，而且将儒家文化系统与佛、老的文化系统相比较，从中说明：儒家的思想体系是教人相生相养，维持人类的延续，而佛老教人相弃自灭，其结果是人类的毁灭；儒家教人责于己重以周，待人轻以约。这样的处世方法，必然是人与人之间关系的和谐。韩愈所谓仁义之道虽通过治心、修身而获得，但却要落实到人生日用的层面；实际上强调的是以儒家伦理道德为核心、在儒家思想指导下的人伦文化和社会秩序。所以易明、易行，既为己，又为人；既治心，又治国，是内外结合之道，而非佛老"只治心，不治国；只无为，不有为之道"①。以仁义为内容的"道"，再加上性情之论，很自然就能引申出性命义理之学。

从弘道意识看，韩愈虽自命接续了自孟子以来便告中断的儒道，但他对孟子的思想并不是全部接受下来，而是有因有革。比如，关于君臣关系，孟子认为，君臣之间是相互平等的，有条件的。"君之视臣如手足，则臣视君如腹心；君之视臣如犬马，则臣视君如国人；君之视臣如土芥，则臣视君如寇仇。"（《孟子·离娄下》）西汉时期，贾谊主张"尊王"必须强调等级制度，建立礼制，要求恢复"尊尊贵贵"的秩序。董仲舒则把"尊君卑臣"的思想体系绝对化。韩愈说儒家道统至"柯之死，不得其传焉"（《原道》），其实就完全否定了贾谊、董仲舒的儒学继承人的合法性，进而也就否定了他们的"尊王说"。在韩愈看来，"尊王"是有条件的，这个条件就是"道"，"以道事君，不可则止"。在实践上，唐宪宗曾以裴度为淮西宣慰处置使，韩愈为行军司马，平定淮蔡。李翱作《韩公行状》，皇甫湜作《韩文公神道碑》都有详细记载。后韩愈奉诏作《平淮西碑》，苏轼诗云："淮西功业惯吾唐，吏部文章日夜光。"高度赞扬韩愈的历史贡献。

（二）开宋明理学之先河

从韩愈思想产生的中唐到宋元明清，各代各家均受到韩愈思想的影响。唐末皮日休在《请韩文公配飨太学书》中称赞韩愈"身行圣人之道，口吐圣人之言"，"蹴杨墨于不毛之地，蹂释老于无人之境，故得孔道巍然而自正"。程颐在《明道先生行状》中说："先生之学，自十五六时，闻汝南周茂叔论道，遂厌科举之业慨然求道之志，未知其要，泛滥诸家，出入老释者几十年，返求诸六经而后得之。"二程尽管求学之道曲折复杂，但最终是在儒学教育之下而得道，韩愈所阐明的从仁到义之道为之所接受。

宋初柳开学韩，在其《昌黎集后序》中说："自年十七至于今，凡七年，日夜不离于手。"最为看重的是韩愈文章中所传的"儒道"，他曾评论说，自孔子之后，孟轲、扬雄、韩愈三人各自著书立说，绍述六经，弘传儒道，其中韩愈尤其"淳然一归于夫子之旨，而言之过孟子与扬子远矣"。把韩愈的地位抬高到孟子之上，其衷心折服之意溢于言表。庆历前后，孙复、石介、欧阳修三人对表彰、推广韩愈，投入了更大的热情和努力，三子既适得时代风会，又

---

① 阎琦校注：《韩昌黎文集注释》，三秦出版社 2004 年版，第 22 页。

相互揄扬鼓唱，张大声势，形成了北宋中叶的一股强劲的尊韩思潮。孔道辅将孟子、荀子、扬雄、王通、韩愈尊为五贤，并在家庙中塑像祠之，孙复对此大加赞赏，在《上孔给事书》中，他说："噫，自夫子没，诸儒学其道，得其门而入者鲜矣。唯孟轲氏、荀卿氏、扬雄氏、王通氏、韩愈氏而已。"（《孙明复小集》卷2）又"宋初三先生"之一石介认为，"孔子后，道屡废塞，辟于孟子，而大明于吏部"，"故自吏部来三百有余年矣，不生贤人"（正谊堂本《石徂徕集》上）。在《读原道》《尊韩》等文中，甚至把韩愈抬高到孟子之上，把《原道》推尊到《孟子》七篇之上。在他看来，孟子去圣未远，故其能言王道不为难；韩愈去孔子一千五百多年，中间又经过了扬、墨、韩、庄、老、佛之祸，此时能言王道才难之又难，故"余不敢厕吏部于二大圣人之间，若箕子、孟轲，则余不敢后吏部"（《徂徕石先生全集》卷7）。欧阳修也极为推重韩愈，对于宋初尊韩思潮的形成起了推波助澜的作用。其门人苏轼在为他的文集作序时就称赞他："愈之后三百余年而后得欧阳子。其学推韩愈、孟子，以达于孔氏。"（《欧阳修全集》卷首，《居士集序》）程颐对韩愈的"孟子醇乎醇"评价甚高："此言极好，非见得孟子意，亦道不到。"[1] 认为"《原道》中言语虽有病，然自孟子而后，能将许大见识寻求者，才见此人。"[2] 明理学家薛瑄对韩愈评价很高，认为韩愈"乃孟子以后绝无仅有之大儒。《原道》、《原性》篇……大体明白纯正"。肯定韩愈对儒之道大框架的把握。钱大昕考证韩愈《原道》出处，指出："'原道'二字，出《淮南子·原道训》，刘氏《文心雕龙》亦有《原道》篇。"又引《老子》"失仁而后义""大道废，有仁义"与韩愈《原道》中"去仁与义"相合，引《孟子》"仁之实，事亲是也；义之实，从兄是也"即《原道》中"所谓合仁义言之也"，所以认为《原道》"与孟子言仁义同功"，"'仁与义为定名，道与德为虚位'，二语胜于宋儒"。[3] 此一类评论肯定韩愈维护道统。

　　唐宋以降，批评韩愈的人也不少。宋代朱熹从"天理"角度评韩愈的儒学思想，认为："韩退之则于大体处见得，而于作用施为处却不晓。"（《朱子语类》卷137）"如韩退之虽是见得个道之大用是如此，然却无实用功处。""文公见得大意已分明，但不曾去仔细理会。"（同上）可见朱子在肯定其"大

① 吴文治：《韩愈资料汇编》第1册，中华书局1983年版，第142页。

② 同上书，第139页。

③ 吴文治：《韩愈资料汇编》第4册，中华书局1983年版，第1333页。

体"、"道之大用"、"大意"的基础上，又批评其体察操履处不细密，没说到最上头、根源处。与韩愈同时期的柳宗元，不同于韩愈言辞激烈的排佛，而是公开颂扬佛教，又利用、改造佛学的若干理论命题，二人对佛教的态度迥异。《送僧浩初序》中，柳宗元讲："儒者韩退之与余善，尝病余嗜浮图言，訾余与浮图游。……浮图诚有不可斥者，往往与《易》《论语》合，……退之所罪者其迹也，曰：'髡而缁，无夫妇父子，不为耕农蚕桑而活乎人。'若是，虽吾亦不乐也。退之忿其外而遗其中，是知石而不知韫玉也。"① 可见，韩、柳对佛教的不事农桑生产有同感，但柳宗元否定韩愈"知石不知锡玉"的排佛方式。司马光、王安石、苏轼、程颐、王安石的朋友王令、苏轼的门人张耒等人也都曾表示过对韩愈之"道"的不满。司马光在不少文章中都对韩愈不无微词，其《颜乐亭颂》中的批评尤为集中："光谓韩子以三书抵宰相求官，《与于襄阳书》谓先达后达之士，玄为前后以相推援，如市贾然，以求朝夕刍犬仆赁之资，又好悦人以铭志而受其金。观其文，知其志，其汲汲于富贵，戚戚于贫贱如此，彼又乌知颜子之所为哉？"并对韩愈将安贫乐道的出处大端看作是"哲人之细事"深为不满（《温国文正司马公文集》卷68）。王令在《说孟子序》中也说："至于性命之际，出处致身之大要，而愈之与孟子异者固多矣。故王通力学而不知道，荀卿言道而不知要，韩愈立言而不及德……"（《王令集》卷14）苏轼在《韩愈论》中说："韩愈之于圣人之道，盖亦知其好名矣，而未能乐其实。"原因之一就在于其"往往自叛其说而不知"，"儒墨之相戾，不啻若胡越"，而韩愈竟将其混为一谈，可见其论理之不精（《经进东坡文集事略》卷8）。

进入近代，鸦片战争、甲午战争的爆发，民族危机空前严重，国难当头，进步的民族资产阶级热情洋溢地以西方民主、自由、自然科学为榜样，利用一切理论武器，慷慨激昂地抨击封建君主专制，所以韩愈《原道》中关于君与臣民统治与服从关系的论述，不可避免地成为被批判的对象。严复于1895年在天津《直报》发表《辟韩》，批判韩愈《原道》中的圣人观、君民关系。《原道》中讲："古之时，人之害多矣。有圣人者立，然后教之以相养生之道。……如古之无圣人，人之类灭久矣。"严复指出，依韩愈之言推论，则圣人自身及其先祖都非人，"未及其生，未及成长，其被虫蛇、禽兽、寒饥、木

---

① 吴文治：《韩愈资料汇编》第1册，中华书局1983年版，第17页。

土之害而夭死者，固已久亦，又乌能为之礼乐刑政，以为他人防备患害也哉？"① 严复以老子自然观驳斥儒家圣人历史观："老之道，……至其明自然，则虽孔子无以易。"但并非老子本意，更多含义是生物进化论自然科学基础上的社会历史进化观。《原道》中认为："君者，出其令也；臣者，行君之令而致之民者也；民者，出粟米麻丝，作器皿、通货财，以事其上者也。"严复依据西方天赋人权论，批判这种颠倒的君民关系，否认君主的神圣不可侵犯性。"通功易事，择其公且贤者，立而为之君。"② 立君的原则是"通功易事"，是民授而非神授；君的作用是"使之作为刑政、甲兵，以锄其强梗，备其患害"，君、臣、刑、兵，"皆缘卫民之事而后有也"；如果"君不能为民锄其强梗，防其患害则废"，是民可以废君而非君可以诛民，从而大胆勇猛地否定君权神授。

常乃惪认为，"韩愈是个文学革命家，本不懂什么哲理，但因他生的时候，佛教是正在得势的时候，种种腐败情形，很为有识者所不满。韩愈是个直性的人，因此著《原道》一文以斥之。《原道》的内容很浅薄，并不能折服佛徒。但他在文中提出尧、舜、禹、汤、文、武、周、孔相传的道来，为后世理学家道统说之滥觞。他又著《原性》，主张性有三品之说，于古代人性的争论上又添一新说，不过无甚影响。总之，就学理说，韩愈本没什么特见，就事实的影响说，韩愈确是后来宋朝理学家的远祖。他的道统说，他的辟佛举动，都是后来理学家所竭力模仿的，也可谓豪杰之士了。"③ 常乃惪评论韩愈的这段文字涉及方方面面，但很笼统、简略；将韩愈归为原道派，除去"派别"定义内容不论，仅"原道派"而言，显示出作者的一些独特看法，但文中内容值得推敲。如韩愈是否不懂哲理，《原道》内容能否用"浅薄"概括，性有三品说是否"无甚影响"，理学家对道统说、辟佛举动是否只是模仿，等等，值得后人研究。

（三）不屈不挠的人格魅力

韩愈自幼好学，刻苦钻研六经，博览百家之书，以圣人之道为"意义所归"，对儒释道各家理论之间的关系有着深刻的了解。韩愈在其自叙中写道：

① 王栻主编：《严复集》第1册，中华书局1986年版，第33页。
② 同上书，第34页。
③ 常乃惪：《中国思想小史》，上海古籍出版社2005年版，第64页。

"仆少好学问，自五经之外，百氏之书，未有闻而不求，得而不观者，然其所志惟在其意义所归。"（《原道》）"其所读皆圣人之书，杨墨释老之学无所入于其心，其所著皆约六经之旨而成文，抑邪与正，辨时俗之所惑。"（《上宰相书》）韩愈以求圣人之道为读书标准。韩愈年十六七时，"未知人事，读圣人之书，以为人之仕者皆为人耳，非有利乎己也"（《答崔立之书》）。又，学圣人之道二十多年来，"始者非三代两汉之书不敢观，非圣人之志不敢存"，如此几年后，"识古书之正伪，与虽正而不至焉者，昭昭然白黑分矣"，如此几年，"然后浩乎其沛然"。最后得出的结论是："行之乎仁义之途，游之乎《诗》、《书》之源，无迷其途，无绝其源，终乎身而已矣。"（《答李翊书》）韩愈好儒喜文，"文字多尚古学，效扬雄、董仲舒之述作，而独孤及、梁肃最称渊奥，儒林推重。"（《旧唐书·韩愈传》）又讲："所志于古者，不惟其辞之好，好其道尔。"（《答李秀才书》）可见，韩愈的世界观是在圣人之道的熏陶下形成的。青年韩愈读经为文，遍观群书，始终以求圣人之道为旨归，这为韩愈世界观、人生观的形成，以及为其一生的活动奠定了基础。

韩愈一生经历十分坎坷。韩愈三岁而孤，养于从兄韩会，"会卒，嫂郑鞠之"（《新唐书·韩愈传》）。韩愈一生几经浮沉。特别是处在朋党、宦官、藩镇斗争的三角关系中，个人的命运更难以捉摸。他依违其间，尽管各个集团之中都有与他交往的友人，但双方都怀着或明或暗的戒心。因此，他有时感到非常孤独。他自述说，"公不见信于人，私不见助于友，跋前踬后，动辄得咎"（《进学解》）；"不善交人，无相生相死之友于朝"（《释言》）；"其知我者固少，知而相爱不相忌者又加少；内无所资，外无所从，终安何为乎？"（《与李翱书》）韩愈自叙："二十五而擢第于春官，以文名于四方。"（《与凤翔邢尚书书》）即贞元八年，韩愈考取礼部进士。后连续三次应试吏部博学宏词科，均告失败，"仆又为考官所辱"即指此事。韩愈自叙言："仆在京城八九年，无所取资，日求于人以度时月。"（《与李翱书》）贞元十二年，宰相董晋征辟韩愈为观察推官。初入仕途，韩愈"发言真率，无所畏避，操行坚正，拙于事务"（《旧唐书·韩愈传》）。贞元十八年，韩愈调授四门博士，翌年升监察御使。德宗晚年，朝政腐败，"至闻有弃子逐妻，以求口食；诉屋伐树，以纳税钱。寒颇道途，毙路沟壑"。韩愈体察百姓疾苦，"上疏极论宫市，德宗怒，贬阳山令"（《新唐书·韩愈传》）。所以韩愈自言："动辄得咎，暂为御使，遂食南夷。"（《进学解》）

永贞元年，韩愈遇大赦。三十八岁的韩愈在这一时期写下了"五原"，其理论来源于其对家、国的切身体验，丰富的人生际遇塑造其思想的成长。元和十四年，唐宪宗遣使者往凤翔法门寺迎佛骨入禁中供奉，当时，"王公士人奔走膜拜，至为夷法灼体肤，委珍贝，腾沓系路"（《新唐书·韩愈传》）。韩愈凛然上表极谏，以历代帝王事佛为借鉴，且佛本夷狄之人，与先王圣道相违，要求投佛骨于水火，并表示："佛如有灵能作祸祟，凡有殃咎，宜加臣身；上天鉴临，臣不怨悔。"（《论佛骨表》）韩愈直言不讳，触怒宪宗，再次遭贬。韩愈一生经历了代、德、顺、宪、穆五朝，亲眼目睹、切身体会、感受着唐中后期的命运多舛。这一时期唐由盛转衰，政治、经济上危机四伏，文化上呈多元局面。如何从思想上巩固中央集权，如何缓解危机，如何改变思想上混乱的局面，即如何统一人的精神归宿成为亟待解决的问题。在韩愈看来，杨、墨、佛、老交乱，则圣人之道不明，世人视听混淆而无所从。很明显，韩愈试图以儒家圣人之道明于天下人，解决问题的方案是振兴儒学。

　　韩愈勤奋好学，坚持自己的政治主张，与佛老进行不屈不挠斗争的精神，对当代人也产生十分深刻的影响。陈寅恪认为，韩愈在唐代文化史上的特殊地位，体现在："建立道统，证明传授之渊源"，"直指人伦，扫除章句之烦琐"，"排斥佛老，匡救政俗之弊害"等六个方面，从而肯定韩愈"承前启后转旧为新关挟点之人物也"[1]。汤用彤从佛教史的角度指出："韩文公虽代表一时反佛之潮流，而以其纯为文人，率乏理论上之建设，不能推陈出新，取佛教势力而代之也，此则其不逮宋儒远矣。"[2] 任继愈认为："韩愈的大声疾呼正足以振聋发聩，这是柳宗元所不及的。"[3] 韩愈从社会的政治伦理和经济上进行批判是哲学的批判所不能取代的。肯定了韩愈在具体物质层面对佛、道二教的批判。张岂之认为，韩愈存在着一个矛盾的性格："先秦诸子之学，都以其学术主张反映现实问题，都应当予以介绍和研讨。韩愈的这种以儒学为主，兼容百家的立场，决定了他对佛学的态度，构成了他公开地、激烈地反对佛教教义，而又隐蔽的、甚至是不自觉的容纳佛教中某些宗教哲学的矛盾性格。"又指出："韩愈所说的'道'，就是封建伦理关系的系统化和理论化，从而成为连接宋代理学的环节。"[4] 侯外庐指出："韩愈之所以不同于前人，乃在于企图建立一

①　陈寅恪：《论韩愈》，《历史研究》1954 年第 2 期。
②　汤用彤：《隋唐佛教史稿》，中华书局 1982 年版，第 40 页。
③　任继愈主编：《中国哲学发展史》，人民出版社 1994 年版，第 544 页。
④　张岂之主编：《中国思想史》，西北大学出版社 1989 年版，第 300—301 页。

完整的与佛道教相对抗的理论体系，这个理论体系虽极简陋，但已粗具轮廓。"① 认为韩愈的"道"，"多富于伦理的性质，或与伦理相结合的典章制度等政治原则的范畴，而并不显示完整的世界本原的实体或本体的范畴"。② 冯友兰论及韩愈的"道"、"道统"时指出，"韩愈所提出的儒家的道统是个'旧瓶'"，"这个旧瓶之所以旧，因为韩愈所了解的仁义还只是一种道德"。③ 冯契认为："韩愈用'公'和'私'来区分儒家和佛老，这也是后来理学家的共同观点。当然，他所谓'公'，不过是维护地主阶级统治罢了。"④ 尽管冯契对"公"、"私"的解释用阶级分析法，但突出了韩愈以"公"、"私"区分儒和佛老，并对后学有所影响。崔大华在谈及理学发育的理论环境时指出，"唐代儒学的新觉醒"以韩愈、李翱为代表，肯定了韩愈的贡献，"韩愈毕竟是在儒释道合流的唐代理论思潮的文化环境中，清醒地将儒学独立出来，并首次提出抗衡佛教、道教祖师'法统'的儒家道统观念"。⑤ 这些研究成果多从韩愈的"道"、"道统"论方面进行评论。赵吉惠、赵馥洁分析韩愈的"性情论"，指出："所谓的'性之品有三'，是就现实社会中具体生活的人而设论的，它所讨论的对象不是'性之本质'，而是分析具体存在的人，在实现性之本质的实践过程中，他的'禀赋资具'的问题。"⑥ 历史学家范文澜从"文"、"道"两方面评论韩愈古文运动的贡献："韩愈之所以被公认为古文运动的创始人，而且在一定时间和程度上说来，几乎是空前绝后的成功者。成功的原因首先是韩愈树立发扬儒道，排斥佛老的旗帜，同时期内没有一人像他那样鲜明，也没有一人敢于向佛老作这样坚决的斗争。"⑦

三　韩愈道统思想的当代启示

韩愈面对儒家道统被佛教所排挤的现实，逆流而上，多次上书，力陈佛教的危害，维护了儒家的道统，而且在阐述儒家道统的过程中，对儒家传统的主

① 侯外庐主编：《中国思想通史》第4卷，上册，人民出版社1959年版，第337页。
② 同上书，第333页。
③ 陈来编选：《中国哲学的精神——冯友兰集》，上海文艺出版社1998年版，第174页。
④ 冯契：《中国古代哲学的逻辑发展》中册，上海人民出版社1984年版，第693页。
⑤ 崔大华：《儒学引论》，人民出版社2001年版，第416页。
⑥ 赵吉惠、赵馥洁主编：《中国儒学史》，中州古籍出版社1991年版，第484页。
⑦ 范文澜：《中国通史简编》（修订本）第3编，第3册，人民出版社1965年版，第720页。

体间关系思想做了新的诠释和发挥，为建构儒家主张的主体间关系，他在理论和实践上都进行了顽强的抗争，对后世产生了极其重要的影响，在今天仍有重要启发意义。

（一）主体间关系与人的精神信仰密切相关

佛教虽然宣称"众生平等"，"人皆可以为佛"，但佛教宣扬脱离尘世，主张严格的禁欲主义。把佛教的主张推行到底，人人不婚不育，人类必然要走向灭绝。主体不存在，也就不可能有主体间关系。而且，对佛教的过分推崇，必然带来对社会生产和生活的负面效应。唐代政治家狄仁杰曾描述当时佛门的情形，"逃丁避罪，并集法门，无名之僧，凡有几万"（《旧唐书·狄仁杰传》），佛门成了罪恶的渊薮。李峤曾说："今道人（即僧人）私度者几数十万，其中高户多丁，黠商大贾，诡作台符，羼名伪度，且国计军防，并人仰丁口，今丁皆出家，兵悉入道，征行租赋，何以补之?"（《新唐书·李峤传》）当时寺院中吸收的出家人，并不尽是真正宗教信仰的教徒，更多的是逃避政府赋税、兵役有钱、有田产的地主阶级，辛替否说："当今出财依势者，尽度为沙门；避役奸讹者，尽度为沙门。其所未度者，唯贫穷与善人。"又说："今天下之寺盖无其数，一寺当陛下一宫，壮丽之甚矣！用度过之矣！是十分天下之财而佛有七八。"（《新唐书·辛替否传》）这些都说明，唐代统治者对佛教的过分信仰和推崇，已造成对社会生产和生活的巨大干扰和破坏。基于这样的背景，韩愈说佛教是一种"寂灭"之道，这是具有超前眼光的。①

在 21 世纪的今天，信仰危机可以说是一种世界性的文化现象。世界上许多冲突、危机、恐怖事件，皆因不同文化及其信仰而引发。美国著名政治学家塞缪尔·亨廷顿（Samuel P. Huntington）在其《文明的冲突与世界秩序的重建》一书中认为，"冷战"后，世界格局的决定因素表现为七大或八大文明，即中华文明、日本文明、印度文明、伊斯兰文明、西方文明、东正教文明、拉美文明，还有可能存在的非洲文明。"冷战"后的世界，冲突的基本根源不再是意识形态，而是文化方面的差异，主宰全球的将是"文明的冲突"。亨廷顿的观点在世界范围引起很大的争议，但它确实在一定程度上揭示了当今文化与信仰问题的重要性。中国正进入历史的重要转型期，传统价值观念的丧失，市场经济发展的不成熟，对马克思主义的歪曲理解，使一些人完全丧失理想信

---

① 参见任继愈主编《中国哲学史》第 3 册，人民出版社 1964 年版，第 129—130 页。

念，精神空虚，灵魂无所依从，由此引发的不同主体间的冲突和矛盾已经到了令人发指的地步。党的十八大提出：要"广泛开展理想信念教育，把广大人民团结凝聚在中国特色社会主义伟大旗帜之下。大力弘扬民族精神和时代精神，深入开展爱国主义、集体主义、社会主义教育，丰富人民精神世界，增强人民精神力量。倡导富强、民主、文明、和谐，倡导自由、平等、公正、法治，倡导爱国、敬业、诚信、友善，积极培育社会主义核心价值观"。可谓抓住了当今问题的实质所在。

（二）对宗教的批判不能采取简单的方法

为了恢复儒家道统的主导地位，韩愈数次上书，主张对佛教采取政治强迫命令的措施，勒令僧众还俗，焚毁佛教经卷，没收寺院庙产。韩愈提出的这些主张，后来被唐武宗所采纳，结果皇帝增加了一批财富，搜刮到一大批纳税人口，但佛教和佛教的影响并没有由于雷厉风行的皇帝诏书就从人们的头脑中消逝。列宁曾经批评过那些以简单化的方式反对宗教，实际上是帮助了宗教[1]。韩愈本人实际上并没有认识到这一点，他反对佛教的方法归结起来就是，通过扶持一种新的宗教去反对另一种宗教，韩愈本人也因不合流俗而付出了巨大的代价。这说明，与宗教的斗争，不仅需要勇气，更需要适当的策略和方法。

马克思在批判费尔巴哈的宗教观时曾指出，费尔巴哈致力于"把宗教世界归结于它的世俗基础。他没有注意到，在做完这一工作之后，主要的事情还没有做"。[2] 这里所谓"主要的事情"，是说发现神圣家族的秘密在于世俗世界之后，对于世俗世界本身就应当从理论上进行批判，并在实践中加以变革。韩愈在批判佛教的过程中，只是指出了盲目推行佛教的后果，以及佛教在内容和形式与儒学的差别，但并没有指出佛教产生的社会根源和阶级根源，因而并没有能够从理论上彻底说服人。这就减弱了他理论的战斗性。

当今中国，最令人担忧的是基督教的传播和发展。据估计，改革开放以来，中国的基督教徒人数急剧膨胀，近年据保守估计在七千万人。更有西方媒体报道称达到一亿两千万，增长近 200 倍。尤其近年来在农村，村民以加入教会为荣，基督教呈蔓延之势。在浙江、河南一带，教会拉人入教，教会组织发展迅猛。它们的很多组织结构呈宝塔式，组织严密，人员稳定，有严格的隶属

---

① 《列宁选集》第 2 卷，人民出版社 1995 年版，第 252 页。

② 《马克思恩格斯选集》第 1 卷，人民出版社 1995 年版，第 59 页。

关系，有的教会甚至达几万人。在 20 世纪 90 年代出现的三班仆人教、东方闪电教都是这种形式的邪教组织，它们控制信徒达百万人之多，聚敛财富几千万元，成为轰动一时的大案。另外，家庭教会、培养神职人员的渠道也让人忧虑，他们在网上招聘一些年轻人甚至大学生，在秘密的地方进行学习，甚至三个月不准踏出门外。外界人不知他们在干什么，学些什么。他们在农村集会上到处散发传单，宣扬基督教教义和入教的好处，很有蛊惑性。一人入教介绍家人拉拢朋友加入教会，以发展教徒的多少决定在教会的位置，方式类似于传销活动。①

（三）正确处理各种理论主体间的关系

韩愈所处的时代，由于统治者的推崇，佛教、道教盛行，与儒家学说一起，形成了一种三足鼎立的局面，儒学以往的地位受到严重削弱。在这样的情况下，韩愈试图通过统治集团的力量，以政治斗争的方式，重新恢复儒学的主导地位，这在封建专制社会里是不可避免的。但他对待佛教和道教的方式，是非主体间关系的，也就是并没有把佛教和道教放在同等竞争的平台上，而是采取了"非此即彼"、"非你即我"的"你死我活"的斗争策略。实际上，在韩愈那个时代，要让三种不同的意识形态平心静气地和平相处也是不可能的。

20 世纪初，随着俄国十月革命的胜利，马克思主义传入中国，与中国工人运动相结合。随着中国共产党在全国的胜利和社会主义制度在中国的建立，马克思主义成为中国占主导地位的意识形态，其他意识形态曾经一度被视为"牛鬼蛇神"遭到清洗。但在今天，随着全球化的到来，中国已经进入一个多元发展的时代。马、中、西三种意识形态三足鼎立，马克思主义受到前所未有的新挑战，应对这种挑战，既不能采取行政命令的办法，也不能用开展大批判的方式。马克思主义必须学会善于吸收和融合各家各派的有益思想，主动适应时代需要，积极创新，走中国化、时代化、大众化之路，才可能在未来的斗争中赢得胜利。

① 参见蒲晓斌《基督教在中国发展现状及思考》，《宝鸡文理学院学报》2011 年第 3 期。

第七章 重申主体间的理性规约

——朱熹"克己为公"的建构

理学萌芽于唐中叶的韩愈和李翱，经北宋的周敦颐、程颢、程颐发展，到南宋时朱熹集其大成，其思想主要集中在《四书章句集注》、《四书或问》、《朱文公文集》，以及他的门人集录的《朱子语类》中。朱熹理学的创立，一方面是社会现实的需要，金兵南下，山河破碎，统治者意志消沉，不思进取，民不聊生，社会核心价值观念混乱，无所适从，迫切需要新的理论给人们以精神指导。另一方面，朱熹理学在理论上要进一步批判佛老之学，用完整而有说服力的儒学本体论对抗佛老之学对社会人生的思想侵蚀，以便进一步从根本上确立儒家的一统地位。这是自董仲舒、韩愈之后，儒学巩固其统治地位的又一次巨大努力，也是儒家主体间关系思想向前发展的重要环节。

一 朱熹主体间关系思想的构成逻辑

朱熹把孔子"仁者爱人"的思想无限放大，变成宇宙普适之"理"，而天理未有不善者，力图"明天理，灭人欲"，把儒家的"仁"贯穿于事事物物，而把其他非善的思想、恶的观念彻底予以消灭。朱熹的论证逻辑分为三个不同的层次。

（一）"理"在天地之先，为万物之本

朱熹认为，"理"在天地之先，为万物之本。"问：'昨谓未有天地之先，毕竟是先有理，如何？'曰：'未有天地之先，毕竟也只是理。有此理，便有此天地；若无此理，便亦无天地，无人无物，都无该载了！有理，便有气流行，发育万物。'曰：'发育是理发育之否？'曰：'有此理，便有此气流行发育。理无形体。'"（《朱子语类》卷1）先有理，才有天地万物，理是万物的

根本。"太极只是一个'理'字","有是理后生是气"（同上）。"理"为本，"气"为用。"理形而上者，气形而下者。"（同上）理气不可分离，不分先后，理依赖于气。"此本无先后之可言。然必欲推其所从来，则须说先有是理。然后无是气，则是理亦无挂搭处。"（同上）"若气不结聚时，理亦无所附著。"（同上）没有气，理也就没有可依托了。

"理"总起来是个"一"，是一般之理，分开来投射到具体的事物上，则表现万物特殊的、具体的"理"。理一分殊，"一实万分，万一各正，便是理一分殊处。"（《朱子语类》卷94）"所谓乾道变化各正性命，然总又只是一个理。此理处处皆浑沦，如一粒粟生为苗，苗便生花，花便结实，又成粟，还复本形。一穗有百粒，每粒个个完全，又将这百粒去种，又各成百粒，生生只管不已，初间只是这一料分去。物物各有理，总只是一个理。"（同上）理就是"太极"，太极生生不息，太极生出万物，万物又包含着太极，生生以至奥妙无穷。"太极如一木生上，分而为枝干，又分而生花生叶，生生不穷。到得成果子，里面又有生生不穷之理，生将出去，又是无限个太极，更无停息。"（《朱子语类》卷75）

然而，不管万物如何变化，归根结底它们都是理的变化形式，因而它们各自表现出来的理就没有什么不同，所谓"月印万川"，"万物一理"，朱熹对此的解释是："天之生物，有有血气知觉者，人兽是也；有无血气知觉而但有生气者，草木是也；有生气已绝而但有形质臭味者，枯槁是也。是虽其分之殊，而其理则未尝不同。"（《朱子文集》卷59）

（二）"仁"为"天地生物之心"

朱熹认为，"理"贯穿宇宙，而"理"的本质又恰在于"仁"。正如钱穆所说："天与人，心与理，宇宙界与人生界，皆在此仁字上绾合成一，许多道理条件，皆由此处生出，此处亦可谓朱子讲学一大总脑处，由此而推出其逐项分散处。"[①] 朱子《仁说》开篇即云："天地以生物为心者也，而人物之生又各得夫天地之心以为心者也，故语心之德，虽总摄贯通，无所不备，然一言以蔽之，则曰仁而已矣！"（《朱子文集》卷13）他还说："仁之为道，乃天地生物之心。"（《朱子文集》卷13）"浑然天理是仁"（《朱子语类》卷28），循天理便是义，"义者，天理之所宜"（《里仁》第四《论语集注》卷2），"礼者，

---

① 钱穆：《朱子新学案》，巴蜀书社1987年版，第176页。

天理之节文"（《朱子语类》卷6），所宜、节文，都是天理的存在形态。天理不仅表现为仁、义、礼、智四德，而且体现为人伦，"父子、兄弟、妇夫皆是天理自然，人皆莫不自知爱敬，君臣虽亦是天理，然是义合"（《朱子语类》卷13），父慈、子孝、弟悌、夫妇敬，都是天理之自然。同时，天理是心的本然，"盖天理者，此心之本然，循之则其心公而且正"（《朱子语类》卷13），心之本然是指心中浑然天理，而无一丝人欲之杂；天理是善，"性即天理，未有不善者也"（《孟子集注》卷11）。

何谓"仁"？朱熹说："仁者，爱之理，理是根，爱是苗。仁之爱，如糖之甜，醋之酸，爱是那滋味。"（《朱子语类》卷20）自孔子提出"仁者爱人"以来，后人论"仁"总是与爱联系起来或以爱释仁，都没有明确仁与爱的关系，朱熹则提出"仁为爱之理"，并说仁是未发，爱是已发，"仁是体，爱是用"（同上）。仁，是性也，性只是个理而已，爱是情，情则发于用。从而，以体用、性情、已发未发的关系论述仁与爱的关系。仁为体为性，而爱为用为情，从形上形下两层使仁与爱拉开了距离。这是朱熹的一大创造。朱熹认为，仁不仅是"爱之理"，也是"心之德"，二者之间的关系："爱之理，是偏言则一事；心之德，是专言则包四者。故合而言之，则四者皆心之德，而仁为之主，分而言之，则仁是爱之理，义是宜之理，礼是恭敬辞逊之理，知是分别是非之理。"（《朱子语类》卷20）仁有个"小小的仁"，有个"大大的仁"。从"大大的仁"看，是"仁为心之德"，而包四者，是合而言之，是总说；从"小小的仁"看，是偏言，专指"仁为爱之理"。朱子说："仁只是爱的道理，此所以为心之德。"（同上）正因为仁具爱的道理，所以才是心之德，也就是说，心所具备的"德"，正是"仁"所应当爱人利物这个道理。简言之，即是：仁者爱之所以然之理而为心所当具之德也。

"仁"包含着仁义礼智四德。朱熹在《仁说》中提出："故人之为心，其德亦有四，曰仁义礼智，而仁无所不包，其发用焉，则为爱恭宜别之情，而恻隐之心无所不贯。"仁在天为元亨利贞，在人为仁义礼智，而仁无所不包。朱熹发挥孟子仁义礼智思想，并提高了仁的地位，使仁由以前的四德之一成为四德之长，即仁包四德。在孟子那里，恻隐之心、羞恶之心、辞让之心、是非之心这四心并列，仁义礼智也是并列地位。朱熹还认为，仁为四德之统、德之宗，能统领四德。因为在所有的道德心中，惟有恻隐之心是动的，其他羞恶、辞逊、是非之心都是静的。"恻隐是个脑子，羞恶辞逊是非须从这里发来，若非恻隐，三者便是死物，恻隐之心通贯三者。"（《朱子语类》卷53）仁义礼智在未发时，四者都为性，已发之后，则表现为恻隐、羞恶、恭敬、是非之情。朱子区分了性与情的关系，并以体用关系区分，认为性是体，是未发，是静的；而情是用，是已发，是动的。而性根于心，于是，心、性、情形成三分架构，从而体现了朱子的"心统性情"之说。"盖人生而静，四德具焉，曰仁曰义曰礼曰智，皆根于心而未发，所谓理也，性之德也，及其发现，则仁者恻隐，义者羞恶，礼者恭逊，智者是非，各因其体以见其本，所谓情也，性之发也。"（《朱子文集》卷32）

（三）为仁者必先克己，"克己则公"

如何体"仁"？孟子提出了"尽心、知性、知天"的路线，他主张"养气"，"浩然之气"充塞宇宙从而达到天人合一的精神境界，心、性、天属于一个层次的概念。心性一贯，性天合一，是一个由恻隐之情一贯而上以体现本心的体悟的方法。朱熹则不同，他的仁只是一个"理"，不是孟子的本心。他提出"涵养须用敬，进学则在致知"。他要求通过心去穷理致知，久而久之，认识到"理"的体系，然后豁然贯通，才能体仁。朱熹提出："为仁者必先克己，克己则公，公则仁，仁则爱矣，不先克己则公岂可得而徒存？未至于仁，则爱胡可以先体载？"（《朱子文集》卷42）。因此，朱熹的路线首先是强调"克己复礼"，通过克己除却私欲。惟无私然后能仁，惟仁然后与天地万物为一体。他还说："欲真见仁的模样，须是从克己复礼做工夫去。"（《朱子语类》卷6）他比喻道："克己复礼如通沟渠壅塞，仁乃水流也。"（《朱子语类》卷41）。因此要达到仁的境地，做工夫处就是克己复礼。"惟克己复礼，廓然大公，然后此体大全，此用昭著，动静本末，血脉贯通尔。"（《朱子文集》卷32）"克己复礼为仁"是朱子继承孔子的思想，因此，在《仁说》中，朱子的求仁之方，首要的是"克己复礼为仁，言能克去己私，复乎天理，则此心之体无不在，而此心之用无不得也。"接着，朱熹认为，"克己则公"。这不仅是对程子及张轼等人提出的"仁"与"公"概念的吸收，同时也是朱熹对其不同看法的分辨。针对某些同时代学者提出的"以公为仁"的思想，朱子进行反驳，并阐明他对"仁"与"公"的看法。

朱熹认为，"理在天地间时，只是善，无有不善者"（《朱子语类》卷5），而"人欲"则不同。"人欲"又作"私欲"，在朱熹思想里是指不正当的"欲"，与一般的欲是有区别的。"人欲者，此心之疾疢，循之则其心私而且邪。"（《朱子语类》卷13）心之疾疢，就是心理有毛病，循此而去，其心就私、就邪。同时,他还认为,欲是情发出,正如"情"有"正"与"不正"之分那样,"欲"也有好坏之分,对于二程的人心即"私欲"(《二程全书·遗书》卷24)的观念,朱熹作了明确的修正和补充:其一,人心不完全是人欲,不能等同。"人心人欲也,此语有病,虽上智不能无此。"(《朱子语类》卷18)也就是说,人心有善有恶,上智的圣人亦具有人心。其二,人欲又不尽同于欲,欲是指人们对于物质生活的正当要求,"若是饥而欲食,渴而欲饮,则此欲亦岂能无"(《朱子语类》卷94),由此可以看出,朱熹并不否定人们追求维持生存的欲望,即肯定欲在一定限度内的合理性,因而反对佛教笼统地禁欲、无欲,"释氏欲驱除物累,至不分善恶,皆欲扫尽"(《朱子语类》卷126)。因此,朱熹所讲的"欲"有两层含义:一方面是指人们普遍的、共有的物质生活需求之欲,这种欲是合理的,是和天理一致的;另一方面是指乱于情而有的欲,即追求美味美色之欲、没有节度之欲,以及一己之私欲的贪欲,这种欲与天理不合,应予灭绝。

　　从"天理"、"人欲"的含义可以看出,朱熹所讲的"灭人欲",并不是要灭掉人所有的欲望,而是要灭掉人的无节度的欲望和贪欲,他所反对的"人欲"、"私欲"并不包括一般人的正常欲望。朱熹的"灭人欲"是与"明天理"相联系的,朱熹要明的"天理"就是仁、义、礼、智这些伦理道德,朱熹把"五常"即"仁、义、礼、智、信"作为人与人之间关系的伦理道德准则,强调以"理"来限制"欲",以"理"来灭"人欲"。对于灭什么"人欲",朱熹继承了自孔子以来儒家的基本观点,孔子并不否定人之欲求,只是反对贪欲,主张不过分、有节制的欲,朱熹也认为,"饮食,男女,固出于性"(《孟子或问》),并不否定人的物质生活需求的合理性,他反对的是纵欲、贪欲和私欲,而且朱熹之所以提出"明天理,灭人欲"的主张,并要求以"天理"即"五常"伦理规范来限制、灭绝人的"人欲",即纵欲、贪欲和私欲,这与朱熹所处的时代背景有密切联系。

　　朱熹的"明天理,灭人欲"命题是针对南宋社会危机提出的。与北宋相比,南宋的统治阶级更加昏庸无道,金兵入侵中原腹地后,南宋迁都杭州,面对山河破碎、民不聊生的社会现实,统治者不但苟且偷安、不思进取,还加紧盘剥劳苦百姓。据史书记载:南宋时繁重的赋税增加了六七倍,官府侵占的田地亦比北宋时期多三倍以上。辛弃疾对此曾有过这样的描绘:"田野之民,郡以聚敛害之,县以科率害之,吏以乞取害之,豪民以兼并害之,盗贼以剥夺害之……夫民为国本,而贪吏迫使为盗……"(《宋史·辛弃疾传》)。吴自牧在

《梦粱录》也有记载：当时，"公子王孙……更以沙笼喝道，将带佳人美女，遍地游赏，人都道玉露频催，金鸡屡喝，兴犹未已"。这些都说明了当时的南宋统治者只知寻欢作乐，不图收复中原失地。朱熹"明天理，灭人欲"的思想，在一定程度上，正是针对当时危乱的社会现实和腐败且不思进取的统治阶级而提出的，他力图使统治者和南宋士民能存理克欲，把"明天理，灭人欲"作为道德修养的核心问题来对待。在朱熹看来，"天理"是"人伦之本"，无论是"三纲五常"还是"仁义礼智"，都是由天派生出来的，人们的道德修养首先要从"人伦之本"抓起。同时，朱熹还强调"明天理、灭人欲"是为了帮助人们立身做人，"要识得道理去做人"（《朱子语类》卷 12）。更为重要的是，朱熹认为，"明天理，灭人欲"就是存善去恶，"盖天理者，此心本然，循之，则其心公且正"，"公正者，善之谓也"（《朱子语类》卷 13）。

二 朱熹主体间关系思想的历史影响

朱熹理学是继董仲舒、韩愈之后，巩固儒学道统的又一次努力，也是儒家学派对主体间关系的再一次建构，对后世产生了多方面的思想影响，体现在哲学、政治、文化等多个层面。

（一）儒家思想之大成

朱熹理学是南宋时期形成的以儒学为基础，吸收佛、道思想而建立起来的新的儒学理论体系。他的代表作《四书集注》花费了四十年的心血，当时和之后被法定为国家教科书，长期在全国宣扬。直到现在，我们读"四书"都要用他的注疏。原因在于：

1. 朱熹用毕生精力研究孔孟之道。朱熹恪守孔孟的教义，一生中除在江西、浙江、湖南、安徽逗留三年多外，其余近七十年都在福建各地学习、著述、讲学。他创建、修复、讲学过的书院有数十所之多，培养了大批知识分子。晚年定居在福建省建阳县的考亭，因此，朱熹的学说被称为闽学或考亭学派。朱熹几乎用毕生精力研究"四书"。他把《大学》、《论语》、《孟子》、《中庸》合为"四书"，并且精加集注。淳熙九年（公元 1182 年），朱熹在浙东提举任上首次把《大学章句》、《中庸章句》、《论语集注》、《孟子集注》合为一编，刊于婺州，史称"宝婺本"。从此，经学史上与"五经"相对的"四书"之名正式出现。朱熹把"四书"看成是百科全书，它包含了中国传统的儒家思想的各个方面，对后世产生了巨大的影响。朱熹在四十多年的学术生涯中，《诗》、《书》、《易》、《礼》无不研习，著述之丰空前，仅《宋史·艺文志》著录的著作即达四十余种，未著录的著作有二十多种，弟子们为其编纂的还有二十多种，总共有七八十种之多，实属于中国学术史上博学大家。《朱子语类》共计140卷。① 清圣祖玄烨云："惟宋之朱子注明经史……皆明确有据，而得中正之理，今五百余年，其一句一字莫有论其更正者，观此则孔孟之后，可谓有益于斯文，厥功伟矣。"（《清康熙壬辰年升祀朱子奏议》，《婺源县志》卷64）认为朱子的一字一句皆无可更改。朱熹的理论在朝廷的推崇、倡导下遮覆了古代中国整个后期社会，其人生理论也对中国古代的知识分子乃至庶民百姓产生了深广的影响。

2. 朱熹建构了儒学发展史上完整的理学体系。朱熹采纳了二程的理和诸家的太极说，并把太极训为理、总理。他说："盖太极是理，形而上者；阴阳是气，形而下者。"（《朱子语类》卷5）"太极只是一个理字。"（同上）"易者，阴阳之变。太极者，其理也。两仪者，始为一画，以分阴阳。"（《周易注·系辞上》卷3）太极即理，这是大同，"总天地万物之理，便是太极"（《朱子语类》卷94）。太极可训为道，"阴阳只是阴阳，道是太极。程子说：'所以一阴一阳者道也。'"（同上）

在朱熹看来，太极、理、道是一个实体概念，是形而上者。其所以阴阳者，是宇宙万物的本原。阴阳只是阴阳，是形而下者，太极产生阴阳二气，再演化为天地万物。所以他说："在事物而观之，则阴阳函太极；推其本，则太极生阴阳。"（《朱子语类》卷75）太极生阴阳，阴阳生万物，太极是"天地万物之根了"（《朱子语类》卷95）。朱熹吸取了周敦颐的"无极而太极"、邵雍的"道为太极"、二程的"万物皆只是一个天理"、张载的"太极"即"一物两体者"等思想，把"太极"训为"道"、"理"、"总理"，是产生"阴阳"的所以阴阳者，是万物的本根。朱熹把中国哲学的这几个基本范畴融为一体，从而建构了一个逻辑结构完整而严密的理学体系。

3. 朱熹成功地把儒释道融为一体。由于朱熹先后受学于佛老，与佛教的关系甚深。十九岁时，朱熹用禅学做文章而得中进士。他曾跟随名僧大慧宗杲的高徒谦开善禅师，与闽北的一些禅师来往也很密切。李侗教朱子坐禅入道，即是佛教的修行止观。朱子在阐述他的"理一分殊"命题时，引用佛教禅宗

---

① 萧萐父：《中国哲学史史料源流举要》，武汉大学出版社1998年版，第223页。

玄觉的"一月普照一切水，一切水月一月摄"来说明"理"与万事万物的关系，这就与佛教华严宗"一即一切"的思想相通。朱子理学中的"心包万理"，渊源于佛教的"心包万法"。他把"心"作为思维的主体，确是发前人所未发。他正确地指出，心动时主宰着全身的活动，静时又起着思考的作用。他把心看作一面本来是全体透明的镜子，认为只要擦拭干净，即能"真明无不到"。这种观点也与佛教相通。

朱熹对老庄道学的嗜好也相当深，对道学的研究可说是恒久不断。朱熹理学的最高范畴"理"、"太极"以及"理在事先"的基本命题，其渊源可通过周敦颐的《太极图说》上溯到老子的"道"。《太极图说》开宗明义第一句就是"自无极而为太极"。意即"无极"在"太极"之前，"无极"是宇宙万物的本原。这一基本思想正是来自《老子》一书的"天下万物生于有，有生于无"。朱熹把"理"解释为"太极"，他认为万事万物都各自有"理"。朱熹在《中庸章句》里引程子的一段序说：《中庸》"始言一理，中散为万事，末复合为一理。'放之则弥六合，卷之则退藏于密。'"朱熹关于"理"的许多论述，是与这段序说联系着的。他认为"理在气先"、"理是本"，这些都受道学影响。此外，朱熹曾为东汉道士魏伯阳所著《参同契》作注，并作《周易参同契考异》，足见他对道教很重视。葛洪《抱朴子》内篇，袭用道家术语，提出"玄者，自然之始祖，而万殊之大宗也"。它的性质是："眇昧乎其身也，故称微焉；绵邈乎其远也，故称妙焉；其高则冠盖乎九宵，其旷则笼罩乎八隅。"[①] 朱子理学同道教的"玄"也是相通的。

（二）封建国家之基石

经过多年的战乱，宋朝统治者希望长治久安。建隆二年（961 年），赵匡胤问他的宰相赵普："天下自唐季以来，数十年间，帝王凡易八姓，战斗不息，生命涂地，其故何也？吾欲息天下之兵，为国家长久计，其道何如？"（《谈资治通鉴长编》卷二）随着宋代土地私有制的进一步发展，土地兼并日益严重，农民起义风起云涌。王安石在《上仁宗皇帝言事书》中谈道："盖汉之张角，三十六方同日而起，而所在郡国，莫能发其谋；唐之黄巢，横行天下，而所至将吏，无敢与之抗者。汉、唐之所以亡，祸自此始。"（《临川集》卷 39）宋代统治者重佛的势头有增无减，特别是在学者和士大夫中好佛和研

---

① 王明：《抱朴子内篇校译》，中华书局 1985 年版，第 1 页。

究佛学，蔚然成风，影响甚大。朱熹在董仲舒的基础上，进一步突出儒学的教化作用，维护了封建国家的长治久安。

1. 以"三纲五常"论证君臣父子关系。朱熹说："三纲五常，天理民彝之大节，而治道之本根也。"（《朱文公文集》卷14）他在"五常"中突出的是仁义，在"三纲"中突出的是"君臣之义"和"父子之恩"，认为"仁莫大于父子，义莫大于君臣，是谓三纲之要、五常之本、人伦天理之至"（《朱文公文集》卷13）。他主张维护君主至高无上的权威，反对削弱或旁落君权。"君臣之际，权不可略重，才重则无君。"（同上）朱熹还说，"五常是理"（《朱子语类》卷94），"理便是仁义礼智"（《朱子语类》卷3），"只是事物当然底道理"（《朱子语类》卷59），是事物"固有所当然而不容已者"（《朱子语类》卷18）。封建道德是"古今共由之理"，"如父之慈，子之孝，君仁臣忠，是一个大公共底道理"（《朱子语类》卷13）。既然封建纲常同"理"一样，是事物发展的必然性，是人际关系中必须体认的当然道理和必须遵行的共同准则，那么封建纲常秩序便成为神圣不可违抗的永恒的"天理"。

2. 以"理一分殊"论证封建等级制度的合理性。朱熹说："理皆同出一原，但所居之位不同，则其理之用不一。如为君须仁，为臣须敬，为子须孝，为父须慈。物物各具此理，而物物各异其用，然莫非一理之流行也。"（《朱子语类》卷18）"理"本原是一个，这是"理一"；人在社会中所处的社会地位不同，这是"分殊"。分殊之理体现的是"各自有等级差别"（《朱子语类》卷98）。分殊之理的作用不一，指的是人各应尽的名分也是不同的。如君仁臣敬、父慈子孝，尽管履行封建道德有所不同，然而都是"理一"的流行。在朱熹看来，君臣父子各得其位，各尽其分，就是"各得其利，便是和"（《朱子语类》卷4）。显而易见，这是为封建等级制度进行辩护的理论。朱熹说："若概以理一，而不察乎其分之殊，此学者所以流于疑似乱真之说而不自知也。"（《朱文公文集》卷97）朱熹倡导"理一分殊"，强调"分殊"，鼓吹"和而有别"（《朱子语类》卷22）这不是偶然的。他指出："君尊于上，臣恭于下，尊卑大小，截然不可犯。"（《朱子语类》卷97）如果"等贵贱，均贫富"打破了封建等级制度，平分了土地，导致"上下相攘夺，便是不义不和"（《朱子语类》卷22）。所以，朱熹认为"君君臣臣，父父子子，兄兄弟弟，夫妇朋友，各得其位，自然和"（同上）。可见朱熹正是以"理一分殊"说来否定农民起义的"等贵贱，均贫富"要求。"理一分殊"说的阶级实质，正在于此。

3. 以气禀说来划分"智"与"愚"、"圣"与"众"的差别。朱熹说："上知生知之资，是气清明纯粹而无一毫昏浊，所以生知安行，不待学而能，如尧舜是也；其次则亚于生知，必学而后知，必行而后至；又其次者资禀既偏，又有所蔽，须是痛加工夫，人一己百，人十己千，然后方能及亚于生知者。"（《朱子语类》卷4）朱熹以气禀来划分智与愚、圣与众、善与恶，无非是说明劳动人民应当授受圣人君子的教化改造，为"劳心者治人，劳力者治于人"提供理论依据。朱熹"明天理，灭人欲"的理欲观也具有为封建道德和维护封建等级制度服务的成分。他说："圣人千言万语，只是教人明天理、灭人欲。"（《朱子语类》卷12）圣人所说的"天理"，"只是仁义礼智的总名"（《朱文公文集》卷40），"亲亲之杀（差），尊贤之等，皆天理也"（《中庸章句集注》）。可见，"明天理"，就是体认和实践"天理"，即实行封建道德和维护封建等级制度。所说的"人欲"，指的是私欲邪念。朱熹认为人们正当的欲望要求是"天理"，应当得到满足，但他反对一般人的物质生活享受。可是，帝王达官的享乐欲求，他却视为"天理"。理欲在不同人身上的体现，他称之为"天理人欲，同行异情"（《孟子集注·梁惠王下》），为了存理去欲，他提出"窒欲"的主敬方法。"欲，只是要窒"，"敬则天理常明，自然人欲惩窒消治"（《朱子语类》卷12）。主敬工夫，"只是内无妄思，外无妄动"（同上），这是以封建主义的"义理"禁锢人们的身心，使人们就范于封建主义的礼教藩篱之中。

（三）备受争辩之学理

朱熹作为儒家学说的集大成者，一方面，他通过儒家经典的注解，进一步发扬了孔子"仁者爱人"的精神，强调"仁"为天地生物之心。另一方面，又通过突出"三纲"，强化封建礼教和封建等级制度。朱熹在世时，其学说就已引发了多方面的争论。他与江西的陆九渊兄弟辩论，也同浙江的陈亮等人辩论，形成了一个影响广泛的学术派别。

朱熹生前，理学的命运并不佳。当时，由于统治阶级内部的矛盾，有所谓"道学之禁"。淳熙十年（1183年），郑丙上疏，请禁道学。"近世士大夫有所谓道学者，欺世盗名，不宜信用。"（《宋史纪事本末·道学崇黜》）陈贾要求朝廷"明诏中外，育革此习！"当时有人劝朱熹收回"正心诚意"之论。朱熹说："吾平生所学，惟此四字，岂可隐默以欺吾君乎！"淳熙十五年（1188年），兵部侍郎林粟弹劾朱熹说："熹本无学术，徒窃张载、程颐之绪余，为浮诞宗主，谓之道学，妄自推尊。所至辄携门人数十人，习为春秋、战国之态，妄希孔、孟历聘之风。"（《宋史纪事本末·道学崇黜》）要求禁绝理学。当时，叶适为"道学"进行了辩护。他指出："谓之道学一语，利害所系，不独于熹。"（《水心文集》）宁宗时，朱熹为侍讲，先后四十余日，为皇帝讲大学格物致知，正心诚意之学。但不久，又"落职罢祠"。由此，道学之禁又演为"伪学之禁"。叶翥、刘德秀等人上疏说："伪学之魁，以匹夫窃人主之柄，鼓动天下，故文风未能丕变。乞将语录之类，尽行除毁。"（《宋史纪事本末·道学崇黜》）有人甚至要求加少正卯之诛，"斩熹以绝伪学"。但是，朱熹死后不久，理学的命运开始好转。理宗宝庆三年（1227年），朱熹理学成为官方哲学。①

　　元朝统一全国后，朱熹哲学在全国包括北方，得到广泛传播，其影响所及，远远超过了南宋。但从哲学思想的发展看，朱熹哲学在这一时期进一步发生了变化。在当时的朱熹后学中，影响较大的有许衡、吴澄等人，他们进一步发展了朱熹哲学中的心学思想，并同陆学结合起来，因而出现了朱陆合流的趋势。他们为了解决朱熹哲学中越来越明显的矛盾，提倡简易工夫，主张向内发展，掀起了一股心学思潮。但是，也有像刘因、金履祥、许谦这样的人，继承了朱熹的"即物穷理"之学，并对心学思潮进行了批判。

　　明朝初年，朝廷颁修《五经大全》、《四书大全》、《性理大全》。科举考试，以朱熹注解为标准答案。理学家如宋濂等人，无不尊信朱熹哲学。但宋濂已上接许衡、吴澄等人的思想路线，很强调心的作用。他以求我寸心、自我觉悟为为学首要任务。他说："世人求圣人于人，求圣人之道于经，斯远矣。我可圣人也，我言可经也，弗之思耳。"（《梦山杂言》，《宋学士全集》卷27）这是强调以自我为主体的心学思想。而他的弟子方孝孺，却注重于"博文约礼"，"格物致知"，提倡笃行践履，反对空谈心性，批判心学派"弃书语，绝念虑，锢其耳目而不任，而侥幸于一旦之悟"。他认为，心学来源于西域"异说"，只能愚其身而不可用于世。学者们不辨其非，好而学之，"何其甚惑也？"（《赠金溪吴仲实序》，《逊志斋集》卷14）他主张读书穷理，反对自我觉悟而同宋濂异趣。薛瑄是朱熹哲学向气学方面发展的重要人物，吴与弼则开了明朝心学一派之先河；陈献章进一步把朱熹理学真正变成了心学。到明朝中

---

　　①　参见蒙培元《理学的演变：从朱熹到王夫之戴震》，福建人民出版社1984年版，第91—92页。

期，理学发生了明显的分化。一方面，演变成心学，并由王守仁集其大成。另一方面，转化为唯物主义，其主要代表是罗钦顺、王廷相。

明末清初，我国涌现出一批思想家，黄宗羲、王夫之是这一时期的杰出代表，他们对理学进行了总批判、总清算。黄宗羲揭露封建国家是以"大公"来掩饰一家之私："以我（君主）之大私为天下之大公。"（《明夷待访录》）因此，"天下之大害者，君而已矣"（《明夷待访录》）。他主张，"以天下为主，君为客"（《明夷待访录》）。他批判理学的"君臣之义"，"而小儒规规焉，以君臣之义，无所逃于天地之间"（《明夷待访录》）。王夫之提出，"天下唯器而已矣。道者器之道，器者不可谓道之器也。无其道则无其器，人类能言之。……无其器则无其道，人鲜能言之，而固其诚然者也。"（《周易外传》卷五）他批判程朱理学"理在事先"的客观唯心论，阐明了"理在事中"的唯物思想。指出程朱理学"然仅有得于理，因立之以概天下"（《续春秋左氏传博仪》）。认为程朱理学的错误在于"立理以限事"，即在事物之上，凌驾一个"理"，事物只能按这个"理"来发展，"理"成为事物发展的桎梏。他主张"有即事以穷理，无立理以限事"（《春秋左氏传博仪》卷下）。戴震的批判锋芒更加锐利，问题也更加集中。他疾呼，理学"以理杀人"。他说："人死于法，犹有怜之者，死于理，其谁怜之？"（《孟子字义疏证》）自程氏提出"饿死事小，失节事大"，多少妇女死于理。死于理，不但无人怜惜，而且为之盖"贞节牌坊"，以褒奖其"死得好"。戴震肯定人是生而有欲的。他说："有是生，故有声色臭味之欲。"（《孟子字义疏证》）欲是自然，理是必然，"故归于必然，适完其自然"（《孟子字义疏证》）。程朱把人欲视为罪恶之渊数，戴震则看到了另一面，即人欲在推动社会经济发展中的作用。他说："不仁，实始于遂其生之心；使其无欲，必无不仁矣。然使其无此欲，则天下之人，生道穷促，亦将漠然视之。"（《孟子字义疏证》）戴震强调要满足人欲，同时亦强调提高社会道德，以遏止人欲横流。他说："欲遂其生，亦遂人之生，仁也。欲遂己之生，至于戕人之生者，不仁也。"（《孟子字义疏证》）

近代国学大师汤用彤先生对朱子理学给予了很高的评价，纠正了以往对其不正之讥，如："支离"、"迂阔"、"烦琐"等，而赞扬说："朱子之学欲收人之放心，退人欲以尊天理，惧学者之失于浮光掠影而言穷理以救之；惧学者之荡检逾矩而言主敬以药之；惧学者之偏于自觉而不反求诸己，乃以反躬实践之言鞭策之。使学者一本诸心，刻刻实在，有体有用，诸儒之学说未见若是之深切也。"① 进而感叹:"故吾国不患无学术,不患无高尚之学说,而勇于开山难于守成,勇于发扬而难于光大,时至今日,数千年文明之古国亦遂学绝道丧,寂寂无人矣,未尝非学者之罪也。"② 当代中国哲学家陈来充分肯定朱熹在哲学史上的地位,认为朱熹在广泛吸取了包括北宋五子在内的整个古典文化的基础上,以"理一分殊"的宝塔式结构,建立起一座宏伟的哲学大厦,"表现了当时民族哲学思维的最高水平"。同时,他认为,朱子哲学中的哲学命题和他对许多问题的讨论在内容上大都具有多方面、多层次的不同含义,"造成了朱子哲学的复杂性"。③

三　朱熹主体间关系思想的当代启迪

朱熹是儒家思想的集大成者,他通过建立理学本体论,把孔子"仁"的思想抬到至高无上的地位,要求"明天理,灭人欲",时刻保持对他人的"善"念,而消除自私自利的"恶"念。这对于建立当今的主体间关系仍然是有借鉴意义的。

(一)形上诠释仍可为当世之鉴

自孔子创立儒学以来,儒家思想在各个不同时期都受到严峻的挑战。孔子在世时曾游说于列国,却未见大效,晚年不得不以著述教学为务。先秦时期,孟子和荀子从人性论视角宣扬孔子思想,也未能赢得各国君主的采纳。秦始皇统一中国后,儒家成为第一号的攻击对象,儒学遭到"焚书坑儒"的下场。直到汉武帝时,董仲舒从"天人合一"视角阐发儒学,将儒学与"天意"结合起来,"罢黜百家,独尊儒术",儒学独占鳌头。但不久佛教传入中国,经魏晋南北朝以至隋唐,儒释道呈三足鼎立之势,韩愈力主排除佛老,恢复儒家道统,但韩愈的论述主要因时而发,并没有形成完整的理论体系,难以从根本上阻止佛老。

朱熹一生讲论、著述、撰注、编辑。居家则寒泉谈经、武夷授课、沧州讲学,外任则白鹿书院、漳州道院、岳麓书院,随政兴学,门人弟子遍布天下。

---

① 《汤用彤文集》,天津人民出版社 1985 年版,第 13 页。

② 同上书,第 24 页。

③ 陈来:《朱子哲学研究》,华东师范大学出版社 2000 年版,第 8、9 页。

晚年遭庆元党禁，风烛之年，仍编纂礼书，考异参同，订正韩文，集注楚辞，死前尚在病榻讲解《太极图说》，修改《中庸》、《大学》。在这一过程中，他融会儒释道各家思想，通过注释六经，建立了庞大的理学体系，从而把儒家的一般伦理原则提升到哲学本体论的高度，奠定了儒学在中国古代社会整个后半阶段的统治地位。《宋史·道学传》云："迄宋南渡，新安朱熹得程氏正传，其学加亲切焉。大抵以格物致知为先，明善诚身为要，凡诗、书，六艺之文，与夫孔、孟之遗言，颠错于秦火，支离于汉儒，幽沉于魏、晋、六朝者，至是皆焕然而大明，秩然而各得其所。此宋儒之学所以度越诸子，而上接孟氏者欤。"① 认为孔孟儒学先遭秦焚书坑儒之害，后被汉儒歧解，在魏晋六朝更受冷落，而朱子则直续二程，上接孔孟儒学正统而光大之，其功不可灭。这充分说明在理论阐释中，本体论的诠释才具有根本性和彻底性，而理论彻底就能说服人。朱熹哲学思想是中国古代哲学思想的一次大综合，朱熹建构其理论体系的方法是值得借鉴的。

现在，哲学界流行着一种观点，他们往往依据现代西方哲学家的说法，把一些体系性的构思斥之为宏大叙事。这种观点是值得怀疑的。在笔者看来，本体论是哲学作为一门学科区别于其他学科的根本标志，是哲学自身存在的标志，也是哲学研究得以展开的前提。在中外哲学史上，有影响的哲学家总是与一定的宏观体系和本体论相联系。实际上，即使现代西方哲学家，在反对体系，解构传统形而上学的同时，也不自觉地建构着自己的体系。要对时代发展有一个好的解释，仍然需要从本体论、存在论上下功夫。就目前我国哲学界的情况而言，能够称得上体系的东西实在是太少了。我们所需要的正是那些能够大开大辟，引领时代，把中国哲学推向世界前沿的哲学家。朱熹注解六经，建构儒学宏大体系的方法，仍是有借鉴意义的。

（二）内无"私欲"则外无"妄动"

朱熹并不一般地反对人欲，而是反对人欲中的私欲。他主张，"革尽人欲，复尽天理"，"天理存，则人欲亡；人欲胜，则天理灭。未有天理人欲夹杂者"（《朱子语类》卷13）。朱熹提出如此严苛的要求，是有一定时代背景的。实际上，理欲关系在中国哲学史上有着长久的争论。朱熹将"理"、"欲"严格区分开来，他所讲的"理"，相当于社会运行中的必然性、合理性；而他

---

① 脱脱等：《宋史》，中华书局1985年版，第12710页。

所讲的"人欲",相当于"私欲",是违背社会一般原则的自私行为,或过度的欲求。实践表明,凡是较好的主体间关系,都是因为交往双方能够克制自己的私欲,在一定程度上考虑对方的要求;凡是不够融洽的主体间关系,总是因为双方或双方中的某一方过于自私,不知克制造成的。朱熹认为,克制私欲的关键在于人的内心修养。他提出"窒欲"的主敬方法。认为"欲,只是要窒","敬则天理常明,自然人欲惩窒消治"(《朱子语类》卷12)。主敬工夫,"只是内无妄思,外无妄动"(同上)。他认为:"只是讲明义理以淑人心,使世间识义理之人多,则何患政治之不举耶!"(《朱子语类》卷13)在他看来,只要以义理正君心、正民心,国家政治就能治理好,就能实现王道盛世。这或许有点幼稚,但不可否认的是,提高主体的内心修养,把不好的念头消灭在萌芽状态,这确实是处理好主体间关系的必要前提。至于由此引起的负面效应,则另当别论。

　　人类社会的发展史,一方面是欲求不断扩大、提高、膨胀的过程;另一方面也是不断克制自己私欲的过程。近代以来,正是人类的欲求导致了工业革命、科技革命和交通革命,也导致了两次世界大战。当前,人类正面临着新的危机:生态恶化、能源减少、贫富悬殊、毒品泛滥、恐怖主义与民族分裂主义活动愈演愈烈,等等。中国正处在走向现代化的重要转折时期,发展的不平衡,导致某些人心理失衡,灵魂严重扭曲。人们越来越多地发现,克制不正当的欲求,光靠加强主体的自身修养还不够,还必须通过一定的法律和制度来限制人们的私欲。两次世界大战后,包括联合国在内的国际性、世界性组织越来越多,人们正在通过各种方式方法减少或去除私欲,宣扬和保护"天理"。

(三) 革尽封建遗毒始能建构现代理性国家

　　朱熹理学的迂腐,以及统治者片面推行朱熹理学,导致束缚人们思想发展,其负效应必须予以否定。首先,朱熹理学以维护封建礼教和尊卑等级为前提。朱熹以"饿死事小,失节事大"的信条反对寡妇再嫁。他极力赞同程颐的主张:"昔伊川先生尝论此事,以为饿死事小,失节事大。自世俗观之,诚为迂阔;然自知经识理之君子观之,当有以知其不可易也。"(《朱文公文集》卷26)朱熹在任官期间,大力推行妇女"守节"。他在知南康军时,表彰"婺源陈氏,守节不嫁,遂蒙太宗皇帝赐以宸翰,宏以官资旌表门闾……此足见其风俗之美。"(《朱文公文集》卷99)他还主张打官司不是先问是非曲直，而以是否违反"父子之亲，君臣之义，三纲之重"加以惩罚。朱熹说："凡有狱讼必先论其尊卑上下长幼亲疏之分，而后听其曲直之辞。凡以下犯上，以卑凌尊者，虽直不右；其不直者，罪加凡人之坐；其有不幸至于杀伤者，虽有疑虑可悯而至于奏谳，亦不许辄用拟贷之例。"（《朱文公文集》卷14）戴震深刻揭露理学"以理杀人"的罪行，他指出："尊者以理责卑，长者以理责幼，贵者以理责贱，虽失，谓之顺；卑者幼者贱者，以理争之，虽得，谓之逆。……上以理责其下，而在下之罪，人人不胜指数。人死于法，犹有怜之者；死于理，其谁怜之！"（《孟子字义疏正》卷上）更为荒谬的是，甚至违背丧礼都要处以刑罚。朱熹说："三年之丧，天下之通丧也。""居父母之丧"的人，要着丧服"不饮酒，不食肉，不入房室"。如果"忘哀作乐，徒三年，杂戏徒一年，即遇乐而听及参加吉席者，各杖一百"（《朱文公文集》卷100）。俨然把违背丧礼视为违法，可见礼教的残酷。朱熹理学还把官逼民反的农民暴动视为"犯义，犯分"，是"天理"所不容的，主张"尽力扑讨"（《朱文公文集》卷27）。当金兵入侵中原，民族矛盾上升为南宋社会的主要矛盾时，有识之士叶适尖锐地指出："今日存亡之势，在外而不在内。"朱熹却建议孝宗"先以东南之未治为忧"，主张先安内而后攘外，以镇压农民起义为当务之急。

其次，理学空谈义理性命，贻害甚大。朱熹读经、读书的治学方法，像颜元所指出的，"以章句为工夫，以著述为事业"，"半日静坐，半日读书"（《朱子语类评》）。这种读死书、空谈性命的后果，"为士者耻言文章行义，而曰尽心知性；居官者耻言政事书判，而曰学道爱人，相蒙相欺，以尽废天下之实，则亦终于百事不理而已"（《龙川文集》卷1，《戊申再上孝宗皇帝书》）。朱熹理学所塑造的忠臣孝子，要求做到"君令臣行，父传子继，道之经也"（《朱文公文集》卷14）。强调"臣子无说君父不是底道理"，才是"君臣之义"。如此践行臣子之道，只能导致愚忠、愚孝，无补于整治国家和移风易俗。与孔子主张的"以道事君"、"以礼敬父"相去甚远。朱熹理学读经重在章句义理和个人道德修养，旨在成圣成贤，轻视对自然知识的探索，强调对"三纲五常"的体认和践行，鄙视对质测之学的学习和实践，"乃兀然存心于一草一木、一器用之间，此是何学问？"（《朱文公文集》卷39）妨碍了我国古代自然科学和哲学的长足发展。元明两代，以《四书集注》作为科举考试的内容和标准答案，非朱注观点，视为异说。清代大兴文字狱，凡是同《四书集注》有异议的，皆视为"抵毁"程朱思想，以"异端"论罪。如清御史谢济世，有人揭发他注释《大学》，毁谤程朱便被罚当苦差。后来，乾隆还亲自审查他注的经书，批为"自逞臆见，肆底程朱，甚属狂妄"，勒令"所注经书"悉行烧烬。这种做法，罪在清朝统治者，固不待言，但是，由于统治者把《四书集注》神圣化所造成的流毒影响，却是不可低估的。

第八章 强调主体间的良知原则

——王阳明"视人犹己"的建构

无论董仲舒强调的"天",还是韩愈倡导的"道",或朱熹所讲的"理",都力图把孔子的"仁"对象化,作为体认和实践之对象。与上述三种情形相反,王阳明则广泛吸纳陆九渊等人的思想,建构心学体系,明确提出,人皆同胞手足,本无贵贱之分,后世"霸者之徒,窃取先王之近似者,假之于外以内济其私己之欲,天下靡然而宗之,圣人之道遂以芜塞"(《答顾东桥书》)。王阳明认为,"良知"是人之本体,社会人伦是"良知"的流行,只要"致良知",发明本心,去除私欲,就能使社会重归圣贤之道。这实际上是说,一个社会的主体间关系,完全取决于主体自身的自觉。

一 "发明本心"就能"穷理尽性"

王阳明认为,宇宙的主宰是人心而不是天理,世间的事事物物都因人心而成,所以,穷理不必到人心之外去"格致",而只在发明本心,澄明"良知",时时处处,"视人犹己,视国犹家",将不善之念在未萌之际克倒,如果这样,圣人制定的伦理原则也就自然实现了。

(一) 扭转穷理致善的思维方向

据王阳明门人黄以方记载:王阳明早年笃信朱熹理学。他与一位姓钱的朋友一起探讨如何格竹子的道理,结果朋友"竭其心思至于三日,便致劳神成疾"。王阳明以为这是他精力不足所致,于是他自己去穷格,"早夜不得其理,到七日,亦以劳思致疾"。这使他认为,"圣贤是做不得的",因为没有那么大的力量去格物。后来他被贬到贵州龙场三年,对其中的意思才有了深切体会,"及在夷中三年,颇见得此意思,乃知天下之物本无可格者。其格物之功,只在身心上做"（《黄以方录》）。王阳明认为，朱子"格物"之训，未免牵强附会，非其本旨。"于事事物物上求至善，却是义外也。"（《徐爱录》）所谓"格物"，只要在心上下功夫就可以了，"心外无理，心外无事"（同上）。人心并不仅仅是一团血肉，而是人之视、听、言、动的主宰，正是人心保证了人之行为的善。"所谓汝心，却是那能视、听、言、动的，这个便是性，便是天理。有这个性，才能生这性之生理，便谓之仁。这性之生理，发在目便会视，发在耳便会听，发在口便会言，发在四肢便会动，都只是那天理发生。以其主宰一身，故谓之心。这心之本体，原只是个天理，原无非礼。"（《薛侃录》）

只有人心才能唤醒万物，赋予万物以意义。"身之主宰便是心，心之所发便是意，意之本体便是知，意之所在便是物。如意在于事亲，即事亲便是一物；意在于事君，即事君便是一物；意在于仁民、爱物，即仁民、爱物便是一物；意在于视听言动，即视听言动便是一物。所以某说无心外之理，无心外之物。"（《答顾东桥书》）如果把心与理一分为二，离开人心而求物理，就是失其根本。"夫析心与理而为二，此告子义外之说，孟子之所深辟也。务外遗内，博而寡要，吾子既已知之矣，是果何谓而然哉？谓之玩物丧志，尚犹以为不可欤？"（同上）有人问王阳明，你说天下无心外之物，那长在山间的花树，在深山中自开自落，于我心有什么关系呢？王阳明回答说："你未看此花时，此花与汝心同归于寂。你来看此花时，则此花颜色一时明白起来。便知此花不在你的心外。"（《钱德洪录》）"同归于寂"就是同归于寂灭，存在相当于不存在；"明白起来"就是将此花树唤醒，赋予其意义，将一个死物变成活物。"夫人者，天地之心。天地万物本吾一体者也。"（《答聂文蔚》）心的本性就是性，性就是理。穷尽仁的理，就是使仁成为至仁；穷尽义的理，就是使义成为至义。仁、义只是我的本性，所以，"穷理就是尽性"（《薛侃录》）。王阳明的论述，不仅突出了人在天地间的主体性，更为论述主体间关系做了铺垫。

人心的内容十分丰富，从不同的视角去看，就会呈现出不同的内涵。"性一而已，仁、义、礼、知，性之性也；聪、明、睿、知，性之质也；喜、怒、哀、乐，性之情也；私欲、客气，性之蔽也。"（《答陆原静书》）人因所秉气质的不同，所表现出来的情欲也有所不同。"质有清浊，故情有过不及，而蔽有浅深也。"私欲、客气，是一种病的两种痛法，并不是两种东西。

（二）专注人心"良知"的本来面目

王阳明认为，人心最大的特点是拥有"良知"。所谓"良知"就是"不虑而知，不学而能"的本能（《答聂文蔚》）。良知即是未发之中，就是廓然大公、寂然不动的本体。良知无间圣愚，天下古今相同。人正因为有良知，因而"见父自然知孝，见兄自然知弟，见孺子入井自然知恻隐，此便是'良知'，不假外求"（《徐爱录》）。也正因为良知，君子视人犹己，视国犹家。"世之君子惟务致其良知，则自能公是非，同好恶，视人犹己，视国犹家，而以天地万物为一体，求天下无治，不可得矣。"（《答聂文蔚》）这就是说，"良知"是"视人犹己，视国犹家"的根本。

王阳明认为，良知是人的本来面目。上古之人因为秉持良知，看待别人就像看待自己一样，因而相互生活十分美满。"古之人所以能见善不啻若己出，见恶不啻若己入，视民之饥溺，犹己之饥溺，而一夫不获，若已推而纳诸沟中者。非故为是而以蕲天下之信己也，务致其良知，求自慊而已矣。"（同上）尧、舜、禹、汤、周文王、周武王等圣人的时代就是这样。后世之人因为丧失了良知，因而互相倾轧，天下动荡纷纭，祸乱不断，无穷无尽。"后世良知之学不明，天下之人用其私智以相比轧，是以人各有心，而偏琐僻陋之见，狡伪阴邪之术，至于不可胜说。外假仁义之名，而内以行其自私自利之实；诡辞以阿俗，矫行以干誉；掩人之善而袭以为己长，讦人之私而窃以为己直。忿以相胜而犹谓之徇义，险以相倾而犹谓之疾恶，妒贤忌能自犹自以为公是非，恣情纵欲而犹自以为同好恶。相陵相贼，自其一家骨肉之亲，已不能无尔我胜负之意，彼此藩篱之形，而况于天下之大，民物之众，又何能一体而视之？则无怪于纷纷籍籍而祸乱相寻于无穷矣！"（同上）

如何恢复人的良知呢？王阳明反复向人们推荐的是儒家的教理和制度。他说，圣人教育的重要内容，就是尧、舜、禹相传授的"道心惟微，惟精惟一，允执厥中"。而他们教育的具体项目就是舜命令契的所谓"父子有亲，君臣有义，夫妇有别，长幼有序，朋友有信"五个方面而已。尧、舜和夏、商、周三代，教育的人只用这些教育，学习的人只向这些学习。当时，人人没有不同的意见，户户没有不同的习惯。能自然做到这些的叫作"圣"；能努力做到这些的叫作"贤"。而违背这些的，即使他像丹朱一样聪明，也叫作"不肖"。在街巷田野的下层，从事农、工、商的下民，也都在学习这些，大家都把修养德行当作首要任务。为什么呢？因为它们没有繁杂的见闻、烦琐的记诵、糜滥的词章、功利的追逐，而只让他们去孝敬父母，敬重兄长，诚信待友，以恢复人们共同的心体。这本来是人天性中固有的，而不是从外面借来的，这样，又有哪个人不能做到呢？"下至闾井田野，农、工、商、贾之贱，莫不皆有是学，而惟以成其德行为务。何者？无有闻见之杂，记育之烦，辞章之靡滥，功利之驰逐，而但使之孝其亲，弟其长，信其朋友，以复其心体之同然。是盖性分之所固有，而非有假于外者，则人亦孰不能之乎？"（《答顾东桥书》）

（三）省察克治私念于方萌之际的方法

王阳明认为，天理和人心本是一个心。人心在没有夹杂人为因素时叫作道心；夹杂人为因素时叫作人心。人心一旦被私欲蒙蔽、良知受到外界干扰，就会善未易察，理未易明，善恶不辨。圣人之所以成为圣人，就是因为他们懂得在良知上下功夫，使自己的心不为私欲遮蔽，永远像一面明亮的镜子，事物的善恶美丑一呈现就自然地被分析得清清楚楚。"圣人致知之功，至诚无息，其良知之体，皦如明镜，略无纤翳。妍媸之来，随物见形，而明镜曾无留染。"（《答陆原静书》）能否致良知，是圣人和一般人的区别所在。"良知良能，愚夫愚妇与圣人同。但惟圣人能致其良知，而愚夫愚妇不能致，此圣愚之所由分也。"（《答顾东桥书》）

那么，如何来致良知呢？他提到了一些基本的方法，其中首推"省察克治"。王阳明认为，人易受各种私欲蒙蔽，因而在生活中就应时时将好色、好货、好名等私欲"逐一追究，搜寻出来，定要拔去病根，永不复起，方始终为快"，私念一有萌动，"即与克去，斩钉截铁，不可姑容他方便"（《陆澄录》），也就是"防于未萌之先，而克于方萌之际"（同上）。这就是他所谓的"省察克治之功"。在省察过程中，要时时进行，不论在静还是动。"静时念念去人欲，存天理；动时念念去人欲，存天理。不管宁静不宁静，无时可间。"通过"减得一分人欲，便是复得一分天理"，最后达到其心"纯乎天理而无一毫人欲之私"的圣人境界。实际上要求人们时刻要内省慎察，不至于恶由微而著。

王阳明主张"知行合一"，认为知行两者实际上为同一过程的不同方面。他论述道，知是行的主意，行是知的功夫，知是行之始，行是知之成。若会得时没，只一个知，已自有行在；只一个行，已有知在，圣学只一个功夫，知行不可分作两事（《徐爱录》）。行中含知，两者不可分离。因而他主张在习行中学习知。"夫学问思辨行，皆所以为学，未有学而不行者也，如言学孝，则必服劳奉养，躬行孝道，然后谓之学，岂徒悬空口耳讲？而遂可以谓之学孝乎"，"食味之美恶必待入口而后知"，"路岐之险夷必待身亲履历而后知"（《答顾东桥书》）。实际上就是要求人们一方面省察自己的"良知"；另一方面要把学问所得付诸实践，不能理论上一套，行动上是另一套。

二　明清启蒙与近代思想解放的理论先导

王阳明心学本质上是对程朱理学的反动，他打破程朱理学一统天下的局面，对明清之际的思想启蒙，对近代的维新变法，甚至于现代思想解放，都产生了巨大的历史影响。

（一）明清之际思想启蒙的重要铺垫

王学崛起于明代中叶的弘治、正德之际，此时朱子学依然处于官方正统的地位。孔、孟、程、朱既是知识的权威，也是人们必须顶礼膜拜的偶像。按照明代的法律，人们的言论只要与圣贤相左便被视作"非圣无法"，就连演戏扮演他们的形象，一旦有所不当也被视作亵渎圣贤的行为，必须治以重罪（《大明律·禁止搬做杂剧律令》）。那些被世人敬重的理学家，即所谓"醇儒"、"名儒"，都是"一禀宋人成说"，或"恪守宋人矩矱"者，似乎程朱理学便是学问的顶峰，人们不需要再思考什么，只要照着做便行了。理学蒙昧主义已经使人完全成了圣贤偶像的奴隶和儒家经典的蛀虫。正是在这样的历史条件下，王阳明发出了"致良知"的呼唤，如同一帖清凉剂，使许多人从理学的思想禁锢中惊醒过来，进而引发人们对儒家圣贤偶像和经典权威的怀疑和批判。"致良知"说的提出，在当时起了"震霆启寐、烈耀破迷"（《明儒学案·师说》）的作用，使一路凯歌前进的程朱理学走完了自己的鼎盛期。

王学所造成的巨大影响，历史文献多有记载。顾宪成在《小心斋札记》卷3中说："当士人桎梏于训诂词章间，骤闻'良知'之说，一时心目俱醒，恍若拨云雾而见白日，岂不大快，然而此窍一凿，混沌遂亡。"顾炎武说："自弘治、正德之际，天下之士，厌常喜新，风气之变，已有其所从来。而文成以绝世之资，唱其新说，鼓动海内。嘉靖以后，从王氏而底朱子者始接踵于人间。"（《日知录》卷18）正史则如《明史·儒林传序》也称王学"门徒遍天下，流传逾百年"，《明史·邓元锡传》又说："时心学盛行，谓学惟无觉，一觉即无余蕴，九容、九思、四教、六艺皆桎梏也。"这些记载均表明，在王学崛起之后，人们确实受到了强烈思想震荡，并使根深蒂固的传统观念受到了强烈挑战。

王阳明高举"本心"、"良知"大旗，反对以孔子之是非为是非。李贽对此大为赞扬,提出了"是非无定质,无定论"的主张,意在"颠倒千万世之是非"。在怀疑和批判的基础上,李贽一方面认为,人人具有共同的天赋本能,用人人生来平等的观点反对封建等级制度;另一方面,他又认为人人具有不同的个性,用个性解放的思想反对封建名教的束缚。李贽认为,"天下无一人不生知",(《焚书·答周西岩书》)"人即道也,道即人也。人外无道,道外无人"(《李氏文集·明灯道古录》),且主张"人但率性而为,勿以过高视圣人之为可也。尧舜与途人一,圣人与凡人一"(《李氏文集·明灯道古录》)。这种"圣凡平等"的思想,来自王阳明而又超出王阳明。因为王阳明虽然推倒了孔孟程朱的偶像,却又重新树立了对圣贤的迷信。而李贽则根本取消了圣凡之间不可逾越的界限,认为圣人和凡人同样是人,同样具有"德性",凡人的行为和圣人的行为都是"率性而为",并无高下之分的观点。李贽也讲论"礼"和"德性",其内容却不是以名教束缚个性,而是高扬人的个性自觉。在他看来,"德性"即是人们"不齐之物情",即人们的各种不同的爱好和倾向,对于这些不同的爱好和倾向,我们只能"任之",而不能"强齐之"。因此,李贽认为:所谓的"礼"只能是保证实现这些不同爱好和倾向的"千万万活泼泼之理",而不能是限制这些爱好和倾向的"无所逃于天地之间的"、"一定不可易"的名教。(《李氏文集·明灯道古录》)

李贽十分厌恶道学家"阳为道学,阴为富贵,被服儒雅,行若狗彘"的无耻和虚伪,揭露了道学家们于人心之外别立道心的欺骗性,公开亮出了"无私则无心"的主张,肯定了"私欲"的合理性。"夫私者,人之心也。人必有私,而后其心乃见;若无私,则无心矣。"(《藏书·德业儒臣后论》)李贽这些具有异端性格的个性解放思想,其理论基础是他的"童心"说。他在《焚书·童心说》中认为:"童心者,真也。若以童心为不可,是以真心为不可也。夫童心者,绝假纯真,最初一念之本心也。若失却童心,便失却真心;失却真心,便失却真人。人而非真,全不复有初矣。"这个"绝假纯真"的童心便是没有受到封建义理熏染的赤子之心。李贽要求复"真心",做"真人",呼唤"最初一念"的觉醒。李贽所说的"童心",正是王阳明那里的"本心"、"良知"。但是,与王阳明"良知"说相比,李贽的"童心"说却是反其意而用之。在王阳明那里,良知即是义理,是否符合天理,应当以良知为准则;在李贽这里,义理蒙蔽童心,义理灌输得越多,童心丧失得越多。显然,童心说来自"良知"说,却突破了"良知"说的框架,两者之间存在着批判继承的逻辑联系。

　　黄宗羲是明清之际最伟大的启蒙思想家之一。黄宗羲本人在其"运以别识心裁"的巨著《明儒学案》写成十七年后，写下了一段堪称晚年定论的话。序首开宗明义声言："盈天地皆心也。变化不测，不能不万殊。心无本体，工夫所至，即其本体。故穷理者，穷此心之万殊，作穷万物之万殊也。穷心则物莫能遁，穷物则心滞一隅。"这段话，实际上是黄宗羲对其一生从事哲学活动的总结，其中充满了关于心学的精神。王阳明曾强调"心即理"，"心之所以为心，不在明觉而在天理"，"致吾心良知之天理于事事物物，则事事物物皆得其理"，"向外寻理，终是无源之水"，等等，这些话黄宗羲在《明儒学案》中被推崇为阳明心学之大旨。王阳明又有"心无体，以天地万物感应之是非为体"之说，故强调"知行合一"，且以力行为工夫，富有合理因素。黄宗羲吸取这一思想，提出"工夫所至，即其本体"，意在说明："心"的主体作用之实现过程，也就是"本体"被发现或被把握的过程，其现实意义是批判蹈虚、空疏学风，反对抛弃"工夫"的清谈心性，提倡重实践，重实证的经世致用的风气。关于"工夫"，由于宋明道学把认识论问题伦理化，把理性认识与道德意识糅混为一，故涵有"成德"工夫与"致知"工夫两种意义。而学者予此各有偏重，朱陆分歧，由此发轫。王阳明"致良知"、"知行合一"等议论，多偏重"成德"工夫，为救阳明之失，刘宗周之"慎独"说，强调"离物无行"、"吾孺自'心'而推之'意'与'知'，其工夫实地却在'格物'"（《子刘子学言》卷3）。黄宗羲更是强调博学，以为"儒者之学，经纬天地"（《南公文定》后集3），应通过"读书"来"证斯理之变化"，"格物务极其至"（全祖望：《梁洲先生神道碑》），以求达到"深求其故"的目的。其所言"工夫"，已偏重"致知"、"道问学"方面，但又强调在博学的基础上还要独立思考，"务得于己"、"取证于心"（《南苗文案》卷1《挥仲升文集序》）。这表明，黄宗羲善于汲取阳明心学的精粹，并赋予理性觉醒的新意。

　　需要指出的是，即便是黄宗羲最富于民主性的思想精华，也与王学的发展具有历史的和逻辑的联系。黄宗羲首先揭露了君主和万民的矛盾，强烈抨击封建专制的罪恶，提出了"天下为主，君为客"的政治原则。这在很大程度上，是在阳明后学（泰州学派）以及刘宗周（王学殿军）思想基础上进行的理论创造和发展。深受阳明心学影响的泰州学派开山祖师王良，曾率先从"孝"的规范中引申出"爱身"、"敬身"、"保身"，最后又落实到"爱我"，并认为人的自然情感和生存本能是社会秩序的根本所在。何心隐又进了一步，他把对"孝"、"仁"范畴的改铸，上升到对"忠"的范畴的新解，他以建立在"真性"、"真情"基础上的师友关系,取代绝对服从、尊卑等级森严的君臣关系。认为君臣应该"相师"、"相友","君者,均也"(《何心隐集》卷1),从而于五伦中弃其四,"独置身于师友贤圣之间"(《何心隐论》)。刘宗周主张"君臣之义,本于情决"(《子刘子行状》),要求把君臣之义建立在纯真情感的基础上,反对"舍情而言义"。到了黄宗羲,便不再停留在道德层面的批判上,而是围绕君臣关系这个核心,强调对封建政治制度的批判。在黄宗羲看来,君臣不是主奴关系,不应尊卑有别,而应是平等的互为师友关系,更不能以父子关系比拟君臣关系。父子之间,无论其子孝或不孝,其亲子关系是"固不可变"的,而君臣关系则不然,"吾无天下之责,则吾在君为路人。……以天下为事,则君之师友也"(《明夷待访录·原臣》)。这种强调君臣平等的思想,在明清之际,颇具启蒙性质。①

(二) 近代社会变革的心力资源

心学作为正统理学的"异端",在近代勃然而兴,除了严复对它小有微词外,从魏源到康有为、谭嗣同、梁启超、章太炎无不对之推崇,情景颇为壮观。它成为许多改良人士的强大的心力资源。

王阳明所讲的"心"虽为本体,但却并不具有超验的形式,它内在地存在于天地万物之中,这种带有泛神论色彩的心物一体说为康有为所接受。不过,康有为、谭嗣同将侧重点转向了心与物的彼此相通。在康有为看来,心与以太、电等并无内外之分:"不忍人之心,仁也,电也,以太也,人皆有。"②这种"人人皆有"的不忍人之心不应只局限于一家一邑,而要推广到全国、全球,达到"以天下为一家,中国为一人,血气相通,痛痒相知"的地步。至于最广大的"仁",最高的"觉识",则爱的范围是没有边际的:"以天天为家,以地地为身,以人类为吾体,我爱之周之,血气通焉,痛痒觉焉。"可见,康有为要以人的主观精神来拥抱、感通整个宇宙,以普通的仁爱精神取代主宰宇宙的冷酷的"理"。这里实现了从以王阳明的"心"为第一原理到康有为的"以太"为第一原理的转化,其原因当然并不仅仅是思辨兴趣变化的结果,在它的背后,是更深刻的观念的更替。这一点,谭嗣同作了很好的说明:"以太也,电也,心力也,皆指出所以通之具","通之象为平等","万物一

---

① 参见刘辉平《王阳明心学与明清之际早期启蒙思潮》,《中州学刊》1994年第2期。

② 康有为:《孟子微》,中华书局1987年版,第9页。

体，慈悲生心……人人平等，人人自主。"在这里，植根于近代社会之中人人平等的政治主张，在形式上直接表现为心物一体、物我相通的准泛神论的逻辑引伸。

王阳明认为"心"具有先天地判断是非、美丑、善恶的能力，进而提出"养心不动"。康有为对此加以发挥。他说："行吾心之安，虽天下谤之而不顾"，"故人之所以异于人者，在勉强学问而已。夫勉强为学，务在逆乎常纬。"而一般人又常常陷于习俗，不能自拔。"积习深矣，欲矫然易之，非至逆安能哉！故所贵勉强行道也。"要冲破传统的俗见俗行，实现创造进化，不仅要有敢于向习俗挑战的勇气，而且要有独到深刻的见识，更要有执着的意志。这样，"发明本心"成为康有为破除经书束缚的工具，陈腐儒学似与改良主义理论相一致。康有为以"六经注我"的创造性方式，重新解释儒学，如他的两部著作《新学伪经考》和《孔子改制考》，就是不惜"强孔子以从己"行为的成果。照康有为的说法，人们不必拘守古籍中词句的本来意义，也不必太认真看待其中所讲的事情，完全可以借用对古籍奥义的自由解释表达自己的思想。为把《春秋》变成变法维新的根据，康有为袭取王阳明"五经为糟粕"的说法，提出了"《春秋》本义不在事和文"的观点。在康有为看来，孔子作《春秋》，就是自立一"改制"的宗旨，任意取舍、删减、修改材料来加以说明。梁启超曾说"托古改制"就是"极大胆之论，对于数千年经籍谋一突飞的大解放，以开自由研究之门"，此并非纯为溢美。尽管康有为、梁启超的创造性观念仍然是暧昧不清的，但有一点可以肯定，那就是：只有由"心"的逆乎常纬，创造性才能显现。

王学蕴含着个体自由解放的精神。中国社会进入近代以后，个性解放逐渐成为一种时代的要求。戊戌变法时期的思想家们不断地试图从传统中寻求反封建专制的理论依据，而肯定个体性原则的王学，因此受到了推重。梁启超在专为新国民道德而作的《新民说》中不讳言他所受王学的影响："专述王学与其门下之言者，所原学在是，他虽有精论，未尝能受也。"[1] 通过王学，梁启超将自由与政治上的独立自由联系起来。"吾以为，不患中国不为独立之国，特患中国今无独立之民。故今日欲言独立，当先言个人之独立，乃能言全体之独立。"[2] 基于这种认识，梁启超力倡强矫不倚的豪杰精神："若夫豪杰之士，虽

① 《新民说》，《饮冰室合集》专集之三，中华书局1994年版，第143页。
② 《十种德性相反相成义》，《饮冰室合集》专集之二，中华书局1994年版，第44页。

无文王犹兴……强矫不倚，独往独来于世界之上，以一人而造举世之风潮者也。"① 前此，王阳明曾推崇"无所待而兴"的豪杰品格，李贽也正是由此提出"不庇于人"的主张。但梁启超不仅仅沿袭王学，他所向往的，并非王阳明所追求的不为世俗所染的完美的封建理想人格，而是具有天赋权利、个性充分发展的近代"新民"人格。为实现道德与政治上的自由，首先需要做到的是个体精神的自由。"自由者，奴隶之对待也"，而"奴隶"之中，又以"心奴"为大，"辱莫大于心奴，而身奴为末矣"。所谓心奴，主要是指盲目地依傍服从外在的权威。"若有求真自由者，其必自除心中之奴隶始。"作为达到个性自由的前提，"除心奴"的基本要求是反对盲从，康有为说："夫勉强为学，务在逆乎常纬。"所谓逆乎常纬，也就是以理性思考否定对传统权威的迷信。对此，梁启超有更具体的阐述："我有耳目，我物我格，我有心思，我理我穷。高高山顶立，深深海底行。其于古人也，吾时而师之，时而友之，时而敌之"。这里，"我"取代了外在的偶像，"我思"成为裁断的唯一法则。康有为、梁启超的看法明显地渗透着王氏"良知"准则论的影响，这可以从梁启超的评价中得到印证："学者或问王子：'近来工夫稍知头脑，然难寻个稳当处。'子曰：'只是致良知。'曰：'如何致？'子曰：'一点良知是尔自家的准则，尔意念着处，他是便知是，非便知非，更瞒他一些不得，尔只不要欺他。实实在在依着他做去，善便存，恶便去，何等稳当！'此真一针见血之言哉！"（梁启超：《新民说·论私德》）② 推崇之意，溢于言表。不过，康有为、梁启超在肯定王阳明将良知视为个体"自家准则"的同时，又摈弃了王阳明把自家准则限制在天理框架内的理学观点。对康有为、梁启超来说，所谓"我有心思"、"我理我穷"，也就是通过主体的独立思考以破"心奴"的过程，而破"心奴"的同时即意味着否定对天理的盲从。这种以"我思"破"心奴"的主张，与西方近代崇尚理性、反对盲目信仰的人文主义思潮相照应。

（三）资产阶级民主革命的思想支撑

在资产阶级革命派中，孙中山、章太炎、宋教仁等人亦受到阳明心学的影响。孙中山接受阳明心学的影响主要从两个方面反映出来：其一，在知行观上，他吸取阳明"知行合一"说，进一步发展为"知难行易"论。1918 年，

---

① 《论独立》，《饮冰室合集》专集之五，中华书局 1994 年版，第 8 页。
② 参见陈雅琴《近代心学复兴之路》，《中州学刊》2001 年第 3 期。

孙中山提出"知难行易"说。他认为，虽然人类很早以前就会做许多事情，但并不知晓其中的道理。只有在经过数十百年、甚至千年的"行"之后，才逐渐明白。这说明"知"和"行"比较起来，"知"是困难的，"行"是容易的。孙中山的"知难行易"观，所强调的是"知"的重要性，其目的在于解决人们的信仰问题，认为只要信仰问题解决了，事情就好办了。虽然就其目的来看，二人相距甚远。但显而易见的是，孙中山从王阳明"知行合一"思想中受到启发。孙中山认为，只要革命党人接受他的思想，统一认识，协调斗争，就能打倒北方军阀政府，完成他建立一个真正的资产阶级民主共和国的愿望。其二，在人类社会发展动力问题上，孙中山提出"心为万事之本"的思想，同样受到古代心学思想（包括王阳明的心学思想在内）的影响。他说："夫国者人之积也，人者心之器也，而国事者一人群心理之现象也。是故政治之隆污，系乎人心之振靡。吾心信其可行，则移山填海之难，终有成功之日；吾心信其不可行，则反掌折技之易，亦无收效之期也。心之为用大矣哉！夫心也者，万事之本源也。"① 孙中山认为，革命所以受挫、建设无法开展，是由于人们的心理存在障碍，只要充分揭示"心"的作用，最终唤起民众，就可扫清革命与建设的路障，实现民主共和的愿望。这一思想贯穿于孙中山的后半生。

　　章太炎对国学的研究，自然也包含着对阳明心学的精心研究，表现出有褒有贬、相互矛盾的特性。这与他本身思想的发展过程有着密切的关系。他早年潜心经学研究。后来，在民族危机日益严重的情况下，产生变革现实、改良中国的思想主张。再后来，摆脱改良主义的影响走向了革命的道路。在这一基础上，他进一步指出："观守仁诸说，独'致良知'为自得，其他皆采自旧闻，工为集合，而无组织经纬。"② 但在加入中国同盟会之后，章太炎对阳明心学的态度却有所转变。他称赞阳明心学"所谓我见者，是自信，而非利己。犹有厚自尊贵之风。尼采所谓超人，庶几相近。排除生死，旁若无人，布衣麻鞋，径行独往，上无政党猥贱之操，下作懦夫奋矜之气，以此揭橥，庶于中国前途有益"③。在《论教育的根本要从自国自心发出来》一文中，章太炎针对有人说"中国本来没有学说"的谬论，在对宋明理学提出批评的同时，进一步肯定了阳明心学之合

① 《孙中山选集》，人民出版社1981年版，第116—117页。
② 章太炎：《訄书·王学第十》，华夏出版社2002年版，第39—40页。
③ 章太炎：《答铁铮》，据1907年《民报》第14号。

理性。

据蒋介石本人讲，他从十八岁即开始研究王阳明的思想，在以后的几十年中，他尤其对《传习录》与《大学问》两个小册子百读不厌，爱不释手。他甚至大讲“革命哲学”，鼓吹要救国，复兴民族，“非把中国固有的民族哲学整理起来不可”。他所说的中国固有哲学就是大学之道，孔子之道，其中自然包括产生于明代中叶的阳明心学。20 世纪 30 年代初，蒋介石大力倡导力行哲学，其核心思想就是阳明心学。将“行”说成是超时空的绝对，决定自然与社会发展的最后本体。认为宇宙之间，只有一个“行”字才能创造一切，“行”的哲学就是唯一的人生哲学。与此同时，他将力行哲学的目标界定为实现“良知”，认为“行”是与生俱来的良知良能。日本之所以富强，一个最为根本的原因，就是日本人向中国学习了中国的儒道，尤其是王阳明学说。他强调，“我们只要每个人照着自己良心上所认为应该做的事去做，则一切不好的动念……都可以消除净尽，这就是‘致良知’”①。然而，蒋介石所倡导的“致良知”的前提却完全是按照他本人的意识来作标准的，其功利性是不待而言的。

（四）毛泽东“心力论”思想的重要来源

阳明心学对毛泽东的影响，也十分明显。毛泽东说，他在湖南第一师范读书期间，对他影响最大、印象最深刻的老师是杨昌济。毛泽东说，杨昌济老师“讲授伦理学，是一个唯心主义者——但是是一个道德高尚的人。他对自己的伦理学有强烈信仰，努力鼓励学生立志做一个公平正直、品德高尚和有益于社会的人。在他的影响下，我读了蔡元培翻译的一本伦理学的书，而且在这本书的启发下写了一篇题为《心之力》的文章。我当时是一个唯心主义者，杨昌济老师从他的唯心主义观点出发，高度赞赏我那篇文章，给了我一百分”②。在《〈伦理学原理〉批注》中，毛泽东写道：“我从前固主无我论，以为只有宇宙而无我。今知其不然。盖我即宇宙也。各除去我，即无宇宙。各我集合，即成宇宙，而各我又以我而存，苟无我何有各我哉。是故，宇宙间可尊者唯我也，可畏者唯我也，可服从者唯我也。”③ 这段文字，完全是陆、王“吾心即

---

① 白纯：《简论二十世纪三十年代蒋介石力行哲学》，《历史学研究》2003 年第 8 期。
② 人民出版社编：《毛泽东一九三六年同斯诺的谈话》，人民出版社 1979 年版，第 26 页。
③ 《毛泽东早期文稿》编辑组：《毛泽东早期文稿》，湖南出版社 1990 年版，第 231 页。

是宇宙，宇宙即是吾心"的翻版。可以肯定地说，在此之前，毛泽东已经深研过陆王心学，只不过在读泡尔生伦理学的过程中，把原有的思想激发出来了。他说："意志力，心力。"① 杨昌济作为毛泽东的老师，他经常用自己所掌握的心学观点来教育包括毛泽东在内的学生。

杨昌济同样主张"知行合一"，即理论与实践相结合。"知行合一……知则必行，不行则为徒知；言则必行，不行则为空言；自觉与活动乃不可相离者也。无活动则无自觉，故实行尚焉。博学、深思皆所以指导其力行也，而力行尤要。力行为目的，而博学、深思为方法。博学而不行，何贵乎学？深思而不行，何贵乎思？能力行，则博学、深思皆为力行之用；不能力行，则博学、深思亦徒劳而已矣。"② 从这种观点出发，杨先生既主张博学、深思，又强调躬行实践，坚决反对学用脱节、读书脱离实际。他自己的一生，就是知行统一、言行一致、学用结合和注重实践的光辉榜样。杨先生的这种正确的治学主张，青年毛泽东和他的同学们自然会奉为楷模而躬行实践的。

魏斐德认为，毛泽东主义是作了马克思和王阳明实践理论之间的"中介"。王阳明的实践形式不是作为解决真理问题的逻辑方法而提出来的。它的提出是为了防止善的追求者由于过分迷恋抽象的存在之理而忽视了从事世俗活动的必要性。而马克思的实践是直接反对唯物主义忽视人的意识的那种赤裸裸的庸俗性的。马克思把认识置于行动之前，从而试图运用他的辩证法来解决西方哲学史中抽象理论与具体实践之间那个众所周知的二元论问题。王阳明的解决方法是一种平等相容的一元论，是一种包含整个宇宙和强调变革事物以知之的实践。只要其他人能够从事行动，就可以使意志与抽象知识分离开来。"毛泽东显然是以一种能使他完全忽视错误意识问题的方式来将上述两种实践传统结合在一起的。"③ 这是很有见地的。

三　以心求仁的当代启迪

阳明心学不仅是孔孟以来心性、良知说的集大成，在封建专制的条件下提出"心外无理，心外无事"的判断，认为经过自身省察克治的功夫，去除

---

① 《毛泽东早期文稿》编辑组：《毛泽东早期文稿》，湖南出版社1990年版，第270页。

② 张万禄：《毛泽东的道路（1893—1921）》，陕西人民出版社2000年版，第154—155页。

③ ［美］魏斐德：《历史与意志——毛泽东思想的哲学透视》，李君如等译，中国人民大学出版社2005年版，第288页。

"私心"的蒙蔽，"人皆可以为尧舜"，达于"视人犹己，视国犹家"的境界，具有重要的现实意义。

（一）孔孟以来心性良知说的集大成

心性、人性是先秦儒家关注的要点。在孔子的时代，这种特点尚未得到充分、鲜明的展示。在代表孔子思想的经典文本《论语》中，基本上没有关于"心"的讨论，也仅有两次提到"性"的问题，即"夫子之言性与天道，不可得而闻也"（《论语·公冶长》）和"性相近也，习相远也"（《论语·阳货》）。由此可见，"心"与"性"尚不是孔子关心的重点所在。但到战国中后期的孟子，人性、心性问题成为先秦儒学的一个理论重点。子思、孟子、荀子和告子的著作与言论中，关于"心"和"性"的讨论异常丰富多彩。如孟子说："尽其心者，知其性也，知其性则知天矣。""君子所性，仁义礼智根于心"（《孟子·尽心上》）。《管子·心术》上下、《内业》篇说有关于心的学说。其一，以为心是感官的统率。"心之在体，君之位也；九窍之有职，官之分也。"（《管子·心术上》）"无以物乱官，毋以官乱心，此之谓内德。"（《管子·心术下》）"我心治，官乃治；我心安，官乃安。治之者心也；安之者心也。"（《管子·内业》）其二，以为感情欲望都是有害于心的。"心处其道，九窍循理；嗜欲充盈，目不见色，耳不闻声。"（《管子·心术上》）其三，提出心中有心之说。"心之中又有心。"（《管子·心术下》）"心以藏心，心之中又有心焉。"（《管子·内业》）意谓心能自己认识自己。[①] 在先秦哲学家中，论心最详者为荀子。荀子认为心是感官之总枢，感官只能感物，由感而有知，是心之作用。"形具而生，好恶心喜怒哀乐臧焉，夫是之谓天情。耳目鼻口形，能各有接而不相能也，夫是之谓天官。心居中虚，以治五官，夫是之谓天君。"（《天论》）同时，荀子还认为，心是身之主宰，有制约情欲的力量。

孟子在《尽心》篇首次对"良知"作了论述。他说："人之所不学而能者，其良能也；所不虑而知者，其良知也。孩提之童，无不知爱其亲者，及其长也，无不知敬其兄也。亲亲，仁也；敬长，义也。无他，达之天下也。"（《孟子·尽心上》）在孟子看来，"良知"首先是一种"不虑而知"的心理活动。《说文解字》训曰："良，善也。从富省亡声。"朱熹《四书章句集注》

---

① 　参见《张岱年全集》第 2 卷，河北人民出版社 1996 年版，第 262 页。

云："良本然之善也。"二程认为，"良能良知，皆无所由，乃出于天，不系于人。"（《二程遗书》卷2上）汉代赵岐《孟子注》则云："不学而能，性所自能。良，是人之所甚能也。"清代焦循《孟子正义》继承了此说："良能犹言甚能，良知犹言甚知，即最能最知；最能最知，即知之最、能之最也。""良知"范畴在《孟子》中仅出现过一次，远没有得到充分的讨论、分析。稍后于孟子的荀子提倡性恶论，"良知"自然没有容身之处。两汉经学中鲜有讨论心性问题，遑论"良知"。孟子的"良知说"在儒学传统中似乎发生了"历史的断裂"。直至魏晋、隋唐，佛学大兴。大乘佛学中关于佛性问题的讨论进一步丰富、深化了中国思想史中的心性学说。

在中国佛教史上，首次提出"一切众生悉有佛性"的是晋、宋之际的高僧竺道生。竺道生将"佛性"视作先验的存在于众生之中的"种子"，是修行成佛的内在依据，并由此力倡"一切众生，皆当作佛"，"一切众生，莫不是佛，亦皆泥洹"（《妙解莲花经注疏·见宝塔品》）。竺道生的佛性学说，就主体范畴而言，它的内涵和先秦儒家的心、性范畴是趋向高度一致的。竺道生以降，中国佛性论以心释性的倾向日益明显。在所谓"佛性十一家"（《大乘玄论》）、"佛性体六师"（《涅槃宗要》）、"本三家末十家"（《大乘四论玄义》）中，以"心"释性成为一种普遍现象。在唯识宗经典《成唯识论》中，"阿黎耶识"的佛性说和"染净所依"的阐释突出了"心识"的重要性。这种以"心"为中心、突出主体的佛性思想在禅宗六祖慧能的《坛经》中得到了最为充分的体现："佛性本清净"是慧能著名的传法偈。"本性是佛，离性无别佛。""佛是自性，莫向身外求。"因此，慧能最大限度地消解了"佛"的外在权威，从而将"佛性"彻底落实到了人性之中："人性本净。""菩提般若之智，世人本自有之。""万法在诸人性中。"[①] 佛性即人性，即人即佛，因此，《坛经》讨论的重心并非抽象的、形而上的"真如"、"法性"，而是现世的、具体的人性。

最早看到朱熹理学体系内在矛盾的是心学家陆九渊，他坚决否定了外在的"理"的本体地位，提出所谓"宇宙便是吾心，吾心即是宇宙"的新论断。（《陆九渊集》卷36）由此，"理"与"气"，"心"与"性"之间的紧张关系得到了很大程度上的缓解。陆象山认为："盖心，一心也；理，一理也。至当归一，精义无二，此心此理，不容有二。"（《陆九渊集》卷1）虽然陆象山没

---

① 郭朋：《坛经校释》，中华书局1983年版，第25、33、37、54、72页。

有明确地提出"良知本体",但在他的思想体系中,良知的内涵得到了丰富和扩充。王阳明则进一步完善、深化、扩充了陆象山的心学思想体系,提出了"致良知"的学说。从理学到心学,是宋明理学发展史的一条主脉,随着"心"的范畴的逐渐突出,随着宋明诸儒关于心性问题思考的日渐深入,先秦心性论(主要是孟子)中的"良知"范畴也逐步呈现于理学(心学)的视野中。"良知"是随心体而呈现的,"良知本体"也成为心学所特有的理论范畴。到此,儒家的心性学说得到空前的发展,王阳明也因此而成为孔孟心性学说的集大成者。[①]

(二) 主体及主体平等精神的高扬

早在 14 世纪,欧洲掀起了一场轰轰烈烈的文艺复兴运动,思想家们大力鼓吹人的价值、人的尊严,以为宇宙之中,人才是最可宝贵的,主张以人为本,尊重人、关心人,反对封建等级制度,冲破传统束缚对人性的压抑和摧残。这是一场前所未有的人文主义运动,它成为欧洲近代民主运动的先导。而在东方,在中国,在 15 世纪末至 16 世纪初,则出现了大思想家王阳明。他鼓吹人的主体精神,以为"心即理",天地万物之理只是我心,以为人只须去除一切私欲,回复己心固有的善良本性,则"人皆可以为尧舜"。他这种以人为本、重视人、尊重人、高扬人的主体精神和平等精神的思想,同样包含着人文主义的积极意义,同样有着激励人们冲破传统束缚,诱发新思想的积极意义。

"心外无理"彰显了"人为万物之灵"的价值。世界上一切精神的、意识的、理性的东西,也就是关于客观事物规律的认识,都是由人们的"心"通过思维活动提炼、概括出来并形诸文字的。离开了人的思维活动,一切理性的东西便无从认识。世界及其运动规律虽然是客观存在的,但总是要通过人的实践活动及思维活动才能被认识。事物的理虽然存在于事物之中,但不能凭人的直观感觉所认识,必须依靠"心"的理性思维才能把握。世间的事物有千千万万,但如果没有人,事物只是一种自在的存在,此时,它的存在和不存在具有同样的意思。山间的花树,在人没有看见它时,它只自开自落,与人没有任何关联。"你未看此花时,此花与汝心同归于寂。"而正是你的"看",一下子勾起了事物的意义,"你来看此花时,则此花颜色一时明白起来"(《黄省曾录》)。

---

① 参见杨庆杰《王阳明之前儒家"良知"心性学说的历史考察》,《太平洋学报》2009 年第 1 期。

　　"良知"说的深层含义则在于昭示人们：人与人生而平等，"人皆可以为尧舜"。在王阳明看来，不仅普通人彼此是平等的，就是愚妇村夫这类社会最底层的人群，也与位于显贵地位的孔圣人是平等的，彼此之间不存在差别。至于与动辄称"朕"、称"天子"的皇帝是否也是平等的，王阳明虽然没有讲，但他的意思是非常明白的。这种平等的思想，正是人的价值、人的地位的体现。既然良知生而具有，尽善尽美，人人相同，为何现实生活中人却有圣愚之分？王阳明以为，人所以有圣愚之分，在于良知是否受到了私欲的障蔽。圣人所以为圣，在于其心无一毫私欲，纯然天理；一般人所以为一般人，在于其良知本体多为物欲牵蔽。普通人只要切切实实去除私欲，复明良知，达到圣人的思想境界，亦可以成为圣人："心之良知是谓圣。圣人之学，惟是致此良知而已。自然而致之者，圣人也；勉然而致之者，贤人也；自蔽自昧而不肯致之者，愚不肖者也。愚不肖者，虽其蔽昧之极，良知又未尝不存也，苟能致之，即与圣人无异矣。此良知所以为圣愚之同具，而人皆可以为尧舜者，以此也。"（《王阳明全集·书魏师孟卷乙酉》）"圣人之所以为圣，只是其心纯乎天理，而无人欲之杂……故虽凡人而肯为学，使此心纯乎天理，则亦可为圣人；犹一两之金比之万镒，分两虽悬绝，而其到足色处可以无愧，故曰'人皆可以为尧、舜'者以此。学者学圣人，不过是去人欲而存天理耳。"（《薛侃录》）"人皆可以为尧舜"的思想，充分肯定了人与人身份和地位的平等，揭示了人生奋斗的境界和方向，极大地激励了人的自尊心、自信心。在尚处于封建专制的旧中国提出这样的思想，是极其难能可贵的。

（三）当代和谐社会建设的必要条件

　　王阳明心学实际上包含着国家治理的策略。王阳明生活的明朝中叶，封建社会由发展烂熟而趋于衰落，开始孕育新的经济萌芽。顾炎武在《天下郡国利病书》中引述《歙县风土论》谈到明中叶经济情况时说："寻至正德末、嘉靖初，则稍异矣。商贾既多，土田不重。操赀交接，起落不常；能者方成，拙者乃毁；东家已富，西家自贫。高下失均，锱铢共竞；互相凌夺，各自张皇。于是诈伪萌矣，讦争起矣，纷华染矣，靡汰臻矣。"[①] 经济的变革引起了整个社会生活的骚动，先后出现了安化王朱真鐇、宁王朱宸濠的叛乱和广西思、田、八寨等地区瑶族和僮族的武装暴动。面临日益严重的封建统治危机，王阳

---

　　① 参见肖萐父、李锦全主编《中国哲学史》下卷，人民出版社1983年版，第123页。

明惊呼："今天下波颓风靡，为日已久，何异于病革临绝之时！"（《王文成公全书》卷21《答储柴墟》2）为了"起死回生"，把明王朝从"沉疴积瘘"中挽救过来，他在镇压起义过程中看到"民虽格面，未知格心"的危险性，深感"破山中贼易，破心中贼难"（《王阳明全集·与杨仕德薛尚谦书》）。他总结思想统治的经验，抓住心物关系、心理关系和知行关系问题，指出朱熹"析心与理为二"是导致知行分离的理论基础；其"即物穷理"之说，只能约束外表，不能钳制思想动机，他主张从"扫荡心腹之寇，以收廓清平定之功"（《王阳明全集·与杨仕德薛尚谦书》）。这无疑抓住了社会治乱的根本。今天，我们要建设和谐社会，和谐的根本仍在人心。深化改革的关键在于消除利己主义私心杂念，最终达成凝聚共识。如何做到这一点？王阳明所讲的"致良知"、"发明本心"、"视人犹己，视国犹家"等思想仍具有重要的现实启迪意义。

第三编 再造篇

第九章　践行主体间的均等理想

——洪秀全"天下一家"的建构

在两千多年的中国封建社会里，废除封建等级，建立人人平等的大同社会，始终是农民阶级的理想。"王侯将相，宁有种乎"，"等贵贱，均贫富"，"均田免粮"，就是这种理想的典型反映。它所涵盖的不仅是农民阶级的主体意识，更是建构主体间相依相存、平等互爱关系的实践体现。洪秀全领导的太平天国运动，依据时代发展的要求，融会中西文化，力图建立天国盛世，由此消除人间苦难，把中国封建时代农民阶级的理想推向了最高点。然而，由于主客观条件的限制，洪秀全建立"太平天国"的理想最终归于失败，为后来中国民主革命的开展提供了正反两方面的教训。

一　宗教外壳下的主体间关系思想

洪秀全关于主体间关系的思想，总体上是以宗教形式出现的，他借上帝之口，道出了他对世俗世界主体间相互关系的看法。这不仅反映在他的理论文献中，也反映在他为太平天国制定的一系列制度中，更与太平天国运动的实践相联系。

（一）"天下总一家,凡间皆兄弟"的天理

洪秀全早期曾经写下三篇《原道》（《原道救世歌》、《原道醒世训》、《原道觉世训》），实际成为他创立拜上帝教的基本理论。在三篇《原道》中，洪秀全反复告诫人们：

1. 人与人之间利害相关，利人就是利己，害人就是害己。社会上出现人与人互相欺骗，彼此憎恨的丑恶现象，根本原因在于私心作怪，器量狭小。"世道乖漓，人心浇薄，所爱所憎，一出于私。故以此国而憎彼国，以彼国而

憎此国者有之；甚至同国以此省此府此县而憎彼省彼府彼县，以彼省彼府彼县而憎此省此府此县者有之；更甚至同省府县，以此乡此里此姓而憎彼乡彼里彼姓，以彼乡彼里彼姓而憎此乡此里此姓者有之。"① 洪秀全慨叹："世道人心至此，安得不相陵相夺相斗相杀而沦胥以亡乎！"② 他告诫人们："天下多男人，尽是兄弟之辈，天下多女子，尽是姊妹之群，何得存此疆彼界之私，何可起尔吞我并之念。"③ 他希望天下的兄弟姊妹"跳出邪魔之鬼门"，"相与淑身淑世，相与正己正人，相与作中流之砥柱，相与挽已倒之狂澜。行见天下一家，共享太平"，创建一个公平正直，无凌夺斗杀，"强不犯弱，众不暴寡，智不诈愚，勇不苦怯"④ 的大同世界。他一再强调："天下总一家，凡间皆兄弟。""万姓同出一姓，一姓同出一祖，其原亦未始不同。"清朝统治者是"阎罗妖"、老蛇妖鬼，最作怪多变，"天下凡间我们兄弟姊妹所当共击灭之"⑤。

2. 人与人身份地位平等，没有封建等级观念。现存史料表明：在洪秀全领导革命的初期，起义军内部十分团结，表现出兄弟般不分彼此的情谊。"夫首逆数人，起自草莽结盟，寝食必俱，情同骨肉，具有事聚商于一室，得计便行，机警迅速，故能成燎原之势。"⑥ 从创立拜上帝会到发展成革命力量，冯云山立有大功，其身份和地位理应在杨秀清之上。但冯云山看到杨秀清具有军事才能，能总揽全局，于是在永安封王时，就把第二把交椅让给了杨秀清并甘居其后，而且杨秀清、石达开和韦昌辉对天王称弟不称臣。这和旧式的君臣关系相比，具有相当的平等精神。不但在上层领导者之间，就是在下层官兵之间也"无参拜揖让之礼，凡打躬叩首，皆呼为妖礼"。一般官员之间"互见平行，并无礼节"⑦。对封建礼节的彻底否定，体现了起义军同甘苦、共患难的平等精神。英国人吟唎在《太平天国亲历记》中记载，"洪秀全的文学才能、道德修养、行政才干、精神智力、领导气魄，为众人所拥戴，并为天弟（冯

---

① 广东省太平天国研究会、广州市社会科学所编：《洪秀全集》，广东人民出版社 1985 年版，第 11 页。

② 同上

③ 广东省太平天国研究会、广州市社会科学所编：《洪秀全集》，广东人民出版社 1985 年版，第 12 页。

④ 同上书，第 13 页。

⑤ 同上书，第 13、14 页。

⑥ 中国史学会主编：《太平天国》（3），上海人民出版社 1957 年版，第 172 页。

⑦ 同上书，第 171 页。

云山）所悦服"①。他们能够上下一心，平等相待，形成了统一而坚强的领导集体，这无疑对革命初期取得巨大胜利起了重要作用。

（二）"无处不均匀，无人不饱暖"的蓝图

洪秀全不仅从理论上教导人们相亲相爱，而且还为太平军制定了一系列具体制度和规定，通过制度保障人与人之间的平等。

1. 实行财产公有，平均分配生活用品。早期拜上帝会规定："凡拜上帝者，团聚一处，同食同穿，有不遵者即依例逐出。"② 起义之后，又建立了圣库制度，"两司马督伍长，除足供二十五家每人所食可接新谷外，余则归国库"③。全体会众所用一切均由圣库供给，"男馆如泥水木匠一斤半，各伪衙一斤四两，各匠一斤，牌尾半斤"④。对待战利品要缴公，"凡一切杀妖取城，所得金宝绸帛宝物等项，不得私藏，尽缴归天朝圣库，逆者议罪"⑤。1853 年，太平天国颁布《天朝田亩制度》，以法律的形式规定，"凡分田照人口，不论男妇，算其家口多寡，人多则分多，人寡则分寡，杂以九等，如一家六人，分三人好田，分三人丑田，好丑各一半。凡天下田，天下人同耕，此处不足则迁彼处，彼处不足则迁此处。凡天下田，丰荒相通，此处荒，则移彼丰处以赈此荒处，彼处荒，则移此丰处以赈彼荒处，务使天下共享天父上皇上帝大福"，宣布要建设一个"有田同耕，有饭同吃，有衣同穿，有钱同使，无处不均匀，无人不饱暖"⑥ 的平等社会。太平天国还移风易俗，冲决旧世界思想观念的罗网。针对沿袭已久的许多封建陋习，天国禁止贩卖与吸食鸦片，禁溺子女，禁修斋建醮，革阴阳八煞之谬，废女子缠足、废男子垂辫及长指甲、禁娼妓、禁贩卖妇女，实行一夫一妻制，明确提出富者可以请人雇工，但不得买奴。这对于人性解放，无疑是有重要意义的。

2. 官员根据"任人唯贤"的原则，按制度逐级选举产生。据清人张德坚《贼情汇纂》载："伪官铨选，不出吏部，所谓天官丞相，仅有其名而已。丞

---

①　[英] 吟唎：《太平天国革命亲历记》（上册），王维周译，上海古籍出版社 1985 年版，第 39 页。

②　中国史学会主编：《太平天国》（2），上海人民出版社 1957 年版，第 850 页。

③　中国史学会主编：《太平天国》（1），上海人民出版社 1957 年版，第 322 页。

④　中国史学会主编：《太平天国》（4），上海人民出版社 1957 年版，第 656 页。

⑤　中国史学会主编：《太平天国》（1），上海人民出版社 1957 年版，第 65 页。

⑥　同上书，第 321 页。

相、检点、指挥各举其属，列名具禀，呈于伪北王、翼王，转申于伪东王。伪东王可其议，始会名同奏于洪逆，以取伪旨，榜示伪朝堂，俾众周知，乃颁给印凭，而授职焉。其有战功，亦由各伪上官保奏……赍功课职，颇协众情。"①《天朝田亩制度》规定："凡天下每岁一举，以补诸官之缺。举得其人，保举者受赏；举非其人，保举者受罚。其伍卒民有能遵守条命及力农者，两司马则列其行迹，注其姓名，并自己保举姓名于卒长；卒长细核其人于本百家中，果实，则详其人，并保举姓名于旅帅；旅帅细核其人于本五百家中，果实，则尚其人，并保举姓名于师帅；师帅实核其人于本二千五百家中，果实，则尚其人，并保举姓名于军帅；军帅总核其人于本军中，果实，则尚其人，并保举姓名于监军；监军详总制，总制次详将军、侍卫、指挥、检点、丞相。丞相禀军师。军师启天王。天王降旨调选全国各军所举为某旗，或师帅，或旅帅，或卒长、两司马、伍长。凡滥保举人者，黜为农。"② 李秀成本来是一名普通战士，经杨秀清保举，作了右后军帅。据《李秀成自述》，天京事变后，国中无人，经朝臣查选，"查得十八指挥陈玉成、二十指挥李秀成、赞天安蒙得恩、侍天福李世贤这班人出来助国"。"那时朝中无人掌管，外无用将。斯时我与成天豫各有兵众，朝中议举我与陈玉成带兵外战，后见我堂弟李世贤少勇纲（刚）强，又而选用，又得一将朝用。"③ 天京事变后，翼王回京，"合朝同举翼王提理政务，众心欢说"④。翼王因臣下共举而主持朝政，这多少显示了太平天国的民主和平等精神。

3. 处理政务及民事纠纷也都遵循一定程序。太平天国有一套由下而上处理政务的制度，"所有政事悉由伪侯相商议停妥，具禀于石逆，不行则寝其说，行即代杨逆写成伪诰谕，差伪翼殿参护送杨逆头门，交值日伪尚书挂号讫，击鼓传进，俄顷盖印发出，即由伪东参护送韦逆伪府登簿，再送至石逆处汇齐，由佐天侯交疏附官分递各处。虽层层转达，尔毫无窒碍，曾于一日之内发谕至三百件之多……（遍贴各处，纤悉靡遗）"⑤。太平天国还通过法律保护普通人的利益。英人吟唎写道：太平天国的法庭毫无例外地是最严格最公正

① 中国史学会主编：《太平天国》（3），上海人民出版社 1957 年版，第 100 页。
② 中国史学会主编：《太平天国》（1），上海人民出版社 1957 年版，第 323—324 页。
③ 太平天国历史博物馆编：《太平天国文书汇编》，中华书局 1979 年版，第 489、490 页。
④ 同上书，第 487 页。
⑤ 中国史学会主编：《太平天国》（3），上海人民出版社 1957 年版，第 192 页。

的。"有钱有势的人决不能用不正当的手段胜过穷人。"① 太平天国的法庭有一种特殊的习惯，大门走廊内置大鼓两面，凡受害申冤或要申诉的人均可自由击鼓，要求首长主持公道。并出告示，"所治狱讼，及民间有冤抑不伸者，于三、八日期至辕门击鼓，审断曲折，平反冤狱"②。太平天国还建立了"不论门第出身"的科举制度，"上至丞相，下至听使，均准与考"③，无论何人"取中者即状元翰林诸科"④。这种科举制度显然更具平民性和历史进步意义。

（三）"并雄竞争，平等交往"的外交原则

太平天国后期，洪秀全起用洪仁玕，借鉴西方资本主义的政治、经济、文化制度，对太平天国的内外交往关系实行全面改革。他逐一审阅洪仁玕的《资政新篇》，除两条明确表示不宜施行外，其余皆给予肯定，并命令立即刊发执行，反映了他对主体间相互关系新的认识。

1. 借鉴西方民主法制，调整天国的政治关系。"天京事变"后，天国领导集团各怀异志，"各有散意"。有的"斗鸡斗狗，为暴于闾里"；有的"各守疆土，招兵固宠"，比起杨秀清时，不但"锐气减半"，而且出现"谗佞张扬，明贤偃避，豪杰不登"⑤ 的局面。鉴此，《资政新篇》首先提出"禁朋党之弊"，强调"禁私门请谒，以杜卖官鬻爵之弊"⑥。从根本上杜绝各级将领随意拉拢亲信，给官、给爵的现象，把官吏的任命权收归中央。但是，洪仁玕不赞成事无大小都由天王一人做出裁决。他对洪秀全说："恳自今而后，可断则断，不宜断者，付小弟掌率六部等议定再献；不致自负其咎。"⑦ 他建议在天王身边设立谏官，"更立一无情面之谏议在侧，以辅圣聪之不逮"⑧。同时，设立新闻纸、意见箱和新闻官。让群众通过新闻纸了解中央政令，揭露官员中的行为不轨和阴谋诡计；通过意见箱监督各级官吏，使"奸者股栗存诚，忠者清心可表，于是一念之善，一念之恶，难逃公议"；另外，在各省设立相对独

---

① ［英］呤唎：《太平天国革命亲历记》（下册），王维周译，上海古籍出版社1985年版，第456页。

② 太平天国历史博物馆编：《太平天国史料丛编简辑》第4册，中华书局1963年版，第74页。

③ 中国史学会主编：《太平天国》（4），上海人民出版社1957年版，第721页。

④ 中国史学会主编：《太平天国》（3），上海人民出版社1957年版，第111页。

⑤ 太平天国历史博物馆编：《太平天国文书汇编》，中华书局1979年版，第496页。

⑥ 佚名辑：《中国近代史参考资料》（上），台北文海出版社1981年版，第140页。

⑦ 同上。

⑧ 同上书，第141页。

立的"不受众官节制，亦不节制众官"的新闻官，"专收十八省及万方新闻篇"①。这样就能使全国"由众下而达于上位，则上下情通"②。洪仁玕还主张"兴乡官"，建立地方政权；"兴乡兵"，建立地方武装。为了巩固国家政权，还必须建立法制，以法治国。他在"法法类"的最后说："以上所议，是'以法法之'之法。多是尊五美，摒四恶之法；诚能上下凛遵，则刑具可免矣。虽然纵有速化，不鲜顽民，故又当立'以刑刑之'之刑。"③

2. 学习西方"邦法"，调整天国的经济关系。首先，大力发展生产力。主张建立制造"精奇利便"的"器皿技艺"的新式工业；"兴宝藏"，开发金、银、铜、铁、煤、琥珀、美石等矿藏；"兴车马之利"，"兴舟楫之利"，"制造利便轻捷"的火车、轮船，修筑省、郡、县、市、镇的公路，建立邮政，设邮亭、书信馆，修建水利工程，"凡水患河路，有害于民者，准其申请。大者发库助支，小者民自捐助"④。此外，他还主张开办银行，建立保险公司，以利"商贾市民"。其次，采用西方资本主义的经营方式。例如，"禁卖子为奴之例"，以免"贻笑外邦"，办新式矿业"准富人请人雇工，不得买奴"⑤。通过教育和行政强制手段，使"惰民"都有一定职业，迫使他们接受资本主义劳动纪律，从而保证"富民"得到必需的劳动力。对"兴银行"的"富民"准许每两取息三厘；对"兴宝藏"的，准其取得生产总值的十分之二作为利润。对投资办新式工商业的富民实行鼓励保护。例如，主张实行西方的"专利权"制度，对创造、发明火车、轮船及其他"精奇利便者"，"准其自售；他人仿造，罪而罚之。即有法人而生巧者，准备前造者，收为己有，或招为徒焉。器小者赏五年，大者赏十年，益民多者数加多；无益之物，有责无赏。限满他人仿做"⑥。

3. 借鉴国际交往惯例，建立平等的外交政策。洪仁玕提出，和外国人交往一定要摒弃传统的"天朝意识"、"华夷思想"。他说："凡于往来言语文书，可称照会、交好、通和、亲爱等意，其余'万方来朝'、'四夷宾服'及'夷狄蛮戎鬼子'，一切轻污之字，皆不必说也。盖轻污字样，是口角取胜之事，

① 佚名辑：《中国近代史参考资料》（上），台北文海出版社 1981 年版，第 137 页。

② 同上书，第 135 页。

③ 同上书，第 140 页。

④ 同上书，第 139 页。

⑤ 同上书，第 138 页。

⑥ 佚名辑：《中国近代史参考资料》（上），台北文海出版社 1981 年版，第 136 页。

不是经纶实际，且招祸也。即施于枕近之暹罗、交趾、日本、琉球之小邦，亦必不服。"[1] 洪仁玕主张实行自主、平等的近代外交政策。如，主张与外国通商往来，但严禁走私鸦片；允许外人入内传授技术，"但准其为国献策，不得毁谤国法"；主张与各国"并雄竞争，平等交往"，反对"拘拘不与人交接"[2]的顽固态度；反对妄自尊大的作风。

二　中西文明在近代中国的思想交融

洪秀全所处的时代，清朝帝国的大门被打开，西方文明开始涌入中国。洪秀全关于主体间相互关系的思想，正是中西两种文化碰撞交融的结果。

（一）中国传统儒家思想的浸染

儒家思想是中国封建时代的国家意识形态，儒家经典是封建科举考试的必读书，洪秀全及太平天国的高级将领们从小接受儒家思想，在后来的实践中儒家思想仍然潜在地发生着影响。

1. 洪秀全本人对儒家思想有着系统的掌握。洪秀全自幼聪颖好学，1819年开始在官禄布村私塾读书。"五六年间，即能熟诵四书、五经，孝经及故事多篇"，对所习史书"均能一目了然"，深得"业师及家族之称许"，以至"有几位业师竟不受其束修而自愿教之"[3]。约从十六岁开始，洪秀全就开始参加科举考试，到1843年为止，在十二三年中，一共考过四次。尽管后来他以各种极端的方式反对孔孟之道，但仍处处打上了儒家思想观念的烙印。儒家的伦理观念及大同理想成为其主体间关系思想的重要来源。《百正歌》所突出的就是一个"正"字，要求君臣、父子、男女和贫富各色人等均由"正道"行事，反对"不正"的言行。《原道救世歌》则以历史上的"正人"如夏禹、伯夷、叔齐、周文、孔丘、颜回等为例，宣传孝顺、忠厚、廉耻、非礼四勿、贫富有命等行为准则。儒家经典《礼记·礼运》把大同社会描写得完美无比："大道之行也，天下为公，选贤与能，讲信修睦。故人不独亲其亲，不独子其子，使老有所终，壮有所用，幼有所长，矜、寡、孤、独、废、疾者，皆有所

---

① 佚名辑：《中国近代史参考资料》（上），台北文海出版社1981年版，第132页。

② 同上书，第141页。

③ 中国史学会主编：《太平天国》（6），上海人民出版社1957年版，第838页。

养。……是故谋闭而不兴，盗窃乱贼而不作，故外户而不闭，是谓大同。"①
在《原道醒世训》中，洪秀全把这一段悉数抄录下来，并大加赞赏："遐想
唐、虞、三代之世，天下有无相恤，患难相救护，门不闭户，道不拾遗，男女
别涂，举选上德。"② 为了实现这种理想，洪秀全在起事伊始就付诸实践，圣
库制度就是太平天国对"天下为公"的理解和实施，而《天朝田亩制度》的
颁布，正是对这一理想社会的具体规定。

2. 太平天国内部有一批高级将领，认为孔孟之道不能一概全废。洪秀全
的反孔行为，多次遭到太平天国内部高级将领的抵制。1853 年 5 月，杨秀清
假托天父下凡说："天命之谓性，率性之谓道，以及事父能尽其力，事君能致
其身，此等尚非妖话，未便一概全废。"③ 他还明确宣称"孔、孟非妖书"④。
稍后，洪秀全下诏删改《诗经》，"将其中一切鬼话、妖怪话、妖语、邪语，
一概删除净尽"⑤。在实践中，洪秀全的"排儒"政策并没有得到明显缓解。
因此，1854 年 3 月，杨秀清再次以天父下凡的名义明确肯定四书十三经，
告诫不可毁弃"千古流传之书"，不可使"千古英雄"、"忠正臣僚"湮没不
彰，"前曾贬一切古书为妖书。但四书十三经，其中阐发天情性理者甚多，
宣明齐家治国孝亲忠君之道，亦复不少。故尔东王奏旨，请留其余他书。凡
有合于正道忠孝者留之，近乎绮靡怪诞者去之。至若历代史鉴，褒善贬
恶……大有关于人心世道……岂可将书毁弃，使之湮没不彰？"⑥。1857 年，
忠王李秀成在向洪秀全上的"本章"中，自述："恳我主择才而用，定制恤
民，审严法令，肃正朝纲，明正赏罚，衣（依）古制而惠四方，求主礼而
恤下，宽刑以代（待）万方，轻世人粮税，仍重用于翼王，不用于安、福
王。"⑦ 1860 年后太平天国在苏福省、浙江省实施农村政治的过程中，以李
秀成为首的太平军贵族构成了一个儒家化施政群体。他们主动改变征贡习
惯，积极寻求与地方社会的合作，追求安居乐业的社会秩序，具有良性施政
倾向。这一倾向是对太平天国以客家人为特权贵族阶层的贡役制社会结构的

---

① 陈襄民等：《五经四书全译》（2），中州古籍出版社 2000 年版，第 1334 页。

② 广东省太平天国研究会、广州市社会科学所编：《洪秀全集》，广东人民出版社 1985 年版，第
12 页。

③ 中国史学会主编：《太平天国》（3），上海人民出版社 1957 年版，第 327 页。

④ 太平天国历史博物馆编：《太平天国史料丛编简辑》（2），中华书局 1962 年版，第 47 页。

⑤ 太平天国历史博物馆：《太平天国文书汇编》，中华书局 1979 年版，第 39 页。

⑥ 王庆成编注：《天父天兄圣旨》，辽宁人民出版社 1986 年版，第 101—103 页。

⑦ 太平天国历史博物馆：《太平天国文书汇编》，中华书局 1979 年版，第 491 页。

否定与反动。这一群体所实践的儒家化的农村政治，尽管不是太平天国农村政治的主流，但在中国农民战争史上却留下了不可磨灭的印记。

（二）西方文化及近代文明的影响

早年洪秀全受基督教平等思想的启发，创立了拜上帝教。在领导太平军斗争的过程中，他更早地接触到西方近代文明，自觉采用西方近代技术，借鉴西方各方面的制度。

1. 基督教自由平等博爱思想的启发。洪秀全最早接触基督教是在1833年。十年以后，已经寒窗苦读二十余载的洪秀全，依然未能实现夙愿。他拿起沉睡了十年的《劝世良言》，潜心细读，刻苦钻研，从而开始对基督教的初步了解：世上万国之人，虽有上下尊卑贵贱，但在上帝面前就如其子女一般，彼此皆为兄弟姊妹，互相平等。洪秀全有了新的认识，立即自行洗礼，扫除偶像，改拜上帝。1843年，洪秀全创立拜上帝会，他积极向会众宣传基督教的平等，进而又提出建立一个"天下一家，共享太平"的太平天国的理想。1847年3月，洪秀全与洪仁玕一起前往广州美国南浸礼会罗孝全处学道，学习研究《圣经》，特别是罗孝全编注的四种传道书。洪秀全的《原道觉世训》一文，曾两次引用《旧遗诏圣书》，作为经典性的重要依据。洪秀全辄对众人选读经文，且谆谆劝告人真心信仰真理，使信徒了解书中的内容，领会基督教教义的精神。此外，洪秀全等还仿照《摩西十诫》制定《十款天条》，以此作为拜上帝教信徒共同遵守的生活准则和对信徒严格要求的组织纪律。同时又借用基督教的赞美歌，完善拜上帝教的宗教仪式。建都天京后，洪秀全对新旧约全书做了批解，并颁布供太平军学习。

2. 由于战争，太平天国搞军事工业的近代化，与同时代的清王朝相比，不仅起步早，而且规模大，速度快，较早采用西方近代技术制造枪炮。早在1852年8月，一位耶稣会教士的信中报导说："叛乱者的武器不是中国制造的。"① 1859年12月20日，胡林翼奏称，杨辅清"施放洋炮，子弹如雨"。郭廷以称"此为关于太平军用洋炮之最早记载"②，定都天京之后，购买洋枪、洋炮的事，则累见于记载。《李秀成自述》说，在战场上"取到其炮，取到车炮架，寻好匠人，照其样式一一制造。……我在太仓抢得炮样，业经制（造）

---

① 引自邓元忠《美国人与太平天国》，华欣文化事业中心1983年版，第167页。

② 郭廷以：《太平天国史事日志》（上），上海书店1986年影印版，第648—649页。

与其一样无差，今南京城内上（尚）有此样"。关于太平军制造洋枪洋炮的工厂，亦可从史料中找到一点蛛丝马迹：1863 年 6 月 1 日，戈登、程学启、郭松林攻昆山新阳二城，发现"昆山城内有太平军之枪弹制造厂，由二英人主持"①。"我在湖州留下了从苏州来的一个工程师和另外一个人让他们制造枪炮弹药"②，在嘉兴"有一位旅帅余某与我成了莫逆之交，我几乎每日与他共餐。这位军官是带领炮队的，我把自己所知道的铸造炮弹（他刚开始从事于这项工作），制造信线和炮位瞄准的全部知识教给了他"③。在宁波战役中，斯泰夫勒（Stareley）将军说："如果说在这次作战中联军所受的损失比以往和叛军作战的任何一次都更大的话，那是因为对方有欧洲的卡宾枪和手枪，是那些假仁假义的走私贩提供的。"④

3. 太平天国内部思想开放，对西方近代文明的把握处于前沿。忠王的儿子茂林会说简短英语，章王、干王等学习地理和机械学，还收藏西方文化科学附有插图的参考书，经常研讨这些学问。侍王经常披览世界舆图，通晓中外关系，熟悉欧洲政治。干王在香港生活多年，能用英语交谈⑤，还学习微积分⑥。他对世界各邦大势，盛衰成败之原因作了调查研究。其中有英、美、德、瑞典、丹麦、挪威、法国、土耳其、俄罗斯、波斯、埃及、暹罗、交趾、日本、琉球、马来亚、秘鲁、澳大利亚、新加坡、天竺等国家和地区。洪仁玕在对各国比较研究中提出了许多富有时代气息的卓越见解。诸如大力发展近代工商企业的意识。尤其注重发展能源、交通、原材工业。推行火轮车、火船气船，使全国 21 省，下至郡、县、市镇、大乡，脉络相通。开采矿藏，开办银行，发行纸币，兴邮亭、书信馆、新闻馆，兴医院、育婴堂，兴办保险事业。太平军也积极主动和外国人交往，"太平军自起义以来，就想占有一个海口，以便可以和外国通商，并得到武器和军用品的供应"⑦。杨秀清答复英人 31 条中，指

① 郭廷以：《太平天国史事日志》（上），上海书店 1986 年影印版，第 994 页。
② ［英］呤唎：《太平天国革命亲历记》（下），王维周译，上海古籍出版社 1985 年版，第 578 页。
③ 同上书，第 579 页。
④ 北京太平天国历史研究会编：《太平天国史译丛》（2），中华书局 1983 年版，第 163 页。
⑤ ［英］呤唎：《太平天国革命亲历记》（上），王维周译，上海古籍出版社 1985 年出版，第 191 页。
⑥ 北京太平天国历史研究会编：《太平天国史译丛》（2），中华书局 1983 年版，第 112 页。
⑦ ［英］呤唎：《太平天国革命亲历记》（上），王维周译，上海古籍出版社 1985 年版，第 213 页。

出："平定时不惟英国通商，万国皆通商。"① 1862 年 3、4 月间，外国商人身带银圆到太平军占领区宁波购买生丝。他们认为："太平军很喜欢做买卖，很愿意促进贸易的。"② 通过开放，引进西方的科技和人才，达到振兴本国的目的。这是太平天国首领借鉴国际经验提出的：暹罗与英国通商，"亦能仿造火船大船，往各邦采买，今亦变为富智之邦"，俄罗斯到佛兰西学习邦法，火船技艺，"声威日著，今亦为北方冠冕之邦"。所以《资政新篇》规定："凡外邦人技艺精巧，邦法宏深，宜先许其通商……并教技艺之人入内，教导我民。"③

（三）中国农民起义传统的示范

洪秀全作为农民起义的领袖，其主体间关系思想正是中国传统农民起义反对封建奴役，追求人身自由，建设一个人人平等，处处均贫，天下大同的理想社会的延续。中国传统农民起义的精神和某些方式，特别是利用宗教的方式无疑被洪秀全等人所吸收。

1. 追求人身平等，财富平均，这是中国农民起义的传统。我国古代农民起义中平等平均思想，随社会经济发展而表现形式不同。早在公元前 209 年，陈胜、吴广起义就提出了"王侯将相，宁有种乎？"（《史记·陈涉世家》）的呼号，这是对人身平等的早期要求。公元前 206 年，刘邦攻克关中，驻军灞上，与关中父老约法三章，"杀人者死，伤人及盗抵罪"，这是对人身价值和人权的珍重，刘邦因此赢得人心，最终打败了项羽。公元 874 年，濮州人王仙芝在长垣领导农民起义，"自称兼海内诸豪都统"；黄巢称"冲天大将军"，起义军发布檄文，"言吏贪沓，赋重，赏罚不平"。王仙芝以"天补平均"为号；黄巢则从反对封建等级制度出发，矛头直指皇帝。公元 993 年，青城人王小波与李顺领导农民起义，王小波号召农民："吾疾贫富不均，今为汝均之。"（《续资治通鉴》第 1 册《传世藏书》）王小波的口号，得到农民的响应，"贫者附之益众"。这是对经济不平等的反抗。公元 1130 年，武陵人钟相与其弟子杨幺领导农民起义，提出革命纲领："法分贵贱贫富，非善法也。我行法，当等贵贱，均贫富。"（《三朝北盟会编》卷 137）这是对封建法制和特权的控诉。公元 1628 年，李自成在陕北举行起义，提出"均田免粮"口号，各地百

---

① 太平天国历史博物馆编：《太平天国文书汇编》，中华书局 1979 年版，第 300 页。
② 北京太平天国历史研究会编：《太平天国史译丛》（1），中华书局 1983 年版，第 77 页。
③ 参见沈嘉荣《论太平天国推进中国近代化的历史功绩》，《历史教学》1992 年 11 月。

姓"开城门，迎闯王"，就因为"闯王来了不纳粮"。洪秀全所要建立的太平天国，正是对以往农民平等、平均思想的继承和发展。

2. 以宗教方式起义，是农民起义的重要方式。陈胜、吴广起义前，事先往买来的鱼肚子里塞进一个帛条，上面用红颜料写着"陈胜王"三个字，后又在附近祠庙中篝火，模仿狐狸的叫声，呼喊"陈胜王"。戍卒看到帛条，听到"狐鸣"，大为所动，认为陈胜做王乃天意，因而愿随陈胜、吴广起义。公元184年，钜鹿人张角创立"太平道"，张角自称天公将军，其弟张宝称地公将军，张梁称人公将军。"天公"、"地公"、"人公"，取"大公无私"之义。起义军发出"苍天已死，黄天当立。岁在甲子，天下大吉"的口号。汉顺帝时，沛国丰人张陵客蜀，创五斗米道，组织群众，进行反抗汉王朝的活动，势力遍及巴、蜀。陵死，子衡、孙鲁相继行其道。至公元191年，张鲁攻占汉中，五斗米道的组织与黄巾军领导的起义，东西相望，形成掎角之势。张鲁起义，自号"师君"，"不置长吏，皆以祭酒为治"。"诸祭酒皆作义舍，如今之亭传。又置义米肉，悬于义舍，行路者量腹取足。"（《三国志·魏志·张鲁传》）公元1351年，永年县民韩山童及其弟子刘福通等领导农民起义，韩山童自其祖父"以白莲会烧香惑众，谪徙广平永县。至山童，倡言天下当大乱，弥勒佛下生。河南及江淮愚民皆翕然信之"（《元史》卷42）。韩山童起义后，传诏四方，其中称："贫极江南，富称塞北。"民谣传诵："天遣魔军杀不平，不平人杀不平人。不平人杀不平者，杀尽不平方太平。"[①] 可以说，洪秀全创立拜上帝教，利用宗教动员群众起义，正是对以往农民起义所采取的宗教形式的延续。

3. 鸦片战争后十年间，农民起义、抗税抗粮斗争，超过了一百多次。各地反清组织也活跃起来。例如，白莲教、天理教在北方各省活动；捻党在山东、河南、安徽三省活动；天地会在珠江流域和长江流域活动。在各地掀起的反抗斗争中，湖南、广东、广西三地尤为突出，而广西又是反抗力量最为集中的一个地方。广大人民群众要求摆脱受奴役、受剥削的不平等地位，渴望过上太平生活，这是太平天国平等思想产生的深厚土壤。白莲教宣称"同教人都生于天宫"，都是"无生老母"（被信奉的一种神）的儿女。教徒不分男女老幼，一律平等而且要同生死、共患难，入教以后，所获资财，悉以均分。其教徒遍布华中、华北及西南各省，成为农民斗争的有力工具。天地会会员在其内

---

① 陶宗仪：《南村辍耕录》，齐鲁书社2007年版，第364页。

部互称"洪家兄弟",具有浓厚的平等意识。显然,白莲教、天地会等教派的平等思想是洪秀全建立太平天国时间上最近的参照。

三 未能超越的历史局限

主体间关系要求平等待人,视他人为主体,尊重人权,爱护他人。洪秀全出于对现实制度的不满,糅合中西文化,创立拜上帝教,提出了一系列包含主体间关系思想的主张,痛击腐败的清政府,得到广大民众的响应。然而,定都天京后,太平天国内部开始变得等级森严,领导集团生活腐化,俨然一个新的封建王国,主体间关系荡然无存。何以如此呢?

(一) 封建皇权意识的干扰

洪秀全从小醉心于科举仕途,封建皇权意识牢牢嵌入他思想的深处。1837年,洪秀全第三次赴广州参加科考失利,回家后大病四十余日。据《太平天日》记载,"在天西三月初一日子刻,见无数天使自天降下,说接升天。又见穿黄袍小孩子至面前,见有像似雄鸡,高数尺,立于其前"①。梦醒之后,他对父兄声称,"朕是天差来真命天子,斩邪留正",对其暇姊洪辛英曰,"姊,朕是太平天子"②。这说明洪秀全做梦都想当皇帝。1843年,洪秀全在落第回家的舟中以诗明志:"龙潜海角恐惊天,暂且偷闲跃在渊;等待风云齐聚会,飞腾六合定乾坤。"③ 回到家中更是掷书于地,愤怒地喊道:"等我自己来开科取士罢。"④ 1844年2月,洪秀全同冯云山、冯瑞篙、冯瑞珍出游广州、顺德、南海等地传道布教,但效果不明显,旋转至广西。在冯云山等人的艰苦努力下,拜上帝教在广西贵县、桂平等苗瑶山区广得信众,洪秀全也教名远播,拜上帝教众在宣传独尊上帝同时,四处捣毁各种邪神偶像。几年间"朕在高天作大王","上帝差朕降凡间","朕是真命大子",是"奉大父上主皇上帝真

① 广东省太平天国研究会、广州市社会科学所编:《洪秀全全集》,广东人民出版社1985年版,第149页。
② 同上书,第156页。
③ 同上书,第2页。
④ 广西师院历史系编:《金田起义》,广西人民出版社1975年版,第23页。

命，太平天王大道君王全"等说教①，传遍紫荆山区，洪秀全反清当王的皇权
主义思想已众人皆知。

　　1851 年 1 月，广西桂平县金田村成千上万的拜上帝教徒及其拥护者在洪
秀全的领导下正式举起反清义旗，开始了长达 10 多年的英雄战史，洪秀全也
在一片欢呼声中正式践行其皇权梦。3 月 22 日，洪秀全在东乡登极称"天
王"，天王其实就是皇帝，为避讳"天父皇上帝"，故称天王。接着，杨秀清
亦在东乡假冒天父下凡告诫太平军将士，"我差尔主下凡作天王，地（他）出
一言是天命，尔等要遵"②，从而以上帝的权威确立了洪秀全的皇权地位。
1851 年 10 月，他在永安诏令曰："上到小天堂，凡一概同打江山功勋等臣，
大则封丞相、检点、指挥、将军、侍卫，至小亦军帅职，累代世袭，龙袍角带
在天朝。"③ 他自己早在 9 月，便摆出一副皇帝的威严乘轿入城，并改州署为
"天王府"，把正堂作为臣下朝见和奏事的"天朝"，呼天王为"万岁"。同时
册封五王，后宫称娘娘，贵妃称王娘，制定了仿效和宣扬封建伦理道德观念的
《太平礼诗》《幼子诗》等。通过这番封王建制，洪秀全正式建构成功其太平
天国小朝廷。以后，随着战争进程的胜利发展，他的皇权威仪更趋正规化、封
建化。在湖南，洪秀全制金玺，造王船，设诏书衙，设专人记录其言行。1853
年 1 月，洪秀全身穿王服，笙箫鼓乐，在数百侍从的护卫下，乘坐八抬大轿入
住武昌，居抚衙，以黄纸贴大门首，书"天朝门"，大堂书"天朝殿"。1853
年 3 月 29 日，南京，杨秀清以下众官和十数万太平军民垂首跪迎身着龙袍，
脚穿龙靴，危坐于十六抬大轿的天王洪秀全进入"小天堂"，定都南京，改名
天京，正式建立起了与清王朝对峙的另一个封建政权。至此，太平天国政权已
臻于完善，洪秀全反清当王的皇权主义思想亦达巅峰。

　　洪秀全入主南京后，首先做的就是大兴土木、广建宫殿，以显其天子威
严。他改两江都督署为天王府，天王府"周围十余里，墙高数丈，内外两重，
外曰太阳城，内曰金龙城，殿曰金龙殿，苑曰后林苑"，门外有彩栅、御沟，
门内有高数丈、宽十余丈的大照壁，靠壁中央建有供他在生日时敬拜上帝的天

---

　　① 　广东省太平天国研究会、广州市社会科学所编：《洪秀全集》，广东人民出版社 1985 年版，第
165 页。

　　② 　中国历史学会主编：《太平天国》（1），上海人民出版社 1957 年版，第 60 页。

　　③ 　广东省太平天国研究会、广州市社会科学所编：《洪秀全集》，广东人民出版社 1985 年版，第
181 页。

台①。另外，还有"天父上帝真神殿"、"太兄基督殿"②等。其中"金龙殿尤为壮观，栋梁俱涂赤金，文以龙凤，光耀射目，四壁彩画龙虎狮象"③，在天京的洪秀全从此便深居简出，鲜闻政事，一心一意做他的太平皇帝。其次，宫闱深严，沉迷酒色。早在1853年正月，洪秀全下诏旨："咨尔臣工，当别男女。男理外事，内非所宜闻。女理内事，外非所宜闻。朕故特诏，继自今，外言永不准入，内言永不准出。今凡后宫，臣下宜谨慎，总称娘娘。后宫姓名、位次，永不准臣称及谈及。臣下有称及谈及后宫姓名位次者，斩不赦也。后宫而（面）永不准臣下见，臣下宜低头垂眼。臣下有敢起眼窥看后宫面者，斩不赦也。后宫声永不准臣下传。臣下、女官有敢传后宫言语出外者，斩不赦也。臣下话永不准传入。臣下话有敢传入者，传递人斩不赦，某臣下斩不赦也。"制定这样森严的制度，洪秀全似有不得已的苦衷。他声称"后宫为治化之原，宫城为风俗之本。朕非好为严别，诚体天父天兄圣旨，斩邪留正，有偶不如此，亦断断不得也"④。最后，继续编造天言天语，重建封建伦理纲常。在南京，洪秀全颁行了充满封建糟粕的《幼学诗》、《太平礼制》、《天父诗》等。其中有"总要君君、臣臣、父父、子子、夫夫、妇妇"⑤，"生杀由天子，诸官莫得违"，"王独操威柄，谗邪遁九渊"⑥。

在南京"小天堂"，洪秀全的皇权主义思想登峰造极，更要命的是，在整个领袖集团中，皇权思想泛滥的又不止洪秀全一人，其他几位王爷亦时刻觊觎其皇位，杨秀清尤甚。从首义到定都天京，杨秀清其实担任了实际的军政领导任务，更重要的是，他取得了代天父下凡的宗教地位。据张德坚说，"秀清自恃功高，朝见立而不跪，每诈称天父下凡附体，令秀全跪其前，甚至数其罪而杖责之"，张德坚认为，杨秀清"实欲虚尊洪秀全为首，而自揽大权独得其实"⑦。实际上，杨秀清已经成为太平天国的实际掌门人。1856年8月，太平军西征获胜，同时也击破了江北、江南大营，从而出现全胜局面，杨秀清自恃功高，急欲取洪而代之。但洪秀全较杨秀清更精于权谋，他一番运筹，便假借

①　中国历史学会主编：《太平天国》（3），上海人民出版社1957年版，第164页。

②　金毓黻等编：《太平天国史料》，中华书局1959年版，第90页。

③　罗尔纲：《太平天国史稿》，开明书店1951年版，第137页。

④　广东省太平天国研究会、广州市社会科学所编：《洪秀全集》，广东人民出版社1985年版，第185页。

⑤　中国历史学会主编：《太平天国》（2），上海人民出版社1957年版，第515页。

⑥　中国历史学会主编：《太平天国》（1），上海人民出版社1957年版，第232页。

⑦　中国历史学会主编：《太平天国》（3），上海人民出版社1957年版，第45、46页。

韦昌辉之手处死了杨秀清，韦昌辉不自量力，亦生变乱，又为洪所诛。首义五王仅余翼王石达开，石本想重振天国残局，又不见容于洪秀全，乃负气出走。几番折腾，小朝廷元气大伤，虽有洪仁玕、李秀成、陈玉成等一干后来才俊的短暂复兴，但无奈太平天国在政治、经济、宗教等各方面都在走下坡路，以致积重难返，只剩亡国的份了。

（二）拜上帝教（会）的道具性质

洪秀全创立拜上帝教，宣传人与人之间的平等。然而，洪秀全内心的皇权意识，以及形势的逼迫使拜上帝教往往成为一种道具，有时甚至成为欺骗和恐吓的工具。1849 年，洪秀全宣称，他得到上帝的启示："人将瘟疫，宜信（拜上帝会）者得救。"1850 年 5 月，又散布上帝给他默示："在道光三十年（公元 1850 年）我将遣大灾降世，凡信仰坚定不移者将得救，凡不信者将有瘟疫，有田无人耕，有屋无人住。"到头来，预言破产，瘟疫并没有发生，更不曾"有田无人耕，有屋无人住"。但是，许多被欺骗加入的人，已经无法脱身，只能跟着拜上帝会一条黑道走到底。公开造反后，洪秀全等人又换了一个说法，煽动、欺骗百姓，说是不信者"蛇虎咬人"，信从者无灾无难。

1848 年夏历 3 月，杨秀清在拜上帝会危急关头，以"天父下凡"的办法，将迷信推到了新的层次。同年夏历 9 月，萧朝贵也依样画葫芦，来一个"天兄下凡"。他们两人，为了自身利益或造反需要，随时可以"下凡"，处置各种人间事务，调节人际关系，发布"圣旨"，惩办任何人。从记录的讲话内容看，"下凡"时，他们便不再是杨秀清、萧朝贵平常的样子，而是像南方（广西、广东、福建等地）民间分别称为降僮、降神、扶乩、跳僮、上身那样。其表现形式大致是：浑身发抖，不断晃动，手舞足蹈，颐指气使，有时还躺倒，两眼闭合、半闭或翻白；说话拿腔拿调，有时力竭声嘶，有时模糊不清，整个过程中，他们都以自己所想象的天父、天兄的架势来说话，甚至说杨秀清、萧朝贵如何如何。"天父下凡"也有较平和的方式，是向睡觉中的杨秀清说话，由他向大家传旨，这种托梦的方式，一般不是最重要的事。"天兄下凡"尤其是"大战妖魔"，冲来冲去，"左来左顶，右来右顶"，左右颠跳，动作幅度较大，与空气搏斗，像别种迷信中的仗剑驱邪，更像武疯子持剑乱舞。萧、杨死后，不再有天父、天兄"下凡"的事，而洪秀全则更加随心所欲地大讲其"天话"。他在极少数几个最高层部下奏事请旨时，总是不着边际地

"言天说地"，不但用以藏拙而且用以保持"一贯正确"。1860 年诸将合力攻破清军江南大营，他既不奖励参战官兵，也不召见主要将领，甚至公然在诏书中说什么"有天不有人"，意在进一步制造迷信，加强精神控制。他以为越是制造迷信，便越可控制太平军官兵。1862—1863 年，太平军败亡形势已无可逆转，他还每天让人用鹅黄缎来写上银朱字，放炮九响，而后张挂出意为"梦兆佳"的圣旨，宣传形势一片大好，想以此控制部下、稳定军心。直到"天京"已无法可救，李秀成恳切苦劝他"让城别走"，即从"天京"突围到外地，遭到他的痛斥和诅咒，宣布革李秀成的职，夺李秀成的权。也许他以为，这种充满迷信、十分决绝的斥骂，有可能将李秀成的愚忠激到极致。直到最后，他精神上已经支撑不了，决定自杀，依然死要面子地说："朕即回上天去了，向天父天兄领得天兵，消灭曾妖。"这一最后的迷信宣言，已经对别人不起什么作用。到了临死，还忘不了装神弄鬼。

拜上帝会在酝酿造反时，就要求会众一人入会之时就要全家入会。入了会，稍有疑虑、动摇或不满，就会被扣上"变草（心）"的帽子，轻则责打，重则"勾去"（即处死）。到"团营"之时，要求会众"贱售家产"，"将田产房屋变卖，易为现款，交给公库"，卖不掉的破旧房屋则要放火烧掉。这样，既全家连环担保，互为人质，没有后顾之忧，也断了退路，大家成了过河卒子。到了这一步，控制就愈加厉害。"妖心未化"即没有改造好，不肯无条件做驯服工具的，"灯草似弓"即心术不正或心思复杂，三心二意的，"变妖"即违反天条或背叛的，一般都"斩首不留"，而背叛的则要"点天灯"即由下而上活活烧死，或"穿大红袍"即千刀万剐凌迟处死。此外，还有五马分尸、椿沙、剥皮等，都是极其残暴的刑罚。不说"变妖"、"犯天条"之类大罪，就是"讲道理"即进行邪教思想灌输，或宣布什么上级命令、指示之类，各级官兵"有无故不到者，枷七个礼拜，责打一千；再犯，斩首不留"。对占领区的百姓，更是一概视为猎物，严加控制。每到一地，首先就是"讲道理"。大意是：天王和诸王是天父差遣下凡，拯救世人。你们早就该主动投身军营效力。而现在却要等鸣锣传集才来，可见都是妖魔。本来应当统统杀掉，看在你们还来听讲道理，暂且免了。从此以后要敬拜上帝，练习天情，顶天报国。现在，新任命一批两司马，各领 25 户。如有谁敢不服从，立即斩首。此后谁敢违反禁令，也斩首不留。于是，被占领区的百姓，在全副武装的监视下被收编，成为最底层的作战和劳动工具。

（三）制度设置的随意性

主体间相互关系不仅需要个人的素质修养，更需要制度加以规范。合理的制度出自对他人的考虑，为他人着想，具有严密的科学性；不合理的制度出自个人的主观意愿，这样的制度必然造成不良后果。洪秀全在领导太平天国农民运动的过程中，受农民阶级狭隘意识的影响，对近代社会的公民意识和公民社会制度还基本不了解，虽然制定了一些制度，但这些制度具有很大的随意性，有的甚至不具有实际的可操作性。荒谬的制度规定，不一而足。

1. 人才选拔的随意性。太平天国攻下第一个州城永安以后，即宣布开科取士。洪秀全在此举行万寿诗联考试，共录取40余人，首名是南王冯云山，其他高中者是当时已经身负太平军重任的曾钊扬、曾水源和何震川等人。洪秀全开科，录取其同道与好友冯云山等人，反映了太平天国科举考试开局便有些游戏意味。1853年1月，太平天国在武昌再次开科取士。同年，太平天国定都南京以后正式开始科举考试。洪秀全从求一清朝秀才不可得到自己开科取士，极大地满足了自己的虚荣。与隋唐以来科举考试所不同的是：太平天国科举考试一年竟设天试、东试、北试和翼试共四次，试期分别以天王、东王、北王和翼王四人生日为期，各自开科取士，各自出金榜。天试初定在天王生日（每年十二月初十）举行，后改为幼天王生日（每年十月初一）举行。东试定为每年八月初十日；北试定为每年六月二十日；翼试定为每年二月初一日，"一年凡四试了"[①]。可能是天王洪秀全为了体现诸王的平等，天试、东试、北试和翼试四试具有同等资格，不分高低，每试均可产生状元、榜眼、探花。《金陵癸甲新乐府·点状元》："八月号东试，十月号天试，正月及二月，北试翼试又相继。六月阅耳四状元，唾手功名太容易。"[②] 会试三甲一如清制：元甲三人，曰状元、榜眼、探花，封职同指挥；二甲无定员，翰林，封职同将军；三甲无定员，进士，封职同总制。依据参加不同的考试，名登金榜者分别称"天试状元"、"东试榜眼"、"北试翰林"等。"天京事变"后，杨秀清、韦昌辉被杀，石达开离京出走，东、北、翼三试在天京相继停开，仅天试照常进行，一年四试制度正式取消。但据资料记载，1857年翼王出走后，天京的翼试停开，翼试却并未停止。在转战途中，石达开麾下石镇吉

---

①　中国史学会主编：《太平天国》（3），上海人民出版社1957年版，第112页。

②　同上书，第738页。

于当年 3 月在福建汀州开科取士,试题为"上帝权能诛灭妖氛"。石达开本人于当年 10 月下旬在江西抚州也举行了翼试。太平天国后期颁布《钦定士阶条例》,从内容看,最大的改革是考试由每年一次改为三年一次,"拟省试、京试俱三年一次",与清政府科举考试接轨。《钦定士阶条例》颁布不久,太平天国覆灭,"省试、京试俱三年一次"成为一纸空文。①

2. 官员任用的随意性。洪秀全任人唯亲,滥封王爵。天京内乱以后,为扭转军事上的衰败,洪秀全起用了战功卓著的陈玉成和李秀成两位年轻将领。陈玉成智勇双全,骁勇能战。李秀成聪明勇武,善于征战。二人受命于危难,扶大厦之将倾,是太平天国后期军事上的两大柱石。陈玉成、李秀成两位将领通力合作,二破江南大营,三河镇大捷会歼湘军精锐,在军事上打开了新的局面。然而,疑忌深重的洪秀全,只让他们为洪家江山流血出力,而不信任他们。洪秀全只信任本族,不信外姓。1859 年 4 月,从未参与太平天国实践的洪仁玕从香港来到天京,不到一个月,洪秀全就出尔反尔,自食"永不封王"的许诺,封洪仁玕为干王,总理朝政。洪仁玕无功受封,引起广大将士的强烈不满,洪秀全才不得不先后封陈玉成为英王,李秀成为忠王。洪仁玕虽有才干,但众将不服。为了给洪仁玕树立威信,洪秀全让毫无作战指挥能力的洪仁玕指挥军事,结果作出了二次西征的战略错误,直接导致陈玉成安庆惨败,几乎全军覆没。这次关系全局的惨败,主要是洪秀全、洪仁玕的责任。陈玉成从安庆败退庐州后,洪秀全不但不承担责任,想出善后办法,反而严词责斥,革其职权,这实际上把年轻气盛的陈玉成送上死路。结果,陈玉成不听部下劝告,上了叛徒的圈套,在寿州被捕就义。洪秀全导致了陈玉成的早死,也使自己失去了一只臂膀和江北数十万太平军。陈玉成死,太平天国的江山失去了一半。陈玉成死后,李秀成成为支撑太平天国唯一的柱石。李秀成经营苏南,兵多将广,引起洪秀全极大的不安和恐慌。为了分削李秀成的兵权,洪秀全滥封王爵,把他的兄子侄戚都封为王,委以重任。他的哥哥洪仁发、洪仁达,贪婪卑劣,却被封为安王、福王,一直参与朝政。他的十几个儿子、两个娃娃"驸马"、幼童外甥都受封为王,且规定"有不遵幼西王(洪的外甥萧有和)令者,合朝诛之"②。洪秀全滥封王最后多达 2700 多个。在这么多王中,洪秀

————————

① 参见华强、马洪涛《太平天国科举制度是太平天国覆灭的原因之一》,《探索与争鸣》2007 年第 9 期。

② 《李秀成自述》,载《中国近代史参考资料》上册,台北文海出版社有限公司 1981 年版,第 214 页。

全"一重幼西王萧有和，第二重王长兄洪仁发，王次兄洪仁达，第三重用干王洪仁玕，第四重其驸马钟姓、黄姓，第五重用英王陈玉成，第六是秀成也"[1]。

3. 处理家庭关系的随意性。太平天国实行男行女行，拆散家庭。金田起义前夕，拜上帝会在金田团营时，有的家庭全家加入起义行列，为了行军作战的便利，遂有男行女行之别。"其去大黄江也，尽裹男妇以行，恐戮其宗族故耳。凡逆属之父母兄弟妻子暨所亲所爱妇女幼孩，悉令随行，取健妇壮丁统一而编伍之，军行则以新掳之人列诸前列，强贼断后，中拥妇孺及各伪王。"[2] 男行女行之令最早见于文献者为："庚戌十二月初旬时在金田天王诏令：'一遵条命；二别男行女行；三秋毫莫犯；四公心和傩，各遵头目约束；五同心和力，不得临阵退缩。'"[3] 后来十款天条进一步规定："第七天条不好奸邪淫乱。天下多男人，尽是兄弟之辈；天下多女人，尽皆姐妹之群。天堂子女，男有男行，女有女行，不得混杂。凡男人女人奸淫者名为变怪，最大犯天条。即丢斜眼、起邪心向人，及吹洋烟，唱邪歌，皆是犯天条。"[4] 对于违反第七天条者，处罚极为严厉。太平天国的法律规定："凡犯第七天条，如系老兄弟定点天灯，新兄弟斩首示众"，"凡夫妻私犯天条者，男女皆斩"，"凡强奸经妇女喊冤，定即斩首示众，妇女释放。如系和奸，即属同犯天条，男女皆斩"[5]。在实际执行过程中，太平天国对于奸淫之事，的确严格执法。太平军在永安时，天王发布诏令："通军大小男女兵将千祈遵天条。兹今特诏令……各头领，务宜时时严查军中有犯第七天条否，如有犯第七天条者，一经查出，立即严拿斩首示众，决无宽赦。"[6] 如"梁郭溙同其妻韦大妹不遵天诫，屡次私行合好，不图永远之和偕，只贪暂时之欢乐"[7]，夫妻二人均以违禁被杀。又《金陵癸甲纪事略》附"粤逆名目略"记："先是分男女禁，除天贼及东西南北翼贼外，凡男女私，虽夫妇必斩。而西贼父在长沙途中，与西贼母合，贼众觉语西贼，西贼与东贼遂同议斩其父母以警众。西贼转谓人曰：父母苟合，是犯天

---

① 《李秀成自述》，载《中国近代史参考资料》上册，台北文海出版社有限公司1981年版，第249页。

② 中国史学会主编：《太平天国》(3)，上海人民出版社1957年版，第290页。

③ 中国史学会主编：《太平天国》(1)，上海人民出版社1957年版，第63页。

④ 中国史学会主编：《太平天国》(1)，上海人民出版社1957年版，第79页。

⑤ 张德坚：《贼情汇纂》，载《太平天国》(3)，上海人民出版社1957年版，第231页。

⑥ 中国史学会主编：《太平天国》(1)，上海人民出版社1957年版，第68页。

⑦ 同上书，第389页。

条，不遵天条者，不足为父母也。"① 由此可见惩治之严。随着太平天国声势的不断壮大，太平军接连攻占了一些大城市。1853 年 1 月，太平军攻下了武昌。在武昌，它首次把原先仅仅实行于军中的男女分营制度，扩大到了民间，对全体城市居民，不分男女老幼，一律实行"男女分馆"的政策。《粤匪纪略》云："省门陷后，首逆入城，将绅民铺户，无论男妇，逼胁投降，以二十五人为一军，男有男贼管带，女有女贼管领。……男人少壮者，即命出城守营，其余分别男女馆，概令归馆住宿，彼此不许往来。"② 《鄂城纪事诗》也说："贼分男女各二十五人为一馆，彼此不相往来，男至女馆，或女至男馆，一经败露，即时斩首。男馆以两司马领之，女馆以蛮婆领之。规矩森严，不敢或犯。"③ 这样就使得在武昌全部的家庭被拆散，男女分别居住在男馆女馆，过着一种军事共产主义的禁欲生活。然而，这只是对普通百姓、下层士兵而言，对上层领导集团来说，娶多少妻妾都是毫无限制的。在杨秀清答复美国人的一份外事文书中公开承认：兄弟聘娶妻妾，婚姻天定，多少听天。天王洪秀全拥有的妻妾则有准确的数字：金田起义后不久 15 人，一年后至永安，据突围时被俘的天德王洪大泉口供，洪秀全耽于女色，有 36 个女人。后来有所减少，到 1864 年天京陷落幼天王洪福瑱被俘后的口供中说：我现年十六岁，老天王是我父亲。我八十八个母后，我是第二个赖氏所生，我九岁时就给我四个妻子④。这里天王的八十八个后妃已超过了历代封建帝王的三宫六院七十二后妃的人数了。

① 中国史学会主编：《太平天国》（4），上海人民出版社 1957 年版，第 668 页。
② 太平天国历史博物馆编：《太平天国史料丛编简辑》（1），中华书局 1961 年版，第 30 页。
③ 近代史资料增刊：《太平天国资料》，科学出版社 1959 年版，第 37 页。
④ 参见魏文华：《腐败导致太平天国早亡》，《炎黄春秋》，1999 年第 12 期。

第十章　描绘主体间的全球蓝图

——康有为"大同世界"的建构

康有为处在近代中西文明碰撞的交会点上，他从小博览群书，青年时代力主维新变法，后又周游世界，对中国传统文化，西方近代科学民主思想以及中外现实都做过深入的研究和细致的观察。他所描绘的"大同世界"，立足中国，放眼全球，关怀人类未来命运，包含着对主体间关系的独特建构。就其思想的宏大视野和价值取向而言，既可比于孔夫子，又可比于马克思。然而，长期以来，受各种条件的限制，人们并未认识到这一点。今天，随着全球化时代的到来，实现各不同主体间的平等对话，建立主体间关系的世界，成为时代的呼唤。在这样的背景下，深入研究康有为大同构想及其所体现的主体间关系思想，对于我们展望人类未来发展，建构主体间关系的社会和主体间关系的世界，无疑具有重要的时代意义。

一　大同的实质在于"视人如己，无有畛域"

康有为认为，苦难是人世间的一种普遍现象。所谓"苦"，就是人与人不相爱，视人如仇，相互掠夺残杀的景象。在康有为看来，众生本来同根同祖，现在却"若夫烹羊宰牛，杀鸡屠豕"，"刳肠食肉，以寝以处"，世界简直成了一座大地狱，"苍苍者天，抟抟者地，不过一大杀场大牢狱而已"①。总之，人世之苦，"不可穷纪之"。可是苦难从何而来，人类因何而苦？"然一览生哀，总诸苦之根源，皆因九界而已。"② 何谓"九界"？曰：国界、级界、种界、形界、家界、业界、乱界、类界、苦界。"九界"是苦难之源，消除"九界"，

---

① 康有为：《大同书》，上海古籍出版社 2005 年版，第 2 页。

② 同上书，第 52 页。

实现大同，这是人类的理想。在大同世界里，人人平等，爱人如己，成为真正互为主体的世界。"夫据乱之世，人尚私争，升平之世，人人各有度量分界，人不加我，我不加人。故大同之世，视人如己，无有畛域，'货恶其弃于地也，不必藏于己，力恶其不出于身也，不必为己'。"① 概而言之，"大同世界"体现的主体间关系集中在四个方面：

（一）去国界无阶级而人人相亲

在大同世界里，由于消灭了国家、阶级、种族、家庭，因而也消灭了战争，消灭了剥削和压迫，消灭了自私的根源，成立公政府，"人民皆为世界公民"②，地位完全平等。

1. 去除国界，全地通同。康有为认为，国家是依靠战争和吞并而建立起来的。"凡此吞小为大，皆由无量战争而来，涂炭无量人民而至。"③ 国家形成后，战争并没有停止，国家使人变得自私自利，只考虑本国的利益，不考虑他国的利益。"然国既立，国义遂生，人人自私其国而攻夺人之国，不至尽夺人之国而不止也。或以大国吞小，或以强国削弱，或连诸大国而已。然因相持之故累千百年，其战之祸以毒生民者，合大地数千年计之，遂不可数，不可议。"④ 而且，人类文明的发展，不但没有阻止战争，而且使战争变得愈加惨烈。在古代人们拿刀来杀人，一次只能杀掉一人，而现在争杀以火以毒，几十万人一夜之间便可化为灰烬。古今人开口闭口言天下国家不可少，这实在太荒谬了。要救民于水火，首要的任务就是破除国界，消灭国家。历史也正是朝着这一方向发展的。中国、印度和欧洲古代都有几千甚至上万个国家，后来都逐渐统一了。国界的消除是大同的开始。"于是时，无邦国，无帝王，人人相亲，人人平等，天下为公，是谓大同。"⑤ 世界将按所处经度和纬度来划分。"凡生人皆称为某度人，著其籍可也。"⑥ 全地皆为公政府，有行政官行政，有议员议政，而无有国界。人民皆为世界公民，无奴婢，无雇仆。统一货币、文字和度量衡，以便交通。取消税赋，全地岁计皆归公政府；尽去一切城塞、险

① 康有为：《大同书》，上海古籍出版社 2005 年版，第 277 页。
② 同上书，第 91 页。
③ 同上书，第 54 页。
④ 同上书，第 55 页。
⑤ 同上书，第 71—72 页。
⑥ 同上书，第 81 页。

要、堡寨，取消军队，尽销兵器，设立警察；全世界皆按公法律办事，人民无罪无刑，人皆安乐无苦痛。公民不因妇女、形体而异视，男女平等，各有独立。"将欲为太平世欤，以女子为公民，太平之第一义也。"① 男女婚姻，皆由本人自择，情志相合，乃立合约，名曰交好之约，不得有夫妇旧名。

2. 去除级界，消灭压迫。康有为认为，人本来没有什么不同，"夫人类之生，皆本于天，同为兄弟，实为平等"，但后来无端设立了等级。大的等级有三类：一曰贱族；二曰奴隶；三曰妇女②。这种不平等的法则，不但违背天之公理，而且阻碍社会的进步。"且以事势言之，凡多为阶级而人类不平等者，人必愚而苦，国必弱而亡。"③ 以印度而言，古代印度人分为婆罗门、刹帝利、吠舍、首陀罗四个等级，其中首陀罗又分六等：配哈、摅麻、巫士哈、拖卑、哶打、冬。"贱族之中，皆不得为官为士，而各贱族各专其职，不得改役他业，不得通婚姻，子子孙孙世为之。"④ 正因为这个缘故，印度虽有两万万人，但如果不算妇女，实际只有一万万人。除去各个所谓劣种，剩下的婆罗门、刹帝利不过一两千万人。整个国家把命运寄托于这一两千万人，其余的二万万人，虽有智勇，却无能为役，这就是印度之所以一败涂地而不可拯救的原因。其他国家如埃及、巴比伦、希腊都有族级、奴隶的区别，东方也是一样。欧洲中世纪也有贵族、平民、奴隶的差异，由于压制严酷，即使欧洲人特别有智慧，也经历了千年的黑暗，不能有所进化。"凡扫尽阶级而人类平等者，人必智而乐，国必盛而治，如美国是也。其他人民、国势之愚智、苦乐、强弱、盛衰，皆视其人民平等不平等之多少分数为之，平之为义大矣哉！"⑤ 未来大同之世，将彻底消灭等级，各国实行民主，无帝王，无君主，无皇族，"至于是时也，全世界人类尽为平等"⑥。

3. 去除种界，消灭歧视。康有为认为，人种相同也是大同的体现。"凡言平等者，必其物之才性、知识、形状、体格有可以平等者，乃可以平等行之。"⑦ 现今世界尚存在的人种，主要有欧洲的白种人，亚洲的黄种人，非洲

---

① 康有为：《大同书》，上海古籍出版社 2005 年版，第 127 页。
② 同上书，第 104 页。
③ 同上书，第 106 页。
④ 同上书，第 104 页。
⑤ 同上书，第 106 页。
⑥ 同上书，第 110 页。
⑦ 同上书，第 114 页。

的黑种人，太平洋、南洋各岛的棕种人，世界并不平等。按物种进化的规则，白色人种是最佳人种。"故大同之世，白人、黄人才能、形状相去不远，可以平等。其黑人之形状也，铁面银牙，斜额若猪，直视若牛，满胸长毛，手足深黑，蠢若羊豕，望之生畏。此而欲窈窕白女与之相亲，同等同食，盖亦难矣。然则欲人类之平等大同，何可得哉！"① 改进人种的办法，首在迁地而居之，把居住于赤道两侧的黑人和棕种人迁到寒冷地带；次在杂婚而化之，奖励不同人种之间的婚姻；末在饮食运动以养之，通过改变饮食结构来改变人的肤色。千数百年之后，黄人与白人化而为一，棕种人和黑人通过淘汰变化，也不会剩余多少。"故经大同后，行化千年，全地人种，颜色同一，状貌同一，长短同一，灵明同一，是为人种大同。合同而化，其在千年乎！其在千年乎！当是时也，全世界人皆美好，由今观之，望若神仙矣。"②

（二）去产界无争诈而人人相乐

大同世界将采用最先进的机器生产，物质财富将极大丰富，一切财产皆归公有，实行有计划的生产，消除了竞争，消除了各种浪费。

1. 生产先进，消除一切弊端。康有为认为，尽管现代社会采用了最先进的生产方式，与中世纪相比，似乎是一个全新的世界。"农耕皆用机器化料；若工事之精，制造之奇，汽球登天，铁轨缩地，无线之电渡海，比之中古有若新世界矣；商运之大，轮舶纷驰，物品交通，遍于五洲，皆创数千年未有之异境。"③ 然而，这不过是漂亮的外观，以现今的情况来看，农业仍有饥民。"故以今之治法，虽使机器日出精奇，人民更加才智，政法更有精密，而不行大同之法，终无致生民之食安乐，农人之得均养也。"④ 工业仍有竞争，且两极分化严重。"若夫工业之争，近年尤剧。盖以机器既创，尽夺小工，畴昔手足之烈一独人可为之者，今则皆为大厂之机器所攘，而小工无所谋食矣。而能作大厂之机器者，必具大资本家而后能为之。故今者一大制造厂、一大铁道轮船厂、一大商厂乃至一大农家，皆大资本家主之，一厂一场，小工千万仰之而食；而资本家复得操纵轻重小工之口食而控制之或抑勒之，于是富者愈富，贫

---

① 康有为：《大同书》，上海古籍出版社 2005 年版，第 110 页。

② 同上书，第 112 页。

③ 同上书，第 227 页。

④ 同上书，第 228 页。

者愈贫矣。"① 商业仍有欺诈、有浪费。"若夫商业之途，竞争尤烈，高才并出，骋用心计，穿金刻石，巧诈并生。由争利之故，故造作伪货以误害人，若药食舟车，其害尤烈者矣；即不作伪，而以劣楛之货妄索高赏，欺人自得，信实全无，廉耻暗丧。及其同业之争，互相倾轧，甲盛则乙妒之，丙弱则丁快之；当其争利，跃先恐后，虽有至亲，不相顾恤，或设阱陷，机诈百生，中于心术，尽其力之所至而已，无余让以待人矣。资性之日坏，天机之日丧，积久成俗，以此而欲至性善之世，岂可得哉！"② 凡此种种，皆因不能大同，不能按计划生产。

2. 财产公有，按计划生产。大同社会以财产公有为前提。"太平世人无私家，无私室，无私产，无私店"③，凡农工商产业，必归公有。首先，政府立农部而总天下之农田，各度界小政府皆立农曹而分掌之，数十里皆立农局，数里立农分局，皆置吏以司之。农业生产实行统一规划，因地制宜。"凡五洲土产，各有所宜，分其地质之宜而种植、牲畜、渔取之。各小政府农曹及各农局公商界内种植、牧畜、渔取、称额之法，统计而决算之，分之各地农场。应用农人若干，应备化料若干，应备农具机器若干，应开垦若干，应分别种百谷、果、菜、树木、畜鸡、鸭、鹅与鱼、牛、马、羊、豕若干，厂场若干，各分其职而专为之极其琐细。分业愈多则愈专而愈精，地无遗利，人无重业。"④ 其次，公政府立工部，各部小政府立工曹，察其地形之宜而立工厂，或近水而易转运，或近市而易制作，皆酌其工之宜而行之。政府世尊崇工业，奖励创新。"故太平之世无所尚，所最尚者工而已；太平之世无所尊高，所尊高者工之创新器而已；太平之世无所苦，所为工者乐而已矣。"由于采用机器生产，机器代替手工，劳动生产率将大大提高。"以今机器萌芽，而一器之代手足者以万千倍计，过千数百年后，人既安，学既足，思想日进，其倍过于今者不可以亿兆思议。"⑤ 最后，设立商部，统一管理产品的分配。"商部核全地人口之数，贫富之差，岁月用品几何，既令所宜之地农场、工厂如额为之，乃分配于天下。令各度小政府立商曹，其数

① 康有为：《大同书》，上海古籍出版社 2005 年版，第 228 页。
② 同上书，第 229 页。
③ 同上书，第 245 页。
④ 同上书，第 235 页。
⑤ 同上书，第 241 页。

十里间水陆要区立商局、各种商店，其数里间立商店。"①

3. 消灭竞争，奖励创新。"当是之时，最恶竞争，亦无有竞争者矣。其竞争者，惟在竞仁竞智，此则不让于师者。"② 生产不再有重复、腐败，不再暴殄天物。"是以地无遗利，农无误作，物无腐败，品无重复余赢"，"为全地公计之，工人之作器适与生人之用器相等，无重复之余货，无腐败之殄天物"③。然而，没有竞争就可能导致社会退化，如何防止退化？康有为提出了几项措施。第一曰竞美。大同之世，室屋、园囿、农场、工厂、商业、铁路、电线、汽船皆出于公，但各度内政府可以组织本度内公民竞美。第二曰奖智。太平时，为开人智，悬重赏以鼓励之。共设四科：新书科、新器科、新见科、新识科。第三曰奖仁。太平之时，上无君长官爵，下无妻室儿女，"是时人不为奴，不得有妻，同时不能多男女之交，屋宇不待大，宝玩古器多藏于公，除远游外，几无以为用多金之地"④。既然得金无用，可以奖励以仁人之号。"凡有仁惠之事，皆公赠仁人之号，差其仁惠之大小以为之等。"⑤

（三）去家界无亲疏而人人相恤

康有为认为，家族制度和观念是造成人类自私自利的重要原因。以中国人而言，"同姓则亲之，异姓则疏之；同姓则相收，异姓则不恤"⑥。甚至，两姓相斗，两姓相仇。未来社会将取消家庭，人的生、老、病、死皆由社会来统一安排。

1. 男女无别，恋爱完全独立自主。人分为男女两性，这是天理所然。男人并没有特别不同于女子的地方。首先，女子聪明睿哲、性情气质、德义嗜欲、身手首足、耳目口鼻、行坐执持、视听语默、饮食衣服、游观作止、执事穷理等方面与男子完全相同。其次，女子能够胜任农工商各业，其能力与男子没有什么不同。"是故以女子执农工商贾之业，其胜任与男子同。今乡典之农妇无不助耕，各国之工商既多用女子矣。"⑦ 最后，女子亦能从事文学仕宦，

① 康有为：《大同书》，上海古籍出版社 2005 年版，第 242 页。
② 同上书，第 277 页。
③ 同上书，第 239、242 页。
④ 同上书，第 267 页。
⑤ 同上。
⑥ 康有为：《大同书》，上海古籍出版社 2005 年版，第 167 页。
⑦ 同上书，第 122 页。

其任职治事，明决果敏，巾帼不让须眉。然而，数千年来，女子却遭受无数不平等的待遇。女子不得仕宦，不得科举，不得充议员，不得为公民，不得预公事，不得为学者，不得自立，不得自由。女子还被像囚犯一样关在家里，被施以刑罚，被作为奴隶，被作为男人的私有财产，被作为男人的玩具。康有为认为，没有女子的独立，就没有世界的平等。在大同世界里，男女平等，各有独立。"将欲为太平世欤，以女子为公民，太平之第一义也。"① 男女爱恋，皆由本人自择，情志相合，乃立合约，名曰交好之约，不得有夫妇旧名。

2. **不要家庭，自私无从产生。** 康有为认为，家是人类自太古以来，相互存养的良法。"夫家者，合夫妇、父子而名者也。"② 人的生、老、病、死都是在家里完成的。但是，有家就有家的责任，父母要为子女操劳，子女要为父母尽孝。正因为有父子之道，人类才得以强盛，"故夫妇父子之道，人类所以传种之至道也，父子之爱，人类所由繁孳之极理也，父子之私，人体所以长成之妙义也"③。

然而，由于人类过分依赖家庭，鳏、寡、孤、独、废、疾者就无从所养。在欧美国家，子女甚至将老年人赶出家门。中国人虽然倡导孝的观念，但在衣食不足的情况下，孝也是无法保证的。"以吾所闻，以阳朔之富乡，而五十余家得食饭者只二十余家而已，人道如此，焉得不悲！若其无工可作，无田可耕，闲民游手好赌，而复佚游无度，醉乐而荒，都邑相望，市衢相属，饿莩载道，不可纪录，若是者甚多甚多，岂复能望其孝养哉！以吾乡所见，养父者千不得一，养母而丰泽安乐者百不得一，分其数金之入，令老母安坐而食、饱暖无营者十不得一，其能以一金半金养母，而母复操作助之者，二不得一。"④ 而且，对很多人来说，家几乎成了一副枷锁，强行让大家在一起生活也十分痛苦。因为自古以来，贤者千不得一，而不肖者十居其九，故子妇未必孝，翁姑未必慈。"若夫兄弟、姊妹、娣姒之中，有性情贪戾、才智谲诈者，造谤兴谗，巧构疑似，致父母相离，兄弟相杀，吾见盖多矣。"⑤ 家也是人性自私的渊薮。当初圣人立父子、夫妇、兄弟之道，乃因人性亲亲，出于不得已而为之。"盖一家相收，则父私其子，祖私其孙而已。既私之，则养子孙而不养人

---

① 康有为：《大同书》，上海古籍出版社 2005 年版，第 127 页。

② 同上书，第 168 页。

③ 同上书，第 169 页。

④ 同上书，第 175 页。

⑤ 同上书，第 179 页。

之子孙，且但养一己之子孙而不养群从之子孙；既私之，则但教其子孙而不教人之孙孙，且但教唆一己之子孙而不教群从之子孙。于是富贵之子孙得所教养者，身体强健，耳目聪明，神气王长，学识通达矣；贫贱者之子孙无所教养者，身体尪弱，耳目聋盲，神气颓败，学识暗愚；甚者或疾病无医，乞丐寒饿，不识文字，不辨菽麦矣。"①

正因为这样，家是达于太平世的大祸害，只要有家存在，就不能说有太平。"故家者，据乱世，升平世之要，而太平世最妨害之物也。以有家而欲至太平，是泛绝流断港而欲至于通津也。不宁唯是，欲至太平而有家，是犹负土而浚川，添薪以救火也，愈行而愈阴矣。故欲至太平独立性善之美，惟有去国而已，去家而已。"②

3. 设立十二院，育人养人社会化。康有为设想，未来社会由于取消了家庭，男女完全平等，两性生活依靠两相情愿，完全自主，以盟约为据。因而消除了夫妻关系，父子关系，从而彻底拆除了人类自私自利的后墙。"太平大同之世，男女各有独立之权，有交好而非婚姻，有期约而非夫妇，期约所订，长可继续而终身，短可来复而易人。凡有色欲交合之事，两欢则相合，两憎则相离，既无亲属，人人相等。"③ 妇女只负怀孕之责，再无抚养之义。人的生产、生活完全社会化了，设立专门机构负责人的生老病死。一曰人本院：凡妇女怀妊之后皆入焉，以端生人之本，不必其夫赡养。二曰公立育婴院：凡妇女生育之后，婴儿即拨入育婴院以育之，不必其母抚育。三曰公立怀幼院：凡婴儿三岁之后，移入此院以鞠之，不必其父母怀抱。四曰公立蒙学院：凡儿童六岁之后，入此院以教之。五曰公立小学院：凡儿童十岁至十四岁，入此院以教之。六曰公立中学院：凡人十五岁至十七岁，入此院以教之。七曰公立大学院：凡人十八岁至二十岁，入此院以教之。八曰公立医疾院：凡人之有疾者入焉。九曰公立养老院：凡人六十以后不能自养者入焉。十曰公立恤贫院：凡人之贫而无依者入焉。十一曰公立养病院：凡人之废疾者入焉。十二曰公立化人院，凡人之死者入焉④。

---

① 康有为：《大同书》，上海古籍出版社 2005 年版，第 180 页。

② 同上书，第 186 页。

③ 同上书，第 272 页。

④ 同上书，第 187 页。

（四）去类界无杀戮而普爱众生

康有为认为，大同是人类对世界认识的超越。天地间的一切生物皆是同根所生，然而，在远古时代，人类为了生存，无限制地杀害鸟兽。在大同社会里，鸟兽与人类大同。

1. 杀戮动物，自私不仁。康有为认为，类不过形貌有异。"夫所谓类者，不过以状貌体格为别耳。"① 古今圣贤尽其聪明才力而所经营的，不过以爱其人类，保其人类，私其人类而已。摩西、摩诃末者，以立国为事，自私其乡国，率人以食人，其为隘陋残忍，不待摈斥。即中国诸圣乎，耶稣乎，祚乐阿士对，索格拉底乎，他们言论心思所关注的，也不过私其同形之人类，对于天生万亿兆之物来说，也不过"私一物，爱一物，保一物"罢了。为了"私一物，爱一物，保一物"，而不惮杀戮万物，矫揉万物，刻斫万物。这对于上天，对于爱德，所得不过万亿兆之一罢了，而所失则超过万亿兆之多。人类真应该为自己的行为而感到羞愧！"故人者，私而不仁之至者也。"② 从前，人类杀鸟兽的确有不得已的地方。现在，为了一饱自己的口腹而不顾鸟兽的痛苦，甚至灭绝其根种，这是违背天理的。"以一饱之故而熟视鸟兽之痛苦呼号，上背天理，下种杀根，其不仁莫大矣。"③

2. 未来技术发达，有条件解放动物。康有为指出，人不过是动物中的一种，可在太古时代，人类凭借着自己的狡智，以强凌弱，以食鸟兽之肉为合理，这是非常自私的行为。"当太古生人之始，只知自私爱其类而自保存之，苟非其类则杀绝之。"④ 可大同之世是至仁之世，其时新技术层出不穷，一定能制造出奇妙的物品，足以代替鸟兽之肉而补益相同，且味道更为鲜美。"当是时，人之视鸟兽之肉犹粪土也，不戒杀而自能戒矣。合全世界人而戒杀矣，其视牛、马、犬、猫如今之视奴仆，亲之，爱之，怜之，恤之，用之，而食之，衣之，斯为大同之至仁乎！"⑤ 首先要戒杀牛马犬，它们灵而有用；其次戒杀鸡豕鹅鸭，它们没有什么用处；最后戒杀鱼类，"以其知少也"。戒杀是大同之世的体现，"是故食肉杀生，大同之据乱世也，电机杀兽，大同之升平

---

① 康有为：《大同书》，上海古籍出版社 2005 年版，第 278 页。
② 同上书，第 279 页。
③ 同上书，第 280 页。
④ 同上书，第 278 页。
⑤ 同上书，第 281 页。

世也，禁杀绝欲，大同之太平世也，进化之渐也"①。实际上，要戒杀一切生物是不可能的，康有为已经知道，满空皆是微生物，一次呼吸，一举足挥手都要杀掉无数的微生物。怎么办？康有为认为，应以佛所讲的不见为限。"昔者佛命阿难以钵取水，阿难方水有微生物，不当取而饮之，佛谓不见即可饮。"②

3.大同之世，鸟兽将有新的用途。康有为指出，在远古时代，人兽相争，人为自保不得已而杀戮动物。在大同之世，猛兽不再为患，鸟兽将与人平等相处。"其驯兽，若牛马则为驾重乘跃之用，犬猫则为娱弄随从之用，猴则尤灵，至大同时必通其语，则供仆从使令之用，鹦鹉供传言歌舞之用，盖人等皆平，则惟奴使驯曾灵鸟而已。"③孔子曾经说过，乱世亲亲，升平世仁民，太平世爱物，这是自然进化不可逾越的次序。

二 追古考今、遍尝百草的救世"神药"

如何看待康有为的"大同世界"？笔者认为，大同世界其思想视野极其宏大，不仅是对古今世界文化中主体间关系精神的扬弃，更是对世界历史和现实的批判，甚至是超越人类，对众生未来的一种思考。正如康有为本人所讲：他写《大同书》，"上览古昔，下考当今，近观中国，远览全地，尊极帝王，贱及隶庶，寿至篯彭，夭若殇子，逸若僧道，繁若毛羽，盖普天之下，全地之上，人人之中，物物之庶"④。

（一）对先贤大同构想的继承和弘扬

建立一个人人平等，互敬互爱的世界，这是人类几千年来的梦想。古今中外的先哲们都曾设计过他们心中的"大同世界"。老子"小国寡民"的构想；墨子"兼相爱""交相利"的构想；孔子"太平世"的构想；列子"华胥国""终北国"的构想；鲍敬言"无君论"的构想；陶渊明"桃花源"的构想；邓牧"伯牙琴"的构想；何心隐"聚和堂"的构想；释迦牟尼"极乐世界"的构想；柏拉图"理想国"的构想；基督教关于"上帝之城"的描述，资产阶级关于"自由、平等、博爱"的民主共和国的构想；空想社会主义者关于

---

① 康有为：《大同书》，上海古籍出版社2005年版，第282页。
② 同上书，第283页。
③ 同上书，第281页。
④ 同上书，第5页。

"乌托邦"的构想；都从不同的视角对人类的未来做过设计。

康有为从小博览群书，对先贤的大同构想均有研究。据其《自编年谱》，五岁时，"能诵唐诗数百首"。六岁，读《大学》《中庸》《论语》和朱熹所注《孝经》。十一岁，攻读经史，"始览《纲鉴》而知古今，攻读《大清会典》、《东华录》而知掌故"。十九岁，应乡试未售，从朱次琦（九江）受"济人经世"之学，以为"圣贤为必可期"，"天下为必可为"。又攻读顾炎武、钱大昕、赵翼等人论述历史的著作，于是"议论宏起"。接着，读《周礼》《仪礼》《尔雅》《说文解字》《水经注》诸书，以及《楚辞》、《汉书》、《文选》，"大肆力于群书"。不久，"以日埋古纸堆中，汩其灵明，渐厌之，日有新思，思考据家著书满家，如戴东原，究复何用？因弃之，而私心好求安心立命之所"，乃"闭户谢友朋，静坐养心"①。二十七岁，"尽读汉、魏、六朝、唐、宋、明及国朝人传注考据义理之说"②。在广泛的阅读中，儒家的仁、智观和《礼记·礼运》篇的"小康""大同"思想，今文经学的"三世"进化思想，佛教的慈悲观，耶教的平等观，西欧的空想社会主义观等都成了他构造大同殿堂的思想资料。

然而，康有为并非机械地接受前人的思想。他提出："学不外二端，为我、兼爱而已。"又说："兼爱无弊，既爱我又爱人。老吾老以及人之老，幼吾幼以及人之幼，爱何弊焉？为我有四：一为我之质，众人是也；一为我之名，贤人是也；一为我之体，道人是也；一为我之魂，佛学是也。"③ 这明显是把墨、儒两家思想结合起来，又融入了道家和佛家的思想。《大同书》指出："孔子之太平世，佛之莲花世界，列子之甗瓶山，达尔文之乌托邦，实境而非空想焉。"④ 这同样具有综合的性质。康有为除了综合前人的思想，还对前人的思想做了批判。比如，孔子强调"孝"，强调"亲亲为上"，这使中国人口繁汭，康有为倍加赞赏。但他又认为，"孝"有时徒有虚名，很难实行。"中国人孝为空义，罕有力行者。"⑤ 而且，孔子推崇的大家族制度使人人互相抱怨，"都中国四万万之人，万里之地，家人之事，惨状遍地，怨气冲天"⑥。

---

① 参见楼宇烈整理《康南海自编年谱（外二种）》，中华书局 1992 年版，第 2—8 页。

② 汤志钧：《康有为政论集》（上），中华书局 1981 年版，第 192 页。

③ 姜义华、张荣华编校：《康有为全集》第 1 集，中国人民大学出版社 2007 年版，第 107 页。

④ 康有为：《大同书》，上海古籍出版社 2005 年版，第 69 页。

⑤ 同上书，第 174 页。

⑥ 同上书，第 179 页。

对孔子主张的君主专制、封建等级、封建宗法制度，康有为都予以否定。佛教戒杀，普爱众生，确是至仁之举。然而，出家人不能迎娶生育。没有人，"仁爱"就无从讲起了。"人皆学仙、佛，则无人执事作工，而文明之事业将退化也。"① 同样，"基督不娶，绝其后嗣"。总之，康有为认为，在大同之世，只有经改造的孔子"仁"学才有存在的可能，其他诸学皆将自然绝灭。

（二）对欧美现代文明的反思和批判

康有为早年曾借助书本来了解欧美国家的情况。从 1874 年开始，借助《海国图志》《瀛环志略》等书，康有为已知世界地理，万国情势。1879 年，他得到《西国近事汇编》《环游地球新录》等数种西书，同时漫游香港，"览西人宫室之瑰丽，道路之整洁，巡捕之严密"，"乃始知西人治国有法度，不得以古旧之夷狄视之"②。头脑中固有的"内诸夏而外夷狄"的概念开始发生动摇。1882 年，他道经上海，购得西书、新书达三千册之多，占江南制造局翻译馆 30 年间出版的西书、新书一万二千册的四分之一；次年，又"购《万国公报》，大攻西学书，声、光、化、电、重学、各国史志、诸人游记皆涉焉"，"是时绝意于试事，专精学问，新识深思，妙语精理，俯读仰思，日渐大进"③。他后来所著《几何公理》显然受了西方几何学的影响，把天下大势视为"几何公理"。他认为，几何公理是"一定之法"，如一、二、四、八、十六、三十二，是"必然之实"。人立之法"其理较虚"，只是"两可之实"，本来没有"定则"，只是推一"最有益于人道者以为公法而已"。什么是"最有益于人道"的"公法"？那就是平等，"人类平等是几何公理"④。总之，早期的康有为深慕西方国家的发达，认为中国当据"升平世"，而欧美国家已届"太平世"，赞叹不已。他七次上书清帝，始终以西方国家为榜样，要求变法图强。

然而，对欧美国家的实际考察使他改变了以前的看法。一方面，欧美国家的发展仍然吸引着他。比如：他夸赞欧美国家居住条件优越，"其视欧美之民，广厦细旃，膳饮精洁，园囿乐游，香花飞屑，均为人也，何相去之远哉！

---

① 康有为：《大同书》，上海古籍出版社 2005 年版，第 291 页。
② 翦伯赞等：《戊戌变法》（四），上海人民出版社 1957 年版，第 115 页。
③ 同上书，第 115—116 页。
④ 姜义华、张荣华编校：《康有为全集》第一集，上海古籍出版社 1987 年版，第 148 页。

不均不平，岂至治之世耶！"① 又赞叹欧美国家交通便利，环境优美，"近者欧美铁路既通，运输较捷，水利渐启，树木既多，雨泽渐匀，泛滥渐少"②。赞叹欧美国家人民捐助之慷慨，"欧美之捐千百万金钱，以为学院、医院、恤贫、养老院以泽被一国者，不可数也"③。另一方面，在亲睹了欧美社会以后，他认为西方"远不若平日读书时之梦想神游"之尽善尽美，甚至"为之失望"。《大同书》中出现的批评欧美各国的实例，俯拾皆是，不胜枚举。比如：在甲部"入世界观众苦"中，有这样一段话："欧美号称富盛，英国恤贫之费岁糜千万磅，而以工厂商本皆归大富，小本者不足营业，故贫者愈贫。试观东伦敦之贫里，如游地狱，巴黎、纽约、芝加哥贫里亦然。菜色褴褛，处于地窖，只为丐盗。小儿养赡不足，多夭者。聚成大团，风俗愈坏，监狱愈苦，病须医愈多。"④ 说明在欧美国家存在着大资本对小资本的排挤，贫富差距悬殊，到处都是贫民窟。在戊部"去形界保独立"中，康有为论及欧美国家妇女与政治的关系，"吾昔入加拿大总议院，其下议院长诸女陪吾观焉。吾谓'卿等具有才学，何不求为议员？'议长诸女胡卢大笑，谓'吾为女子，例不得预'，目吾为狂。此外频与欧美女子言之，皆笑吾之狂愚也"⑤。说明在欧美国家，男女并不平等，女子并不具有实际参政议政的权力，而女子则自视为正常。在丁部"去种界同人类"中，康有为有这样一段话："至今美国之人，不肯与黑人齿，不许黑人同席而食，同席而坐，不许黑人入头等之舟车，不许黑人入客店。黑人之被选举为小吏者，美国人犹共挤之，黑人之有学行者，总统礼之，美国人犹非笑之。"⑥ 说明在欧美国家仍然存在种族歧视，尚未达到种族平等的境界。在己部"去家界为天民"中，康有为"论欧美人之薄报"论及父母和子女的关系，子女一旦成家，即与父母分居，"其父母虽贫，不之养也。寄食三日则作色，七日则止，否则逐矣。不行则索食费，但推荐假以去之"。老年人无依无靠，晚年十分凄凉。"鳏寡孤居，无人慰藉，疾病独处，无人抚摩，所见惟灯火，所对惟仆隶，与死为邻，无生人趣；有施无报，亦何赖有子

---

① 康有为：《大同书》，上海古籍出版社 2005 年版，第 15 页。
② 同上书，第 18 页。
③ 同上书，第 167—168 页。
④ 同上书，第 32 页。
⑤ 同上书，第 125—126 页。
⑥ 同上书，第 114 页。

哉！"① 在庚部"却产界公生业"中，康有为批判"天演论"，认为其运用对社会危害极大。"近自天演之说鸣，竞争之义视为至理，故国与国陈兵相视，以吞灭为固然，人与人机诈相陷，以欺凌为得计。……此一端之说耳，岂徒坏人心术，又复倾人身家，岂知裁成天道、辅相天宜者哉！"② 在他看来，《天演论》的推行，富者愈富，贫者愈贫，鼓励欺诈和竞争，其结果：坏人心术，又暴殄天物，其害莫大焉。

康有为原认为中国的封建社会是"升平"（小康），资本主义君主立宪制度为"太平"，而考察的结果则使他认为，中国尚处于"据乱世"，而欧美国家也不过是"升平世"。此外，还应该有一个"太平世"（大同）。《大同书》反复强调，欧美"略近升平"，"今欧美之治近于升平矣……"③在《意大利游记》中，康有为甚至认为欧美国家"升平未至"："今观孔子三世之道，至今未能尽其升平之世，况太平世、大同世乎？今欧洲新理，多皆国争工具，其去孔子大道远矣。""吾昔者视欧美过高，以为可渐至大同，由今按之，则升平尚未至也。"④ 据此，他认为欧美国家还有很长的路要走，消除"九界"需要一个渐进的过程，中国不可能一下子过渡到"太平世"，眼下的首要任务是从"据乱世"上升到"升平世"。

（三）对中国社会现实的关怀和思考

康有为出生于 1858 年，他生活的时代，内忧外患，危机四伏。一是从1840 年起，帝国主义列强掀起了瓜分中国领土的战争，迫使清政府签订了一系列丧权辱国条约，使中国由一个独立自主的国家逐渐沦为半殖民地半封建国家。二是面对危机，清政府内部有识之士主张向西方学习，提出了"师夷长技以制夷""中学为体，西学为用"等策略，一批所谓中兴名臣鼓吹洋务新政，采用西方近代技术修筑铁路，开采矿山，建造轮船，制造枪炮等，中国出现了近代化企业，企图在不动摇大清帝国体制的前提下，通过局部改革，以挽救摇摇欲坠的封建统治。但由于守旧势力的阻挠，其成效十分微弱，内不足以富民，外不足以抵侮。国家面临"瓜分豆剖"之势。三是爆发了震惊中外的太平天国运动和义和团运动，沉重打击了帝国主义的侵略，动摇了清政府的统

① 康有为：《大同书》，上海古籍出版社 2005 年版，第 171 页。
② 同上书，第 229—230 页。
③ 同上书，第 8、172 页。
④ 姜义华、张荣华编校：《康有为全集》第 7 集，上海古籍出版社 1987 年版，第 374 页。

治。康有为从小关心国事，面对山河破碎，国弱民穷的现状，他一直在探求救国救民的真理，"大同"构想正是他关于中国现实近 20 年的思考。康有为对中国现实的关注，有三个闪光之点。

1. 改造儒学，变革观念。长期以来，人们根据《论语》中论孔子自言"述而不作，信而好古"的记载，把孔子视为复古主义的典型，国人以孔子为榜样，以信古崇古为美德，"祖宗之法不可变"的观念根深蒂固。康有为深刻认识到，要改变中国现状，首先要改变人们的思想观念，而其根本途径在于改变人们对孔子的看法。康有为先后写成《毛诗伪证》《周礼伪证》《说文伪证》《尔雅伪证》《新学伪经考》《史记书目经》《孟子大义考》《墨子经上注》《孟子为公羊学考》《论语为公羊学考》《春秋董氏学》《孔子改制考》等著作，其目的在于说明：今存"六经"皆汉代刘歆之伪作。"经学纷如乱丝，于今有汉学、宋学之争，在昔则有今学、古学之辨。不知古学皆刘歆之窜乱伪撰也，凡今所争之汉学、宋学者，又皆歆之绪余支派也。"① 孔子不仅不守旧，而且是"制法之王，所谓素王也"②。"托古"是古代圣贤"改制"的一贯做法。这是因为："世俗之人，多尊古而贱今，故为道者，必托之于神农、黄帝，而后能入说。"③ 墨子假托夏禹，"以尚俭之故"；老子假托黄帝，"以申其'在宥''无为'之宗旨"；韩非也"以法为法，故附会古圣"。孔子创立"三统""三世"诸义，也无非是"托诸行事以明其义"。尧、舜、禹、汤、文、武的"盛世"，并不是古代实有，而是"托之以言其盛"。这样一来，"变法维新"也就成为理所当然的道理。

2. 七次上书，变法图强。康有为认为，要使中国走上富强之路，除维新变法，没有别的出路可走，而变法的关键在于说服皇帝，一旦皇帝同意，变法便会自上而下，达到一呼百应，举目可待的效果。俄国、日本都走了这样的道路。为此，康有为自 1888 年起，先后七次上书光绪帝，反复申述内外交困的形势，敦促光绪帝变法。首先，改革政治体制，实行君主立宪制。具体办法是：在中央开设制度局，统筹变法大局，议定政事、宪法，领导全部新政。"若欲变法而求下手之端，非开制度局不可也。"④ "惟此一事，为存亡强弱第

① 姜义华、张荣华编校：《康有为全集》第 1 集，中国人民大学出版社 2007 年版，第 361—362 页。

② 姜义华、张荣华编校：《康有为全集》第 3 集，中国人民大学出版社 2007 年版，第 102 页。

③ 同上书，第 29 页。

④ 姜义华、张荣华编校：《康有为全集》第 4 集，中国人民大学出版社 2007 年版，第 88 页。

一关键矣。"① "制度局"下设法律局、税计局、学校局等十二个专局，"凡制度局所议定之新政，皆交十二局施行"，十二局成为中央新政的行政机构，而"六部""军机""总署"等一概被排斥在外。地方则设立"新政局"和"民政局"，作为执行新政的地方机构，而"直省藩、臬、道、府，皆为冗员"，加以废除②。其次，发展近代工商业，"以工产国"，"以商立国"。康有为在《上清帝第二书》中明确提出："凡一统之世，必以农立国，可靖民心；并争之世，必以商立国，可侔敌利，易之则困敝矣。"③ 他建议开发矿藏，发展农业，"精机器之工，精运转之路"，为发展商业提供动力并铺平道路。同时，设立商务局，派廉洁大臣长于理财者经营其事。"夫富国之法有六：曰钞法，曰铁路，曰机器轮舟，曰开矿，曰铸银，曰邮政。"④ 最后，开民智，废科举，办新式教育，引进资本主义学校制度，开设有关科学技术的课程。"今日之患，在吾民智不开，故虽多而不可用，而民智不开之故，皆以八股试士为之。"⑤ "然则中国之割地败兵也，非他为之，而八股致之也。故臣生平论政，尤痛恨之。"⑥ "泰西之强于人才，人才出于学校。日人变法，注意于是，大聘外国专门教习至数十人，小学有五万余所，其余各学皆兼教五洲之事，又大派游学之士，食而用之。数年之间，成效如此。"⑦

3. 环球考察，矢志不渝。"戊戌变法"失败后，康有为先流亡日本，后"之美之欧"，周游世界。著名篆刻家吴昌硕为康有为精心篆刻的印章云："维新百日，出亡十六年，三周大地，游遍四洲，经三十一国，行六十万里。"短短 27 个朱文小篆，深刻概括了康有为于维新变法失败之后的流亡旅行生涯。"出亡"二字饱含了康有为对维新变法失败的几多遗恨，几多辛酸！而三周大地，游遍四洲，经 31 国，行 60 万里的漫长壮丽的游历又体现了康有为雄壮而广阔的胸怀！若以现在的行政区划而言，康有为实际上是游历了"五大洲"，往渡了"四大洋"。印章上所谓"四洲"，是指"亚、欧、美、非"，美洲则包含现在的南美、北美两大洲。康有为在流亡 16 年的旅游中，

① 姜义华、张荣华编校：《康有为全集》第 4 集，中国人民大学出版社 2007 年版，第 137 页。
② 同上书，第 15 页。
③ 姜义华、张荣华编校：《康有为全集》第 2 集，中国人民大学出版社 2007 年版，第 40 页。
④ 同上书，第 37 页。
⑤ 翦伯赞编：《戊戌变法》(4)，《中国近代史资料丛刊》，神州国光社 1953 年版，第 146 页。
⑥ 参见钟贤培主编《康有为思想研究》，广东高等教育出版社 1988 年版，第 186 页。
⑦ 姜义华、张荣华编校：《康有为全集》第 4 集，中国人民大学出版社 2007 年版，第 153 页。

曾 4 次横渡太平洋，9 次往返于大西洋，8 经印度洋，而且曾在北冰洋上流连泛舟 7 日，世界四大洋无一漏涉。在康有为踏遍五大洲，往返四大洋的大足旅行中，所到过的国家和地区若以现在的行政区划而言，实际数字是 42 个！其中曾 11 次去德国，10 余次过比利时，8 次入英国，7 次游法国，6 次至槟榔屿，4 次前往加拿大、瑞士、瑞典、锡兰等国。在流亡国外的 16 年中，康有为没有忘记自己的国家，始终以"考求政治，比较中西"为"专职"，以"遍尝百草"之神农自喻，寻找救国救民的神药①。虽然"遍尝百草"没有找到比大同社会更完善的世界，却为他设计和改进大同社会的蓝图提供了众多而鲜明的正反例证。

三 全球一体化趋向映射的当代价值

学术界一般对康有为大同构想持否定态度，认为社会大同纯属空想，是无法实现的。笔者认为，大同构想与马克思的共产主义构想不存在本质区别，改良也是世界大多数国家走向现代化的道路选择，康有为十分重视物质财富的增长以及与中国富强的关系。随着信息网络技术的发展，全球化呈现出加速发展的态势，世界共同的价值在增加。在这样的情况下，一概否定康有为的大同构想是没有道理的。深入研究康有为大同构想，有利于我们：

（一）理解马克思主义的文化逻辑

理论界很多人认为，《大同书》所设想的"大同世界"是典型的资本主义社会，《大同书》所说的"大同"，是指略如美国、瑞士式联邦政府的资本主义共和制度，与马克思的共产主义构想有着本质的区别；还有人认为，"大同世界"是一种"空想社会主义""独特空想社会主义"或"中国特色的空想社会主义"②。这是值得商榷的。

资产阶级的联邦政府是以国家、阶级的存在为前提的。只要有阶级存在，就有阶级的剥削和压迫。康有为所讲的"大同世界"，以消灭家庭、阶级、国家为前提，社会以人为本，人与人之间地位完全平等，不存在剥削和压迫，不存在任何私有的利益，生产资料完全归公所有，实行有计划生产，消除了竞

---

① 参见陈秀湄《康有为的国外游历与〈大同书〉》，《史学月刊》1996 年第 1 期。
② 参见王秀国《康有为〈大同书〉研究综述》，《滨州学院学报》2005 年第 2 期。

争，因而也消除了对资源和财富的浪费，由于生产技术的高度发达，社会财富极大丰富，产品按需分配。这与马克思所讲的"社会联合体"并没有本质的区别。而且，康有为本人也讲得非常明确，世界的发展要经历一个从"据乱世"→"升平世（小康）"→"太平世（大同）"的过程，实现"大同"要经历上千年的时间，他认为当时的中国尚处在"据乱世"，欧美国家近于升平，甚至升平未至。康有为所讲的"大同"是一个否定之否定的过程，同样是"联合""联邦"，但在不同的阶段却有着本质的区别。仅以字面意义代替其本来意义是不妥的。

　　空想社会主义之所以为空想，是因为他们的理论以抽象的理性为基础。而康有为明确认识到生产力发展与社会进步的关系，积极推动社会体制的变革。康有为认识到，近代化大生产，走工业化道路，是历史发展的必然。自从英国产业革命发始，经1796年法国拿破仑募奖新器新书，仅百余年时间，创新器凡十九万余，使诸欧强国"突起横飞"，物质之风大兴，"自英而被于全欧，自欧而流于美洲，余波荡于东洋，触之者碎，当之者靡"[①]，世界潮流，不可阻挡，正是"物质"这种无比的竞争力，使人类进入新世纪，近代化的机器大生产，是近代文明的标志，未来大同世界将以物质的更为精奇的发展为前提。中国不可避免也要走物质现代化的道路。"以吾遍游欧美十余国，深观细察，较量中西之得失，以为救国至急之方者，则惟在物质一事而已。"[②] 中国数千年"偏重于道德哲学，而于物质最缺"[③]，所以，在洋人的坚船利炮面前，屡战屡败。他痛斥当时保守派，"处列国竞争之势"，临危之时，仍然"笃守旧法而不知变"，仍然坚持重农抑商的国策。"以重农故，则轻工艺，故诋奇技为淫巧，斥机器为害心，锦绣篡组，则以为害女红，乃至欲驱末业面缘南亩"，对一切外来文明，都采取拒斥态度，这是与时代相背离的。

（二）理解中国改革的历史视野

　　康有为认为，改良是中国走向富强，进而迈向大同之世的唯一选择。为此，他坚持改良，反对革命，因而备受后人诟骂。实际上，以当代人的眼光看，改良也十分不易，可谓不拿枪的革命。以康有为所处的立场和时代来看，

---

① 姜义华、张荣华编校：《康有为全集》第8集，中国人民大学出版社2007年版，第63页。

② 同上书，第71页。

③ 同上。

选择改良具有一定的必然性。康有为出身封建仕宦家庭，世受皇恩，受封建伦理道德思想影响较大；他七次上书光绪帝，受到光绪帝的赏识，积极采纳他的建议，实行维新变法；在变法受到保守派威胁，将要失败时，光绪帝数下谕旨，使他得以保全性命。这一切都使康有为产生了一种蒙恩图报的心理，以致当孙中山等革命派几次邀他参加革命时，他都婉言谢绝了。晚年的康有为甚至参与复辟，成为革命派论战的主要对象。除此而外，康有为作为大变革时期的思想家，他博览群书，对世界各国如何走向现代化做过深刻的研究，对中国的政治前途具有自己独到的看法。

在他看来，世界绝大多数国家走向富强，走向现代化，依靠的是改良而不是革命。"今欧美各国所以致强，人民所以得自主，穷其治法，不过行立宪法、定君民权之权而止，为治法之极则矣。"① 西方各国因其实现了民主与法治，所以能够文明昌盛。而实现宪政，不外两途，一为暴力革命，一为君主立宪。"统计欧洲十六国，除法国一国为革命……其余十余国，无非定宪法者，无有行革命者。"他看到，法国大革命一起，"大乱八十年，流血数百万"，暴力造成的社会动荡和巨大牺牲是无可否认的，"而所言革命、民权之人，旋即借以自为君主而行其压制，如拿破仑者，凡两世矣"。革命造成的混乱和政权的真空状态，又往往为野心家乘虚而入，使革命成果大打折扣。与那些通过和平手段，走君主立宪制度的欧洲国家相比，"（法国）其官之贪酷压民甚至，民之乐利，反不能如欧洲各国"②。当时世界上实行民主共和制的大国，除法国外，另一个就是美国。美国自建国以来，资本主义经济蒸蒸日上，国势日见其盛。美国实行民主共和制又何以成功呢？康有为解释说："美为新造之邦，当时人民仅四百万，与欧洲隔绝，风气皆新，无一切旧制旧俗之拘牵。其后渡海赴之者，皆厌故国，乐自由，故大更大变，事皆极易；故法革命而无效，美自立而见功。"③

就中国的问题来说，"若我中国万里地方之大，四万万人民之众，五千年国俗之旧，不独与美迥绝不同，即较于法亦过之绝远"④。中国长期以来，政治上处于君主专制统治之下，经济上长期保持自给自足的小农经济。康有为认为，中国一旦发生革命，"以中国土地之大，人民之众，各省各府语言不相

① 姜义华、张荣华编校：《康有为全集》第 6 集，中国人民大学出版社 2007 年版，第 312 页。
② 同上书，第 313 页。
③ 同上。
④ 同上。

通，各省各府私会不相通，各怀私心，各私乡土；其未大成也，必州县各起，省府各立，莫肯相下，互相攻击，各自统领，各相并吞，各相屠灭，流血成河，死人如麻，秦、隋、唐、元之末季，必复见于今日。加以枪炮之烈，非如古者刀矛也，是使四万万同胞，死其半也"，"夫欧、美一切之美政、美学、美术，皆承平暇豫，而后能为之"。中国没有西方那样长期的启蒙思想准备，一旦有大规模战乱，"民不聊生，工商俱废，奔走不暇，而能兴内治乎？……必将数百年而复定，否亦须过百年而后定"①。况且，列强环伺，虎视眈眈，如果国内内乱不止，必然会让外人得利，就像印度那样为强敌所吞并。中国自古就是一个专制国，"枭雄积于心脑者，人人有汉高、明太之心"，如果革命成功，"则其魁长且自为君主，而改行压制之术矣"②。这些看法是他一生坚持保皇的思想基础。③

中国反封建的革命若以 1894 年孙中山成立第一个革命团体"兴中会"开始，中途经历了"辛亥革命"，袁世凯复辟称帝，孙中山组织第二次革命，蒋介石背叛革命成为独裁者，再到中国共产党推翻蒋家王朝，成立中华人民共和国，历经"大跃进"和"文化大革命"，到中国共产党召开十一届三中全会，中国真正走上现代化之路，共计约 90 年，死于战乱、天灾人祸者不可计数。康有为当初的改良主张，毕竟也是另一种选择，为后来的进一步探索打下了基础。

（三）构建主体间关系的世界趋向

今天的人类已经越来越清醒地意识到，世界的状况怎样，国际关系的状况怎样，事关各国的命运，事关人类每一个个体的命运，事关整个人类的命运。今天，全球一体化已经显示出其雏形，其主要标志是世界各国在贸易、经济、科技、环境、政治、法律、军事、文化、信息乃至生活方式等人类生活的各个方面相互联系、相互依赖、相互渗透日益明显，整个人类的生存和命运越来越不可分割地紧密联系在一起。其主要表现是：世界性组织、国际性组织、区域性组织不断增多，而且对各国事务和人类生活的干预作用不断增强；世界性会议、国际性会议、区域性会议不断增多，而且对各国政府的决策和人类生活的

---

①　姜义华、张荣华编校：《康有为全集》第 6 集，中国人民大学出版社 2007 年版，第 316—317 页。

②　同上书，第 318 页。

③　参见罗怡明《康有为保皇思想探源》，《重庆师范大学学报》2005 年第 4 期。

影响不断增强。而且，这种一体化的趋势不是外在地强加于各国的，而是在各国自愿参与下促成的。"社会世界"（the society world）、"国际社会"（international）、"跨国市民社会"（transnational civil society）和"全球公共领域"（the global public）等概念描述了一个由个人和组织而不是主权国家聚在一起形成的全球舞台，其中开展的是与民族国家所从事的完全不同的活动①。

　　各个国家都逐渐感到，本国的问题仅靠自己无法得到较好的解决，而需要借助他国的思想、文化、经验、技术，需要着眼于国际、着眼于全球、着眼于人类，需要把自己国家的发展纳入到世界文明的轨道。本国的许多问题本来就是地区乃至全人类共同面临的，这些问题需要各国在一起共同商量解决，需要国际性、区域性乃至世界性合作。本国的发展需要有世界和平和公正，需要有良好的国际环境，而这一切都是一个国家甚至几个国家都无法解决的。基于这些考虑，今天的世界各国几乎无一例外地都愿意并且积极地参与国际合作，都愿意承担一定的国际义务，都愿意接受并服从一定的国际关系准则。正因为如此，我们可以预料，全球一体化尽管今天还是初步的，但将会进一步加速度地发展，整个世界成为一个整体、整个人类成为一个家庭是不可避免的，而且是指日可待的。正是在这个意义上，我们说，康有为的"大同说"并非空想，而是富有远见的设计。

---

　　① ［美］入江昭：《全球共同体：国际组织在当代世界中的角色》，刘青等译，社会科学文献出版社 2009 年版，第 8 页。

第十一章　引领主体间的革命转型

——孙中山"天下为公"的建构

在历史迈向近代的那一刻，中国沦为帝国主义的殖民地，在国际上失去独立主权，"我们不只做一国的奴隶，是做各国的奴隶"①。满清政府闭关自守的政策，使中国成为"世界上最贫弱的国家，处国际中最低下的地位"②。在国内，受封建极权思想的影响，中国人愚昧无知，甘守落后。一句话，中国人处于"双重奴隶"③的地位。孙中山高举"三民主义"大旗，致力于推翻封建专制统治，建立中华民国。对外主张废除不平等条约，从而与欧美并驾，或驾乎欧美之上；对内主张构建新型国体政体，发展实业，实行"节制资本""耕者有其田"的均富政策，实现人与人之间关系的真正平等，把对主体间关系的认识发展到一个新阶段。

一　孙中山终生致力于实现"三个平等"

孙中山对主体间关系的建构，可以归结为努力实现"三个平等"。正如他晚年在谈及三民主义时所说的："民族主义是对外人争平等的，不许外国人欺负中国人；民权主义是对本国人争平等的，不许有军阀官僚的特别阶级，要全国男女的政治地位一律的平等；民生主义是对于贫富争平等的，不许全国男女有大富人和大穷人的分别，要人人都能够做事，人人都有饭吃。"④而孙中山实现三种平等的途径，可以概括为三个方面：

---

① 《孙中山选集》，人民出版社1981年版，第635页。

② 同上书，第621页。

③ 同上书，第891页。

④ 同上书，第903页。

（一）创建"世界上最完全、最良善的政府"

孙中山早年曾在檀香山、香港等地求学，切身体验到欧美国家的富强和中华民族的危机。他认为中国贫危的根源首先在于中国政治体制的腐败落后。如何通过体制变革，使中国走上富强之路，获得独立主权，在国际上与欧美国家并驾齐驱，这成为他思考的首要问题。

1. 高举民族主义大旗，构建新型国体政体。在历经两次鸦片战争、中法战争、甲午战争后，清政府被迫签订了一系列不平等条约，帝国主义列强加速了争夺中国的步伐，中国面临着被瓜分的严重危机。20 世纪初《辛丑条约》的签订，使清政府已完全成为"洋人的朝廷"，充当帝国主义压迫和掠夺中华民族的走狗。基于这种险恶的国际环境，孙中山大声疾呼："亟拯斯民于水火，切扶大厦之将倾。"① 如何使中国获得平等的国际地位？孙中山打出民族主义这面大旗。他曾对民族主义下过两个定义：一曰："民族主义就是国族主义。"② 进而指出："要救中国，想中国民族永远存在，必须提倡民族主义。"③ 二曰：民族主义"就是要中国和外国平等的主义。要中国和英国、法国、美国那些强盛国家一律平等的主义，就是民族主义"④。推而广之，孙中山把民族主义的内涵进一步延伸到三民主义："三民主义就是救国主义。……因为三民主义系促进中国之国际地位平等、政治地位平等、经济地位平等，使中国永久适存于世界。所以说三民主义就是救国主义。"⑤ 正是以民族主义为指引，孙中山推翻了满清政府的统治，把袁世凯赶下台，两次北伐，致力推翻北洋军阀的野蛮统治。

孙中山对政治体制的设计，既参照西方国家"三权分立"的特点，又吸取了中国传统政治体制的有益成分。孙中山认为，这样的体制才是世界上最为善良的体制。"我们现在要集合中外的精华，防止一切的流弊，便要采用外国的行政权、立法权、司法权，加入中国的考试权和监察权，连成一个很好的完璧，造成一个五权分立的政府。像这样的政府，才是世界上最完全、最良善的

---

① 《孙中山全集》第 1 卷，人民出版社 1981 年版，第 19 页。

② 《孙中山选集》，人民出版社 1981 年版，第 617 页。

③ 《孙中山全集》第 9 卷，人民出版社 1986 年版，第 188 页。

④ 《孙中山选集》，人民出版社 1981 年版，第 890 页。

⑤ 同上书，第 616 页。

政府。国家有了这样的纯良政府，才可以做到民有、民治、民享的国家。"①
孙中山力图在中国建立人人完全平等的政治体制。他说："革命者之宗旨，为
废灭鞑虏清朝，创立中华民国，实行民生主义，使我同胞共享自由、平等、博
爱之幸福。"② 并明确指出："三民主义的精神，就是要建设一个极和平、极自
由、极平等的国家。"③ 在这样的国家里，人与人之间没有贵贱之差，贫富之
别，"国人相视，皆伯叔兄弟诸姑姊妹，一切平等，无有贵贱之差、贫富之
别"④。政府官员都是人民的公仆，"国中之百官，上而总统，下而巡差，皆人
民之公仆也"⑤。

2. 联合平等待我之民族，壮大国际反帝同盟。孙中山认识到，中国只有
联合世界上的平等待我之民族，才可能在国际范围取得反殖民统治的胜利。早
在 19 世纪 90 年代，孙中山就提出："远东各国的问题是可以放在一起来研究
的，这些问题有着许多共同的特点。"⑥ 确信如果中国革命一旦成功，那么，
"无论对中国而言或是对菲律宾而言，都是有利的"⑦。鉴于亚洲大多数国家人
民大抵为"受屈部分之人类"，孙中山打出"大亚洲主义"的口号，极力呼吁
亚洲各国人民联合起来，特别是中日两国人民团结起来，相互支持，共同反对
西方列强的侵略和压迫。"余固信为支那苍生，为亚洲黄种，为世界人道，而
兴起革命军，天必助之。""欲以救支那四万万之苍生，雪亚东黄种之屈辱，
恢复宇内之人道而拥护之者，惟有成就我国之革命，即为得之。"⑧ 在此后的
革命活动中，孙中山始终抱有这一思想。他真诚地呼吁已取得民族独立的日本
从"大亚洲主义"出发，不要做西方霸道的"鹰犬"，而要做东方王道的"干
城"，积极支持亚洲人民的民族解放事业。"此后世界人类要分为两方面去决
斗：一方面是十二万五千万人，一方面是二万五千万人。"⑨ 即十二万万
五千万人构成被压迫民族阵营，他们具有共同的命运；二万万五千万人构成压
迫民族阵营，他们是被压迫民族的大敌。同时，孙中山还预言："将来白人主

---

① 《孙中山选集》，人民出版社 1981 年版，第 800 页。
② 《孙中山全集》第 1 卷，中华书局 1981 年版，第 528 页。
③ 《孙中山全集》第 5 卷，中华书局 1985 年版，第 69 页。
④ 《孙中山选集》，人民出版社 1981 年版，第 79 页。
⑤ 同上书，第 173 页。
⑥ ［美］詹森：《日本人与孙中山》，哈佛大学 1954 年版，第 70 页。
⑦ 转引自《孙中山研究论文集》（下），四川人民出版社 1986 年版，第 1214 页。
⑧ 《孙中山全集》第 1 卷，中华书局 1981 年版，第 174 页。
⑨ 《孙中山全集》第 9 卷，中华书局 1986 年版，第 225 页。

张公理的和黄人主张公理的一定是联合起来，白人主张强权的和黄人主张强权的也一定是联合起来。"① 并明确指出："我们要能够抵抗强权，就要我们四万万人和十二万万五千万人联合起来。"② 在《国事遗嘱》中，孙中山又谆谆告导：欲达民族主义的目的，"必须唤起民众及联合世界上以平等待我之民族，共同奋斗"③。

3. 废除不平等条约，实现中华民族独立自主。据统计，从 1840—1949 年的 108 年中，中国同 21 个国家签订了 745 个不平等条约④。这在世界殖民主义历史上可说是绝无仅有的怪事。反对帝国主义的侵略和欺凌，修改或废除奴役中国的不平等条约，成为中国走向国家统一和独立于世界强国之林的一项重要任务。早在辛亥革命时期，孙中山就曾痛切地指出："中国向来与外人所订条约不良，丧失主权"，致使其"外交之棘手，系因条约"⑤。中华民国甫告成立，孙中山在《临时大总统宣言书》中提出：务要"一洗而去""满清时代辱国之举措"⑥。1912 年 1 月，孙中山在答南京《大陆报》记者问及"领事裁判权其将撤废乎？"时，毫不犹豫地指出："自当撤弃，一俟改革既定，即须实行此事。"⑦ 他已认识到中国之所以至今仍为"半独立国"，"盖以中国现在尚未收回领事裁判权也"⑧，提出在"各种改革完成时，政府当立即取消领事裁判权"⑨。他还强调要裁去通商口岸，收回租界，认为"此乃华人之意志，谓吾人必要独立者，更不愿在中国而归洋人统辖也。……洋人欲拓上海租界，惟吾人不允，此乃当然之理也"⑩。1918 年夏季，孙中山断然宣称："救国，须救到无条件收回青岛及其他一切领土主权为止。"⑪ 在 1919 年 5 月的《护法宣言》中，孙中山明确提出，要解除"一切有损主权危及国脉之条约"。1920 年

① 《孙中山全集》第 9 卷，中华书局 1986 年版，第 193 页。
② 《孙中山选集》，人民出版社 1981 年版，第 655 页。
③ 《孙中山全集》第 11 卷，中华书局 1986 年版，第 639 页。
④ 参见高放《近现代中国不平等条约的来龙去脉》，《南京社会科学》1999 年第 2 期。
⑤ 《孙中山全集》第 3 卷，中华书局 1982 年版，第 18、49 页。
⑥ 《孙中山全集》第 2 卷，中华书局 1982 年版，第 2 页。
⑦ 《孙中山集外集》，上海人民出版社 1990 年版，第 160 页。
⑧ 《孙中山全集》第 2 卷，中华书局 1982 年版，第 499 页。
⑨ 《孙中山全集》第 1 卷，中华书局 1982 年版，第 582 页。
⑩ 秦孝仪主编：《国父全集》第 2 册，近代中国出版社 1989 年版，第 805 页。
⑪ 中国第二历史档案馆编：《中华民国史档案资料汇编》第 4 辑（上），江苏古籍出版社 1986 年版，第 7 页。

12 月，孙中山再次严正宣告："对外必须使卖国条件悉行废弃。"① 在中国共产党人的积极帮助和人民运动的推动下，1923 年 1 月发表的《中国国民党宣言》中，第一次公开以宣言的形式提出，对外要"力图改正条约，恢复我国国际上自由平等之地位"②。标志着孙中山认识和态度的重大转折。

在实际行动中，孙中山先是积极地参加了反对"二十一条"的斗争，他在 1920 年 8 月的一次谈话中说：我已经看出了如何才能够停止中国现在的混乱。这个问题解决的关键，就是废除二十一条款。并坚定表示："我们革命党，一定打到一个人不剩，或者二十一条款废除了，才歇手。"③ 之后，他又多次深入人民群众之中，号召参加废除不平等条约的斗争。他号召工人：组成一个"大团体""和外国交涉，废除一切不平等的条约"④；号召学生："我们要以后不做各国人的奴隶，要废除一切不平等条约"，并强调："这就是做人的、做学生的和做一般国民的，对于民族主义应该有（的）责任。"⑤ 1923 年冬的"关余事件"，则是孙中山废除不平等条约斗争实践中的一件最为突出的实例。

（二）制定"贫富均等"的民生纲要

孙中山看到西方资本主义国家因贫富不均导致社会革命的残酷现实，希望"举政治革命、社会革命毕其功于一役"⑥，在中国避免资本主义的弊端，防止社会革命的发生，建立一个人人"贫富均等"的理想社会。具体做法是：

1. "平均地权"，以遏制土地利益的过度集中。中国两千年来，土地被少数地主所占有，占农村人口不到 10% 的地主，却拥有全国 60%—70% 以上的土地。孙中山认为，土地是一种客观的"自然存在"，根本不存在私人所有的问题。因此，地主对土地的占有是不合理的。由于地主阶级占有大量土地，享受土地的收益。农民都是替地主来耕田，农产品大半被地主夺去了。农民得到的几乎不能够自养。"我们要怎么样才能保障农民的权利，要怎么样令农民自

---

① 秦孝仪主编：《国父全集》第 1 册，近代中国出版社 1989 年版，第 841 页。

② 《民国日报》，1923 年 1 月 1 日增刊。

③ 《孙中山全集》第 5 卷，中华书局 1982 年版，第 296—300 页。

④ 《孙中山全集》第 10 卷，中华书局 1986 年版，第 149 页。

⑤ 同上书，第 20 页。

⑥ 《孙中山全集》第 1 卷，中华书局 1981 年版，第 289 页。

己才可以多得收成，那便是平均地权的问题。"① 早在 1906 年的《中国同盟会革命方略》中，孙中山就指出："文明之福祉，国民平等以享之。当改良社会经济组织，核定天下地价。其现有之地价，仍属原主所有；其革命后社会改良进步之增价，则归于国家，为国民所共享。"② 1923 年 1 月，孙中山在《中国国民党宣言》和《中国国民党党纲》中提出了"由国家规定土地法、使用土地法及地价税"的办法，"在一定时期以后，私人之土地所有权，不得超过法定限度。私人所有土地，由地主估报价值于国家，国家就价征税，并于必要时，得依报价收买之"③。实行按土地价格征税办法，贵地多征，贱地少征，使土地所有者的税负趋于负担合理。把土地涨价之利收归国家，增加了国家的财政收入，进而可以减免其他租税负担。国家将增长的地价税用于社会福利事业，让全体国民都有权分享地价增长给人们带来的经济效益，借以提高整体国民的生活水准。

孙中山解决土地问题的另一重大举措是实行"耕者有其田"制度。在 19 世纪、20 世纪之交他曾对章太炎、梁启超说过："必能耕者而后授以田。"国民党"一大"后，孙中山正式提出了"耕者有其田"的口号。在《中国国民党第一次全国代表大会宣言》中，孙中山讲：中国以农立国，而全国各阶级所受痛苦，以农民为尤甚。国民党之主张，则以为农民之缺乏田地沦为佃户者，国家当给以土地，资其耕作，并为之整顿水利，移植荒微，以均地力。孙中山直言："酿成经济组织之不平均者，莫大于土地权之为少数人所操纵。"④ 孙中山希望通过实施耕者有其田制度，实现土地之公有。1924 年 8 月在对广州农民运动讲习所毕业学员的讲话中，孙中山说：我们现在革命，要仿效俄国这种公平办法，也要耕者有其田，才算是彻底的革命……我们解决农民的痛苦，归结是要耕者有其田。这个意思，就是要农民得到自己劳苦的结果，要这种劳苦的结果不令别人夺去了。他曾指出："夫不稼者，不得有尺寸耕土。"⑤ 他强调农民要与政府合作："慢慢商量来解决农民同地主的办法。让农民可以得利益，地主不受损失，这种方法可以说是和平解决。"⑥ 孙中山的"耕者有

①《孙中山选集》，人民出版社 1981 年版，第 849 页。
②《孙中山全集》第 1 卷，中华书局 1981 年版，第 297 页。
③《孙中山全集》第 7 卷，中华书局 1985 年版，第 3—4 页。
④《孙中山全集》第 9 卷，中华书局 1986 年版，第 120 页。
⑤《孙中山全集》第 1 卷，中华书局 1981 年版，第 213 页。
⑥《孙中山全集》第 10 卷，中华书局 1986 年版，第 558 页。

其田”，除了有国家收买土地分给农民外，可供分配的土地还有：公有或私有未开垦的荒地；填筑河、海等所得之田；因地主不纳税而强制充公的土地等。

2. “节制资本”，以预防资本的私人垄断。孙中山一生游历欧美许多国家，注意到由于私人垄断资本的高度发展，财富逐渐集中到少数人手里，广大人民生活非常贫困，中小资产阶级在垄断资产阶级的统治下，陷入了受排挤、受压迫的处境。在孙中山看来，资本和土地一样，均为“生利之物”，资本的私人垄断，是实业发达之后出现贫富悬殊与阶级对立的根源。这迫使他探索用优越于西方资本主义的社会制度来克服其弊端。首先“是要用一种思患预防的办法来阻止私人的大资本，防备将来社会贫富不均的大毛病”①。防止少数人利用手中能控制国计民生的资本，去剥削和压迫多数人，致使财富在少数人手中积聚而多数人贫困。孙中山在中国历史上是第一个提出限制资本主义发展的人。如何真正解决贫富不均，防止大资本的垄断。孙中山提出要“节制资本”，预防私人资本垄断，使少数人不能利用“经济之势”，垄断社会的“富源”。他还认为，单纯的节制资本是达不到目的的，“中国不单是节制私人资本，还是要发达国家资本”。要大力发展国有资本和鼓励保护中小私人工商业。发展国家资本就是把一些大的企业由国家经营，这也是为了防止私人资本垄断国民生计。正如他所指出的：“如果不用国家的力量来经营，任由中国私人或外国商人来经营，将来的结果也不过是私人资本的发达，也要生出大富阶级的不平均。”② 为了预防社会的不均，他既希望“发达资本”，又想节制资本，企图在这种矛盾中寻找出路，这是不可能实现的。

3. 实行“社会化的分配”，以调节社会福利的“不均”。孙中山认为，贫富不均是造成社会革命的根源。在发展经济使国家摆脱“大贫”，走向富强的同时，还需要用分配的方法，使人民达到平均，避免富人压制穷人。“我们要完全解决民生问题，不但是要解决生产的问题，就是分配的问题也是要同时注重的。”③ 在土地占有上，孙中山认为，“必能耕者而后授以田”“不稼者不得有尺寸耕土”。1924 年 1 月，《中国国民党第一次全国代表大会宣言》增加了“农民之缺田地沦为佃户者，国家当给以土地资其耕作”的内容。这是孙中山试图调整土地不均的正式表达。在土地产品收益上，孙中山说：“分配云者，

---

① 《孙中山选集》，人民出版社 1981 年版，第 842 页。
② 同上书，第 841 页。
③ 《孙中山全集》第 9 卷，中华书局 1986 年版，第 409 页。

即以土地、人工、资本所生之产物，按土地、人口、资本之分量配成定例。"①
他认为，按劳动要素分配劳动成果有失社会的公平，真正分配公平是按劳分
配，劳动者得到其劳动的全部报酬。他还认为，按劳分配所产生的分配结果的
差距是合理的，无损于社会的公平。如知识分子既需要劳心又需要劳力，是一
种复杂劳动，他们的报酬自然要比普通劳动者高。按地价征收土地税，可使
"贵地收税多，贱地收税少"，而且贱地必在穷乡僻壤，多为穷人所有，可以
轻取。

　　国家依靠土地税、实业发展的收入，实现国家富强。然后把"取之不竭，
用之不尽"的收入，办各种社会事业。对于实业，孙中山说："实业陆续发
达，收益日多，则教育、养老、救济、治疗，及夫改良社会，励进文明，皆由
实业发展之利益举办。以国家实业所获之利，归之国民所享。"② 对于土地，
"土地之税收，地价之增益，公地之生产，山林川泽之息，矿产水力之利，皆
为地方政府之所有，用以经营地方人民之事业，及应育幼、养老、济贫、救
灾、卫生等各种公共之需要"③。孙中山深刻地认识到，分配公平在私人资本
制度之下是不能够实行的。因为在私人资本制度之下，种种生产的方法都是向
往一个目标：赚钱。孙中山认为民生主义和资本主义根本上不同的地方，就是
资本主义是以赚钱为目的，民生主义是以养民为目的。只有坚持"养民"的
目标，才能实现公平的分配。

（三）培养具有健全人格的现代国民

　　主体间关系所讲的"主体"，是具有高度独立人格意识的主体。长期以
来，受帝国主义和封建礼教思想的影响，中国人普遍缺乏独立人格意识，遇事
唯唯诺诺，缺少主见。孙中山认为，要把中国建成一个现代化国家，必须培养
具有健全人格的现代国民。

　　1. 树立国家、民族观念，培养国民主人意识。孙中山认为，做人的最大
事情"就是要知道怎样爱国，怎么样可以管国事"④。须知救国即是救破舟一
样，当沉舟之时，不图共力而补救，徒顾个人铺盖行李，俄而舟已矣，生命亦
俱亡，又何有于铺盖行李？只有国家强盛，个人在世界上才有尊严，个人身家

---

① 《孙中山全集》第2卷，中华书局1982年版，第511页。
② 《孙中山全集》第5卷，中华书局1985年版，第135页。
③ 《孙中山全集》第9卷，中华书局1986年版，第123页。
④ 《孙中山全集》第10卷，中华书局1986年版，第19页。

性命、财产才能得到保障。孙中山批评中国人骨子里只有家族意识、宗族意识，却没有国家意识、民族意识，"实在是一盘散沙，弄到今日，是世界上最贫弱的国家，处国际中最低下的地位"①。中华民族有四千多年的文明史，人数最多，民族最大，决不能自甘堕落，切勿自馁！"我们是黄帝的子孙，要素强大，行乎强大。"② 如果大家同心协力，中国可以成为世界最强的国家。"人人当云其自私自利之心，同心协力，共同缔造。"③ 现在中华民国既经成立，满清专制时代已经结束，大家应有主人翁思想，享国民权利，尽国民义务，决不能再循满清专制时代做百姓的习惯，任人奴役、愚弄、宰割。"今后，我们要尽国民天职，扫除做愚民百姓的故态。"④ 孙中山常把中华民国的建立与巩固，比喻为拆旧屋建新屋，在这个过程中，人民不免会受到一些痛苦，所以应该忍耐牺牲，努力建设一个新中国。"中国大多数人的心理'宁为太平犬，不作乱离王'。这种心理不改变，中国是永不能太平的。因为有这种心理，所以样样敷衍苟安，枝枝节节。"⑤

2. 端正道德人格，注重国民文明修养。中国人口有四万万，文明有四千多年的历史，为什么我们的国际地位却一落千丈呢？这就是我们中国人不自振作，所谓堕落。堕落的原因，就是不讲人格。"我们要恢复国际的地位……便先要讲人格……中国人的人格，堕落已极，像那些官僚武人，只知道升官发财，自私自利，什么国事都不管，人格是不是堕落呢？"⑥ 孙中山认为，要拯救国民的道德人格，首先要提倡互助道德。"物竞争存之义，已成旧说，今则人类进化，非相匡相助，无以自存。"⑦ 先知先觉者应该"勉术学问，琢磨道德，以引进人群，愚者明之，弱者强之，苦者乐之而已"⑧。孙中山经常教导人们要立大志，做大事。所谓大志、大事，这就是不专为一己发达，要为国为民立志，救贫救弱，不为做大官，要"抱持救国拯民为天职"⑨。一个民族文明素质的高下，关系着世界对这个民族的评价。文明而有修养，别的民族就尊

---

① 《孙中山选集》，人民出版社 1981 年版，第 621 页。

② 《孙中山全集》第 8 卷，中华书局 1986 年版，第 118 页。

③ 《孙中山选集》，人民出版社 1981 年版，第 507—508 页。

④ 陈旭麓、郝盛朝：《孙中山集外集》，上海人民出版社 1990 年版，第 50 页。

⑤ 《孙中山全集》第 8 卷，中华书局 1986 年版，第 114 页。

⑥ 同上书，第 320 页。

⑦ 《孙中山全集》第 2 卷，中华书局 1982 年版，第 360 页。

⑧ 同上。

⑨ 《孙中山全集》第 4 卷，中华书局 1985 年版，第 38 页。

重你。有时，孙中山甚至把文明素养提高到关系民族复兴的地位。他认为不但要发扬中国传统的忠孝、仁爱、信义、和平精神，而且要提高个人日常修身，"像吐痰、放屁、留长指甲、不洗牙齿，都是修身上寻常的功夫，中国人都不检点。所以我们虽然有修身、齐家、治国、平天下的大知识，外国人一遇见了便以为很野蛮……假如大家把修身的功夫做得很有条理，诚中形外，虽至举动之微亦能注意，遇到外国人，不以鄙陋行为而侵犯人家的自由，外国人一定是很尊重的"①。

3. 确立权力主体，培养国民自治能力。做一个合格国民，单有国民意识、国民人格还不够，还要有国民能力。所谓国民能力，也就是行使权力的能力。经过袁世凯的称帝与二次革命，孙中山认为要想巩固民国，就必须"使人民知共和为世界最良之政治……使人民知人权之可贵，不至仍前放弃，被人蹂躏"②。要想让人民知民权之可贵，就必须让人民享受到民权的好处。"国民而身受民权之庇护，识其为无上光荣，则自必出死力以卫民权……使国民居于尊严之地位，则国民知所爱而视民权如性命矣。"③ 怎么样落实民权呢？必须训练人民行使权力的能力，让人民有机会行使民权。这是相辅相成的。因为民众行使权力的能力，也只能在行使权力中得到提高。孙中山认为要落实民权，提高国民行使权力的能力，如：训练民众的集会、结社能力；训练民众的自治能力。他还认为，训政是培养人民行使权力的必经之路。

4. 摒弃悲观心理，鼓励国民敢作敢为。几千年来，中华民族以自信自豪著称于世。但到了近代，因屡受帝国主义欺凌，社会上弥漫着一种悲观心理。"向来多有不识为主人、不敢为主人、不能为主人者" "奴性已深，牢不可破"④。孙中山认为，"乐观者，成功之源；悲观者，失败之因……夫事业以活动而成功，活动以坚忍为要素，世界万事，惟坚忍乃能成功。必有乐观之精神，乃有坚忍之毅力"⑤。孙中山主张培养民众无畏、力行、冒险的精神。无畏，就是迎难而上，无所畏惧，"人到了怕事，便遇事畏难，不去做艰难的事，只找容易的事去做……人到了畏难，就不敢轻于尝试，试问文化上怎么能

① 《孙中山全集》第9卷，中华书局1986年版，第249页。

② 《孙中山全集》第3卷，中华书局1984年版，第413页。

③ 同上书，第323—324页。

④ 《孙中山全集》第6卷，中华书局1985年版，第211页。

⑤ 《孙中山全集》第3卷，中华书局1984年版，第63页。

够有进步呢"①？力行，也就是遇事行字当头。"夫国者人之积也，人者心之器也，而国事者一人群心理之现象也，是故政治之隆污，系乎人心之振靡。吾心信其可行，则移山填海之难，终有成功之日；吾心信其不可行，则反掌折枝之易，亦无收效之期也。"② 冒险，也就是敢于尝试。"科学虽明，唯人类之事仍不能悉先知之而后行之也。其不知而行之事，仍较于知而后行者为尤多也……夫（故）人类之进化，以不知而行者为必要之门径也。夫习练也，试验也，探索也，冒险也，之四事者，乃文明之动机也。生徒之习练也，即行其所不知以致其所知也。探索家之探索也，即行其所不知以求其发见也。伟人杰士之冒险也，即行其所不知以建其功业也。由是观之，行其所不知者，于人类则促进文明，于国家则图致富强也。是故不知而行者，不独为人类所皆能，亦为人类所当行，而尤为人类之欲生存发达者之所必要也。"③

二 熔铸世界文明的独特创新

孙中山的主体间关系思想，是国内外多种因素综合创新的结果。孙中山本人曾说过："余之谋中国革命，其所持主义，有因袭吾国之固有思想者，有规抚欧洲之学说事迹者，有吾所独见而创获者。"④ 这就是说，他的思想具有多方面的来源，既有对本国传统的"因袭"，也有对欧洲学说的"规抚"，还有他自身独创的见识，是多种思想融合创新的结果。

（一）横览九洲以审中国发展

孙中山早年曾在檀香山和香港学习十余年，较为深入广泛地了解了西方社会的经济、政治学说和自然科学。"远观历代，横览九洲"，对欧洲时局变迁、历朝制度沿革，以及中国与世界的"天道人事"都已注目在心⑤。在与世界的接触中，孙中山力图吸取国外的先进思想观念，借鉴国外的有益经验，对中国进行全面的社会改造，振兴中华，争取中国与欧美国家平等的国际地位。在这样的思考中，他最为关注的是：

---

① 《孙中山全集》第6卷，中华书局1985年版，第71页。
② 同上书，第158页。
③ 《孙中山全集》第6卷，中华书局1985年版，第222—223页。
④ 同上书，第60页。
⑤ 《孙中山全集》第1卷，中华书局1981年版，第1—2页。

1. 世界发展潮流与中国发展的关系。孙中山认为，一个国家选择什么样的发展方向，这是由世界发展潮流决定的。近代以来，中国之所以落后于世界，一个根本原因就是夜郎自大，闭关自守，未能把握世界发展潮流。"夫事有顺乎天理，应乎人情，适乎世界之潮流，合乎人君之需要，而为先知先觉者所决志行之，则断无不成者也，此古今之革命维新、兴邦建国等事业是也。"①在这里，孙中山概括了革命所以成功的五个先决条件。平心而论，所谓"顺乎天理""应乎人情""合乎需要""决志行之"等，并非孙中山首次论述。《易·革·象辞》中就有"汤武革命，顺乎天而应乎人"的名言。孙中山的可贵之处，正在于他要求把前人的经验放到一个更为宏大的视野下，与世界发展潮流相结合——"适乎世界之潮流"。他实际上道出了历史和社会发展的客观规律，以及时代发展的新要求。在古代，受自然经济的束缚，人们思考问题的范围限制在十分狭小的天地里，能够把握一国之情，能从一国之情出发，已属不易。但是现在，随着近代科技革命以及随之而来的交通革命、地理大发现和工业革命，世界已联为一个整体，民族的历史已被世界历史所取代。如果缺乏世界眼光，仍局限于狭小的圈子，不能体察世界发展大势，必然要被世界历史所淘汰。在《中国国民党宣言》中，他进一步申明他的主义、思想、纲领是基于"内审中国之情势，外察世界之潮流，兼收众长，益以新创"②。孙中山谈到新旧潮流之争，要人们正视和迎合新潮流，并以之作为评定新旧事物、人物的重要标准。他说：世界潮流，浩浩荡荡，顺之则昌，逆之则亡。他鼓励人们"猛进如潮"。而他自己最为关注的则是民族主义、民主主义和社会主义三股世界潮流。可以说，"三民主义"所谓"民族、民权、民生"，正是这三种世界潮流的反映。

2. 各国有助于中国发展的一切经验。一方面，孙中山一生酷爱读书，手不释卷，通过书本了解各国的发展状况。据《上海孙中山故居藏书目录》初步统计，此中在孙中山生前出版的图书（包括有出版年月和可以推断者）共计1025册，其中有关外国者828册，有关中国者197册。就书名看，包括政治、经济、社会、军事等20余类，涉及30余个国家和地区。另一方面，他亲自到各国进行实际考察，先后到过美、日、英、法、德、比、加拿大和东南亚10余个国家和地区，他反复嘱咐他的同志"随时随地留心考察研究各国的人

---

① 《孙中山全集》第6卷，中华书局1985年版，第228页。

② 《孙中山全集》第7卷，中华书局1985年版，第1页。

情、风俗习惯、社会状况、以及政治实情，等等"①。据考证，现已刊行的孙中山著作，其中提到70余个国家、地区，近2000个地名，几乎遍及诸大洲和贯穿中外古今的人物超过1000人，重要事件100余件，提及各种主义、思想、学说约150多种②。孙中山在读书、考察的过程中，时刻考虑着自己国家的建设，《建国方略》对于"行易知难"说的论证，对"实业计划"的设计，对社会建设的筹谋，其中所举例证、计划、方案、制度，等等，无不与西方各国的近代风俗习惯、科学知识、社会制度相联系。

3. 欧美国家有利于中国建设的具体做法。理论是行动的先导，有先进的理论才会有先进的行动。孙中山尤其关注欧美国家的各种思想和制度，但他对欧美国家的学习并非没有任何原则。他说，我们学习西方的目的，就是要"择地球上最文明的政治法律来救我们中国"，因此，"我们现在改良政治，便不可学欧美从前的旧东西，要把欧美的政治情形考察清楚，看他们政治的进步究竟是到了什么程度，我们要学他们的最新发明，才可以驾乎各国之上"③。在西方思想家当中，孙中山特别推崇的是卢梭、林肯等人，他把卢梭视为民权主义的"圣人"，高度赞扬卢梭为法国大革命做出的贡献。他认为，正是由于卢梭才发生了法国大革命。他直接引用卢梭民权理论中的重要概念"公意"一词为中国革命作注解。他说："满清政府者，君主专制之政府，非国民公意之政府也。"④ 孙中山形象地把共和制下人民和政府的关系比作"股东"和"办事人"的关系。"共和之真义在使人脱离奴隶，凡百政制，以民为主。譬如商业，国家如一公司，人民即公司之股东，国民即公司之董事，政府即公司之办事人。"⑤ 如果政府不能为人民谋利益，则人民随时可以推翻政府，即所谓"政府善则扶之，不善则推翻之"⑥。这种思想正是来自卢梭关于"人民主权"的思想。为了从根本上改变中国高度集权的专制政体，孙中山主张仿效欧美国家的分权制衡原则重建中国政治。辛亥革命前，他曾多次讲过，中国革命后要仿照美国的政府而"缔造我们的新政府"⑦ "倘用北美联邦制度最为相

① 《孙中山全集》第5卷，中华书局1985年版，第166页。
② 段云章：《放眼世界的孙中山》，中山大学出版社1996年版，第3页。
③ 《孙中山选集》，人民出版社1981年版，第788页。
④ 《孙中山全集》第2卷，中华书局1986年版，第338页。
⑤ 《孙中山全集》第4卷，中华书局1985年版，第290页。
⑥ 《孙中山全集》第2卷，中华书局1982年版，第343页。
⑦ 《孙中山全集》第1卷，中华书局1981年版，第255页。

宜"①。辛亥革命后,他再次讲:"现在中华民国共和政体,与专制政体不同。专制政体之主权,为君主一人所私有,共和政体三权分立,各有范围,三者之中尤以立法机关为要。"② 孙中山也多次谈到欧美国家"节制资本""平均地权",通过税收进行再分配,用以解决贫富两极分化的政策,并将之作为三民主义的重要组成部分。

(二) 追思中华传统以资国家建构

孙中山虽然推崇西方现代化的成就,但是,他并不因此而贬低自己的祖先。对比西方文明,他更加尊崇中华文明。正如他在《上李鸿章书》中自述的:"虽未能为八股以博科名,工章句以邀时誉,然于圣贤六经之旨,国家治乱之源,生民根本之计,则无时不往复于胸中。"③ 在他看来,建构现代新型交往关系,必须把西方现代文明与中国优秀的传统文化和制度结合起来,形成自己独有的特色和品格。由他主持制定的"五权宪法",其中的"监察权"和"考试权"就是借鉴了中国古代的监察制度和科举考试制度。他说:"我们现在要集合中外的精华,防止一切的流弊,便要采用外国的行政权、立法权、司法权,加入中国的考试权和监察权,连成一个很好的完璧,造成一个五权分立的政府。像这样的政府,才是世界上最完全、最良善的政府。国家有了这样的纯良政府,才可以做到民有、民治、民享的国家。"④ 在这样的国家里,人与人之间没有贵贱之差,贫富之别,"国人相视,皆伯叔兄弟诸姑姊妹,一切平等,无有贵贱之差、贫富之别"⑤。政府官员都是人民的公仆,"国中之百官,上而总统,下而巡差,皆人民之公仆也"⑥。孙中山对中国传统文化的赞美,常常溢于言表。

1. 向往中国"三代之治"的社会模式。早在学生时代,孙中山便"于中学则独好三代两汉之文","于人则仰中华之汤武"。到了晚年,孙中山仍然认为,中国两千多年以前,都有很好的文化,从前文化的进步是很快的。可是近两千多年以来,没有什么文化,现在的文化不如唐虞,不如秦汉。认为"三

---

① 《孙中山全集》第 1 卷,中华书局 1981 年版,第 562 页。

② 《孙中山全集》第 2 卷,中华书局 1982 年版,第 440 页。

③ 《孙中山全集》第 1 卷,中华书局 1981 年版,第 48 页。

④ 《孙中山选集》,人民出版社 1981 年版,第 800 页。

⑤ 同上书,第 79 页。

⑥ 同上书,第 173 页。

代之治"的政治制度，道德文章，学术工艺几与近代欧美"并驾齐驱"①。所以，孙中山还以"三代之治"作为标准来衡量西方近代社会，认为"泰西诸邦崛起近世，深得三代之遗风"。"泰西治国之规，大有唐虞之用意。"② 在兴中会成立后不久，孙中山便提出："驱逐残贼，再造中华，以复三代之规，而步泰西之法。"③ 后来他又指出："三代之治"令我们在几千年之后还来歌功颂德的原因，是因为他们有两种特别的长处：其一是他们的本领很好，能够做成一个良政府，为人民谋幸福；其二是他们的道德很好，所谓"仁民爱物""视民如伤""爱民若子"，有这种仁慈的好道德④。孙中山的目标在于建立一个为人民谋幸福的"良政府"，创造一个"使万民皆蒙乐利"的美好社会。而当孙中山在中国两千多年的封建专制时代，找不到这样一种美好社会的模式时，"三代之治"的历史传统便成了他对中国传统文化保持敬重的具体对象。"吾国人追思往古，动称唐虞三代之治，其时确为太平盛世，人人安居乐业，为后世所不可企及。本党目的即在达到此种境地也。"⑤ "三代之治"强调了政府对民众的责任和爱心，以及政府和平民主而非强暴的作为方式，这是民众爱戴政府的先决条件。

2. 赞美根植于中国文化的仁义道德。孙中山认为，爱好和平，讲仁义道德是中华民族民族精神的体现。孙中山指出，中国人几千年酷爱和平，都是出于自己的天性。论到个人便注重谦让，论到政治便说"不嗜杀人者能一之"⑥，和外国人便有大大的不同。所以中国从前的忠孝仁爱信义种种的旧道德，固然是驾乎外国人，说到和平的道德，更是驾乎外国人。这种特别的好道德，便是我们民族的精神。中国文化的本质是仁义道德，它是一种"仁义道德的文化""要人怀德的文化""王道的文化"⑦。的确，中华民族与欧美民族秉持的理念有着很大的差异。古希腊哲学家赫拉克利特就曾说过"战争是万物之父"，认为战争毁灭一切，又产生一切，推崇"战争"在社会发展中的作用。而中华文明则强调"和"的作用、"爱"的作用。有所谓"和实生物""仁者爱人"

---

① 《孙中山选集》，人民出版社 1981 年版，第 160 页。
② 《孙中山全集》第 1 卷，中华书局 1981 年版，第 9 页。
③ 同上书，第 46 页。
④ 《孙中山选集》，人民出版社 1981 年版，第 769 页。
⑤ 《国父全集》第 2 册，台北 1965 年版，第 168 页。
⑥ 《孙中山选集》，人民出版社 1981 年版，第 684 页。
⑦ 《国父全集》第 2 册，台北 1965 年版，第 309—310 页。

"兼相爱""交相利"的各种说法。孙中山指出:"把一个人从内发扬到外,由全个人的内部做起,推到平天下止。像这样精微开展的理论,无论外国什么政治哲学家都没有见到,都没有说出。这就是我们政治哲学的知识中独有的宝贝,是应该要保存的。"① 基于这种认识,孙中山指出,要把固有的旧道德先恢复起来。有了固有的旧道德,然后固有的民族地位才可以图恢复。进而他明确提出了应当予以恢复、利用传统道德的具体内容:"首是忠孝,次是仁爱,其次是信义,其次是和平。"② "忠"就是要忠于国家,忠于人民,要为四万万同胞去效忠。"仁爱"就是博爱,"博爱云者,为公爱而非私爱",进而将"仁"划分为救世、救人、救国三大类③。关于"信义",孙中山强调,任何人和国家做事都要讲信义。孙中山还批评五四新文化运动时期那些不加分析、片面盲目排斥旧道德的人。"一般醉心新文化的人,便排斥旧道德,以为有了新文化,便可以不要旧道德。不知道我们固有的东西,如果是好的,当然是要保存,不好的才可以放弃。"④ 孙中山特别强调,"中国有一个道统,尧、舜、禹、汤、文、武、周公、孔子相继不绝,我的思想基础,就是这个道统;我的革命,就是继承这个正统思想,来发扬光大"⑤。孙中山所强调的"道德文化",其目的在于强调个人对于他人、社会、国家的责任和义务,反对那种麻木不仁、自私自利的个人主义。

3. 号召以"自强不息"为中华民族精神动源。中国传统文化贯穿着自强不息、乐观进取的精神。《周易·乾》曰:"天行健,君子以自强不息"。然而,在封建专制和奴化教育的侵蚀下,一般老百姓被奴隶思想所禁锢,"向来多有不识为主人、不敢为主人、不能为主人者"⑥,稍有挫折,便颓废萎靡,一蹶不振。这种奴隶意识既不利于在国际上争取国家独立,也不利于国内人与人之间平等关系的形成。孙中山极力倡导中华民族自强不息、百折不挠的精神,并以实际行动为革命者树立了榜样。他曾回忆从屡屡失败,最终走向成功的经历,告诫人们"有志者事竟成"的道理。"精诚无间,百折不回,满清之

---

① 《孙中山全集》第 9 卷,中华书局 1986 年版,第 247 页。

② 《孙中山选集》,人民出版社 1981 年版,680 页。

③ 《孙中山全集》第 6 卷,中华书局 1985 年版,第 22 页。

④ 《孙中山选集》,人民出版社 1981 年版,680 页。

⑤ 蒋介石:《三民主义之体系及其实行程序》,见蔡尚思《中国现代思想史资料简编》第 4 卷,浙江人民出版社 1982 年版,第 329 页。

⑥ 《孙中山选集》,人民出版社 1981 年版,第 173 页。

威力所不能屈，穷途之困苦所不能挠。吾志所向，一往无前，愈挫愈奋，再接再厉。"① 他还常常引用《周易·系辞上传》中的"慢藏诲盗，冶容诲淫"以及《离娄章句上》中的"人必自侮，而后人侮之，国必自伐，而后人伐之"的古训，又以顾炎武"天下兴亡，匹夫有责"这一振聋发聩的名言，号召人们奋发进取，力挽狂澜，扶大厦之将倾；以古人"人饥己饥，人溺己溺""国家之内，一物不得其所，便是我们的责任"② 的崇高境界，鼓励人们以天下为己任，救民族于水火，济生民之倒悬。号召革命者要勇往直前，奋不顾身，像陈天华、杨笃生和黄花岗烈士那样，视死如归，成仁取义，并且用孟子"所欲有甚于生者，舍生而取义也"的话，教育革命军人为三民主义而英勇献身。正是在这种百折不挠精神的指导下，孙中山毕生为国家富强而奋斗，临终时还告诫人们："革命尚未成功，同志仍须努力！"

（三）吸取马列真谛以为三民主义内涵

19 世纪末，《共产党宣言》已经是全部社会主义文献中传布最广和最具有国际性的著作。各国工人阶级政党甚至其他团体，也都以"社会主义"为口号，来号召和组织民众。与此同时，马克思的名字及其学说，开始在中国出现。据考证，中国最早接触马克思《共产党宣言》《资本论》等著作的人，就是孙中山。孙中山本来就对欧美资本主义的发展有看法，在马克思思想的影响下，他在许多方面都变得更加激进。

1. 谋求社会平等，反对"资本家专制"。20 世纪初期，孙中山已经看到西方资本主义社会"资本家专制"、贫富两极分化、社会财富被少数富人所垄断等种种弊病。他认为这样的社会是一定要被推翻的。"盖资本家之专制与政府之专制一也。政府有推翻之日，资本家亦有推翻之日。"③ 从同情下层劳动大众的角度，孙中山多次借马克思的主张猛烈抨击和批判资本主义。他指出：马克思的学说主张为社会大多数人谋幸福，反对资本家垄断专制，"资本不得垄断，以夺平民之利"④。而解决这一问题的根本途径在于革命，"照马克思派的办法，主张解决社会问题要平民和生产家即农工专制，用革命手段来解决一

---

① 《孙中山选集》，人民出版社 1981 年版，第 115 页。
② 同上书，第 568 页。
③ 《孙中山全集》第 2 卷，中华书局 1982 年版，第 520 页。
④ 同上书，第 514—515 页。

切政治经济问题"①，也就是说，马克思主义主张"用革命手段"来打倒"资本家专制"，为人民解除专制的痛苦。他认为，马克思主义是科学的社会主义，马克思主义者是"科学派"②。受马克思思想的影响，孙中山力图"打破资本制度"③，建立一个人人平等、贫富无差的大同社会。近代以来各国所谓民权制度往往为资产阶级所专有，这种制度正好成为"压迫平民之工具"④。而他所追求的民权主义，则为一般平民所共有，非少数者所得而私，要"使私有资本制度不能操纵国民之生计"⑤。

2. 谋求大多数人的幸福，向往社会主义。从孙中山的诸多文献来看，他之所以不断地谈到马克思和社会主义，关键在于马克思及其社会主义的各种主张。最吸引他的，一是社会主义能为大多数人谋幸福。他一再指出："麦氏之说"主张建立"资本公有"的社会主义社会，"其为社会大多数谋幸福"⑥；社会主义为整个人类谋幸福，普遍普及，地尽五洲，时历万世，蒸蒸芸芸，莫不被其泽惠，"社会主义学者遂可进为经理，以供国家经费之余，以谋社会种种之幸福"⑦。二是社会主义实行公有制，即"资本公有"，能够预防资本垄断，防止两极分化。孙中山指出："麦克司之《资本论》，主张资本公有。"⑧孙中山衷心拥护马克思的公有制主张，认为社会主义的确是真理，"鄙人对于社会主义，实现迎其利国福民之神圣，本社会之真理，集种种生产之物产，归为公有，而收其利"⑨。三是社会主义实行"按劳分配"，多劳多得的原则，可以充分调动劳动者的积极性，鼓励发明创造。孙中山说道，"麦克司学说"主张社会对于发明机械之人，以其劳心劳力，按社会经济分配之原理，予以相当之报酬可矣。"其分配人工酬报之多寡，应视其劳心劳力之多寡；其劳动大，则酬报多，其劳动小，则酬报亦小。余利公之于社会，以兴社会各种之事业。"⑩孙中山表示"欢迎"这种"利国福民"的分配制度。孙中山已经认识

① 《孙中山选集》，人民出版社1981年版，第826页。
② 《孙中山全集》第9卷，中华书局1986年版，第363页。
③ 同上书，第410页。
④ 同上书，第120页。
⑤ 同上书，第120页。
⑥ 《孙中山全集》第2卷，中华书局1982年版，第514页。
⑦ 同上书，第523页。
⑧ 同上书，第515页。
⑨ 同上书，第523页。
⑩ 同上书，第517页。

到共产主义"两个阶段"的联系和差别，认为"共产主义本为社会主义之上乘"。共产主义要实行"各尽所能，按需分配"的制度。"共产云者，即人在社会之中，各尽所能，各取所需。如父子昆弟同处一家，各尽其生利之能，各取其衣食所需。"① 他还常常把马克思的共产主义与中国人追求的"大同世界"相比拟。

3. 谋求建立"最新式的共和国"，主张"联俄、联共、扶助农工"三大政策。1917 年俄国十月革命获得成功，建立了世界上第一个社会主义国家。对孙中山来说，俄国十月革命的成功为他提供了一个努力的方向，他开始把眼光转向苏俄。但正如孙中山当时所说的，俄国革命党是以信仰马克思主义为前提的，这促使他对"俄国革命党"产生好感，更加向往苏俄的胜利，提出要"以俄为师"、在中国建立"最新式的共和国"。他通过两种社会制度的对照比较，认为欧美国家的共和国都是旧式的，"我党今后之革命，非以俄为师，断无成就"②。正当"二次革命"、护法运动尤其是第二次护法战争失败、孙中山处于绝望之时，共产国际、苏俄政府和中国共产党向孙中山伸出援助之手。孙中山表示欢迎十月革命的胜利，欢迎俄国人对中国的帮助，欢迎中国共产党同他进行合作。孙中山表示：要拿马克思主义在中国来实行的中国共产党，他们的用心是很好的。他们的主张是要从根本上获得解决，以为政治、社会问题要正本清源，非从根本上解决不可。中国共产党的主张与三民主义是可以"相容的"③。所以，孙中山更加主张联合共产党。另外，一生同情中国工农阶级处境的孙中山，正因为受了马克思主义的影响，也更加主张实行扶助农工的政策。

4. 谋求解决中国实际问题，主张从现实出发，用事实作基础。孙中山指出，是否从实际出发，这是马克思科学社会主义与以往社会主义的本质区别。在马克思的学说没有发表以前，世界上讲社会主义的，"都是一种陈义甚高的理论，离事实太远。而马克思专从事实与历史方面用功，原原本本把社会问题的经济变迁，阐发无遗"④。孙中山受马克思这一思想的影响，主张解决社会问题，一定要从事实出发，"不能专用学理的雄论做方法"⑤。同时，他还主

① 《孙中山全集》第 2 卷，中华书局 1982 年版，第 508 页。
② 《孙中山全集》第 11 卷，中华书局 1986 年版，第 145 页。
③ 《孙中山全集》第 9 卷，中华书局 1986 年版，第 384 页。
④ 同上书，第 360 页。
⑤ 《胡汉民自传》，《近代史资料》1981 年第 2 期，第 15 页。

张，在"解决社会问题"时，要用"用事实做基础"。从这种观点出发，他提出了完整的中国社会发展战略，诸如，战略目标是在20世纪实现社会主义；战略重点是"平均地权"，实行"耕者有其田"制度和"节制私人资本"，并且"发达国家资本"；战略步骤是近代中国政治革命成功以后，要紧接着从事社会主义革命，还要巩固社会主义国家，实际上就是要从事社会主义建设。孙中山这套发展战略虽然有许多缺点，同时受阶级立场的局限，他不可能指出民主革命须由无产阶级来领导。但它对当时及以后中国社会产生了一定的作用，在中国社会发展思想史上占有重要的地位。显然，马克思主义对孙中山的影响是极其深远的。

三　仍需深入探索的三个根本性问题

孙中山作为近代中国资产阶级思想的代言人，他遍览世界，融汇古今，以"三民主义"为指导，力图建立一个"极和平、极自由、极平等"的国家。为此，他领导先进的资产阶级进行了百折不挠的摸索，在实现民族独立、国家富强、人民幸福的道路上迈出了关键的一步。他的成功和失败，都是中华民族的宝贵财富。"民族、民权、民生"仍然是当代中国面临的最为根本的问题。

（一）如何保障民族独立，实现国家间的平等

孙中山从小留学于欧美、香港、澳门等地，博学多才，对世界各国的历史和现状都有较为透彻的了解，是当时眼界最为开阔的中国人之一。从振兴中华，寻求中国独立主权和国际地位的视角，孙中山深刻论述了中华民族、"大亚洲主义"与世界主义之间的关系。孙中山看到了第一次世界大战后民族独立的浪潮，力图借民族主义的旗帜，解决中国与国际资本主义之间的关系，使中国"驾乎欧美之上"。然而，孙中山争取民族独立主权的斗争，面临重重的矛盾和困难。一方面，不推翻清王朝的封建专制统治，就难以完成民族独立的任务；为了完成这一任务，又不得不和帝国主义暂时达成某种妥协，甚至以争取帝国主义的援助为前提。另一方面，为了完成民族民主革命的任务，又不得不和某些野心家达成妥协，以致出现了张勋复辟，袁世凯称帝，北洋军阀专政的混乱局面。孙中山没有认识到中国民主革命的艰巨性，力图"毕其功于一役"。由于孙中山把革命的依靠力量主要寄托于少数精英，未能发动最广大的民众而形成强大的革命力量，以致势单力薄，革命一再受挫。

晚年孙中山提出了"联俄、联共、扶助农工"三大政策，可惜由于他过早去世，蒋介石背叛革命，以致轰轰烈烈的大革命最后归于失败。中国共产党吸取孙中山民族民主革命的教训，明确提出彻底反帝反封建的口号，建立了强大的人民武装，将帝国主义赶出了中国，赢得了民族的独立和解放，完成了孙中山民族民主革命的任务。新中国成立后，中国共产党始终把反对国际霸权主义放在重要位置，先后击退了苏、美两个超级大国的威胁。正如邓小平所说："中国的特点是建国四十多年来大部分时间是在国际制裁之下发展起来的。"[①]现在的世界并不太平，老殖民主义、新殖民主义、霸权主义、强权主义，真不少。"冷战"结束了，另外两个"冷战"又已经开始了。一个是针对整个南方、第三世界的；另一个是针对社会主义的。西方国家正在打一场没有硝烟的第三次世界大战。所谓没有硝烟，就是要社会主义国家和平演变。"真正说起来，国权比人权重要得多。贫弱国家、第三世界国家的国权经常被他们侵犯。他们那一套人权、自由、民主，是维护恃强凌弱的强国、富国的利益，维护霸权主义者、强权主义者利益的。"国家的主权、国家的安全要始终放在第一位。"[②]

进入新世纪以来，美国先是发动了对伊拉克、阿富汗的战争，近年来又在非洲地区搞所谓"颜色革命"，并将其战略重点转向亚太地区，矛头直指中国。一是散布"中国威胁论"，以所谓"中国的发展战略不确定""中国的军力不透明""中国的意图不明朗"为由，纠集一切可以纠集的力量，组成所谓"双边安全联盟"，遏制中国，对抗中国。二是利用南海争端拆散中国的同盟，不择手段地拉帮结派，刺探情报、搅局、浑水摸鱼，发挥其"霸主"地位。三是"打造一种有广泛基础的军事存在"，将其60%的兵力放在亚太，进行武力威胁。四是"促进民主和人权"，一再称中国是"独裁国家"，说中国的人权状况"极为糟糕"，借此唤起民众对中国共产党、对中国现有政府的仇恨，培养"民主和人权""精英"，摇旗呐喊，甚至实行颠覆活动，搞"和平演变"。尽管中国已经成为世界强国，但如何维护国际平等，保持民族独立主权不受侵犯，仍然是一个值得深入探索，不可稍有疏忽的问题。

（二）如何保障人民主权，实现政治平等

孙中山在广泛考察西方政治思想和各国政治实践的基础上，结合中国古代

---

① 《邓小平文选》第 3 卷，人民出版社 1993 年版，第 359 页。

② 同上书，第 348 页。

的政治制度，提出了国家权力的配置方案——五权宪法。孙中山的五权宪法思想，首先指的是五权分立的一种形式，即把国家权力按照权力的不同功能，分成行政权、立法权、司法权、监察权和考试权五个部分，分别交由行政院、立法院、司法院、监察院和考试院五个不同的政府部门行使，五院之间地位平等，相互牵制，相互合作。不过，随着直接民权的提出，孙中山又主张在中央设立国民大会，代表人民行使政权，监督中央政府。所以，"五权宪法"不仅包括五权分立的形式，还包含了国民大会与五院之间的关系。其次，孙中山在用"五权宪法"分配国家治理权的同时，为了确立人民与政府各自的权责，又进一步提出了权能区分。权能区分是将政权与治权分离，即国家所有权与国家治理权分离，使人民掌握政权，政府享有治权，人民用选举权、罢免权、创制权和复决权等四大直接民权来管理政府。至于如何实现民权，孙中山主张"革命程序论"，认为实现五权宪法，必须依次经过"军法—约法—宪法"三个阶段，其后又进一步明确为"军政—训政—宪政"三个阶段。

　　"辛亥革命"推翻了封建帝制，但不久革命成果被北洋军阀所窃取，"民权主义"构想并未能够落实。晚年孙中山提出"以俄为师"口号，同时制定了"联俄、联共、扶助农工"三大政策，使革命焕发出蓬勃生机。孙中山在借鉴俄国经验的过程中，认为最为重要的是"以党治国"。他认为，俄国完全以党治国，比英美法之政党握权更进一步。俄国之所以能够取得成功，即因其将党放在国上。因此，现在要以俄国为榜样，重新组织国民党，把党放在国上。孙中山去世后，蒋介石刻意歪曲孙中山的思想。1926年6月7日，在黄埔军校发表的演讲，把苏联成功的经验概括为一党专政。他说："俄国革命之所以迅速成功，就是社会民主党从克伦斯基手里拿到了政权……什么东西都由他一党来定夺，像这样的革命，才真是可以成功的革命……中国要革命，也要一切势力集中，学俄国革命的办法，革命非由一党专政和专制是不行的。"①这就为蒋介石实行"党权高于一切""一个党、一个主义、一个领袖""一党专政""以党治国"作了重要铺垫。为了提高自己的地位，蒋介石不断排除异己，制造"中山舰事件"，排斥共产党，并发动"四一二"反革命政变，背叛了孙中山的遗愿。其间，他仍打着"三民主义"的旗帜，到处招摇撞骗，愚弄国民，最终遭到人民的唾弃。据历史学家杨天石的考证，1944年11月，美国总统罗斯福曾派特别代表赫尔利，到延安跟共产党谈判，毛泽东和赫尔利签

---

　　① 钟沛璋：《"以俄为师"的得失探讨》，《炎黄春秋》2003年第2期。

订了一个协定，叫《延安协定》，其中一条是："现在的国民政府应改组为包含所有抗日党派和无党无派政治人物的代表的联合国民政府，并颁布及实行用以改革军事政治经济文化的新民主政策。同时，军事委员会应改组为由所有抗日军队代表所组成的联合军事委员会。"文件中，"中国国民党政府主席蒋中正"下面，留下了空白"（）"，要求蒋介石签名。下面一行是"中国共产党中央委员会主席毛泽东"。毛泽东在这个地方用毛笔写下了"毛泽东"三个字。"北美合众国大总统代表"赫尔利在见证人一栏也签了字。成立各党派的联合政府，成立各个抗日军队的联合军事委员会，美国人和共产党都同意。可当赫尔利离开延安到重庆，要请蒋介石签字时，蒋介石拒不签字。协定中属于蒋介石签名的那一栏至今仍然是空的①。暴露了蒋介石的假民主、真独裁面目。

中国共产党在与蒋介石的斗争中，始终没有忘记孙中山民主革命的遗志。正如毛泽东在《论联合政府》中所说的，我们的主张，是和孙中山先生的主张完全一致的。孙先生在其所著《中国国民党第一次全国代表大会宣言》里说：近世各国所谓民权制度，往往为资产阶级所专有，适成为压迫平民之工具。若国民党这民权主义，则为一般平民所共有，非少数人所得而私也。中国人民，中国共产党及其他一切民主分子，必须尊重这个指示而坚决地实行之，并同一切违背和反对这个指示的任何人们和任何集团做坚决的斗争，借以保护和发扬这个完全正确的新民主主义的政治原则。"新民主主义的政权组织，应该采取民主集中制，由各级人民代表大会决定大政方针，选举政府。它是民主的，又是集中的，就是说，在民主基础上的集中，在集中指导下的民主。只有这个制度，才既能表现广泛的民主，使各级人民代表大会有高度的权力；又能集中处理国事，使各级政府能集中地处理被各级人民代表大会所委托的一切事务，并保障人民的一切必要的民主活动。"②

新中国成立后，依照新民主主义建国纲领，相继建立了人民代表大会制度、中国共产党领导的多党合作和政治协商制度、民族区域自治制度以及基层群众自治制度等基本政治制度，并于1954年制定了第一部《中华人民共和国宪法》。然而，由于缺乏民主政治建设的经验，如何保障人民充分行使政治权力的问题并没有得到很好的解决。最为典型的事例是"大跃进"和"文化大

---

① 杨天石：《国民党是如何失掉大陆的》，《理论视野》2014年第6期。

② 《毛泽东选集》第3卷，人民出版社1991年版，第1057页。

革命"的发生。由于权力过于集中,民主法制遭受严重践踏,造成堆积如山的冤假错案。据统计,"文革"十年中,全国被立案审查的干部高达230万人,占"文革"前夕全国1200万干部的19.2%。中共中央和国家机关各部委被审查的干部有29885人,占干部总数的16.7%。其中,中央副部级和地方副省级以上的高级干部被立案审查的达75%。①正如邓小平所说:"从党和国家的领导制度、干部制度方面来说,主要的弊端就是官僚主义现象,权力过分集中的现象,家长制现象,干部领导职务终身制现象和形形色色的特权现象。"还有"社会关系中残存的宗法观念、等级观念;上下级关系和干群关系中在身份上的某些不平等现象;公民权利义务观念薄弱"②。

十一届三中全会之后,先后数次修改宪法,并针对现存体制的各种弊端,进行大刀阔斧的改革,国外干部退休和国家公务员制度建设的经验,民主法制建设的经验,民主选举以及民主监督、反腐倡廉的经验都被我们所吸收借鉴。同时,主动参与人权对话,发展人权事业,改革户籍制度,取消户籍定终身的人为的不合理的等级区分,进一步调动了人民群众当家做主的积极性。但是,近年来被查处的各种干部腐败案,以及人民群众利益屡遭侵夺的事实表明,如何保障人民充分行使自己的权力,建设充满生机和活力的社会主义民主政治体制,依然是一个值得深入探索的问题。党的十八届四中全会通过了《中共中央关于全面推进依法治国若干重大问题的决定》,把加快建设社会主义法制国家作为党和国家长远的发展战略,可谓抓住了中国政治问题的关键。

(三)　如何保障民生,实现生活平等

孙中山基于旧中国遭受帝国主义侵凌,山河破碎,生灵涂炭,人民饥寒交迫的现状,立志振兴中华,制定了"节制资本"、"平均地权"、实行"耕者有其田"的经济纲领,同时,孙中山提出了一些具体的发展实业,提升民生的举措。其一,提出:振兴实业,首在发展交通。"无交通,则国家无灵活运动之机械,则建设之事,千端万绪,皆不克举。"③他指出:"铁路、道路之建筑,运河、水道之修治,商港、市街之建设"是"实业之利器",没有"交通、运输、屯集之利器",则虽有发展实业的要素,也不能实现发展。"人而

---

① 曹普:《中国改革开放的由来》,《学习时报》2008年9月29日。
② 《邓小平文选》第2卷,人民出版社1994年版,第327页。
③ 《孙中山全集》第2卷,中华书局1982年版,第496页。

无手足，是为废人；国而无交通，是为废国。"① 为了发展交通，在《实业计划》中，孙中山提出了在全国建设中央、东南、东北、西北、西南、高原六大铁路系统的宏伟规划，计划修建铁路91条，全长10万英里，组成遍布全国的铁路网络。孙中山亲自出任铁道协会会长和全国铁路督办，并设计出在十年内要修筑20万里铁路的计划。他高度重视发展公路、水运交通以及港口建设。治理长江、黄河、淮河等水运通道，使长江"起汉口，迄于海，以便航洋船直达该港"②。同时，疏浚现有的两条运河并再开凿两条新运河。在东部沿海建立北方大港、东方大港、南方大港三个世界大港以及4个二等港、9个三等港和15个渔港。其二，孙中山认识到实行门户自主开放，引进外资人才的重要性。要想发展实业，"非用门户开放主义不可"③。排外与惧外，"两端皆非"，因我国向来闭塞门户，不与外人往来，未经实业革命，向主张闭关主义，后受外人胁迫，不得已开海禁，惴惴自恐，见彼海陆军之优，器械之精，转而生畏惧心，"天与不取，必受其祸"。"开放门户政策，利于保障主权。利用外资，可以得外资之益，故余主张开放门户，吸收外国资本……现世界各国通商，吾人正宜迎此潮流，行开放门户政策，以振兴工商业。"④ 对于如何引进外资，孙中山认为，可以采用与外国资金合股创建银行和利用外资直接投资办实业的方式。其三，孙中山指出，发展经济必须首先推广教育，振兴科技，重视人才的培养和使用。早在1912年3月19日，他就指出："惟教育主义，首贵普及，作人之道，尤重童蒙，中小学校之急应开办，当视高等专门为尤要。"⑤ 10年以后，1922年1月22日，他再次强调了对少年儿童普及教育的重要性。他说那班少年受了教育，10多年之后便成有用之人才，可以继续你们前辈去办事。如果少年儿童失了教育，你们以后的人才便新旧不相接，以后的事业便没有人办。"中国人数四万万人，此四万万之人皆应受教育。然欲四万万人皆得受教育，必倚重师范，此师范学校所宜急办也。"⑥ 孙中山的设想是科学的，眼光是高远的，为中国的现代化留下了 份十分珍贵的历史遗产。

1927年国共分裂后，国民政府曾颁布了一个《佃农保护法》，规定佃农

---

① 《孙中山全集》第2卷，中华书局1982年版，第497页。

② 《孙中山选集》，中华书局1981年版，第215页。

③ 《孙中山全集》第2卷，中华书局1982年版，第532页。

④ 同上书，第498—499页。

⑤ 同上书，第253页。

⑥ 同上书，第358页。

向地主缴纳的地租不能超过总量的 40%。1930 年 6 月，国民党政府又在《土地法》中规定，地租不能超过 375‰，这在历史上通常称之为"三七五减租"。但直到 1949 年，"耕者有其田"的问题并未得到解决，这正如 1949 年 2 月 3 日蒋介石在其日记所写的，"昨游览城乡，可说乡村一切与四十余年以前毫无改革，甚叹当政廿年，党政守旧与腐化自私，对于社会改造与民众福利毫未着手，此乃党政军事教育只重做官，而未注意三民主义之实行也"①。为打内战，国民党滥发货币，狂涨物价，随意加税，拼命搜刮民财，人民苦不堪言。如果说 1947 年的军费占国家计划 60% 的话，到了 1948 年就发展到 68.5%，实际军费占到 80%。所以到 1947 年国民党法币发行额已经是战前的 3430 倍。上海解放前夕，物价较 1948 年上涨 11 万倍。1949 年 6 月金圆券 5 亿元才能兑换 1 块大洋。抗战胜利后，国民党的接收大员从重庆到南京、上海，搞"五子登科"，分别抢五样东西：房子、车子、条子（金条）、票子（钞票）、婊子（女人）。当时民间有一个民谣："盼中央、想中央，中央来了更遭殃。"

　　如何提高人民生活水平，也是中国共产党人一直考虑的问题。早在 1945 年，毛泽东就曾指出："我们主张的新民主主义的经济，也是符合于孙先生的原则的。在土地问题上，孙先生主张'耕者有其田'。在工商业问题上，孙先生在上述宣言里也说：'凡本国人及外国人之企业，或有独占的性质，或规模过大为私人之力所不能办者，如银行、铁道、航路之属，由国家经营管理之，使私有资本制度不能操纵国民之生计，此则节制资本之要旨也。'在现阶段上，对于经济问题，我们完全同意孙先生的这些主张。"② 从新中国成立到 1956 年，完成了对工业、农业和资本主义工商业的社会主义改造，"从一九五三年到一九五六年，全国工业总产值平均每年递增百分之十九点六，农业总产值平均每年递增百分之四点八。经济发展比较快，经济效果比较好，重要经济部门之间的比例比较协调。市场繁荣，物价稳定。人民生活显著改善"③。然而，1957 年到 1978 年的 20 多年时间里，中国经济一直在缓慢徘徊中增长，几次达到了崩溃边缘。"文革"期间，有 5 年经济增长不超过 4%，其中 3 年负增长：1967 年增长 –5.7%；1968 年增长 –

---

① 以上均参见杨天石《国民党是如何失掉大陆的》，《理论视野》2014 年第 6 期。

② 《毛泽东选集》第 3 卷，人民出版社 1991 年版，第 1057 页。

③ 《中国共产党中央委员会关于建国以来党的若干历史问题的决议》，载中共中央党校教务部编《十一届三中全会以来党和国家重要文献选编》，中共中央党校出版社 2010 年版，第 83 页。

4.1%；1976年增长－1.6%。损失人民币5000亿元。[①] 由于"文革"的破坏，仅1974年到1976年，全国就损失工业总产值1000亿元，钢产量2800万吨，财政收入400亿元。人民生活十分艰难，提高缓慢，全国职工在长达20年的时间里几乎没涨过工资。1957年全国职工平均货币工资624元，1976年下降到575元，不进反退，还少了49元。[②] 很多生活消费品供给不足，需凭票购买。流行40多年的粮票被称作"第二货币"。"三转一响一咔嚓"的自行车、手表、缝纫机、收音机、照相机，"五大件"置备整齐还不到600元，但对很多家庭来说，却是一个天文数字，只能敬而远之。

　　20世纪70年代末，在中国改革开放的起点上，邓小平在思考中国的现代化从哪里开始这个问题时，许多方面与孙中山当年的设想不谋而合，如实行对外开放、利用外资、倡导交通先行等方面。"一个是交通运输，也包括邮电通信。日本人土光敏夫来中国访问，我征求他对搞长期规划的意见，他希望把交通问题放在重要地位，其次是邮电通信。这确实对整个经济的发展关系极大。"[③] 通过30多年的改革开放，生产力大发展，人民生活水平迅速提高。经济总量由1978年的3645亿元增长到2013年的56.88万亿元；城镇居民人均可支配收入由1978年的343元增加到2013年的26955元；农民人均纯收入由1978年的134元增加到2013年的8896元。但在发展的过程中，又出现了发展代价过高，城乡、区域发展失衡，经济社会发展失衡，人与自然的关系失衡，内外资源利用失衡的问题。一些基本的民生问题，如环境污染、交通拥挤、上学难、看病难、看病贵等问题又摆在人们的面前，如何把这些问题解决好，成为摆在党和政府面前的重大难题。

　　① 中央财经领导小组办公室编：《中国经济发展五十年大事记》，人民出版社1999年版，第222、228、282页。

　　② 曾培炎主编：《新中国经济50年》，中国计划经济出版社1999年版，第897—898页。

　　③ 中共中央文献研究室编：《回忆邓小平》中卷，中央文献出版社1998年版，第277—278页。

第十二章　建设主体间的幸福世界

——毛泽东"人民至上"的建构

毛泽东不仅是马克思主义哲学家，也是党和国家的政治领袖。毛泽东曾经说过："我们不但善于破坏一个旧世界，我们还将善于建设一个新世界。"[①] 开辟有中国特色的新民主主义革命道路，推翻封建极权主义，建设一个"自由、平等、民主"的新中国，全心全意为人民谋幸福，这就是毛泽东终生的价值追求。这些不仅反映了马克思主义的思想实质，而且也是对中国传统文化的继承发展，把主体间关系的探索和研究推向了一个崭新的境界。

一　毛泽东思想中的主体间关系思想

毛泽东是一位辩证法大师，对于人民内部不同个人、群体间的矛盾，党内不同同志间的矛盾，国际社会不同国家间的矛盾，都善于站在双方的立场，从平等而又有利于全局发展的视角去思考，蕴含着丰富的主体间关系思想。

（一）建立一个自由、平等、民主的国家

毛泽东出生的时候，中国正处在半封建、半殖民地的时代。毛泽东从小看到帝国主义、封建主义和官僚资本主义对普通百姓的欺压，对等级制度深恶痛绝，立志推翻旧世界，建立一个人人平等，没有剥削和压迫，人人幸福生活的新世界。

早在民主革命时期，毛泽东就曾说，中国主要缺两件东西，"一件是独立，一件是民主"[②]。中国的缺点，"一言以蔽之，就是缺乏民主。中国人民非

[①]　《毛泽东选集》第 4 卷，人民出版社 1991 年版，第 1439 页。

[②]　《毛泽东选集》第 2 卷，人民出版社 1991 年版，第 731 页。

常需要民主"①。鉴于此，毛泽东一直把如何创建一个民主、自由、平等的国家作为中国共产党的奋斗目标。在抗日战争初期，毛泽东就曾指出，共产党的民主革命纲领与孙中山的三民主义纲领是相一致的，共产党愿同国民党、全国人民共同一致，为"民族独立、民权自由、民生幸福这三大目标而奋斗"②。1938年7月，毛泽东在同世界学联代表团谈话时说："抗战胜利后，共产党的主要任务，一句话是建立一个自由平等民主的国家。"在这个国家内，各民族都是平等的，在平等的原则上建立联合的关系。"在这个国家内，人民有言论、出版、集会、结社、信仰的完全自由，各种优秀人物的天才都能发展，科学与一般文化都能提高，全国没有文盲。"③ 1940年1月，在《新民主主义论》中，毛泽东再次指出，"中国无产阶级、农民、知识分子和其他小资产阶级……他们必然要成为中华民主共和国的国家构成和政权构成的基本部分"，"必须实行无男女、信仰、财产、教育等差别的真正普遍平等"。④ 1941年11月，在《在陕甘宁边区参议会的演说》中，毛泽东又指出："国事是国家的公事，不是一党一派的私事。因此，共产党员只有对党外人士实行民主合作的义务，而无排斥别人、垄断一切的权利。"⑤ 各民族、各社会团体、各党派、各组织和个人都是人民范畴的外延的表现形式，都享有政治斗争、政治统治、政治管理、政治参与的平等资格。在中华人民共和国，选举权和被选举权、生存权和发展权、劳动权、受教育权，以及言论、集会、结社等项自由权都向人民平等开放。同时，"人民犯了法，也要受处罚，也要坐班房，也有死刑"⑥。1945年7月初，在回答民主人士黄炎培关于中国共产党如何跳出"其兴也勃焉，其亡也忽焉"的历史周期律的问题时，毛泽东指出："我们已经找到新路，我们能跳出这个周期律。这条新路，就是民主。只有让人民起来监督政府，政府才不敢松懈。只有人人起来负责，才不会人亡政息。"⑦ 国家政权机关必须由人民选举产生是民主的重要体现。1948年1月8日，毛泽东发表《关于目前党的政策中的几个重要问题》明确指示："在乡村中可以而且应当

①　《毛泽东文集》第3卷，人民出版社1996年版，第168页。
②　《毛泽东选集》第1卷，人民出版社1991年版，第259页。
③　《毛泽东文集》第2卷，人民出版社1993年版，第134页。
④　同上书，第674—677页。
⑤　《毛泽东选集》第3卷，人民出版社1991年版，第808页。
⑥　《毛泽东选集》第4卷，人民出版社1991年版，第1476页。
⑦　黄炎培：《延安归来》，载《八十年来》，文史资料出版社1982年版，第149页。

依据农民的要求，召集乡村农民大会选举乡村政府，召集区农民代表大会选举区政府。县、市和县市以上的政府，因其不但代表乡村的农民，而且代表市镇、县城、省城和大工商业都市的各阶层各职业人民，就应召集县的、市的、省的或边区的人民代表大会，选举各级政府。在将来，革命在全国胜利之后，中央和地方各级政府，都应当由各级人民代表大会选举。”① 在《论人民民主专政》中，毛泽东还明确了人民代表大会制度的组织原则是民主集中制，既要坚持少数服从多数又要尊重少数人的意见。新中国成立后，1954 年诞生的第一部宪法，从制度和法律上正式确立了各不同主体间的平等地位和平等权利。毛泽东强调，要给群众讲话的权利，世界上哪有马克思列宁主义者怕群众的道理呢？“总之，让人讲话，天不会塌下来，自己也不会垮台。不让人讲话呢？那就难免有一天要垮台。”②

毛泽东从来都认为，人无贵贱、业无尊卑，尤其在新社会，党的领袖、党员干部和普通群众之间，只是“人们的工作有所不同，职务有所不同，但是任何人不论官有多大，在人民中间都要以一个普通劳动者的姿态出现”，“不管挑大粪的也好，挖煤炭的也好，扫大街的也好，贫苦的农民也好，只要真理在他们手中，就要服从他们”。③ 但是，社会分工必然产生各种差异，以致阶层分化，产生人与人之间的差别和不平等。为了解决上述问题，毛泽东设想把各行、各业、各阶层融合成一体，通过“全面发展”消除由分工造成的社会不平等。1939 年 4 月 24 日，毛泽东在抗大做《为自己的劳动是不可限量的》报告时说：“你们读书，叫学；开荒是农，做鞋子是工，办合作社是商；你们又是军，因为你们在抗日军政大学。你们是工、农、商、学、兵团结在一个人身上，文武配合，知识与劳动结合，可算是‘天下第一’。”④ 这一观念绝非一时的想法，而是一个深深扎根在毛泽东脑海里的思想。在 1958 年南宁会议上，毛泽东强调：“人们的工作有所不同，职务有所不同，但是任何人不论官多大，在人民中间都要以一个普通劳动者的姿态出现。决不可摆架子，一定要打掉官风。”⑤ 1966 年 5 月 7 日，毛泽东给林彪的信中也描绘了社会各行各业界限消失的图景，人们“拿起锤子就能做工，拿起锄头犁耙就能种地，拿起枪

① 《毛泽东选集》第 4 卷，人民出版社 1991 年版，第 1272—1273 页。
② 《毛泽东文集》第 8 卷，人民出版社 1999 年版，第 310—312 页。
③ 《毛泽东文集》第 7 卷，人民出版社 1999 年版，第 355 页。
④ 李秀芳：《毛泽东平等思想探析》，《许昌学院学报》2006 年第 1 期。
⑤ 《毛泽东文集》第 7 卷，人民出版社 1999 年版，第 355 页。

杆子就能打敌人，拿起笔杆子就能写文章"①，由此而建立无职业分工无差别的平等社会。他曾设想过我国几十年以后的情形："那时我国的乡村中有许多共产主义的公社，有商店和服务行业，有交通事业，有托儿所和公共食堂，有俱乐部，也有维持治安的民警等。"② 与之相对应，毛泽东认为农村也应该和城市一样平等地享受医疗保障权利，他对农村医疗卫生条件远差于城市的情况表示不满，要求将医疗工作的重点放到农村，他说："告诉卫生部，卫生部的工作只给全国人口百分之十五的人工作，而这百分之十五中主要的还是老爷，广大的农民得不到医疗，一无医，二无药。"③ 毛泽东还努力消除因男女性别不同而造成的差别。在他看来，男女之间只有性格上的差别，并没有人格上的不平等。年轻时候，他就曾大声呼吁要以平等的态度对待妇女同胞，新中国成立后更是多次强调，要"发动妇女参加社会劳动，实行男女同工同酬的原则"。④ 后来，毛泽东直接发出"妇女能顶半边天"的豪言壮语，显示了毛泽东对于解放妇女，实行男女平等的重视。

　　毛泽东认识到生产资料占有上的不平等是人与人之间不平等的经济根源，所以他认为，"中国的经济，一定要走'节制资本'和'平均地权'的道路，决不能建立欧美式的资本主义社会，也不能还是半封建社会"⑤。并在土地分配和社会改造中努力消除这个根源，使"中国的产品分配成为世界上最平等的分配方式之一"⑥。1928 年和 1929 年，毛泽东分别主持制定了《井冈山土地法》和《兴国土地法》，明确提出没收地主的土地分配给无地和少地的农民。此后，中国共产党又制定了符合中国农村实际的土地分配办法，以变封建的土地所有制为农民的土地所有制为方针，规定以乡为单位，按人口平均分配土地，在原耕地的基础上，抽多补少，抽肥补瘦。抗日战争爆发后，为有利于团结地主抗日，以减租减息代替没收土地。抗战胜利以后，又恢复没收地主土地的政策。1947 年，全国土地会议制定了比较完备的新民主主义土地纲领，明确规定废除封建性及半封建性剥削的土地制度，实行耕者有其田的土地制度。

①《全国都应该成为毛泽东思想的大学校——纪念中国人民解放军建军三十九周年》，《人民日报》1966 年 8 月 1 日。

② 薄一波：《若干重大决策与事件的回顾》下卷，中共中央党校出版社 1991 年版，第 732—733 页。

③ 陈丕显：《晚年毛泽东》，江西人民出版社 2003 年版，第 425 页。

④《建国以来毛泽东文稿》第 5 册，人民出版社 1991 年版，第 581 页。

⑤《毛泽东选集》第 2 卷，人民出版社 1991 年版，第 678 页。

⑥ [美] R. 特里尔：《毛泽东传》，河北人民出版社 1989 年版，第 528 页。

新中国成立前夕，各解放区已在 1.2 亿农村人口中实行了土地改革。到 1953 年春天，全国除一部分少数民族地区外，土地改革基本完成，全国 3 亿多无地或少地的农民无偿分得了 7 亿亩土地，彻底废除了封建的土地所有制，从根本上改变了不合理的土地占有关系，挖掉了农村社会不平等的土地所有制基础。新中国成立后，毛泽东强调要尽量缩小差别的同时，主张工资大体平均，略有差别。还指出"工资等级，上下级关系，国家的一定强制，还是不能破除"①。

毛泽东倡导不同学术流派的平等交流。在形式上，不同学术流派有平等的创作权。他说：要给予"教职员生活和学术自由"②。"我们应该容许包含各种各色政治态度的文艺作品的存在"，"也应该容许各种各色艺术品的自由竞争"③。延安时期，来自国民党统治区的文化工作者（亭子间的人）与南方根据地的文化工作者（山顶上的人）由于经历不一样，所受的教育不一样，他们互相看不起。毛泽东认为，他们各有优、缺点，双方应该尊重，取长补短。毛泽东说："亭子间的人弄出来的东西有时不大好吃，山顶上的人弄出来的东西有时不大好看。有些亭子间的人以为'老子'是天下第一，至少是天下第二；山顶上的人也有摆老粗架子的，动不动，'老子二万五千里'。"他希望这两部分人都不要以过去的工作为满足，都"应该把自大主义除去一点"。④ 在不同学术流派的关系上，提倡进行平等交流。他以他的切身经历多次强调：青年人比老年人强，贫人、贱人、被人们看不起的人，地位低的人，大部分发明创造，占 70% 以上，都是他们干的。30% 的中老年而有干劲的，也有发明创造。这种三七开的比例，为什么如此，值得大家深深地想一想。⑤ 他一再提出"青年人比老年人强"、"青年人打倒老年人"，要承认世界属于年轻人的观点。这段话虽然是毛泽东对历史人物所做的评价，但用于学术交流方面同样适用⑥。

（二）批评和自我批评是一个整体

"金无足赤，人无完人。"世界上任何人都有缺点和错误。然而，在新民

---

① 《毛泽东文集》第 7 卷，人民出版社 1999 年版，第 449 页。
② 《毛泽东选集》第 3 卷，人民出版社 1991 年版，第 1064 页。
③ 同上书，第 868—869 页。
④ 《毛泽东论文艺》增订本，人民文学出版社 1992 年版，第 11 页。
⑤ 卢志丹：《毛泽东品国学》，新世界出版社 2009 年版，第 10 页。
⑥ 参见张华、孙进：《论建国前毛泽东社会文化平等思想》，《毛泽东思想研究》2011 年第 6 期。

主主义革命时期，在极"左"路线统治的时期，曾经对犯错误的同志进行"残酷斗争，无情打击"，置人于死地，一棒子打死。与之相反，毛泽东则坚持"惩前毖后，治病救人"的方针，主张通过批评和自我批评的方法处理党内矛盾和斗争。"批评"是帮助别人，"自我批评"则是反省自己的错误，"批评和自我批评"意味着党内相互之间，从"自我"到"他人"和从"他人"到"自我"的反复思考，是中国共产党在处理党内矛盾时体现出来的主体间关系。

早在 1929 年的古田会议决议中，毛泽东就对批评的重要性、批评应采取的方式和非组织批评的危害性作了充分阐述。他说："党内批评是坚强党的组织、增加党的战斗力的武器。……批评的目的是增加党的战斗力以达到阶级斗争的胜利，不应当利用批评去做攻击个人的工具。"其方式，是在党内进行批评，"对党委或同志有所批评应当在党的会议上提出"，而非组织的批评，"不但毁坏了个人，也毁坏了党的组织"①。在党内比较早地对批评作了详尽而深刻的论述。在延安整风运动中，通过总结党的历史经验，毛泽东对批评与自我批评的含义进一步作了深刻阐述。1942 年 4 月，在中央学习组会议的报告中，他明确指出："批评是批评别人，自我批评是批评自己。批评和自我批评是一个整体，缺一不可，但作为领导者，对自己的批评是主要的。"② 在这里，他阐明了批评与自我批评的不可分割，并根据延安整风的实际，强调自我批评对于领导者的重要性。

在延安整风中，毛泽东还赋予批评与自我批评以马克思主义辩证法的深刻涵义。1943 年 10 月，他在西北局高干会上就初步把批评与自我批评和马克思主义的分析方法联系起来："马列主义的方法，基本的是分析的方法，要讲老实话，才能纠正错误，求得进步。如果自以为是，对整个工作不加分析，只讲成绩，怕讲缺点、错误，就无法使工作进步。工作是一个整体，如加以分析，指出其成绩和缺点，开展批评与自我批评，这是分析的方法。"③ 既讲成绩又讲缺点，既进行批评又进行自我批评的方法，就是分析的方法，即两点论，不能只强调一个方面而忽视了另一个方面。1945 年 2 月，他又从"分析"的角度，进一步概括了什么是批评和自我批评。他说："我们分析一个事物，首先

---

① 《毛泽东选集》第 1 卷，人民出版社 1991 年版，第 90 页。
② 《毛泽东文集》第 2 卷，人民出版社 1993 年版，第 418 页。
③ 《毛泽东文集》第 3 卷，人民出版社 1991 年版，第 73 页。

加以分解，分成两个方面，找出哪些是正确的，哪些是不正确的，哪些是应该发扬的，哪些是应该丢掉的，这就是批评。对自己的工作、自己的历史加以分析，这是自我批评；对别人进行分析，就是批评别人。"① 对批评与自我批评作了辩证唯物主义的阐释。采取批评与自我批评的态度，或者说采取分析的态度，我们要解决什么问题，或者说要达到什么目的呢？毛泽东结合整风中发现的问题，结合总结党的历史所提出的问题，指出，要真正采取分析的态度，就要做到"坚持真理，修正错误"。"我们工作中间一定会有些毛病，要加以分析，做得正确的就要承认它正确，做得不正确的就要修正。"② "如果有人认为他是不能分析的，那他就没有作自我批评的精神准备。许多同志因为没有这种准备，毫无主动性，经常是被动的。我们要提倡主动性，经常检查自己所做的事、所说的话、所写的决议，把自己做的工作加以分析，什么是正确的，什么是错误的，正确的要坚持，错误的要改正。"③ 批评与自我批评的武器发挥了威力，党就能够更加坚强有力。

新中国成立后，毛泽东仍然大力倡导批评与自我批评的优良传统。在1957 年 3 月的全国宣传工作会议上，他提出要在共产党内开展整风，"我们自己来批评自己的主观主义、官僚主义和宗派主义"。并且指出，批评与自我批评之所以是我们党不同于其他党的显著标志，是因为："一个共产党，一个国民党，这两个党比较起来，谁怕批评呢？国民党害怕批评。它禁止批评，结果并没有能够挽救它的失败。共产党是不怕批评的，因为我们是马克思主义者，真理是在我们方面，工农基本群众是在我们方面。"④ 在随后的一个讲话提纲中，他又尖锐地写道："谁怕批评？阿 Q。"⑤ 因此，他号召党外人士向共产党提意见，帮助共产党整风；在党内，他则提倡下级向上级提意见，并借用陈毅的话说："我们发号施令多少年都可以，现在让下级批评我们一下，批评一个星期，可不可以？""我赞成这个话，就是让下级批评我们一个星期。在大家批评之前，先准备一下，作一点报告，讲一讲自己有什么缺点，无非是一二三四，有那么几条。然后同志们发言补充一些，批评一下。"⑥ 即使共产党与共

① 《毛泽东文集》第 3 卷，人民出版社 1991 年版，第 254 页。

② 同上。

③ 《毛泽东文集》第 3 卷，人民出版社 1991 年版，第 255 页。

④ 《建国以来毛泽东文稿》第 6 册，中央文献出版社 1992 年版，第 386 页。

⑤ 同上书，第 404 页。

⑥ 《毛泽东文集》第 7 卷，人民出版社 1999 年版，第 286 页。

产党之间，毛泽东认为也适用批评与自我批评的原则。在 1957 年 11 月莫斯科共产党和工人党代表会议上，他就提出了类似的观点，即团结问题上的辩证法思想："对犯错误的同志第一是要斗争，要把错误思想彻底弄清；第二，还要帮助他。一曰斗，二曰帮。"① 中国共产党就是这样，既对兄弟党违反原则的错误毫不客气地提出批评，又虚心接受兄弟党正确的意见和建议，从而赢得了社会主义阵营的普遍赞誉。

毛泽东不仅要求别人承认错误，改正错误，而且也是这样要求自己的。"百团大战"后，有人对彭德怀提出了不公正的甚至过火的批评和责难，彭德怀十分恼火，决心和毛泽东交换意见，当来到毛泽东窑洞后，毛泽东主动为他承担责任。他说："我先给你作检讨，造成这样子的后果，责任全在我，事先没得向你通气，事后又没得向你作解释。'百团大战'是无可非议的，从组织手续上讲，你作战前对军委有报告，那时军委和我个人也是同意了的……若说有错，首先错误在我，我不但同意了，给你发了电报，还向你提出这样的大战役是否可以多搞几次。"② 毛泽东这番勇于承担责任的自责消释了彭德怀积累在心中的不解及埋怨情绪。对于"抢救运动"中的错误，毛泽东也勇于承担责任，还亲自到陕甘宁边区行政学院公开向被冤枉的同志赔礼道歉。他说，"我向大家赔个不是"，并向大家脱帽鞠躬，后来毛泽东还在其他场合也作过同样的赔礼道歉，使干部群众十分感动，许多受过冤屈的人摆脱了精神负担，心情也舒畅起来。1958 年，中国社会主义建设道路的探索出现了曲折，产生了急躁冒进的"左"倾错误，在纠"左"的过程中，毛泽东主动承担责任："大跃进"的错误第一位的责任由我负，我一度头脑发热，并说："凡是中央犯的错误，直接的归我负责，间接的我也有份，因为我是中央主席。"③

（三）我们的方针是统筹兼顾

利益关系是人与人之间最重要的关系之一。如何处理好不同主体间的利益关系，对于中国共产党来说是一个重大难题。历史上，各种矛盾的产生以至关系破裂，往往因利益关系处理不当。在中国共产党的发展史上，毛泽东最早从一般方法论意义上提出了"统筹兼顾"的原则。"统筹兼顾"意味着把各方面

---

① 《毛泽东文集》第 7 卷，人民出版社 1999 年版，第 331 页。

② 师哲：《在历史巨人身边》，中央文献出版社 1991 年版，第 259 页。

③ 尹杰钦：《简论毛泽东人际交往的党性原则》，《湘潭矿业学院学报》1994 年第 4 期。

都作为主体，兼顾各方的发展和利益。

早在抗日战争年代，毛泽东就提出要采取"军民兼顾"和"公私兼顾"的方针。这一方针的实施，保证了抗日战争的需要，促进了解放区社会经济的繁荣和发展。新中国成立后，毛泽东进一步强调并深化了这一基本原则。1956年4月，毛泽东发表《论十大关系》的讲话，在论述如何正确处理国民经济的十大关系的同时，根据社会主义建设的新情况、新经验，把民主革命时期的"军民兼顾""公私兼顾"的"两兼顾"原则，发展成了"统筹兼顾"。采取兼顾国家、集体和个人三者利益的"三兼顾"原则，用以解决人民内部在经济利益上的矛盾。1957年1月毛泽东在讲话中又指出："统筹兼顾，各得其所。这是我们历来的方针。在延安的时候，就采取这个方针。"并说，"现在是我们管事了。我们的方针是统筹兼顾，各得其所"。① 毛泽东指出，统筹兼顾的方针就是调动一切积极力量，为了建设社会主义。他称统筹兼顾"是一个战略方针。实行这样一个方针比较好，乱子出的比较少。这种统筹兼顾的思想，要向大家说清楚"。② 1957年2月毛泽东在《关于正确处理人民内部矛盾的问题》的著名讲话中，从处理人民内部矛盾的角度提出"统筹兼顾，适当安排"的方针。他明确指出：无论什么问题，"都要从对全体人民的统筹兼顾这个观点出发，就当时当地的实际可能条件，同各方面的人协商，作出各种适当的安排"。"又发展又困难，这就是矛盾。任何矛盾不但应当解决，也是完全可以解决的。我们的方针是统筹兼顾、适当安排。"③ 1957年3月，毛泽东《在南京、上海党员干部会议上讲话的提纲》中进一步提出："统筹兼顾，适当安排，加强思想教育。"④ 这里，毛泽东把"统筹兼顾"与"思想政治教育"一起作为党争取、使用、教育和领导五百万知识分子的重要方针和工作方法。此后，毛泽东还在不同的场合对统筹兼顾的方法作了理论上的阐述。

毛泽东统筹兼顾思想其方法论包含着多方面的思想内涵。首先，统筹兼顾的出发点和落脚点都是照顾好人民利益、人民事业。毛泽东在不同场合多次强调说，我们讲的统筹兼顾是要从对全体人民的统筹兼顾这个观点出发，协调各方面的利益，作出各种适当的安排。统筹兼顾方针包括三种形式：统筹兼顾，各得其所；统筹兼顾，适当安排；搞好综合平衡。第一种方针形式强调"各

---

① 《毛泽东文集》第7卷，人民出版社1991年版，第186页。

② 同上书，第187页。

③ 同上书，第228页。

④ 同上书，第289页。

得其所"的结果状态。第二种方针形式强调决策过程的统筹考虑、广泛协商，作出恰当的或全面的安排。第三种方针形式主要是经济按比例发展的指导方针。其次，统筹兼顾就是调动一切积极因素为社会主义事业服务。《论十大关系》开篇就明确指出："努力把党内党外、国内国外的一切积极的因素，直接的、间接的积极因素，全部调动起来，把我国建设成一个强大的社会主义国家。"① 再次，统筹兼顾是"两条腿走路"。在《论十大关系》以前，毛泽东曾多次说到斯大林和赫鲁晓夫只用"一条腿走路"，只顾重工业，不顾轻工业和农业；只顾长远利益，不顾目前利益。一条长腿，一条短腿，其结果导致了经济与社会的不协调，导致了国民经济畸形发展。《论十大关系》报告实际上是全面阐述了毛泽东的"两条腿走路"的思想。最后，统筹兼顾是方法。其一是全面"统筹"的方法。这就是要从全局出发，通盘考虑，全面安排，充分照顾方方面面，统筹社会主义建设各方面。统筹处理整体与局部、全局和局部关系，既注重带全局性的问题，顾全大局，又照顾好局部；照顾阶段性目标、现实目标和长远性目标的关系。其二是辩证"兼顾"的方法。这就是要注重照顾对立统一的双方，统筹事物的两方面，讲两面政策、"两条腿走路"。强调整体统一性与局部独立性的辩证统一、重点论与两点论的统一，把握重点、兼顾其他。其三是调节的方法。这就是要围绕重心，协调开展各项工作；不能只顾一头，而要充分考虑各方利益关系，协调各方，调动一切积极因素，处理好人民内部矛盾。

（四）国家无论大小都应相互尊重

如何处理不同国家间的关系？这是新中国成立之初面临的另一个重大问题。毛泽东一贯主张，国家无论大小、贫富、强弱，都应当相互尊重，平等相待，友好相处，各个国家的事情应当由各个国家的人民自己去管，任何外国无权干涉。在和平共处原则上发展对外关系。和平共处思想反映了中国和世界人民渴望和平、追求平等、共同发展的普遍愿望。他由此倡导提出了和平共处五项原则。1949 年 6 月，毛泽东在新政协筹备会议上，就初步提出了包含和平共处五项原则思想的讲话："任何外国政府，只要它愿意断绝对于中国反动派的关系，不再勾结或援助中国反动派，并向人民的中国采取真正的而不是虚伪的友好态度，我们就愿意同它在平等、互利和互相尊重领土主权的原则的基础

---

① 《毛泽东文集》第 7 卷，人民出版社 1991 年版，第 44 页。

之上，谈判建立外交关系的问题。中国人民愿意同世界各国人民实行友好合作，恢复和发展国际间的通商事业，以利发展生产和繁荣经济。"① 1950 年 2 月《中苏友好同盟互助条约》签订，该条约第五条明文规定："缔约国双方保证以友好合作的精神，并遵照平等、互利、互相尊重国家主权与领土完整及不干涉对方内政的原则，发展和巩固中苏两国之间的经济与文化关系，彼此给予一切可能的经济援助，并进行必要的经济合作。"② 1953 年 12 月中印双方共同提出互相尊重领土主权、互不侵犯、互不干涉内政、平等互惠、和平共处的五项原则。1955 年万隆会议上，周恩来完整表述了和平共处五项原则：互相尊重主权和领土完整、互不侵犯、互不干涉内政、平等互利、和平共处。和平共处五项原则超越了意识形态和社会制度，符合《联合国宪章》的宗旨和原则，反映了和平与发展的时代潮流。

以和平共处五项原则为指导，针对美苏等大国对我国的控制与干涉，毛泽东义正词严地说："不许世界上有哪个大国在我们头上拉屎拉尿。""不管资本主义大国也好，社会主义大国也好，谁要控制我们，反对我们，我们是不允许的。"③ 这主要是从政治意义上说的。此外，毛泽东还提出了在思想文化层面反对帝国主义、霸权主义，维护精神独立的重要思想。"帝国主义者长期以来散布他们是文明的、高尚的、卫生的。这一点在世界上还有影响，比如存在一种奴隶思想。我们也当过帝国主义的奴隶，当长久了，精神就受影响。现在我国有些人中还有这种精神影响，所以我们在全国人民中广泛宣传破除迷信。"④ "现在世界上帝国主义的日子不大好过。它们怕第三世界……要破除迷信，不要迷信那个什么帝国主义。"当然，他也解释："不是说帝国主义国家的人民都要反对，也不是说帝国主义国家的技术不可以学习，而是说对帝国主义的政治的迷信，对它的那套欺骗，要破除。"⑤ 总结起来，便是："自力更生为主，争取外援为辅，破除迷信，独立自主地干工业、干农业、干技术革命和'文化革命'，打倒奴隶思想，埋葬教条主义，认真学习外国的好经验，也一定研

---

① 《毛泽东选集》合订本，人民出版社 1969 年版，第 1355 页。

② 何春超、张季良、张志：《国际关系史料选编（1945—1980）》，法律出版社 1996 年版，第 190 页。

③ 《毛泽东外交文选》，中央文献出版社、世界知识出版社 1994 年版，第 520 页。

④ 同上书，第 320 页。

⑤ 同上书，第 587—588 页。

究外国的坏经验——引以为戒，这就是我们的路线。"① 毛泽东还向世界宣告，我国属于第三世界，属于发展中国家，这更是与我国国家实力相符的准确定位。

面对一穷二白的国内现状，毛泽东指示要与世界各国加强联系，学习世界各国先进经验。"我们这类国家，如中国和苏联，主要依靠国内市场，而不是国外市场。这并不是说不要国外联系与不做生意。不，需要联系，需要做生意，不要孤立。有两个基本条件使我们完全可以合作：一、都要和平，不愿打仗；二、各人搞自己的建设，因此也要做生意。"② "中国是个很穷的国家，可以说什么都没有，世界各国，什么地方有好东西，统统学来。"③ "各民族都有特点和长处可以学习"，"各民族间应该交流长处"。④ 同时他还提出要有分析有批判地学习西方长处："我们的方针是，一切民族、一切国家的长处都要学习，政治、经济、科学、文学、艺术的一切真正好的东西都要学。但是，必须有分析地、批判地学，不能盲目地学，不能一切照搬，机械地搬运。"⑤ 当然，毛泽东同志提出的对外开放也是有原则的，那便是不能以牺牲国家利益为代价。"关于参加国际组织问题，如奥林匹克委员会、联合国的附属机构等，有些兄弟国家不太了解我们，一片好心，总希望我们参加这些组织……认为我们太左。我们的看法是：如果这些组织内有国民党代表，我们就不参加；如果参加了，那就是承认'两个中国'。"⑥ 但他又提出了以民间交流的方式加强往来："民间来往、交流是很好的，可以增进了解，相互交换意见，交流经验。"⑦

二　晚年毛泽东在主体间关系问题上所犯的错误

晚年毛泽东受极"左"思想的影响，脱离实际，固执己见，听不进不同的声音，坚持"以阶级斗争为纲"，以斗争的方式来处理党内和人民内部矛盾，造成人与人之间关系的极度紧张，给社会主义事业造成不可弥补的损失。

---

① 同上书，第 318 页。

② 《毛泽东外交文选》，中央文献出版社，世界知识出版社 1994 年版，第 161 页。

③ 同上书，第 313 页。

④ 同上书，第 186 页。

⑤ 同上书，第 234 页。

⑥ 同上书，第 287 页。

⑦ 同上书，第 462 页。

（一）从反官僚主义到发动全面内战

晚年毛泽东注意到，由于生活条件和工作条件的变化，领导干部中的官僚主义作风正在不断滋长。"因为革命胜利了，有一部分同志，革命意志有些衰退，革命热情有些不足，全心全意为人民服务的精神少了，过去跟敌人打仗时的那种拼命精神少了，而闹地位，闹名誉，讲究吃，讲究穿，比薪水高低，争名夺利，这些东西多起来了。"在他看来，官僚主义包括很多东西：不接触干部和群众，不下去了解情况，不与群众同甘共苦，还有贪污、浪费，等等。他提出，共产党就是要做革命工作，要奋斗，全心全意为人民服务。"革命意志衰退的人，要经过整风重新振作起来。"①

随后，毛泽东把等级森严，居高临下，脱离群众，以不平行态度待人，不是靠工作能力吃饭，而是靠资格、靠权力等都列入"资产阶级法权"的范围。在有的讲话中，他更直接称三风（官僚主义、宗派主义、主观主义）五气（官气、暮气、阔气、骄气、娇气），猫鼠关系（不平等的上下级关系），老爷态度，官僚主义等列为"资产阶级权利"。② 毛泽东进一步认为，官僚主义与党内"走资本主义道路的当权派""资产阶级""修正主义"都有密切的关系，党和国家之中已经形成一个以官僚主义者为代表的"贵族阶层"（或曰"既得利益集团"），他们在民主革命胜利以后，官做大了，薪水高了，有了汽车、房子，不愿继续革命了，骑在人民头上作威作福，压制人民群众，在思想上表现出国民党、资本家、官僚老爷作风，在政治和经济上则是搞修正主义，走资本主义道路。因此，官僚主义成为人民群众在新的历史条件下重新进行革命的主要对象。

毛泽东在晚年一再地提出了这个问题。"民主革命解决了同帝国主义、封建主义、官僚资本主义这一套矛盾。现在，在所有制方面同民族资本主义和小生产的矛盾也基本上解决了，别的方面的矛盾又突出出来了，新的矛盾又发生了。县委以上的干部有几十万，国家的命运就掌握在他们手里。如果不搞好，脱离群众，不是艰苦奋斗，那末，工人、农民、学生就有理由不赞成他们。"③ 毛泽东还基于官僚主义是会不断产生的这一论断，进一步提出一万年以后还有

---

① 《毛泽东文集》第 7 卷，人民出版社 1991 年版，第 285 页。

② 《关于建国以来党的若干历史问题的决议（注释本）》，人民出版社 1985 年版，第 448 页。

③ 《毛泽东选集》第 5 卷，人民出版社 1977 年版，第 325—326 页。

革命的问题。认为一万年以后还有革命，那时搞大民主还是可能的。有些人如果活得不耐烦了，搞官僚主义，见了群众一句好话没有，就是骂人，群众有问题不去解决，那就一定要被打倒。顺着这一思路，毛泽东提出了"官僚主义阶级"这个异乎寻常的概念。1964 年 12 月 12 日，他在一份蹲点报告上指示："官僚主义者阶级与工人阶级和贫下中农是两个尖锐对立的阶级。""这些走资本主义道路的领导人是已经变成或者正在变成吸工人血的资产阶级分子。他们对社会主义革命的必要性怎么会认识足呢？这些人是斗争的对象，革命对象。"① 在写下上述指示的同时，毛泽东就在《农村社会主义教育运动中目前提出的一些问题》（即"二十三条"）中提出："这次运动的重点，是整党内那些走资本主义道路的当权派。"② 这就等于宣告"文化大革命"即将开始。

1980 年 8 月，邓小平在会见意大利记者法拉奇时曾说："搞'文化大革命'，就毛主席本身的愿望来说，是出于避免资本主义复辟的考虑，但对中国本身的实际情况作了错误的估计。首先把革命的对象搞错了，导致了抓所谓'党内走资本主义道路的当权派'。……毛主席在去世前一两年讲过，文化大革命有两个错误，一个是'打倒一切'，一个是'全面内战'。"③ "文化大革命"造成人与人之间关系的严重分裂，党内党外，地区之间、部门之间、单位之间，甚至家庭内部形成不同的派别，相互打斗，一大批老革命家被戴上叛徒、特务、内奸、工贼等帽子被打倒或整死。刘少奇作为国家主席，陈毅、贺龙等作为曾经立下赫赫战功的元帅，也都未能幸免于难。

（二）从防止两极分化到平均主义盛行

毛泽东反对平均主义，但并没有摆脱平均主义，这是因为他对平等和平均理解有时是相通的。毛泽东晚年虽然也强调过要检查和纠正平均主义倾向，并指出："所谓平均主义倾向就是否认各个生产队和各个人的收入应当有所差别，从而否认多劳多得的社会主义按劳分配原则。"④ 但是，同样值得注意的是，毛泽东晚年所强调反对的仍然是"绝对的""严重的"平均主义，而不是一般的反对平均主义。战争年代革命经验的影响，使他对平均主义抱有一定程

---

① 《对陈正人蹲点报告批语》，《人民日报》1976 年 7 月 1 日。

② 中共中央文献研究室：《关于建国以来党的若干历史问题的决议（注释本）》，人民出版社1985 年版，第 378 页。

③ 《邓小平文选》第 2 卷，人民出版社 1994 年版，第 346 页。

④ 《建国以来毛泽东文稿》第 9 册，中央文献出版社 1993 年版，第 70 页。

度的好感，以致在他心中已很难改变。

平均主义色彩首先表现在分配领域中的均产均富。人民公社在二十多年的发展中，尽管进行过多次调整和整顿，各项管理制度逐步完善，但始终跳不出平均主义的窠臼，"上工大呼隆，下工一窝蜂"可以说是对平均主义的真实写照。1975年，某野战军政治部一名干事写信给毛泽东。他认为，国家是按同一价格收购粮谷的，农村社队的收入，完全取决于产粮的多少。因此，自然条件差，劳动生产率低的社队，产粮少，收入低。他说，这"是属于形式上的平等，而实际上不平等的资产阶级法权。它是造成我国农业发展不平衡的重要原因"。他建议："实行按自然条件好差程度和劳动生产率高低的情况，采取不同种类的征购价格。条件好的适当低些，条件差的适当高些。"这种脱离实际近乎幼稚的认识和建议，却由于提出了均贫富的问题，而引起了毛泽东的兴趣。他在这封信上批示："此件印发中央各同志研究。此事办起来甚复杂，应在几个公社试点。富队可能不高兴。富队里也有贫户。看看结果再说。"① 后经调查，实在是行不通才就此作罢。

毛泽东晚年的平均主义色彩更多表现在他设想的实现平等的道路上。"五·七指示"作为毛泽东对未来社会的构想，其"大学校"的设计处处体现着平均的内容："大学校"里每个人做点工、务点农、学点军事、政治和文化，以此来实现人们在各个方面的平等。如果说"五·七指示"只是一个构想，那么在现实生活中，平均主义的现象也是不胜枚举，诸如在工矿企业里，职工的奖金取消了差别，变为附加工资，大家都一个样；在农村普遍推行"大寨工分制"，并且坚持不懈地"割资本主义尾巴"，以防止某些人"冒尖"而出现"两极分化"，达到大家"拉平"，等等。

平均主义的真实内涵是追求一种绝对的平等，要求不同素质、不同能力的社会成员，作同样的投入，又得到同样的回报。平等本身是历史的产物，对不同阶级、不同社会有不同的内涵。在我国，生产资料私有制的社会主义改造基本完成以后，生产资料公有制对于社会成员提供了平等的占有生产资料的权利；按劳分配原则的确立，使得机会平等得以实现。当然，由于复杂的历史原因，在我国，平等原则和平等实践之间，还将长期存在差距，还需要社会主义制度的自我完善去逐步缩小以至消除这种差距。但是，我们决不能把平均等同

---

① 张化、苏采青：《回首"文革"——中国十年"文革"分析与反思》上册，中共党史出版社2000年版，第179页。

于平等，如果把平均等同于平等，认为不平均就是不平等，非但不能真正实现社会主义平等，反而会挫伤劳动者的积极性，阻碍社会生产力的发展，导致国家长期贫困。

（三）从强调群众积极性到陷入唯意志主义

在干部和群众的关系问题上，毛泽东历来强调干部来自群众，同时又要深入到群众中去，把群众的意见集中起来，形成政策，经过群众的试验，再加以推广。干部和群众的关系是鱼和水的关系，干部离不开群众，群众也离不开干部。然而，晚年毛泽东出于对官僚主义的反感，开始不相信干部，甚至否定干部的作用，过分强调群众的积极性和群众运动的作用，在干部和群众之间划了一道人为的鸿沟。

出于对苏联模式压抑群众积极性弊端的认识，晚年毛泽东更坚定了要充分利用群众积极性这一中国从事现代化建设最重要、最具有优势的决心。他开始倾向于不断地强调头脑要冷也要热，要有科学分析，更要有"干劲冲天"，强调一穷二白是优点，赋予群众的主观精神更重要的作用。他明确批判苏联干部加技术的发展模式的片面性，对"干部决定一切""技术决定一切"这两个无视政治和群众作用的口号表示了怀疑。在1958年5月17日及20日在八大二议上的讲话中，他提出这样的疑问："技术决定一切"——政治呢？"干部决定一切"——群众呢？这里缺乏辩证法。他强调：劳动人民的积极性、创造性，从来就是很丰富的。过去是在旧制度压抑下没有解放出来，现在解放了，开始爆发了。我们的办法是揭盖子，破除迷信，让劳动人民的积极性和创造性都爆发出来。他在庐山会议一个材料上批写道："一个大队的几十个食堂，一下子都散了；过一会，又都恢复了。像人民公社和公共食堂这一类的事情，是有深厚的社会经济根源的，一风吹是不应当，也不可能的。……孙中山说：'事有顺乎天理，应乎人情，适乎世界之潮流，合乎人群之需要，而为先知先觉者决志行之，则断无不成者也。'这句话是正确的。我们的大跃进，人民公社，属于这一类。困难是有的，错误也一定要犯的，但是可以克服和改正。悲观主义的思潮，是腐蚀党、腐蚀人民的一种极坏的思潮，是与无产阶级和贫苦农民的意志相违反的，是与马克思列宁主义相违反的。"① 总之，"总路线，大跃进，人民公社，确是真理。"世界上没有办不成的事情，"一有意志，万事

---

① 《建国以来毛泽东文稿》第8册，中央文献出版社1993年版，第410页。

皆成"。① 在这里,"意志"成了万能的东西。

邓小平在回顾这段历史时曾指出:"错误是从五十年代后期开始的。比如说,大跃进是不正确的。这个责任不仅仅是毛主席一个人的,我们这些人脑子都发热了。完全违背客观规律,企图一下子把经济搞上去。主观愿望违背客观规律,肯定要受损失。但大跃进本身的主要责任还是毛主席的。"②

(四) 从强调和平共处到输出中国经验

晚年毛泽东对国际形势的判断也发生了"左"的逆转,认为当代世界仍然是战争与革命的时代,不是战争引起革命,就是革命制止战争,因而在工作的轻重缓急上立足于世界大战不可避免,立足于早打、大打、打核战争。把和平共处五项原则弃置一边,向第三世界国家输出中国革命的经验,力图包围"苏修"和"美帝",给国家安全造成巨大的威胁。作为一个新兴的社会主义国家,在"冷战"已经开始、世界分裂为两大阵营的情况下,中国加入了以苏联为首的社会主义阵营,并与苏联结成了同盟关系。然而,中苏间兄弟般的团结没能维持多久,形势便急转直下。中苏分裂对于整个国际关系产生了重大影响。对中国而言,既然苏联已成为修正主义、世界革命的主要敌人,就不能承担反帝反殖任务了。那么,中国作为原来仅次于苏联的第二大社会主义国家,就有义务扛起社会主义的大旗,反对苏联的修正主义和以美国为首的帝国主义,支援世界各地的民族解放运动,推进"世界革命"。因此,以无产阶级国际主义为指导的"反帝""反修""两个拳头打人""打倒帝、修、反"的革命外交,就成为中国对外政策的核心。

中国成为"世界革命"的火车头。毛泽东认为,"外界支持是必要的","哪个地方发生革命,我们就支持",③ 在被称为"世界的农村"的亚非拉地区到处输出革命,以达到包围欧美这些"世界的城市"的目的。对于尚没有取得政治独立的国家,中国从道义和物质上给予大力支援,力求使其变成同自己一样的社会主义国家,如中国给予援助最多的越南。对于已经取得独立的非社会主义民族国家,则宣传中国的革命思想,支持那里的共产党进行武装斗争,推翻已经建立的资产阶级民族政权。这方面的例子,以中国对印尼、泰

---

① 《建国以来毛泽东文稿》第 8 册,中央文献出版社 1993 年版,第 522、523 页。

② 《邓小平文选》第 2 卷,人民出版社 1994 年版,第 346 页。

③ 《毛泽东外交文选》,中央文献出版社 1994 年版,第 565 页。

国、马来西亚等东南亚的共产党的支持最为明显。对于与中国站在一起反帝反修的社会主义国家，则结成"牢不可破"的"兄弟"关系，在精神和物质上援助自然更多，而且是无偿的，如对欧洲社会主义的"一盏明灯"——阿尔巴尼亚。随着中苏矛盾的进一步激化，两国国家利益的对抗急剧升级，终于到1969年发生了震动世界的"珍宝岛事件"。鉴于中国在亚非拉地区的革命扩张，美国也认为它已成为"世界和平的主要敌人"。受到孤立的中国曾设想建立一个"革命的联合国"，以取代当时为美苏所控制的"反动的联合国"，从根本上改造现存的国际秩序。与和平共处相对立的革命外交的推行，严重背离了中国的国家利益，给中国带来了严重的后果。对亚非拉革命的支援，使中国在经济上背上了沉重的包袱，给自己造成了相当严峻的国际环境。中国在世界上处于"光荣孤立"的状态，国家安全受到了严重威胁。

邓小平指出："过去我们的观点一直是战争不可避免，而且迫在眉睫。我们好多的决策，包括一、二、三线的建设布局，'山、散、洞'的方针在内，都是从这个观点出发的。"① 日本的国分良成指出："毛时代的中国社会，在同外国的关系上，一直维持着极为封闭式的体系……毛时代对信息控制很严，且政治教育也很普遍，一般群众几乎不具有将中国与外国进行横向比较的观点。"② 匈牙利记者巴拉奇·代内什认为，从50年代中国社会主义改造完成以后起，毛泽东的极端革命的、拒绝和平共处的特殊路线开始萌芽，争论全面展开和谋求意识形态方面的领导地位。"这段时期，毛泽东提出了（'文化大革命'期间由红卫兵公布的）关于'不要怕'新的世界大战的观点：原子仗现在没经验，不知要死多少，最好剩一半，次好剩三分之一，20几亿人口剩9亿，几个五年计划就发展起来，换来了个资本主义全部灭亡，取得永久和平，这不是坏事。"③

三　毛泽东主体间关系思想在当代中国的新发展

毛泽东晚年在生命垂危之际曾召见华国锋时说道："'人生七十古来稀'，

---

① 《邓小平文选》第3卷，人民出版社1993年版，第126—127页。
② ［日］国分良成：《邓小平时代与毛泽东时代的异同》，《国外中共党史中国革命史研究译文集》第二集，中共党史出版社1999年版，第90页。
③ ［匈］巴拉奇·代内什：《邓小平》，阚思静、季叶译，解放军出版社1988年版，第258—259页。

我八十多了，人老总想后事。中国有句古话叫'盖棺定论'，我虽未'盖棺'也快了，总可以定论了吧！我一生干了两件大事：一是与蒋介石斗了那么几十年，把他赶到那么几个海岛去了；抗战八年，把日本请回老家去了。对这些事情持异议的人不多，只有那么几个人，在我耳边唧唧喳喳，无非是让我及早收回那几个海岛罢了。另一件事你们都知道，就是发动文化大革命。这件事拥护的人不多，反对的人不少。这两件事没有完，这笔'遗产'得交给下一代。怎么交？和平交不成就动荡中交，搞不好就得'血雨腥风'了。"① 毛泽东关于主体间关系的思想，无论其成功的经验或失败的教训，都对后人产生了深刻的影响。毛泽东之后，中国共产党人以更加开阔的国际视野重新认识"什么是社会主义，怎样建设社会主义"的问题，在坚持和发展中国特色社会主义的过程中，把毛泽东关于主体间关系的论述发展到新的阶段。

（一）以崭新的体制框架革新主体间关系

新中国成立初期，由于我们缺乏经验，照搬了苏联模式。一是不顾我国生产力发展的实际，片面强调生产关系的革命，以为所有制形式越大越公越纯越好；二是排斥商品货币关系，把社会主义简单地等同于计划经济，把资本主义等同于市场经济，强调社会主义与资本主义水火不容的关系；三是把"按劳分配"等同于"平均主义""大锅饭"，把贫穷等同于无产阶级，把富裕等同于资产阶级，认为越穷越光荣，越富越反动；四是过分拔高社会主义条件下阶级斗争的作用，用"大清洗""大批判"的办法处理人民内部矛盾，用"大跃进""大革命"的办法搞经济建设。对苏联模式的弊端，毛泽东同志早有觉察，却始终未能摆脱。

基于以往的经验和教训，从邓小平到习近平，始终致力于打破旧体制的束缚，创建有中国特色的社会主义，把主体间问题的讨论重新置于一个新的思维框架之下。党的十一届三中全会破除"以阶级斗争为纲"的路线，把党和国家的工作重心转移到现代化建设上来，主张通过改革开放大力发展生产力，实行先富带动后富，最终实现共同富裕的目标，奠定了全党探索中国特色社会主义的思想基础，创造了良好的政治环境，开启了改革开放的伟大试验。在党的十二大开幕词中，邓小平进一步指出："把马克思主义的普遍真理同我国的具

---

① 参见王东《中国特色社会主义的最初探索起点》，《纪念毛泽东诞辰110周年论集》，北京大学出版社2004年版，第105—106页。

体实际结合起来，走自己的道路，建设有中国特色的社会主义，这就是我们总结长期历史经验得出的基本结论。"① 党的十二大还根据我国社会主义建设的经验教训，提出要在坚持公有制经济主导地位的前提下，注意发挥多种经济形式的作用；要正确贯彻计划经济为主、市场调节为辅的原则。党的十二届三中全会通过的《中共中央关于经济体制改革的决定》指出，社会主义经济是公有制基础上的有计划的商品经济。党的十三大进一步深刻洞察我国的基本国情，廓清了中国社会主义所处的物质环境。十三大报告指出：我国的社会主义还处在初级阶段，我们面对的情况，既不是马克思主义创始人设想的在资本主义高度发展的基础上建设社会主义，也不完全相同于其他社会主义国家。十三大还结合中国国情，界定了我们在初级阶段的主要任务和奋斗目标。在视察南方的谈话中，邓小平指出：改革开放迈不开步子，不敢闯，说来说去就是怕资本主义的东西多了，走了资本主义道路。要害是姓"社"姓"资"的问题。计划多一点还是市场多一点，不是社会主义与资本主义的本质区别。社会主义的本质，是解放生产力，发展生产力，消灭剥削，消除两极分化，最终达到共同富裕。邓小平同志关于"三个有利于"标准的论述，关于社会主义市场经济的论述，关于社会主义本质的论述进一步拓展了我们党探索中国特色社会主义的广阔视野。

党的十四大根据邓小平同志的提议，把建立社会主义市场经济体制确立为我国经济体制改革的目标。十四届三中全会进一步勾画了建立社会主义市场经济体制的蓝图和基本框架。十五大提出，一切反映社会化生产规律的经营方式和组织形式都可以大胆利用，充分肯定了非公有制经济在社会主义建设中的地位和作用。十六大进一步完善以按劳分配为主体、多种分配方式并存的分配制度，确立了劳动、资本、技术和管理等生产要素按贡献参与分配的原则。这标志着苏联模式旧体制彻底被打碎。十七大报告明确界定了中国特色社会主义理论体系。报告指出：中国特色社会主义理论体系，就是包括邓小平理论、"三个代表"重要思想以及科学发展观等重大战略思想在内的科学理论体系。针对人民生活总体已步入小康和社会分配相对不公的现象，报告明确提出要"创造条件让更多群众拥有财产性收入"，"初次分配和再分配都要处理好效率和公平的关系"。这些新的观点和新的结论，使中国特色社会主义理论体系的形式和内容更加明确，使主体间关系建立在一个新的体制框架的基础上。

---

① 《邓小平文选》第 3 卷，人民出版社 1993 年版，第 2—3 页。

（二）以提高和丰富人民利益淳厚主体间关系

早在春秋时期，管仲就有"仓廪实而知礼节，衣食足而知荣辱"的名言。实践证明，人民利益是多方面的，随社会的发展而不断提出新的内容。作为执政党，只有不断满足人民群众的利益要求，人与人之间的关系才能淳厚，人民群众对社会主义就越有信心。

"文革"时期，"四人帮"胡说什么"宁要社会主义的草，不要资本主义的苗"，以为社会主义本来就是贫穷的，一旦富裕就要导致资本主义复辟。由此，不断开展"割资本主义尾巴"的斗争，弄得人与人之间关系十分紧张。邓小平在开辟有中国特色社会主义的过程中认识到，社会主义的"义"和"利"是不可分割的，没有社会主义的"利"，也就没有社会主义的"义"，反之亦然。他指出：马克思主义最注重发展生产力。贫穷不是社会主义，更不是共产主义。为了建设繁荣富强的社会主义，邓小平提出并制定了"三步走"的发展战略。同时，他一再强调，在社会主义现代化建设的过程中，必须处理好不同主体间的物质利益关系。"每个人都应该有他一定的物质利益，但是这决不是提倡各人抛开国家、集体和别人，专门为自己的物质利益奋斗，决不是提倡各人都向'钱'看。"① 国家、集体和个人的利益在根本上是一致的，如果有矛盾，个人利益要服从国家和集体利益。在利益分配的问题上，必须坚持"按劳分配"的原则。他说："坚持社会主义，实行按劳分配的原则，就不会产生贫富过大的差距。再过二十年、三十年，我国生产力发展起来了，也不会两极分化。"②

世纪之交，随着我国改革开放的深入，出现了许多新的社会阶层，利益关系变得相对复杂。如何处理好各群体之间的利益关系，成为处理好新形势下主体间关系的重点和难点。尽管我国各族人民的根本利益是一致的，但由于劳动性质、就业方式、收入分配等条件的变化，不同地区、不同部门、不同职业、不同方面的群众的具体利益又会有这样那样的差别③。正确处理各不同利益群体之间的关系，必须对新出现的社会阶层的身份和地位有一个明确的定位。党的十六大报告中明确指出："在社会变革中出现的民营科技企业的创业人员和

---

① 《邓小平文选》第2卷，人民出版社1994年版，第337页。

② 同上书，第64页。

③ 《江泽民文选》第3卷，人民出版社2006年版，第17页。

技术人员、受聘于外资企业的管理技术人员、个体户、私营企业主、中介组织的从业人员、自由职业人员等社会阶层，都是中国特色社会主义事业的建设者。对为祖国富强贡献力量的社会各阶层人们都要团结，对他们的创业精神都要鼓励，对他们的合法权益都要保护，对他们中的优秀分子都要表彰，努力形成全体人民各尽其能、各得其所而又和谐相处的局面。"①

改革开放以来，我国经济得到突飞猛进的发展，但社会建设却相对滞后，城乡之间、地区之间、部门之间、行业之间的收入差距不断拉大。基于此，党的十七大高度重视社会建设。胡锦涛指出："社会建设与人民幸福安康息息相关。必须在经济发展的基础上，更加注重社会建设，着力保障和改善民生，推进社会体制改革，扩大公共服务，完善社会管理，促进社会公平正义，努力使全体人民学有所教、劳有所得、病有所医、老有所养、住有所居，推动建设和谐社会。"② 在庆祝中国共产党成立 90 周年大会的讲话中，胡锦涛进一步强调："推进社会建设，要以保障和改善民生为重点，着力解决好人民最关心最直接最现实的利益问题。要坚持发展为了人民、发展依靠人民、发展成果由人民共享，完善保障和改善民生的制度安排，把促进就业放在经济社会发展优先位置，加快发展教育、社会保障、医药卫生、保障性住房等各项社会事业，推进基本公共服务均等化，加大收入分配调节力度，坚定不移走共同富裕道路，努力使全体人民学有所教、劳有所得、病有所医、老有所养、住有所居。"③

正是基于对人民利益的考虑，中国特色社会主义的总布局也不断丰富和发展。在毛泽东和邓小平时代，虽然也提及社会和环境问题，但明确坚持的是经济建设、政治建设和文化建设的"三位一体"。世纪之交，社会建设的问题越来越突出，党的十七大报告适时把"社会建设"提升到与经济建设、政治建设、文化建设同等重要的位置，中国特色社会主义事业的总体布局也由原来的"三位一体"拓展为"四位一体"，把"生态文明"首次写入报告，从而把"三个文明"进一步扩展为"四个文明"，把"工业化、城镇化、市场化、国际化"扩展为"工业化、信息化、城镇化、市场化、国际化"。在 30 多年的发展中，人们往往以牺牲环境为代价，换取 GDP 的绝对增长，到十八大召开之时，环境问题已变得十分突出，全国近一半的国土近半年的时间淹没在雾霾

---

① 《江泽民文选》第 3 卷，人民出版社 2006 年版，第 539 页。

② 胡锦涛：《高举中国特色社会主义伟大旗帜，为夺取全面建设小康社会新胜利而奋斗》，人民出版社 2007 年版，第 29 页。

③ 胡锦涛：《在庆祝中国共产党成立 90 周年大会上的讲话》，《人民日报》2011 年 7 月 1 日。

之中，人民群众的身心健康受到严重危害，基于人民群众对环境治理的强烈要求，党的十八大报告适时提出："建设生态文明，是关系人民福祉、关乎民族未来的长远大计。面对资源约束趋紧、环境污染严重、生态系统退化的严峻形势，必须树立尊重自然、顺应自然、保护自然的生态文明理念，把生态文明建设放在突出地位，融入经济建设、政治建设、文化建设、社会建设各方面和全过程，努力建设美丽中国，实现中华民族永续发展。"[1] 中国特色社会主义事业的总布局也由原来的"四位一位"进一步扩展为"五位一体"。

（三）以民主法制建设约束主体间关系

晚年毛泽东发动"文化大革命"，支持一些人离开国家法律，在党委和政府之外成立了所谓"文革领导小组"和"文革委员会"，造成了全国性的大动乱，人与人之间的关系岌岌可危，人民生命财产遭受侵凌，毫无保障。正如邓小平所讲，往往把领导人说的话当成了"法"；不赞成领导人说的话就叫作"违法"；领导人的话改变了，"法"也就跟着改变。

改革开放以来，中国共产党深刻总结国内外正反两方面的经验，批判了"人治"思想，厉行"法治"，提出"为了保障人民民主，必须加强法制，必须使民主制度化、法律化，使这种法律制度不因领导人的看法和注意力的改变而改变"[2] 的思想。把民主和法制建设提到事关社会主义事业兴衰成败的高度，指出"没有民主就没有社会主义，就没有社会主义现代化"[3]。并反复强调：民主和法制，"这好像两只手，任何一只手削弱都不行"[4]。主张集中力量制定刑法、民法、诉讼法和其他各种必要的法律，例如工厂法、人民公社法、森林法、草原法、环境保护法、劳动法、外国人投资法，等等，做到有法可依，有法必依，执法必严，违法必究。"国家和企业、企业和企业、企业和个人等等之间的关系，也要用法律的形式来确定；它们之间的矛盾，也有不少要通过法律来解决。"[5] 1982 年《宪法》明确规定了"一切国家机关和武装力量、各政党和各社会团体、各企业事业组织都必须遵守宪法和法律。一切违反

---

① 胡锦涛：《坚定不移沿着中国特色社会主义道路前进，为全面建成小康社会而奋斗》，人民出版社 2012 年版，第 39 页。

② 《邓小平文选》第 2 卷，人民出版社 1994 年版，第 146 页。

③ 同上书，第 168 页。

④ 同上书，第 189 页。

⑤ 同上书，第 147 页。

宪法和法律的行为，必须予以追究。任何组织或者个人都不得有超越宪法和法律的特权。"① 党的十二大第一次把党的建设与法制建设结合起来，将"党必须在宪法和法律范围内活动"，"党必须保证国家的立法、司法、行政机关，经济、文化组织和人民团体积极主动地、独立负责地、协调一致地工作"的原则写入《中国共产党章程》。把"有法可依、有法必依、执法必严、违法必究"作为社会主义法制建设的基本要求。指出要坚持"两手抓、两手硬"，要始终维护社会稳定，解决好人民内部矛盾。

中共十五大首次明确提出"依法治国，建设社会主义法治国家"的治国方略。江泽民指出："依法治国，是党领导人民治理国家的基本方略，是发展社会主义市场经济的客观需要，是社会文明进步的重要标志，是国家长治久安的重要保障。"② 坚持"依法治国"的基本方略，既适应了发展社会主义市场经济的客观需要，又推进了物质文明、精神文明和政治文明的共同进步。胡锦涛在十六大报告中进一步指出："人民当家作主是社会主义民主政治的本质和核心。要健全民主制度，丰富民主形式，拓宽民主渠道，依法实行民主选举、民主决策、民主管理、民主监督，保障人民的知情权、参与权、表达权、监督权。"③ 要全面贯彻依法治国基本方略，加快建设社会主义法治国家。他说："依法治国是社会主义民主政治的基本要求。要坚持科学立法、民主立法，完善中国特色社会主义法律体系。加强宪法和法律实施，坚持公民在法律面前一律平等，维护社会公平正义，维护社会主义法制的统一、尊严、权威。"④ 党的十七大报告提出，要全面落实依法治国基本方略，加快建设社会主义法治国家。认为依法治国是社会主义民主政治的基本要求。要坚持科学立法、民主立法，完善中国特色社会主义法律体系。加强宪法和法律实施，坚持公民在法律面前一律平等，维护社会公平正义，维护社会主义法制的统一、尊严、权威。党的十八大报告提出，法治是治国理政的基本方式，要加快建设社会主义法治国家，全面推进依法治国；到2020年，依法治国基本方略全面落实，法治政府基本建成，司法公信力不断提高，人权得到切实尊重和保障。

党的十八届四中全会专门就"依法治国"的问题进行了系统的研究，作

① 《中华人民共和国宪法（1982）》，人民出版社1982年版，第14页。
② 《江泽民文选》第2卷，人民出版社2006年版，第28—29页。
③ 胡锦涛：《高举中国特色社会主义伟大旗帜，为夺取全面建设小康社会新胜利而奋斗》，人民出版社2007年版，第29页。
④ 同上书，第30—31页。

出了《中共中央关于全面推进依法治国若干重大问题的决定》（以下简称《决定》）。指出：依法治国，是坚持和发展中国特色社会主义的本质要求和重要保障，是实现国家治理体系和治理能力现代化的必然要求，事关我们党执政兴国，事关人民幸福安康，事关党和国家长治久安。"必须清醒看到，同党和国家事业发展要求相比，同人民群众期待相比，同推进国家治理体系和治理能力现代化目标相比，法治建设还存在许多不适应、不符合的问题，主要表现为：有的法律法规未能全面反映客观规律和人民意愿，针对性、可操作性不强，立法工作中部门化倾向、争权诿责现象较为突出；有法不依、执法不严、违法不究现象比较严重，执法体制权责脱节、多头执法、选择性执法现象仍然存在，执法司法不规范、不严格、不透明、不文明现象较为突出，群众对执法司法不公和腐败问题反映强烈；部分社会成员尊法信法守法用法、依法维权意识不强，一些国家工作人员特别是领导干部依法办事观念不强、能力不足，知法犯法、以言代法、以权压法、徇私枉法现象依然存在。这些问题，违背社会主义法治原则，损害人民群众利益，妨碍党和国家事业发展，必须下大气力加以解决。"[1] 基于这些问题，《决定》提出，必须坚持走中国特色社会主义法治道路，建设中国特色社会主义法治体系；完善以宪法为核心的中国特色社会主义法律体系，加强宪法实施；深入推进依法行政，加快建设法治政府；保证公正司法，提高司法公信力；增强全民法治观念，推进法治社会建设；加强法治工作队伍建设；加强和改进党对全面推进依法治国的领导。今天，依法治国的理念更加深入人心，成为调节各不同主体间关系的重要依据。

（四）以精神文明和文化建设引导主体间关系

主体间关系以共同的精神文明和价值追求为前提。邓小平一再告诫广大党员干部，在社会主义国家，不但要有物质文明，而且要有精神文明。所谓精神文明，不但是指教育、科学、文化，而且是指共产主义的思想、理想、信念、道德、纪律，革命的立场和原则，人与人的同志式关系，等等。在社会主义时期，更要提倡"全心全意为人民服务"，"个人服从组织"，"大公无私"，"毫不利己，专门利人"，"一不怕苦，二不怕死"的精神。"现在已经进入社会主义时期，有人居然对这些庄严的革命口号进行'批判'，而这种荒唐的'批

---

① 《中共中央关于全面推进依法治国若干重大问题的决定（辅导读本）》，人民出版社2014年版，第3—4页。

判'不仅没有受到应有的抵制,居然还得到我们队伍中一些人的同情和支持。每一个有党性、有革命性的共产党员,难道能够容忍这种状况继续下去吗?"① 东欧剧变、苏联解体后,国际社会高呼"共产主义失败论"。针对这种论调,邓小平在视察南方的谈话中指出:"一些国家出现严重曲折,社会主义好像被削弱了,但人民经受锻炼,从中吸取教训,将促使社会主义向着更加健康的方向发展。因此,不要惊慌失措,不要认为马克思主义就消失了,没用了,失败了。哪有这回事!"② 我坚信,世界上赞成马克思主义的人会多起来的,因为马克思主义是科学。它运用历史唯物主义揭示了人类社会发展的规律。这种对共产主义、社会主义的坚定信念,在当时的历史条件下,无疑产生了巨大的精神感召力。

中共十六大以来,胡锦涛等人进一步总结改革开放以来马克思主义中国化理论创新的经验,提出用马克思主义中国化的最新理论成果武装全党,不断推进马克思主义中国化、时代化、大众化,创建学习型党组织。党的十七届六中全会做出的关于深化文化体制改革,推动社会主义文化大发展大繁荣若干重大问题的决定指出:"没有文化的积极引领,没有人民精神世界的极大丰富,没有全民族精神力量的充分发挥,一个国家、一个民族不可能屹立于世界民族之林。物质贫乏不是社会主义,精神空虚也不是社会主义。没有社会主义文化繁荣发展,就没有社会主义现代化。"③ 把社会主义精神文明建设、文化建设的重要性提到一个新的高度。

精神文明建设不仅为政治家所关注,更为广大社会科学工作者所关注。改革开放以来,学术事业出现了空前繁荣的局面。一是正本清源,提出"回到马克思,发展马克思"的口号,对马克思主义哲学的原生形态、次生形态和再生形态加以区分,着眼于重新理解马克思主义哲学本身的思想内涵,反思解读马克思主义哲学的思想方法,同时强调马克思主义哲学与当代中国现实的结合,发表了一批很有分量的研究性专著。二是破除近代以来以西方哲学模式或苏联哲学模式解读中国哲学的方法,着眼于阐发中国哲学本身的内涵和特点,重新整理编辑解读中国诸家哲学思想,理清其思想发展史,发掘中国哲学的当代意义,开拓中国哲学研究的新领域,掀起了一股国学热,学术新人如雨后春

---

① 《邓小平文选》第2卷,人民出版社1994年版,第367页。

② 《邓小平文选》第3卷,人民出版社1994年版,第383页。

③ 《中共中央关于深化文化体制改革,推动社会主义文化大发展大繁荣若干重大问题的决定》,《人民日报》2011年10月26日。

笋，茁壮成长。三是全面翻译、介绍西方哲学原著，出版了大量关于西方哲学史和西方哲学研究的专著，开阔了人们的思维视野。四是适应全球化新形势，进一步总结哲学发展的内在规律，呼吁"马中西"三种哲学的结合，出现了三种哲学互相借鉴，比较研究，综合创新的新局面。所有这些，为人们从更为广阔的视角深入认识主体间关系提供了新的思想基础。

结论　建构当代中国的主体间关系

　　深入研究中国传统哲学关于主体间关系的思想，目的在于立足当代中国实践，建构当代中国的主体间关系，为重新认识中国传统文化，坚定文化自信，实现国家治理体系和治理能力的现代化，建设和谐社会与和谐世界提供哲学基础。当代中国主体间出现了怎样的问题，其根源何在，如何建构当代中国的主体间关系？这是我们的考察必须予以回答的问题。

一　当代中国主体间关系面临的挑战

　　当下中国正经历着历史的重大转型，既是社会发展的黄金期，也是各种矛盾和冲突的爆发期。一方面，十一届三中全会以来，我们党领导人民不断总结国内外现代化建设的经验教训，打破苏联僵化模式的束缚，建立社会主义的市场经济体制，不断完善社会主义法制体系，追赶世界现代化步伐，有力地促进了生产力的大发展，生产关系的大变革，人们思想观念和社会意识的大变化，所有这些都为当代中国主体间关系的建构奠定了重要基础。但另一方面，30多年的快速发展也积累了诸多的矛盾，因道德下滑造成的悲剧时有发生。

（一）官民关系的矛盾

　　社会主义的"官"，本质上是人民"公仆"。他们来自人民，代表人民管理社会和国家事务，遵循"全心全意为人民服务"的宗旨。然而，改革开放以来，一些官员忘记"全心全意为人民服务"的宗旨，思想堕落，以权谋私，道德败坏，生活糜烂，骄横跋扈，甚至完全走到了人民的对立面。虽然我们党一再反对腐败，取得了某些阶段性成果，但腐败仍屡禁不止，表现出许多新的特点：

　　一是集团化。一些腐败败露后，往往引发所辖地区官场的"大面积塌方"。腐败分子在政治上拉帮结派，经济上相互牵连，结成了利益同盟，呈现出明显的集团性，即"窝案""串案"。如湖南郴州腐败案、广东茂名腐败案、山西腐败案。腐败官员丧失党性原则，形成了具有紧密人身依附性质的关系网，互相利用，结成利益共同体。

二是高官化。据公开资料统计，2003 年至 2013 年的 10 年间，被检察机关立案查处的县处级干部 29792 人，厅局级干部 2133 人，省部级干部 73 人。[①] 2014 年，中央纪委查处中管干部 68 人，其中涉嫌犯罪被移送司法机关处理 30 人，较 2013 年分别增加 119%、275%；全国纪检监察机关共给予党纪政纪处分 23.2 万人，涉嫌犯罪被移送司法机关处理 1.2 万人，较 2013 年分别增加 27% 和 25%。周永康、徐才厚、薄熙来、苏荣、李春城、刘志军等一大批高官先后被查处。

三是巨额化。腐败涉及的金额巨大，动辄就是上千万元甚至上亿元。2011 年春，广东市委书记罗荫国落马后，人们发现仅当年过春节收受的红包多达 1000 万元，其贪污金额高达 16 亿元。据新华网报道，河北秦皇岛市北戴河区供水总公司总经理马超群，为副科级官员，涉嫌受贿、贪污、挪用公款，家中搜出现金上亿元，黄金 37 公斤，房产手续 68 套。令人咋舌，不可思议。

四是期权化。"权力"成为交易对象，且不直接涉及钱物，其交易方甚至可能不是其本人，腐败分子借口"扶持企业、促进发展"，即使损害国家利益也可用"改革代价"作掩护，因而形式和过程更加隐蔽。如高薪任职、分给股权、优厚待遇等。

五是潜规则化。很多行为规则不公诸于世而是如"黑市"交易，"上有政策，下有对策"。"进了班子还要进圈子，进班子不进圈子等于没进班子，进了班子不如进圈子，进了圈子不进班子等于进了班子。"从追求庇护到跑官买官，并按照潜规则提供的激励机制来作出行为选择，使正直干部越来越难以生存。

六是国际化。有的腐败分子利用资本跨地域、跨行业、跨国境流动的机会，与地区外、行业外、境外的不法分子相勾结，共同犯罪；有的利用国际间法律的差异，国内犯罪，国外洗钱；有的以境外商人为合作对象，在为对方牟利后，在境外"交易"，赃款赃物滞存境外。一些涉案的党政干部特别是关键涉案人员一有风吹草动即随时出逃。"裸官"问题浮出水面，暴露出

---

① 郑志国：《共产党人坚定理想信念的疑问求解》，《岭南学刊》2014 年第 5 期。

以往外逃贪官贪腐时"留一手"（任职期间有意送妻儿出国，独自一人在国内），贪腐行为败露后立即逃往国外的腐败谋略。

七是新型化。银行、证券、保险、信托、拍卖等方面的反腐败措施比较少，导致新兴领域腐败案件频繁发生，在这些领域中，腐败呈现出金融化、虚拟化特点。与异性直接相关的腐败现象不可轻视，腐败官员包养情妇、长期嫖娼、赌博成性。雷政富、单增德、齐放皆因"情色问题"，终致遭曝光调查。中纪委研究室原副主任、中纪委北京培训中心原主任、原中央先进性教育活动办公室副主任刘春锦指出：受处分的厅局级干部中，90%的落马贪官都有包养情人，甚至有多个贪官共用一个情人的现象。①

八是部门化。一些部门完全撇开国家，撇开人民，只为本部门利益着想，即使在贫困地区，一些党政机关也大兴土木，修建豪华办公楼，堪比美国"白宫"。还有的部门凭借自己掌握的权力，将人民利益置之度外，或设关卡，或肆意涨价，或低进高出，或横征暴敛，强行征收，获取垄断利润。

腐败官员虽属党员干部的极少数，但影响极坏，严重损害党和政府的形象，在一定范围造成官民关系的对立，甚至在一些地方出现危机，原来的"鱼水关系"正在变为"油水关系""水火关系"。

（二）生产者与消费者关系的矛盾

生产者和消费者的关系是相互的，人人同为生产者，也同为消费者。在此地此时，你是生产者，我为消费者；在彼地彼时，我是生产者，你是消费者。你我之间的关系，是"你为我，我为你"的关系。然而，在当今中国的经济领域，出现了生产者严重坑害消费者，以致相互欺诈、互不信任的危机。其基本特点如下：

一是涉及主体多元化。既有个人团伙、手工作坊、个体工商户、中小企业，也有大中型国有、集体、合资企业以及事业单位。参与制假售假人员成分也比较复杂，有农民、下岗职工、社会闲散人员，也有企业、公司在职人员。

二是涉及品种、行业和数量多样化。从生产资料到日常生活用品，从高科技产品到简单手工制品，假冒伪劣商品覆盖面广、种类齐全。鸭肉摇身变成"羊肉""牛肉"；借明星名人效应欺骗消费者；将亏损做成盈利，欺骗股东；贴着"优惠促销"标签，实际卖得更贵；地沟油等成不法商家赚钱的"宝贝；

---

① 参见辛向阳《当前我国腐败现象的新特点与反腐败的对策》，《理论参考》2011年第7期。

"瘦肉精"等食品安全问题盛行;拒不认错,掩盖问题;欠债不还,讨薪成农民工最难过的"年关";偷逃税款,走私、倒卖稀有资源、虚开发票等;店大欺客,对消费者施以霸王条款。据有关方面统计,每年我国企业因诚信缺失造成的经济损失超过 6000 亿元。数字可谓触目惊心。①

三是制造手段进一步专业化、隐蔽化。尤其是一些专业制假售假团伙,在制假环节上,采用先进设备和实行流水线操作工艺;在售假环节上,往往采取甲地制假乙地售假的方式,形成产供销一条龙的专业化分工和组织形式,造假能力强,销假速度快,仿真程度高,窝点分散,行动隐蔽,单线联系,具有超强的保密性、欺骗性。2011 年,中国质检系统共查获假冒伪劣产品货值 53.3 亿元,其中查处食品质量违法案件 2.8 万起。移送公安机关处理 919 起。检查汽配、手机等生产企业 21.4 万家,查处违法案件 3.49 万起,涉案货值 11.7 亿元。严厉打击食品非法添加和滥用食品添加剂行为,立案查处违法案件 5645 起。组织开展建材整治、农资打假下乡、清新居室、诚信计量等活动,查获劣质建材 22.1 亿元、假劣农资 9595 万元。

(三)"作者"和"读者"关系的矛盾

"作者"和"读者"是文化领域最基本的关系。思想工作者、文化工作者是社会灵魂的工程师。"作者"必须以"读者"为目的,一切为"读者"着想,把社会效益放在首要位置,达到内容与形式相统一,社会效益和经济效益相统一。低俗不是通俗,欲望不代表希望,单纯感官娱乐不等于精神快乐。"作者"要为"读者"负责,而"读者"则要尊重"作者"。二者之间的关系,是互为主体的关系。然而,在今天,各种形式的造假之风,低俗谄媚之风,权力与学术的交易,"一切向钱看"的学术腐败之风,正侵吞着严肃的学术领地。

一是抄袭剽窃之风盛行。北京某重点大学副校长得到国家高技术"863"拨款计划资助,其发表的论文有 1/3 以上与加拿大生物学家发表在美国《理论与应用遗传》杂志上的论文相同;合肥工业大学人工智能应用研究室主任杨敬安抄袭了以色列 Weizmann 科学研究所 Ronen Basri 博士 1992 年发表的论文。经审查,杨只是删除了括号说明和一个逗号,拼错了一个单词,其他字句

---

① 刘景洋等:《近五年商业不诚信案例透视》,2014 年 6 月 19 日,新华网(http://news. xin-huanet. com/fortune/2014—06/19/c_ 1111221860. htm)。

完全相同①。

二是学术交易不胫而走。出现了诸多学术与金钱联姻、学术与权力联姻的现象：一些赞助商或者政府官员为学校提供所谓的"赞助金"，学校便以学位作为热情的"回报"；出版书籍购买书号、发表文章购买版面，更有甚者，网络上出现许多关于论文买卖的专门网站："论文在线""论文天地""东方论文库""论文帝国"，等等。交易方式也非常方便快捷：银行转账、购买网站的购物卡。

三是粗制滥造，低水平重复。如今，大量的所谓论文、专著并非出于发现问题，解决问题，而完全为个人升职捞资本，作为晋升的敲门砖，或者完成单位下达的任务。山东某经济学院一位副院长一年申报的所谓"科研成果"竟达"1300万字"……这些靠盗取剽窃来的或者是毫无建树的所谓学术论文、专著，实际上却差不多都是学术垃圾。尽管每年有越来越多的论文发表，难以计数的书籍出版，但中国学术始终没有大的起色，倒是填满了出版商、期刊社的腰包。人们正在放弃往日对学术的敬意，读书的人也越来越少。

（四）路遇主体彼此间关系的矛盾

以诚相待，相互关爱，不仅是中国传统的美德，而且是社会主义本质和优越性的重要体现。然而，在当今中国，人情正在变得冷漠，见死不救，是非不分，黑白不辨的现象越来越严重。由于彼此间缺乏应有的热情，善恶美丑观念混乱，以致一些不法分子为所欲为，横行霸道，给人民生命财产造成重大伤害。

据《瞭望》新闻周刊联合国内专业调查研究机构——新生代市场监测机构，于2011年2月11日至14日在北京、上海、广州、杭州、成都5个大中城市展开的一次民意调查数据显示，被访者对当前中国社会诚信状况总体评价，仅有4.8%的被访者评价"好"；48.7%评价"一般"；接近半数（46.6%）被访者认为社会诚信状况"差"，甚至"很差"。根据中国社科院发布的《中国社会心态研究报告2012—2013》（社会心态蓝皮书）的研究显示：中国目前社会的总体信任进一步下降，人际之间的不信任进一步扩大。只有不到一半的人认为社会上大多数人可信；20%—30%的人信任陌生人。

2011年10月13日下午，年仅两岁的女童小悦悦走在巷子里，被一辆面

---

① 参见沙林《谁玷污了象牙塔》，《中国青年报》2001年7月18日。

包车碾压，几分钟后又被一小货柜车碾过。七分钟内在女童身边经过的 18 个路人，竟然对此不闻不问。孟子曾掷地有声地断言，人具有生而俱来的恻隐之心，看见小孩将要掉进井里时，人们会自然地伸手去救，并非因为与小孩父母的交情深，也不是为获得乡亲乡党的赞誉，或者讨厌小孩落井发出的声响，而是恻隐之心使然。孟夫子如果活在今世，他一定会目瞪口呆，重新考虑当初的断言。更为甚者，刘翔奥运会摔倒后的质疑，对重庆警方击毙周克华是否真实等的质疑，都成为社会信任恶化的注脚。2011 年 9 月 8 日《人民日报》曾发表文章，认为目前社会公信力下降导致严重信任危机：政府表态，不信；专家解释，不信；媒体报道，还是不信。曾经的权威声音让老百姓成了"老不信"。

鉴于中国主体间关系的现状，人们惊呼：中国，请停下你飞奔的脚步，等一等你的人民，等一等你的灵魂，等一等你的道德，等一等你的良知！不要让列车脱轨，不要让桥梁坍塌，不要让道路成陷阱，不要让房屋成危楼。慢点走，让每一个生命都有自由和尊严，每一个人都不被"时代"抛下，每一个人都顺利平安地抵达终点！

（五）中国与他国关系的矛盾

20 世纪 90 年代中期以来，世界各国学者、政治家纷纷发表意见，表达了对中国发展的担忧。

一是担心中国的发展，导致对世界资源、市场和环境的侵占。美国参议员布朗在其著《谁来养活中国》一书中提到 21 世纪 30 年代，中国人口将达到 16 亿，而土地却在减少，到那时中国人吃饭都会成问题。此言一出，震惊世界。《纽约时报》《华盛顿邮报》《洛杉矶时报》《华尔街日报》等纷纷报道，一些报刊还发表了评论。报告同时被迅速译成中文、日文、德文和意大利文等多种文字，布朗也被邀请到世界各地进行演讲。1979—2009 年，国外共对中国启动了 1250 多起贸易救济调查。中国连续 15 年成为遭受贸易调查最多的国家。

二是担心军事实力的增强，造成对其他国家和地区的军事威胁。美国安全中心高级研究员罗伯特·卡普兰认为，"中国正成为搅乱世界格局的一大因素"。① 日本《选择》杂志 2010 年 6 月号刊登的《中国的地缘政治学》的文章

---

① ［美］罗伯特·卡普兰：《中国全力地图：中国能在陆上和海上扩张多远》，美国《外交》杂志 2010 年 5—6 月号。

指出："亚洲整体的秩序正迅速向'中国单极时代'迈进。"英国《金融时报》2010 年 8 月 18 日刊登一篇题为《中国排第二，然后开始计算》的文章指出："中国取代日本的确开创了一个新秩序。自 1968 年日本超过当时的西德，成为全球第二大资本主义经济体以来，第一次出现了一个新的国家，觊觎着美国的宝座。"瑞士 IMD 商学院教授皮埃尔·莱曼写的《当我们进入中国时代，一切都不确定》的文章指出："中国不大可能在不久的将来取代美国，然而，毫无疑问，会出现'中国挑战'。这不仅仅指中国市场和中国产品，还包括中国迅速增长的全球影响力。"①

　　三是担忧中国民族主义的发展。正如郑永年先生所指出的：自 1990 年以来，各种理论如已在西方出现的"中国威胁论""制裁中国论"等都是对中国民族主义兴起的反映。② 1996 年美国夏普出版公司出版的《中国的民族主义》（Chinese Nationalism）一书，还有 2004 年加利福尼亚大学出版社出版的《中国的新民族主义》（China's New Nationalism）都专门论述了中国的民族主义的问题。德国《法兰克福汇报》2005 年 4 月 19 日发表的一篇题为《强大的中国——软弱的中国》的文章认为，"中国领导层自称拥护的'共产主义'早已具有口头上咄咄逼人的民族主义特征"。美国《新闻周刊》主编法里德·扎卡里亚也认为，"随着经济的进步，中国人的民族主义情绪变得更加强烈。拉住一位上海雅皮士，你会发现他——一名对日本和美国充满恶意的民族主义者。"③维尼·沃—蓝普·兰姆认为，"随着共产主义及其信条的死亡，共产党的权威迫切需要一种凝聚力以维护其巨大而复杂的国家统一。宣传爱国主义（在很多方面与民族主义或仇恨外国人的心理相重合）或许对于促进干部团结统一的目标是一种简易的途径，这也同时服务于党的合法性。此外，北京也将民族主义和爱国主义视为解除全球化毒害及失稳效应的解毒剂"。④ 弗里德曼（Edward Friedman）把中国的民族主义与极权主义、军事扩张主义相联系，认为在当代中国流行着政权合法化的三种形式：民族主义、实绩和霍布斯主义，所有这些都是由全球化而带来的有威胁性的东西。民族主义的合法性已受到普通民众的关注，它在本质上是一种"可能的中国民族沙文主义的幽灵，一种

① 参见张西立《国外有关中国发展现状的舆论动向》，《学习时报》2010 年 10 月 9 日。

② ［新加坡］郑永年：《中国民族主义探索》，剑桥大学出版社 1999 年版，第 1 页。

③ Fareed Zakaria, Is China the World's Next Superpower? Newsweek, May 9, 2005.

④ Willy Wo‑Lap Lam, Chinese politics in the Hu Jintao era: new leaders, new challenges, Armonk: M. E. Sharpe, 2006, p. 213.

带有威胁性的由儒教和马克思主义反个人主义组成的混合物，国家主义，领土收复主义，仇视外国人的心理倾向"。① 美国科罗拉多大学政治学助理教授彼得·海斯·格利思在《中国的新民族主义》一书认为，"革命的第一代在三四十年代经历了反法西斯和国内战争的痛苦。第二代经历了 50 年代的反右运动和'大跃进'。第三代红卫兵在 60 年代末和 70 年代的'文革'中被送到乡村。相反，中华人民共和国的第四代是在八九十年代邓小平改革开放带来的物质相对繁荣的条件下成长起来的"。② 并且认为，新一代民族主义的产生，除政府支持和操纵、政府试图以之替代已然僵化的意识形态，从而达到维持其政权合法性的因素之外，更多是在新一代中国人中自发产生的。

其于以上的原因，近年来美国将战略防御的重点转向中国，其突出表现在：美日韩同盟频繁演习合作，美国对台军售，美国不断插手中国南海，使南海问题国际化，又挑拨中国与周边国家关系，对中国形成了"C"形包围圈，等等。

二 当代中国主体间危机的根源何在

主体间关系是由当时人们追求的价值观念、社会制度、经济状况、道德标准等多方面的因素决定的。对当代中国主体间关系的危机，只有从更为长久、更为广阔的历史空间，从整个民族经历的重大政治、经济、文化事件中去思考，才可能得出较为合理的解释。

(一) 价值观念的缺失和迷乱

人们的一切行为都是由已经接受的价值观念指引的。近代以来，在中国社会实际上流传着三大价值观念。一是根深蒂固、深刻影响中国的传统价值观念。二是"五四"传入中国的马克思主义、社会主义的价值观念。三是改革开放以来引进和树立的西方以市场经济为核心的价值观念。而这三大价值观念在近百年的时间里遭受否定、怀疑和误解、曲解。

1. 新文化运动动摇传统价值观念的根基。毫无疑问，"五四"新文化运动

---

① Edward Friedman, *Globalization, Legitimacy, and Post - Communism, See Hung - Mao Tien, Yun - Han Chu Eds., China under Jiang Zemin*, Boulder & London: Lynne Rienner Publishers, 2000, p.235.

② Peter Hays Gries, *China's New Nationalism: Pride, Politics, and Diplomacy*, Berkeley/Los Angeles/London: University of California Press, 2004. p.4.

是中国现代史上第一次彻底的反帝反封建的革命运动。"五四"运动高举民主、科学的旗帜，实现了马克思主义与中国工人运动的结合，开启了中国新民主主义革命的航路，其历史功绩永远不可磨灭。然而，新文化与以往的任何运动一样，存在矫枉过正的问题，在破除传统文化糟粕的同时也全盘抛弃了传统文化的精华。

新文化运动矛头直指孔夫子，进而否定整个中国几千年的历史。胡适在《吴虞文录序》中所说："正因为二千年吃人的礼教法制都挂着孔丘的招牌，故这块孔丘的招牌——无论是老店，是冒牌——不能不拿下来，捶碎，烧去！"[①] 陈独秀认为，所谓孔教，不过是历代统治者所利用的护身符，并不是一种真正意义上的宗教。"我们反对孔教，并不是反对孔子个人，也不是说他在古代社会无价值。不过因他不能支配现代人心，适合现代潮流，还有一班人硬要拿他出来压迫现代人心，抵抗现代潮流，成了我们社会进化的最大障碍。"[②] 不批孔，将无中国，孔子学说，"于近世自由平等之新思潮，显相背驰，不于根本上词而辟之，则人智不张，国力浸削，吾恐其敝将只有孔子而无中国也"[③]。李大钊指出："孔子者，历代帝王专制之护符也。"[④] 孔子于其生存的古代社会，确足为其社会之中枢，确足为其时代之圣哲，其说亦确足以代表其社会其时代之道德。然而，现在社会发展了，时代变迁了，这是自然的势力之演进，断非吾人推崇孔子之诚心所能抗。"孔子之于今日之吾人，非残骸枯骨而何也？"[⑤] 鲁迅认为，中国几千年的历史，本质上都是"吃人"的历史。"我翻开历史一查，这历史没有年代，歪歪斜斜的每页上都写着'仁义道德'几个字。我横竖睡不着，仔细看了半夜，才从字缝里看出字来，满本里都写着两个字是'吃人'！四千年来吃人的地方……难见真的人！"[⑥] 易白沙将尊孔复古的守旧派喻为"今之董仲舒"。"西土文明，吾方萌动，未来之演进，岂有穷期！以东方之古文明，与西土之新思想，行正式结婚礼，神州国家，规模愈宏，愚所祈祷，固不足为今之董仲舒道。何也？今之董仲舒，欲以孔子一家学

①　胡适：《吴虞文录序》《胡适文存》卷四，亚东图书馆 1928 年版，第 259 页。
②　《陈独秀文章选编》（上），生活·读书·新知三联书店 1984 年版，第 392 页。
③　同上书，第 177 页。
④　《李大钊全集》第 1 卷，人民出版社 2006 年版，第 242 页。
⑤　同上书，第 247 页。
⑥　《鲁迅全集》第 1 卷，人民文学出版社 2005 年版，第 447、454 页。

术代表中国过去未来之文明也。"①

"五四"之后，随着马克思主义在中国的传播，又由于国共两党的斗争，以孔子为代表的传统哲学和文化进一步被否定和批判。作为共产党领袖的毛泽东，青年时代受"五四"新文化运动的影响，已经产生了对孔子的排斥感。1942 年，毛泽东在谈及如何评价孔子的问题时说，"他们（国民党）靠孔夫子，我们靠马克思，要划清思想界限，旗帜鲜明"②。1953 年 9 月，在中央人民政府委员会第二十七次会议上，毛泽东借批评梁漱溟而再次批判孔夫子，认为孔子的主要缺点是不民主。"我认为就是不民主，没有自我批评的精神，有点像梁先生。'吾自得子路而恶声不入于耳'，'三盈三虚'，'三月而诛少正卯'。很有些恶霸作风，法西斯气味。我愿朋友们，尤其是梁先生，不要学孔夫子这一套，则幸甚。"③ 在 20 世纪 60 年代前期，孔子是中国哲学史界研究者们争论的一大热点。毛泽东对学术界的争论（尤其是反对孔子的文章）比较关注和留意。1965 年 6 月 13 日，他在同越南人民领袖胡志明的谈话中说：孔孟是唯心主义，荀子是唯物主义，是儒家的左派。孔子代表奴隶主贵族，荀子代表地主阶级。他又说：在中国历史上，真正做点事的是秦始皇，孔子只说空话。几千年来，形式上是孔夫子，实际上是按秦始皇办事。秦始皇用李斯，李斯是法家，荀子的学生。1973 年 8 月 3 日，杨荣国写了《孔子——顽固维护奴隶制的思想家》一文，毛泽东批示：杨文颇好。全国报刊都刊登了杨文。在批孔运动中，孔子是奴隶主阶级思想家成了定论。由于毛泽东的特殊领袖地位，毛泽东对孔子及其儒家文化的批判，在全党全国造成了非同一般的影响，否定传统，与传统实行最彻底的决裂，成为一时的潮流。这种思想倾向极大地动摇了作为中国人生活基础的传统思想道德基础。

2. 新中国成立以来的诸多挫折造成人们对马克思主义、社会主义的怀疑。我们必须承认，在革命战争年代，强调阶级斗争是因为阶级矛盾的确是社会的主要矛盾，宣传阶级斗争有助于增强人们的斗志。但在社会主义建立之后，在剥削阶级作为阶级被消灭之后，仍然强调无产阶级专政下的继续革命，强调"以阶级斗争为纲"，不但违背了社会发展规律，而且造成人们对马克思主义、社会主义的怀疑。

---

① 易白沙：《孔子平议》下，《新青年》第 2 卷第 1 号。

② 参见许全兴《毛泽东与孔夫子》，人民出版社 2003 年版，第 44 页。

③ 毛泽东：《批判梁漱溟的反动思想》，参见许全兴《毛泽东与孔夫子》，人民出版社 2003 年版，第 50 页。

1956 年下半年到 1957 年上半年，一批思想敏锐、敢于讲真话的知识分子，在"百花齐放、百家争鸣"的"双百"方针鼓励下，向阻碍科学和文化教育事业发展的官僚主义、宗派主义和教条主义提出尖锐批评；对历次政治运动和政治生活中的偏差和违反宪法的事件作了深入揭露，并且要求改革和健全国家的政治、经济、文化、教育等方面的管理体制。不料竟有全国范围的反右派斗争，给 50 多万正直的知识分子戴上所谓"右派分子"的帽子[①]。这使作为中国人基本道德观念的"诚实"在人们内心深处划上了一个大大的问号。紧接着，"大跃进"的到来使人与人之间的关系再次遭受了一次自我欺骗式的挑战。"大跃进"主观地设置了一系列赶超西方现代化的高指标，在高指标达不到的情况下普遍采取了虚报数字的做法，而这种弄虚作假，欺上瞒下的不道德行为却雅致地被称之为"放卫星"，一时成为一种社会风气。在这场运动中，那些敢讲真话，不会放卫星的人再次受到冷落和批判。

1966 年发动的"文化大革命"，主观地认为党内存在一个"资产阶级司令部"，进而把反修防修，防止资本主义复辟作为主要任务来抓，由此鼓动社会不同群体之间、同志之间、夫妻之间、子女和父母之间划清阶级界限，对那些因对极"左"路线不满而说过老实话的人，进行无情的打击和迫害，真可谓辫子随手抓，帽子满天飞，棍子遍地打，其结果导致政治极权主义泛滥，见风使舵、阳奉阴违、得过且过、明哲保身成为很多人的人生哲学，"老实人吃亏"成为人们深刻的思想观念。作为中国共产党一直倡导的马克思主义、社会主义也因不断发动的疾风暴雨般的群众运动，不能解决人们温饱的现实而受到人们的怀疑。"社会主义好，人人吃不饱"，成为当时的生动写照。

3. 对市场经济的误解以及由此造成的金钱拜物教影响。市场经济是西方现代文明的重要标志。在新中国成立以后的很长时间里，我们对市场经济一直采取了抵制的态度。以为市场经济与社会主义水火不能相容，一旦搞了市场经济，马上就要变修。为此，毛泽东一直把反修防修，防止资本主义复辟作为重要任务来抓。十一届三中全会以后，我们党重新认识并确立了市场经济在社会主义经济中的主导地位。然而，在建立和发展社会主义市场经济的过程中，出于狭隘的认识视野，一些人简单地把市场经济等同于尔虞我诈、"一切向钱看"的经济，以致极端利己主义、享乐主义盛行。

---

① 参见张翼星《难以消逝的思想烟云》，云南教育出版社 2009 年版，"前言"第 11 页。

（二）制度约束的滞后和无力

主体间关系要求对主体间的权力、职责具有明确的划分和约束。虽然早在1954年，新中国成立不久就颁布了第一部宪法，但在实际运作中，法治被人治所取代，权力约束的问题始终没有得到解决。正如邓小平指出的："从党和国家的领导制度、干部制度方面来说，主要的弊端就是官僚主义现象，权力过分集中的现象，家长制现象，干部领导职务终身制现象和形形色色的特权现象。"① 改革开放以来，中国共产党深刻总结国内外正反两方面的经验，批判了"人治"思想，提出"为了保障人民民主，必须加强法制，必须使民主制度化、法律化，使这种法律制度不因领导人的看法和注意力的改变而改变"② 的思想。把民主和法制建设提到事关社会主义事业兴衰成败的高度，指出"没有民主就没有社会主义，就没有社会主义现代化"③。并反复强调：民主和法制，"这好像两只手，任何一只手削弱都不行"④。主张集中力量制定刑法、民法、诉讼法和其他各种必要的法律，例如工厂法、人民公社法、森林法、草原法、环境保护法、劳动法、外国人投资法，等等，做到有法可依，有法必依，执法必严，违法必究。"国家和企业、企业和企业、企业和个人等等之间的关系，也要用法律的形式来确定；它们之间的矛盾，也有不少要通过法律来解决。"⑤ 1982年《宪法》明确规定了"一切国家机关和武装力量、各政党和各社会团体、各企业事业组织都必须遵守宪法和法律。一切违反宪法和法律的行为，必须予以追究。任何组织或者个人都不得有超越宪法和法律的特权。"⑥

党的十二大第一次把党的建设与法制建设结合起来，将"党必须在宪法和法律范围内活动"，"党必须保证国家的立法、司法、行政机关，经济、文化组织和人民团体积极主动地、独立负责地、协调一致地工作"的原则写入《中国共产党章程》。把"有法可依、有法必依、执法必严、违法必究"作为社会主义法制建设的基本要求。指出要坚持"两手抓、两手硬"，要始终维护社会稳定，解决好人民内部矛盾。中共十五大首次明确提出"依法治国，建

① 《邓小平文选》第2卷，人民出版社1994年版，第327页。
② 同上书，第146页。
③ 同上书，第168页。
④ 同上书，第189页。
⑤ 同上书，第147页。
⑥ 《中华人民共和国宪法（1982）》，人民出版社1982年版，第14页。

设社会主义法治国家"的治国方略。十六大报告进一步指出："人民当家作主是社会主义民主政治的本质和核心。要健全民主制度，丰富民主形式，拓宽民主渠道，依法实行民主选举、民主决策、民主管理、民主监督，保障人民的知情权、参与权、表达权、监督权。"[1] 十八届四中全会以"依法治国"为主题，在中国共产党93年的历史上尚属首次，会议审议通过了《中共中央关于全面推进依法治国若干重大问题的决定》，规划了执政党依法治国的路线图，成为全面推进依法治国的纲领性文件。今天，民主法制建设已经深入人心，成为中国人生产生活的重要基础。

然而，政治体制改革依然滞后于经济体制改革，原有的弊端迄今并没有从根本上得到解决。主要是：机构重叠，职责不清，开支巨大，效率低下，诉求不畅，暗箱操作，监督难实行，民主难保障。有法不依、执法不严、违法不究的现象时有发生。某些领导干部衙门习气深重，喜欢搞官本位，更有甚者，完全丧失党性原则、肆意践踏人民群众的权利，压制人民群众的意愿和要求，甚至逼死人命，造成广泛的"仇官心理"，以致一个"火星"掉到地上，就能立即燃起一大堆的火。由人群围观进而攻击政府工作人员，焚烧警车，围攻政府大楼。如近年发生在广东的增城大敦村事件、潮州古巷镇事件、汕尾乌坎事件等，都具有此种性质。而且，由于监督渠道不畅，缺乏必要的制度规定，也造成了一般职员和普通群众行为的失范。

（三）社会发展的失衡和不公

高度发达的生产力是构建主体间关系的重要物质前提。文革时期，"四人帮"胡说什么"宁要社会主义的草，不要资本主义的苗"。以为社会主义本来就是贫穷的，一旦富裕就要导致资本主义复辟。邓小平指出：马克思主义最注重发展生产力。贫穷不是社会主义，更不是共产主义。为了建设繁荣富强的社会主义，邓小平提出并制定了"二步走"的发展战略。同时，他一再强调，在社会主义现代化建设的过程中，必须处理好不同主体间的物质利益关系。"每个人都应该有他一定的物质利益，但是这决不是提倡各人抛开国家、集体和别人，专门为自己的物质利益奋斗，决不是提倡各人都向'钱'看。"[2] 国

---

[1]　胡锦涛：《高举中国特色社会主义伟大旗帜，为夺取全面建设小康社会新胜利而奋斗》，人民出版社2007年版，第29页。

[2]　《邓小平文选》第2卷，人民出版社1994年版，第337页。

家、集体和个人的利益在根本上是一致的，如果有矛盾，个人利益要服从国家和集体利益。在利益分配的问题上，必须坚持“按劳分配”的原则。他说：“坚持社会主义，实行按劳分配的原则，就不会产生贫富过大的差距。再过二十年、三十年，我国生产力发展起来了，也不会两极分化。”① 然而，随着我国改革开放的深入，出现了许多新的社会阶层，利益关系变得相对复杂。如何处理好各群体之间的利益关系，成为处理好新形势下主体间关系的重点和难点。

在改革开放初期，为打破平均主义，更好地调动群众的积极性，政府更多地把效率放在第一位。但长时期、高强度的宣传和执行效率优先的政策，结果在分配领域形成三大深层次弊端：行政权力和行政性垄断扭曲分配关系，使分配秩序出现混乱；劳动者权益保障弱化，阶层差距急剧扩大；城乡之间、地区之间二元结构矛盾突出，导致分配差距急剧扩大。近年来的统计表明：不同地区、不同部门、不同行业之间的收入差距正在日益扩大。以城乡居民收入差距为例：1978 年城乡之比为 2.56∶1；1985 年为 1.86∶1。进入新世纪以来，党和政府采取多种措施改变发展失衡和分配不公的现实，但城乡分配差距并没有明显地缩减。2005 年为 3.22∶1；2006 年为 3.28∶1；2007 年为 3.33∶1；2008年为 3.31∶1；2009 年为 3.33∶1；2010 年为 3.23∶1；2011 年为 3.13∶1；2012 年为 3.10∶1；2013 年为 3.03∶1。衡量贫富差距的基尼系数 1978 年为0.317；2004 年超过了 0.465；2006 年达到了 0.496；2010 年超过了 0.5②，中国成为世界上贫富差距最大的国家。虽然从总体上看，生产力发展了，社会财富增加了，但由于社会分配的不公，收入差距的拉大，客观上造成严重的社会不满情绪和“仇富心理”。“拿起筷子吃肉，放下筷子骂娘”成为生动的现实写照。

（四）民间组织的幼稚和薄弱

民间组织不仅是各主体活动的重要领域，而且是调节政府与个人关系的重要桥梁。新中国成立前 30 年，中国照搬苏联高度集权的体制模式，国家直接面对个人，社会秩序完全依赖于个人权威，全部社会生活呈政治化、行政化趋向，社会流动受到严格限制，社会分化严重不足，同质性高，结构僵硬，民众

---

① 《邓小平文选》第 2 卷，人民出版社 1994 年版，第 64 页。
② 周佳莹：《我国收入分配差距现状与财税对策》，《中国城市经济》2011 年第 27 期。

意见的凝聚缺少必要的组织形式，因而与政策层次有较大的距离，并缺少可处理性。80 年代后，随着中国改革开放事业的铺开，社会组织开始以较快的速度增长。到 1989 年，全国性社团剧增至 1600 个，地方性社团达到 20 多万个。1992 年全国性的社团为 1200 个，地方性社团约 18 万个①。到 1996 年，我国社团总数达到历史最高峰，全国性及跨省、自治区、直辖市的社团为 1845 个，县级以上社团总数达到 18 万之多。但到世纪之交，民间组织成长的速度有所减缓。根据中国社会科学院 2012 年《民间组织蓝皮书》，全国共有民间组织 44.6 万个，与 2009 年的 43.1 万个相比，增长率在下降。而且，我国公民社会组织的行政化、等级化、依附性依然十分明显，在很多情况下并未起到公民社会组织应有的作用。

　　新型社会组织之所以举步维艰，有几方面的原因。其一，法律依据不足。或者因无法满足现行的相关法律法规的要求，达不到正式注册登记的标准、无法取得正式的民政登记注册，因而法律合法性、行政合法性等方面存在缺失。简单地说，就是存在着组织身份瑕疵问题。其二，资金匮乏。目前，我国企业、公民的捐赠能力和捐赠意识较弱，政府对社会组织的资金支持非常有限，政府购买服务的推行力度尚待加强，在这种情况下，社会组织普遍面临资金困境。其三，内部治理欠缺。由于我国志愿者的参与比例偏低，因而在我国新型社会组织的董事会和监事会构成上也存在着严重的不足。对于很多民间机构而言，要找到合适的人员、形成一个规范的董事会或监事会，是一件比较困难的事情。而志愿参与的不足，又进一步扩大了新型社会组织董事会和监事会对组织管理人员行为控制的难度。与传统社会组织相比，很多新型社会组织缺乏稳定性，其内部治理结构就更处于波动和不稳定状态。其四，人员培养与管理不到位。我国的新型社会组织因规模小、资源有限等原因，无法吸引到专业化的优秀人才加盟，在社会组织的发展方面存在着突出的人才瓶颈问题，制约着新型社会组织的发展。

三　走向主体间关系的未来建构

　　从中国哲学的考察我们可以看出，主体间关系的建构需要从政治、经济、文化、社会等多层面综合思考。建构当代中国的主体间关系，必须立足中国的

---

① 俞可平：《中国公民社会的兴起与治理的变迁》，社会科学文献出版社 2003 年版，第 200 页。

历史和现实，顺应世界发展潮流，做好五个方面的工作。

（一）德法并治，树立主体间的法治权威

在中国哲学史上，荀子、韩非子等人看到了人性恶的一面。在他们看来，构建主体间关系，只有道德约束还不行，还必须制定严厉的法律，实行依法治国，以法律保障他人利益不受侵犯。秦王朝采纳韩非子等人的意见，统一了中国，却很快就覆灭了。秦王朝的覆灭并不意味着依法治国的错误，但却说明"法"不是万能的。秦以后的封建国家，吸取秦王朝灭亡的教训，把道德置于法律之上，采取了"德主刑副"的治国策略。新中国成立后，早在1954年就颁布了第一部法律，以后又多次修改。但在实际的运作中，并没有真正严格按法律办事。正如邓小平所讲的，"往往把领导人说的话当做'法'，领导人的话改变了，'法'也就跟着改变"[①]。这种情况，严重违背了世界现代化发展的潮流。

历史的发展表明：德治和法治是社会健康发展的双翼。"德治"不等于"人治"；单纯的"德治"或单纯的"法治"都不能很好地治理国家。建构当代中国的主体间关系，必须德法并举，进一步明晰主体间的权利和义务。一要在观念上正确认识民主法制。民主法制是社会主义的生命，必须进一步清除封建主义、官僚主义和"官本位"思想的影响，树立"以人为本"和以群众利益为本的思想。二要建立更加严格的制度和程序，特别是实行各方面的公开化制度，建设阳光政府，对政府官员的权力在制度上加以限制；三要扩大社会和民间运用舆论的权力，以加强对各方面的监督，特别是加大反腐败力度，让官员的一举一动都处于舆论的严格监督之下，使腐败没有藏身之地；四要利用现代信息网络技术，打通政府和群众之间的"肠梗阻"，疏通民主渠道，做到"上情下达"和"下情上达"相结合。五要裁减冗员，限制"三公"消费，打造服务型政府，提高行政工作效率。六要根据社会实践检验，对现行法律制度进行补充、修改和完善。

（二）义利相兼，打牢主体间的物质基础

义利关系是中国哲学家一再论证的重要问题。基于春秋之际人们见利忘义，父子相残的现实，更多的哲学家强调义的重要性，认为应把义放在利的前

---

① 《邓小平文选》第2卷，人民出版社1994年版，第146页。

面，"君子喻于义，小人喻于利"[1]，但也有人认识到，坚实的物质基础是建立主体间关系的基本前提。"仓廪实而知礼节，衣食足而知荣辱。"为实现天下之"利"，墨子提出了"尚贤""节用""节葬""非命""非攻"等一系列具体的政策主张。中国封建社会的统治者们，实际上也很重视生产的发展，汉初有"文景之治"；唐初有"贞观之治"；唐中期有"开元盛世"；清朝中前期出现了"康乾盛世"。乾隆末年，中国经济总量占世界第一位，人口占世界1/3，对外贸易长期出超，以致英国迟迟不能扭转对华贸易的逆差[2]。新中国成立后的实践表明：离开生产力发展讲社会主义，必然导致唯心主义。没有社会主义的"利"，就难保社会主义的"义"。反之，没有社会主义的"义"，也就很难实现社会主义的"利"。因此，必须把义和利统一起来，以利保义，以义促利，两者互相渗透，共同促进主体间关系的建构。

就当前中国的现实而言，解决好义利关系问题，必须从两个方面着手。一方面，要进一步转变经济发展方式，提高经济发展的质量。中国是人口大国，资源小国。中国拥有世界1/5的人口，而矿产资源只有世界平均水平的1/2；人均耕地、人均草地只有世界平均水平的1/3左右；人均水资源只有世界平均水平的1/4左右；人均能源占有量只有世界平均水平的1/7左右。虽然中国GDP总量已居世界第二位，但这种发展是以拼资源、拼设备、拼环境、拼人力而换取的，发展的基础依然十分薄弱。据统计，自改革开放以来，中国GDP增长了15倍，但矿产资源消耗增长了40多倍。资本形成占GDP的比重一直很高，1980年为34.9%；1995年为40.8%；2000年为42.7%；2006年为40.7%；2011年为46%。中国万元GDP能耗是世界平均水平的3—4倍，是日本的8倍。中国万元GDP耗水为193公斤，世界平均水平是55公斤。由于缺乏核心技术，中国企业不得不将每部国产手机售价的20%、计算机售价的30%、数控机床售价的20%—40%支付给国外专利持有者[3]。中国第二产业劳动生产率仅相当于美国的1/30；日本的1/18；法国的1/16；德国的1/12和韩国的1/7[4]。另一方面，要关注民生，尽力缩小贫富差距，实现基本公共服务均等化。进一步调整人口结构、就业结构、城乡结构、地区结构、阶层结构；更加重视教育、科技、文化、医疗卫生、环境保护等社会事业，使之与经

---

①　《论语》，杨伯峻、杨逢彬注译，岳麓书社2000年版，第32页。

②　《学习时报》编辑部：《落日的辉煌》，中共中央党校出版社2001年版，第3页。

③　徐冠华：《企业应在建设创新型国家中发挥重要作用》，《云南日报》2006年9月9日。

④　马凯：《科学的发展观与经济增长方式的根本转变》，《求是》2004年第8期。

济发展相协调。既重视生产效率,又重视分配公平,实现效率与公平之间的平衡。

(三) 宽容守信,增进主体间的互爱情感

中国哲学强调主体间的互敬互爱。老子讲"慈爱";孔子讲"仁爱";墨子讲"兼爱"。这种"爱",渗透在国家政治中,要求为政者实行"仁政",反对"力政"和"暴政";渗透在家庭生活中,要求"父慈子孝""兄友弟恭""夫敬妇顺",和睦相处;渗透在一般人的交往中,要求将心比心、推己及人。中国古代有"路不拾遗,夜不闭户"礼仪之邦的美称,这与人们相互之间的敬爱、宽容、守信是分不开的,而这种相互的敬爱又是从蒙童之学和家庭的熏陶开始的。

在当今中国,增进主体间的互爱情感,的确要从小学、中学教育抓起。学生从入学之日起,首先应该学习怎样爱人,也就是怎样爱自己的父母、爷爷、奶奶、叔叔、阿姨、兄弟、姐妹,爱自己的老师,爱自己的同学,进而延伸到爱自己的班级、学校,爱自己生活的社区,帮父母做事,帮老师做事,帮同学做事,帮社区做事……学会与家人、同学、老师及他人怎样合作,并且在合作中感受到自己与他人的关系,学会尊重他人。这样就会使学生感到爱人是一件非常具体、而且就在自己身边的事情。通过切身的感受培养学生辨别是非的能力,树立对家庭、社会、国家的道德责任感。现通行于中小学的"五爱"教育,包括"爱祖国、爱人民、爱劳动、爱科学、爱社会主义",的确非常重要,合情合理。但进一步问:什么是"祖国"? 什么是"人民"? 什么是"劳动"? 什么是"科学"? 什么是"社会主义"? 这些都是十分抽象的概念,即使成人也未必能够把每一个问题回答得十分准确。邓小平曾一再指出:"什么叫社会主义,社会主义叫马克思主义? 我们过去对这个问题的认识不是完全清醒的。"[①] 连大人都搞不清楚的东西却要求小孩子去热爱,这是违背认识逻辑的。因此,关于"爱"的教育,应该分层次、分阶段来进行,在小学、中学、大学等不同的年龄段,其侧重点应有所不同,遵循从具体逐渐上升到抽象的逻辑。从爱家、爱校、爱社区上升到爱祖国;从爱父母、爱老师、爱同学上升到爱人民;从爱做家务、乐于助人上升到爱劳动;从爱知识、爱学习上升到爱科学;从爱社会上升到爱社会主义。

---

① 《邓小平文选》第 3 卷,人民出版社 1993 年版,第 63 页。

（四）求同存异，凝聚主体间的共同信念

中国哲学家对主体间关系的建构，尽管其主张各有千秋，但却贯穿着一个共同的目标——"天下大同"。无论老子"小国寡民"的构想；孔子"太平世"的构想；墨子"兼爱交利"的构想；列子"华胥国"、"终北国"的构想；鲍敬言"无君论"的构想；陶渊明"桃花源"的构想；邓牧"伯牙琴"的构想，何心隐"聚和堂"的构想，还是近代以来洪秀全"太平天国"的构想，康有为"大同世界"的构想；孙中山"天下为公"的构想；李大钊"共产主义"的构想，其共同目标就是要建立一个"无处不饱暖，无处不幸福"的大同社会。这与释迦牟尼"极乐世界"的构想，柏拉图"理想国"的构想，基督教关于天国的描述，资产阶级关于"乌托邦"的构想，可谓异曲同工，说明人类无论古人还是今人，无论东方人还是西方人，无论中国人还是外国人，在追求建立"大同世界"这一目标上是一致的，是有着共同点的，这是人类不同主体间乃以交往对话的重要前提。

今天，随着全球化时代的到来，不同主体间的相互依赖更强，交往范围更广，频率更快。在这样的情况下，"大同"蓝图再度彰显出其无尽的魅力。高举"大同"旗帜，对于凝聚全人类的共识，改善不同主体间的关系，无疑具有重要的世界意义。马克思主义作为当代中国的主流意识形态，无疑吸取了人类历史上"大同"思想的精华，是当今指导人们行为以及主体间关系最重要的思想观念。然而，一个不容置疑的事实是：马克思主义正在遭受严峻挑战。要使马克思主义变成主体间的共同思想信念，必须澄清以下几个理论和实践关系。

第一，要进一步理清马克思主义的基本思想内涵。马克思主义遭受挑战主要有两个方面的原因。一是在理论上长期以苏联教科书为蓝本，对马克思主义的基本出发点、构成点、落脚点，以及"什么是社会主义，怎样建设社会主义"的问题并没有搞清楚。二是在实践上把马克思主义简单地等同于大规模的群众运动和疾风暴雨般的阶级斗争，忽视生产力的发展，忽视对人的主体地位的尊重，忽视对社会生活关注。理论上的糊涂，实践上的挫折，导致人们对马克思主义的厌恶、淡化、动摇、失落。改革开放以来，理论界致力于理清马克思主义的基本原理，取得了显著的成果。然而，这种认识目前还只限于学术界的小圈子，并没有为广大干部群众所认识。因此，通过多种途径重新解释和宣传马克思主义，让哲学走出哲学家的课堂，变为人民群众改造世界的有力武

器，显得十分必要。

第二，要进一步阐明马克思主义与中国传统文化的关系。中国传统文化内部尽管对主体间关系有着不同的看法和解释，但无论春秋以降的诸子百家，还是近代以来的农民领袖洪秀全、改良派代表康有为、资产阶级民主主义者孙中山，"大同世界"却是其一以贯之的共同理想，这是中华民族精神的核心价值所在，与马克思主义主张的"共产主义"有着内在一致性。只不过在实现"大同"的具体途径上，中国哲学家更加强调通过主体自身的内在修养，达到各主体间的互爱互敬，和睦相处，义利相兼，平等相依，更加强调社会的和平改良，实行"仁政"。马克思主义者则依据阶级剥削和阶级压迫的现实，主张通过革命推翻旧世界，由此建立"自由人的联合体"，更加强调无产阶级改造客观世界的意义。当然，马克思主义也并不排除通过和平手段走向社会主义和共产主义的可能。实践表明：革命和改革是走向社会主义的两条途径，而且，在和平与发展成为时代主题的情况下，未来社会将更多地采取和平手段走向共产主义。由此可见，马克思主义与中国传统文化不存在根本的对立，相互吸收，相互借鉴，才是繁荣文化、推进马克思主义的根本之路。

第三，要进一步廓清当今世界发展大势。马克思在19世纪40年代批判和否定资本主义的生产关系，因为"资产阶级的关系已经太狭窄了，再容纳不了它本身所造成的财富了"①。事实也的确如此，当时的资产阶级残酷压榨工人阶级，工人创造了巨大的财富，而资产阶级只付给工人极其微薄的工资，整个社会的生产和消费相脱节，导致经济危机的周期性爆发。20世纪上半叶，资本主义的危机达到空前的地步，终于爆发了帝国主义内部的两次世界大战，给人民带来不堪的痛苦。在两次大战的打击下，资产阶级自觉改革生产关系，调整劳资关系，通过国家政策减轻剥削程度，消除两极分化，甚至实行从摇篮到坟墓的福利政策。资本主义的实践进一步表明，人类除了以这种或那种途径走向社会主义和共产主义，别无他路可走。今天，随着信息网络技术以及全球化趋势的加强，社会主义和资本主义的"趋同"成为不可避免的大趋势，尽管仍然存在着这样那样的矛盾。

---

① 《马克思恩格斯选集》第1卷，人民出版社1995年版，第278页。

参考文献

1. 蒙培元：《中国哲学主体思维》，人民出版社 1993 年版。

2. 焦国成：《中国古代人我关系论》，中国人民大学出版社 1991 年版。

3. 张立文：《和合哲学论》，人民出版社 2004 年版。

4. 赵馥洁：《价值的历程：中国传统价值观的历史演变》，中国社会科学出版社 2006 年版。

5. 赵馥洁：《中国传统哲学价值论》，人民出版社 2009 年版。

6. 杨国荣：《成己与成物——意义世界的生成》，北京大学出版社 2011 年版。

7. 楼宇烈：《中国的品格》，四川人民出版社 2014 年版。

8. 陈来：《仁学本体论》，生活·读书·新知三联书店 2014 年版。

9. 冯友兰：《中国传统哲学的精神》，国际文化出版社 1998 年版。

10. 张岱年：《张岱年全集》，河北人民出版社 1996 年版。

11. 肖萐父、李锦全主编：《中国哲学史》，人民出版社 1983 年版。

12. 冯雪俊：《春秋战国时期的人格独立化倾向》，《青海师专学报》2005 年第 2 期。

13. 杨师群：《春秋战国之际社会发展原因新探》，《社会科学战线》1995 年第 3 期。

14. 蔡礼彬：《春秋战国时期的开放精神》，《南都学刊》2002 年第 1 期。

15. 方光华：《春秋战国时期思想解放与社会进步》，《史学理论研究》2005 年第 2 期。

16. 张学智：《中国哲学中身心关系的几种形态》，《北京大学学报》2005 年第 3 期。

17. 姚伟钧：《宗法制度的兴亡及其对中国社会的影响》，《华中师范大学学报》2002 年第 3 期。

18. 王弼注：《老子》，上海古籍出版社 1989 年版。

19. 饶尚宽译注：《老子》，中华书局 2006 年版。

20. 安继民、高秀昌注释：《庄子》，中州古籍出版社 2008 年版。

21. 胡道静主编：《十家论老》，上海人民出版社 2006 年版。

22. 尹振环：《楚简老子辨析》，中华书局 2001 年版。

23. 高专诚：《御注老子》，山西古籍出版社 2003 年版。

24. 吕锡琛：《道家与民族性格》，湖南大学出版社 1996 年版。

25. 许抗生：《老子与道家》，新华出版社 1993 年版。

26. 任继愈：《中国道教史》，中国社会科学出版社 2001 年版。

27. 许地山：《道教史》，上海古籍出版社 1999 年版。

28. 陈鼓应：《易传与道家思想》，生活·读书·新知三联书店 1996 年版。

29. 陈鼓应：《道家的人文精神》，中华书局 2012 年版。

30. 国学整理社编：《诸子集成》第 6 册，中华书局 2006 年第 2 版。

31. 王先慎撰：《韩非子集解》，中华书局 1998 年版。

32. 胡孚琛：《道家文化探索》，《哲学研究》1995 年第 7 期。

33. 张运华：《论道家对儒家的影响》，《管子学刊》1999 年第 3 期。

34. 李昶：《近十年来道家研究述要》，《河北学刊》1997 年第 6 期。

35. 熊铁基：《20 世纪中国老学述要》，《华中师范大学学报》1999 年第 5 期。

36. 魏宏灿：《90 年代以来道家研究概述》，《哲学动态》1999 年第 5 期。

37. 田耕滋：《老子哲学的方法论意义》，《清华大学学报》1998 年第 3 期。

38. 李霞：《道家与禅宗的人生哲学》，《安徽史学》1998 年第 3 期。

39. 李进、李潺：《〈老子〉主体性思想述要》，《求索》2007 年第 1 期。

40. 覃遵祥：《论老子的民主意识》，《江西社会科学》2000 年第 4 期。

41. 赵毓民、赵琳：《老子哲学对后世的积极影响及时代意义》，《管子学刊》2011 年第 4 期。

42. 丁国良：《论黄老思想与刘邦的治国实践》，《西北大学学报》2005 年第 3 期。

43. 陈鼓应：《道家在中国哲学史上的主干地位》，《哲学研究》1990 年第 1 期。

44. 李进：《〈老子〉哲学的主体性原则》，《广西社会科学》2005 年第 8

期。

45. 田耕滋：《论老子对人类生存的终极关怀》，《山西大学学报》1996 年第 3 期。

46. 李光福：《论老子独特的人生进取观》，《南开学报》2005 年第 5 期。

47. 宋志明：《中国哲学的本体论思路》，《船山学刊》2004 年第 1 期。

48. 徐小跃：《老庄思想是道教的理论基础》，《南京大学学报》1997 年第 4 期。

49. 王雪军：《论老子及其思想对道教的影响》，《吉林工程技术师范学院学报》2006 年第 7 期。

50. 陈耀庭：《道和神》，《中国道教》2003 年第 6 期。

51. 陈襄民等主编：《五经四书全译》，中州古籍出版社 2000 年版。

52. 李梦生：《左传译注》，上海古籍出版社 2004 年版。

53. 方尔加：《谈孔、孟、荀对儒道用世的推动》，《管子学刊》2005 年第 1 期。

54. 郭齐勇：《孔孟儒学的人格境界》，《华中师范大学学报》2006 年第 6 期。

55. 郑泽黎：《孔子道德主体性思想述评》，《孔子研究》1994 年第 1 期。

56. 鑫惠敏：《孔子思想与世界和平——以主体性和他者性而论》，《哲学研究》2002 年第 2 期。

57. 顾红亮：《孔子儒学的他者哲学维度》，《华东师范大学学报》2006 年第 5 期。

58. 晏玉荣：《试论孔子"仁"的思想中主体性精神及其现代意义》，《烟台教育学院学报》2005 年第 2 期。

59. 周宏：《试论孔子学说中的交主体间关系思想》，《南京社会科学》1997 年第 2 期。

60. 李振纲：《解析〈论语〉的核心理念：仁》，《现代哲学》2007 年第 5 期。

61. 张觉：《荀子译注》，上海古籍出版社 1995 年版。

62. 阮青：《荀子对孔子和老子人生价值观的扬弃》，《中共中央党校学报》1997 年第 2 期。

63. 张岱年：《人性论》，《张岱年全集》第 2 卷，河北人民出版社 1996 年版。

64.《墨子》，上海古籍出版社 1989 年版。

65. 孙怡让：《墨子閒诂》，《诸子集成》第四册，中华书局 2006 年版。

66. 王明：《太平经合校》，中华书局 1960 年版。

67. 司马迁：《史记》，岳麓书社 2004 年版。

68. 许匡一译注：《淮南子全译》，贵州人民出版社 1993 年版。

69. 任继愈：《墨子与墨家》，商务印书馆 1998 年版。

70. 郑杰文：《20 世纪墨学研究史》，清华大学出版社 2002 年版。

71. 郑杰文：《中国墨学通史》，人民出版社 2006 年版。

72. 蔡尚思：《十家论墨》，上海人民出版社 2004 年版。

73. 罗炳良、胡喜云编著：《墨子解说》，华夏出版社 2007 年版。

74. 孙中原：《墨子及其后学》，新华出版社 1993 年版。

75. 杨建平：《试论墨学中绝的原因》，《甘肃社会科学》2002 年第 5 期。

76. 薛柏成：《墨家思想对中国"侠义"精神的影响》，《东北师范大学学报》2005 年第 5 期。

77. 丁守伟：《谭嗣同、梁启超、章太炎与近代侠风》，《太原师范学院学报》2007 年第 3 期。

78. 李禹阶：《谭嗣同的墨侠精神与墨家思想》，《重庆师范学院学报》1991 年第 3 期。

79. 田冬红：《墨与侠之渊源关系初探》，《武汉工程职业技术学院学报》2007 年第 2 期。

80. 张觉等撰：《韩非子译注》，上海古籍出版社 2007 年版。

81. 刘剑康：《论韩非思想的理论来源》，《长沙水电师院社会科学学报》1994 年第 3 期。

82. 邓玲：《韩非子的民主思想》，《民主》1998 年第 3 期。

83. 徐进：《韩子亡秦论——商鞅、韩非法律思想之比较》，《法学研究》1994 年第 4 期。

84. 洪琢：《韩非法治思想及其消极后果》，《南京理工大学学报》2007 年第 3 期。

85. 孙季平、徐承凤：《韩非子的权力制约思想》，《烟台大学学报》2004 年第 3 期。

86. 孙学峰、杨子潇：《韩非子的国家间政治思想》，《国际政治科学》2008 年第 2 期。

87. 王吉梅：《韩非法治思想对后世的影响》，《重庆科技学院学报》2007年第4期。

88. 刘绍云：《儒法思想的内在相通及其历史融合》，《理论学刊》2004年第12期。

89. 周桂钿、朋星等译注：《春秋繁露》，山东友谊出版社2001年版。

90. 李耀南：《尊君与屈君——董仲舒之天的二重功能》，《孔子研究》2004年第4期。

91. 张平：《董仲舒与中国传统思想文化的整合》，《河北学刊》1998年第4期。

92. 张科：《略论董仲舒对诸子思想的整合》，《青海民族学院学报》2006年第4期。

93. 钱仲联、马茂元点校：《韩愈全集》，上海古籍出版社1997年版。

94. 马通伯：《韩昌黎文集校注》，古典文学出版社1957年版。

95. 杨世文：《论韩愈的儒学文化观及其历史意义》，《孔子研究》2002年第6期。

96. 孙明君：《道统说辨难》，《北京大学学报》1995年第3期。

97. 卓希惠：《韩愈对儒家思想的遵循与违逆》，《福州大学学报》2005年第4期。

98. 杨翰卿：《韩愈建立儒学道统的意义及现代启示》，《中国哲学史》1994年第6期。

99. 杨国安：《试论北宋儒学的演进与韩愈地位的变化》，《中州学刊》2002年第5期。

100. 李峻岫：《试论韩愈的道统说及其孟学思想》，《孔子研究》2004年第6期。

101. 侯步云：《韩愈的儒学思想》，硕士学位论文，西北大学，2006年。

102. 黎靖德：《朱子语类》，中华书局1986年版。

103. 朱熹：《朱子性理语类》，山东友谊出版社2001年版。

104. 朱熹、吕祖谦：《近思录》，山东友谊出版社2001年版。

105. 陈来：《朱子哲学研究》，华东师范大学出版社2000年版。

106. 张立文：《宋明理学研究》，人民出版社2002年版。

107. 蒙培元：《理学的演变：从朱熹到王夫之戴震》，福建人民出版社1984年版。

108. 冯友兰:《中国哲学史新编》,人民出版社 2007 年版。

109. 余英时:《朱熹的历史世界》,生活·读书·新知三联书店 2004 年版。

110. 吴乃恭:《评朱熹理学的社会作用》,载武夷山朱熹研究中心编《朱子学新论——纪念朱熹诞辰 860 周年国际学术会议论文集》,生活·读书·新知三联书店 1991 年版。

111. 孙利:《朱熹的精神哲学及现代价值》,载《中国哲学史学会 2004 年年会暨中国传统哲学当代价值学术研讨会论文集》。

112. 郑晓江:《论朱熹的人生哲学及其现代价值》,载《海峡两岸论朱熹——纪念朱熹诞辰 865 周年暨朱熹对中国文化贡献学术会议论文集》,1995 年。

113. 王国良:《戴震对理学的解构与中国哲学的近代转向》,《安徽大学学报》2003 年第 5 期。

114. 武道房:《对戴震批评朱熹理欲观的再认识》,《安徽大学学报》2003 年第 5 期。

115. 徐道彬:《朱熹在徽州本土遭遇的尴尬》,《安徽师范大学学报》2009 年第 9 期。

116. 高建立:《援佛入儒:朱熹理学的新特色》,《河南大学学报》2005 年第 2 期。

117. 丁原明:《朱熹理学对道家、道教思想的援用》,《孔子研究》2002 年第 2 期。

118. 张品端:《从朱熹、李贽到严复》,《福建论坛》2009 年第 8 期。

119. 史少博:《朱熹"存天理、灭人欲"的当代解读与启示》,《中国石油大学学报》2006 年第 1 期。

120. 傅于川:《朱熹理学学脉渊承考》,《毕节学院学报》2009 年第 6 期。

121. 王阳明:《传习录》,上海古籍出版社 2004 年版。

122. 王阳明:《王阳明全集》,上海古籍出版社 1992 年版。

123. 王守仁:《王阳明全集》,张立文整理,红旗出版社 1996 年版。

124. 黄宗羲:《明儒学案》,中华书局 2008 年版。

125. 黄汝成等:《日知录集释》,上海古籍出版社 2006 年版。

126. 李贽:《焚书》,中华书局 1974 年版。

127. 李贽:《藏书》,中华书局 1959 年版。

128. 朱熹：《四书章句集句》，齐鲁书社 1992 年版。

129. 程颢、程颐：《二程遗书》，上海古籍出版社 2000 年版。

130. 焦循：《孟子正义》，中华书局 1987 年版。

131. 广东省太平天国研究会、广州市社会科学所编：《洪秀全集》，广东人民出版社 1985 年版。

132. 罗尔纲：《太平天国史》，中华书局 1991 年版。

133. 太平天国历史博物馆编：《太平天国文书汇编》，中华书局 1979 年版。

134. ［英］呤唎：《太平天国革命亲历记》，王维周译，上海古籍出版社 1982 年版。

135. 中国社会科学院近代史研究所、近代史资料编辑室编：《太平天国文献史料集》，中国社会科学出版社 1982 年版。

136.《太平天国史料专辑》，《中华文史论丛》增刊，上海古籍出版社 1979 年版。

137. 李海红、邢战国：《太平天国平等思想述要》，《洛阳工学院学报》2002 年第 4 期。

138. 王明前：《太平天国儒家化施政群体剖析》，《山东大学学报》2009 年第 3 期；

139. 王庆成：《太平天国和四书五经》，《历史研究》1995 年第 3 期。

140. 陶季邑：《太平天国革命对民主革命派的影响》，《广东社会科学》1997 年第 5 期。

141. 夏春涛：《太平天国妇女地位问题再研究》，《清史研究》2004 年第 2 期。

142. 陈贵宗、陈颂琴：《洪秀全对待基督教的演变》，《史学集刊》1996 年第 4 期。

143. 沈渭滨：《洪秀全与基督教论纲》，《学术月刊》1998 年第 1 期。

144. 王桃：《试析太平天国运动期间清政府与西方国家外交关系的变化》，《中州学刊》2006 年第 3 期。

145. 夏春涛：《天国的陨落》，中国人民大学出版社 2006 年版。

146. 潘旭澜：《洪秀全的历史真实面目》，《炎黄春秋》2005 年第 2 期。

147. 魏文华：《腐败导致太平天国早亡》，《炎黄春秋》1999 年第 12 期。

148. 戴兰花、柳劲：《简论洪秀全的皇权主义思想及其践行》，《湖南省社会主义学院学报》2004 年第 2 期。

149. 石志新：《太平天国职官制度弊端管见》，《青海师范大学学报》1998 年第 3 期。

150. 华强、马洪涛：《太平天国科举制度是太平天国覆灭的原因之一》，《探索与争鸣》2007 年第 9 期。

151. 檀江林：《十年来太平天国史若干问题研究综述》，《史学月刊》2001 年第 5 期。

152. 洪旭澜：《洪秀全的政治性邪教》，《江汉论坛》2006 年第 3 期。

153. 康有为：《大同书》，上海古籍出版社 2005 年版。

154. 楼宇烈整理：《康南海自编年谱（外二种）》，中华书局 1992 年版。

155. 汤志钧：《康有为政论集》（上、下），中华书局 1981 年版。

156. 国家清史编纂委员会：《康有为全集》（全 12 册），中国人民大学出版社 2007 年版。

157. 钟贤培主编：《康有为思想研究》，广东高等教育出版社 1988 年版。

158. 王秀国：《康有为〈大同书〉研究综述》，《滨州学院学报》2005 年第 2 期。

159. 韩秀湄：《康有为的国外游历与〈大同书〉》，《史学月刊》1996 年第 1 期。

160. 汤志钧：《再论〈大同书〉的成书年代及其评价》，《广东社会科学》2004 年第 4 期。

161. 房德邻：《〈大同书〉起稿时间考》，《历史研究》1995 年第 3 期。

162. 《孙中山选集》，人民出版社 1981 年版。

163. 《孙中山全集》第 1—11 卷，中华书局 1981—1986 年版。

164. 秦孝仪主编：《国父全集》第 2 册，近代中国出版社 1989 年版。

165. 陈旭麓、郝盛朝：《孙中山集外集》，上海人民出版社 1990 年版。

166. 段云章：《放眼世界的孙中山》，中山大学出版社 1996 年版。

167. 林家有：《孙中山振兴中华思想研究》，广东人民出版社 1996 年版。

168. 宋士堂：《孙中山宋庆龄社会主义思想论》，红旗出版社 1994 年版。

169. 中国社会科学院近代史研究所编：《纪念孙中山诞辰 140 周年国际学术研讨会论文集》，社会科学文献出版社 2009 年版。

170. 薄一波：《若干重大决策与事件的回顾》下卷，中共中央党校出版社 1991 年版。

171. 陈丕显：《晚年毛泽东》，江西人民出版社 2003 年版。

172. 外交部、中共中央文献研究室编：《毛泽东外交文选》，中央文献出版社、世界知识出版社 1994 年版。

173. 聂耀东：《毛泽东与中国传统文化》，福建人民出版社 1992 年版。

174. 陈葆华主编：《国外毛泽东思想研究评述》，陕西人民出版社 1993 年版。

175. 李宗桂：《当代中国文化探讨》，花城出版社 2012 年版。

176. 陈少明：《做中国哲学》，生活·读书·新知三联书店 2015 年版。

后　记

　　本课题的最初思考始于 2003 年，受导师王东教授的启发，试图就主体间关系问题展开一个中国哲学、西方哲学、马克思主义哲学的比较研究。可当我真正开始这一研究时，发现这是一个十分庞大的计划。没有对中国哲学、西方哲学和马克思主义哲学的专门研究，下面的工作就无法进行。中国哲学是否具有关于主体间关系的思想，这是一个需要探索的难题。但有一点我是抱有自信的，这就是中国哲学在其发端之时就十分重视人与人之间关系的研究，而老一辈学者楼宇烈、蒙培元、赵馥洁等先生的研究，又首先明确肯定中国哲学包含着对主体性的研究。尽管中国哲学没有像"主体间关系"这样的概念，但稍有一般知识的人，都可以作出一个判断，中国哲学包含着对主体间关系的研究。在明确了基本的理念后，我决定对中国哲学作系统的研读，对中国哲学中的主体间关系思想及其历史演变进行系统的提炼和分析。

　　然而，中国哲学源远流长，群星灿烂，卷籍浩如烟海，搞得过细，即使穷我毕生之力也未必能够尽其万一。我力图把握住它的主流和主线，抓住关节点，澄清其基本精神。可主流、主线、关节点又在哪里？经过日以继夜的研读和思考，终于理出了一个基本的头绪。中国哲学主体间关系思想的发展经历了一个从"源创"、"发展"到"再造"的过程。这一思路构成了全书总体的骨架，形成了"源创"、"发展"、"再造"三大篇，每篇又抓住四个关键性环节。"源创篇"以老子、孔子、墨子、韩非子为研究对象，力图反映主体间关系思想形成时期的总体面貌；"发展篇"以董仲舒、韩愈、朱熹、王阳明四大家为对象。他们一方面继承先贤，维护儒家传统，将儒家的主体间关系思想发扬光大；另一方面又融合各家各派思想，实现儒释道的综合创新，使儒家思想成为现实可用的治国之道。"再造篇"选择了洪秀全、康有为、孙中山、毛泽东四大家，反映了近代以来中国思想家根据时代发展，融合中西文化，重新建构主体间关系迈出的新步伐。最后，在结论中，对全书进行反思和总结，简要分析了当代中国主体间关系现状，以及建构新型主体间关系的设想。各篇章之间的逻辑关系是一目了然的。

世纪之交，随着中西哲学交流的加强，引发了中国哲学界关于中西哲学会通之可能性的争论。有一种观点明确否定中西哲学会通比较的可能性，甚至对中国是否存在哲学也表示怀疑。我认为，历史上，任何哲学和文化的大发展、大繁荣，无不是交流、碰撞、融合的结果。就中国哲学内部而言，孔子曾向老子请教"礼"的问题。佛教于汉代传入中国后，儒、释、道各家融合发展，到最后你中有我，我中有你，往往难分你我。20世纪早期，熊十力先生的"新唯识论"、冯友兰先生的"新理学"、金岳霖先生的"道论"和"知识论"，无不是中西会通的结果。马克思主义哲学传入中国后，毛泽东曾用"实事求是"概括马克思主义哲学的精髓。今天，谈论哲学已离不开"本体论""认识论""唯物论""辩证法"这些基本的概念，而这些概念都来源于西方哲学。不顾哲学的内在逻辑和历史发展的大局，一定要在中西哲学之间划清界限，无异于画地为牢，自织罗网，必然要限制和束缚中国哲学发展的步伐。我们虽然不能亦步亦趋，但受他们思想的启发，以之审视中国哲学，通过对照比较，提出新的见解，这不仅是必要的，而且是可能的。由此，开展中西哲学的对话和交流，展示中国哲学的特色，占有国际话语权，也才是可能的。

什么是哲学，学哲学有什么好处？对这样的问题，古今中外的哲学家们已经讲了很多，但人们依然感到抽象。古希腊哲学家认为，哲学是一门智慧之学，是一门教人们如何思维的学问。德国哲学家黑格尔则认为，哲学是一门反思的学问。所谓反思，就是跟在其他科学知识之后的思考。或者说，是一种再认识，关于认识的认识。青年时期的马克思十分崇拜黑格尔，提出了"任何真正的哲学都是自己时代精神的精华"的名言。中国一般的哲学教科书都认为，哲学是关于世界观的学说。所谓世界观，就是人们对于包括自然界、社会和人的精神世界在内的整个世界的一般看法和根本观点。大概在20世纪90年代，哲学界有人提出，哲学是一种生活方式，把哲学视为纯粹哲人的活动。中国哲学最大的特点在于通过探讨天地人生，说明不同主体间的关系，从而安顿人生，指引人生。然而，寻着不同哲学家的思想去谋事，其方式和态度会截然不同。按孔子的学问来做事，必然一生匆匆忙忙，借助政治来施展自己的抱负。试问：修身、齐家、治国、平天下。不从政，怎么治国、怎么平天下？按老庄的学问来做事，必然把追求大道放在第一位，一切顺应自然，坦然面对身边发生的一切。照墨子的学问来做事，必然勤谨劳作，鄙衣陋食，穷富贵贱，皆是兄弟，为天下之利，敢于两肋插刀而不计得失。而按韩非子的学问来谋事，必然人人自危，严刑峻法，即使父子之间、夫妻之间也要谨小慎微，严防细审。实际上，人与人之间的关系是十分复杂的，受多方面因素的影响，历史上的诸子都只抓住了人生的某一方面并加以放大，所以并没有能够全面地反映主体间的关系。本书的目的正在于，用尽可能少的笔墨，将诸子的态度以历史的线索加以综合，既分析其历史影响，又寻求可佐于当代主体间关系的意义，形成一个关于中国哲学主体间关系的总体面貌。

学术的进步离不开学术界同人的鼓励和支持。本书能够面世，是诸多因素综合作用的结果。首先，导师王东教授启发我选择了这样一个富有价值的研究课题。自 2004 年起，我曾就这一问题，向李中华、赵馥洁、李宗桂等多位学长请教，他们一致肯定这个选题的意义，并从多方面给予关怀和指导，这使我信心大增！书稿成型后，赵馥洁、黄铁苗、谢林平、余甫功、毕德、蔡兵等诸位教授先后提出多方面的修改意见和鼓励。当然，也有同志对这个选题提出不同看法，促使我深入思考，使学理逻辑更加平谨。其次，我要感谢校领导、科研处和图书馆的诸位同事。这几年，校领导十分重视科研，创造了良好的环境。科研处方真处长、王新娟副处长给予多方面的关怀。付梓之际，又得到校出版基金的资助。图书馆胡利勇、郑芸二位同志为本书的写作提供了大量文献资料。再次，本书的完成，离不开家人无私的鼓励和支持。父母从小给我灌输了"万般皆下品，惟有读书高"的理念，一家人也历来以读书为自豪，以自强不息、勤奋工作、乐观进取为谋生之道。妻子杨萍除帮我查找资料，还和我一起校对了全部引文。最后，我要衷心感谢中国社会科学出版社。早在 2012 年，本书就列入中国社会科学出版社的出版计划，临签合同之际，我又犹豫了，希望能继续修改，得到冯春凤老师的鼎力支持。经修改再次付稿之后，冯春凤老师又精心编校，使得本书最终得以面世。本书的写作虽持续多年，一再修改，但因涉及的问题十分宽广，而本人的学识又十分有限，所以仍然只是一个初步尝试性的探索，需要学术界同人不断悉心指正。

成龙　于广州黄华园

2014 年 11 月 20 日